Outlook 2019

Grundlagen und Aufbauwissen

Anja Schmid

Verlag:
BILDNER Verlag GmbH
Bahnhofstraße 8
94032 Passau

http://www.bildner-verlag.de
info@bildner-verlag.de

Tel.: +49 851-6700
Fax: +49 851-6624

ISBN: 978-3-8328-0342-1

Bestellnummer: RP-364

Covergestaltung: Christian Dadlhuber
Autorin: Anja Schmid
Herausgeber: Christian Bildner

Bildquelle Cover: © ©mavoimages - stock.adobe.com
Kapitelbild: © sirisako - stock.adobe.com

Fotos von Personen:

©ASDF - stock.adobe.com | © Robert Kneschke - stock.adobe.com

Druck: CPI Clausen & Bosse GmbH, Birkstr. 10, 25917 Leck

Auf einen Blick

Vorwort

Microsoft Outlook ist mehr als nur ein Programm zur Verwaltung Ihrer E-Mails. Es stellt vielfältige Funktionalitäten rund um die Planung und Organisation Ihrer täglichen Aufgaben zur Verfügung und ist ständiger Begleiter im Büroalltag. Mit Outlook speichern Sie E-Mail-Adressen, Telefonnummern oder postalische Adressen, koordinieren Termine oder laden zu Besprechungen ein, planen, wann was zu erledigen ist und notieren kurze Informationen. Outlook entfaltet erst durch die Verbindung zu Microsoft Exchange seinen vollen Funktionsumfang, wie automatische Antworten senden bei Abwesenheit, Kalender freigeben für Kollegen, Besprechungen organisieren mit der Planungsansicht und vieles mehr. Auch diese Inhalte werden im vorliegenden Buch behandelt.

Schritt für Schritt

Schritt für Schritt und mit zahlreichen Bildern lernen Sie die einzelnen Funktionsbereiche von Outlook kennen. Sie erfahren, wie Sie die tägliche Flut an E-Mails zeitsparend verwalten, was Sie bei der Speicherung von Kontaktdaten beachten sollten, wie Sie Ihre Termine im Blick behalten und schnell eine Arbeitsaufgabenliste erstellen, an deren Erledigung Sie Outlook erinnert. Themen, wie Sicherung der gespeicherten Daten und die Verwendung der praktischen Suchfunktion runden das Buch ab.

Zahlreiche Bilder

Übersichtliche Darstellung

Praktische Problemlösungen

Am Anfang jedes Kapitels erhalten Sie eine Übersicht über die enthaltenen Inhalte und das erforderliche Vorwissen. Da Outlook ein Verwandlungskünstler ist, finden Sie im ersten Kapitel und zu Beginn fast jeden Folgekapitels Übersichten zur Programmoberfläche und zu den Möglichkeiten einer alternativen Darstellung. Das hilf Ihnen, Outlook an Ihre Wünsche und Anforderungen anzupassen. Spezifische Begrifflichkeiten wurden im Glossar am Ende des Buchs zusammengefasst und eine Liste nützlicher Tastenkombinationen im Anhang unterstützt Sie, Arbeitsschritte schnell zu erledigen.

Typische Fehler vermeiden

Online-Videos zu verschiedenen Themen

Hinweise und Tipps aus der Praxis helfen Ihnen, typische Anfängerfehler zu vermeiden und Fallstricke zu umgehen. Besonderen Wert wurde darauf gelegt, Inhalte zu vermitteln, die in der täglichen Arbeitspraxis nützlich sind.

Hinweise

Inhalte und sämtliche Abbildungen beruhen auf der Kaufversion von Microsoft Outlook 2019. Daneben stellt Microsoft mit Office 365 ein Software-Abonnement zur Verfügung, welches ebenfalls Outlook enthält. Die hier beschriebenen Inhalte können auch mit Office 365/ Outlook nachvollzogen werden, wobei gelegentlich Abweichungen in der Darstellung mancher Programmelemente und im Funktionsumfang auftreten.

Befehle, Bezeichnungen von Schaltflächen und Beschriftungen von Dialogfenstern sind zur besseren Unterscheidung farbig und kursiv hervorgehoben, zum Beispiel Register *Start*, Schaltfläche *Neue E-Mail*.

Beachten Sie, dass die Größe und Anzeige der Schaltflächen im Menüband dynamisch an die Bildschirm- bzw. Fenstergröße angepasst wird. Daher kann die Darstellung im Buch von der Anzeige an Ihrem Computer abweichen. Darüber hinaus ist Outlook ein Verwandlungskünstler. Viele Bereich können zusätzlich eingeblendet, minimiert oder deaktiviert werden.

Viel Spaß und Erfolg
mit dem Buch wünschen Ihnen

BILDNER Verlag und die Autorin Anja Schmid

Inhaltsverzeichnis

1 Die Outlook Arbeitsumgebung

Das lernen Sie in diesem Kapitel:

- Konto einrichten
- Überblick zu den einzelnen Funktionsbereichen E-Mail, Kalender, Personen und Aufgaben
- Wichtige Elemente der Programmoberfläche
- Verschiedenen Möglichkeiten der Befehlseingabe
- Register Datei und Optionen

Das sollten Sie bereits wissen:

- Grundlagen des Betriebssystems Windows

1.1 E-Mail-Konto einrichten

Die Übertragung von E-Mails erfolgt über Mailserver. Der Mailserver versendet E-Mails, nimmt gesendete Nachrichten entgegen und speichert diese in einem Postfach, bis sie vom Benutzer mittels eines E-Mail-Programms abgeholt werden. Auf dem Mailserver erledigen verschieden Dienste die einzelnen Aufgaben. Für den Transport von E-Mails kommt meist das Protokoll SMTP zum Einsatz. Das Abrufen der Mails erfolgt beispielsweise mittels IMAP oder POP3.

Um E-Mails empfangen und versenden zu können, benötigt jeder Benutzer ein Postfach mit dazugehöriger E-Mail-Adresse, einem Benutzernamen und einem Kennwort. Diese Informationen sowie die Adressen der einzelnen Server, müssen in Outlook in Form eines E-Mail-Kontos hinterlegt werden. Arbeiten Sie mit Outlook in einem Firmennetzwerk, wird das E-Mail-Konto meist vom Administrator eingerichtet und verwaltet.

Dienste zum Abrufen von E-Mails

Die Verbindung zu einem E-Mail-Konto kann mit verschiedenen Diensten hergestellt werden. Neben POP-, IMAP- stehen beispielsweise auch Exchange-Konten zur Verfügung. Welche Dienste Ihnen zum Abrufen Ihrer E-Mails angeboten werden, hängt vom E-Mails-Server des verwendeten Anbieters ab.

- **POP3 und IMAP:** Mit POP3 rufen Sie Nachrichten vom Mailserver Ihres Providers ab und speichern die E-Mails lokal auf Ihrem Rechner. Auf diese E-Mails können Sie dann auch zugreifen, wenn ihr Computer gerade nicht mit dem Internet verbunden ist.

  Bei Verbindung von Outlook mit einem IMAP-Konto wurde bislang nur die E-Mail-Kopfzeile heruntergeladen. Die Mails wurden auf dem Server des Providers belassen. Outlook 2019 unterstützt dies nicht, sondern lädt die E-Mails vollständig herunter. Mit einem IMAP-Konto können weder Kalendereinträge noch Kontaktdaten synchronisiert werden, außerdem wird die Outlook-Funktion *Kategorisieren* nicht unterstützt.

- **Microsoft Exchange Server:** Die Funktionalität von Outlook kann erweitert werden, wenn Ihr Computer mit Microsoft Exchange verbunden wird. Microsoft Exchange bezeichnet eine Software, die auf Ihrem Mailserver installiert ist und Funktionen, wie z. B. zentrale Adressverwaltung, gemeinsame Termin- und Aufgabenplanung, gemeinsame Nutzung von Kalendern, Abwesenheitsmeldungen etc. bereitstellt. Außerdem steht Ihnen mit einem Exchange Server die Möglichkeit zur Nutzung von Outlook Web Access bzw. Outlook Web App zur Verfügung. Damit erhalten Sie über das Internet Zugriff auf Ihre Outlookdaten wie E-Mails, Termine etc.

Exchange Server kommen in Firmennetzwerken zum Einsatz, da die Kommunikationsanforderungen eines Unternehmens meist weitaus höher sind als die einer Privatperson. Außerdem ist der Betrieb eines Exchange Servers für kleinere Unternehmen oder gar Privatpersonen zu kostenintensiv. Unter dem Schlagwort Hosted Exchange findet man Dienstleister, die die Anbindung an einen Exchange Server zur Verfügung stellen. Welche Funktionalitäten enthalten sind, ist von Angebot zu Angebot verschieden.

Outlook starten und einrichten

1 Starten Sie Outlook 2019 über das Startmenü von Windows 10. Dort ist die Desktop-App *Outlook* vielleicht bereits ans Startmenü angeheftet oder Sie wählen es aus der Liste aller Programme aus.

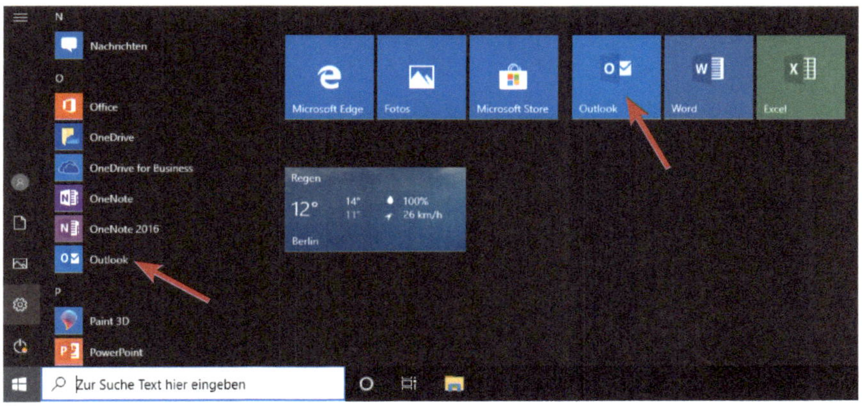

Startmenü Windows 10

Tipp: Heften Sie Outlook 2019 gleich an die Taskleiste an: Klicken Sie mit der rechten Maustaste im Startmenü auf den Programmnamen und wählen Sie im Kontextmenü *Mehr* ▸ *An Taskleiste anheften*.

Kontextmenü zum Anheften von Outlook an die Taskleiste

2 Beim ersten Starten von Outlook öffnet sich der Start-Assistent. Dieser hilft Ihnen, ein E-Mail-Konto einzurichten. Unter Umständen müssen Sie hierbei den 25-stelligen Produkt-Key eingeben. Folgen Sie den Anweisungen des Assistenten und wechseln Sie zur nächsten Seite über die Schaltfläche *Weiter*.

3 Geben Sie zunächst Ihre E-Mail-Adresse ein und klicken Sie dann auf *Verbinden*. Über *Erweiterte Optionen* können Sie eine manuelle Einrichtung anstoßen.

4 Wählen Sie im nächsten Schritt Ihren Kontotyp durch Anklicken aus. Unter Umständen kann dieser Schritt auch entfallen.

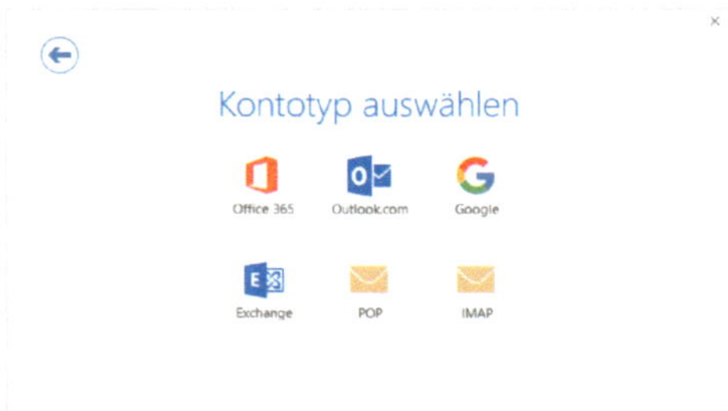

- Office 365: Hierbei handelt es sich um ein Abonnement, welches die Software und weitere Dienste enthalten kann. Je nach abonniertem Paket ist hier auch ein Postfach mit individueller Domain und Exchange-Online enthalten.
- Outlook.com: Sofern Sie das Freemail-Angebot von Microsoft nutzen und Ihre Adresse auf eine der folgenden Domains endet; outlook.de, outlook.com oder hotmail.com wählen Sie diesen Kontotyp aus.
- Google: Wenn Sie ein Google-Konto mit der Domain gmail.de verwenden, dann klicken Sie auf *Google*.
- Für alle anderen Konten wählen Sie den passenden Dienst aus: Exchange, IMAP oder POP3.

5 Geben Sie im Dialogfenster das Kennwort ein und aktivieren Sie *Anmeldedaten speichern* durch Anklicken des Kästchens davor ❶. Im nächsten Fenster werden Sie über den erfolgreichen Abschluss der Einrichtung informiert. Wenn Sie Outlook auch auf Ihrem Smartphone verwenden möchten, belassen Sie das Häkchen vor *Outlook Mobile auch auf meinem Telefon einrichten* ❷. Dadurch wird eine Webseite geöffnet, die Ihre Mobilnummer abfragt und Ihnen dann einen Downloadlink zusendet. Bestätigen Sie mit *Ok*.

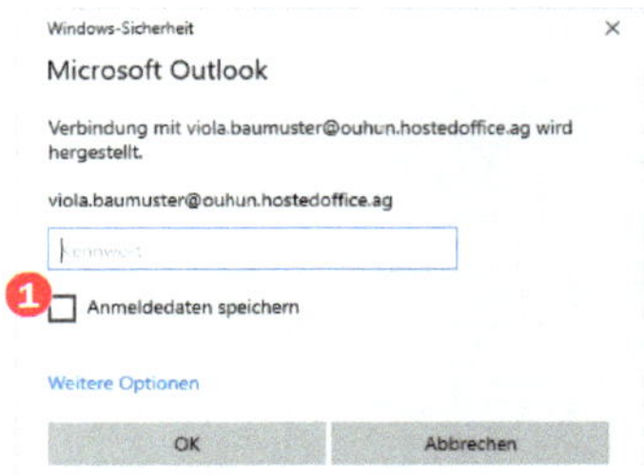

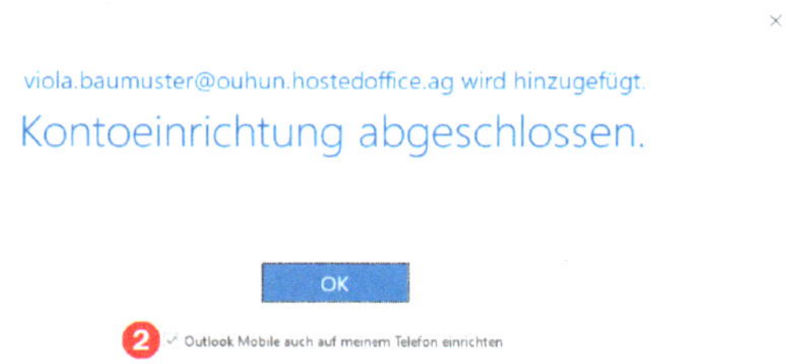

Ein weiteres Konto hinzufügen

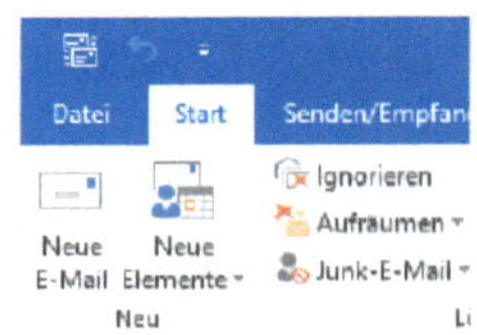

Falls noch ein zweites Konto zu Outlook hinzugefügt werden soll, gehen Sie so vor: Wählen Sie das Register *Datei* und klicken Sie dann auf *Konto hinzufügen* ❶. Geben Sie im nächsten Fenster die E-Mail-Adresse des neuen Kontos ein und klicken Sie auf *Verbinden* ❷. Geben Sie dann im Dialogfenster das Kennwort ❸ ein und aktivieren Sie *Anmeldedaten speichern*. Klicken Sie dann auf *OK*. Sie erhalten die Meldung, dass die Kontoeinrichtung abgeschlossen wurde. Klicken Sie auf *Ok*.

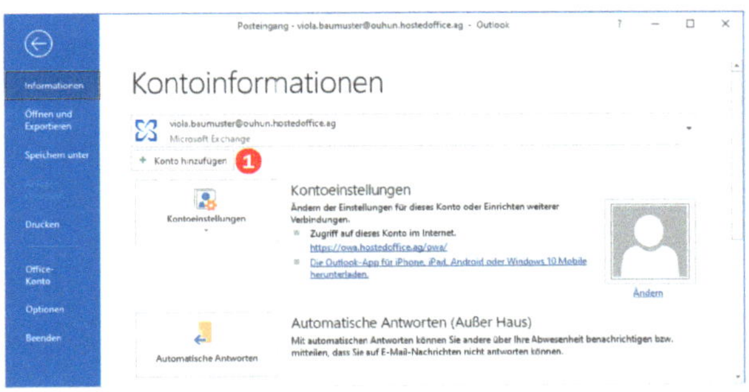

Kontoeinstellungen überprüfen

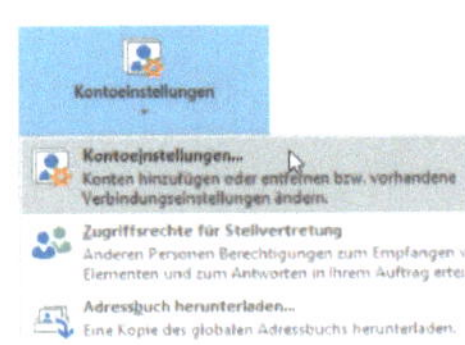

In der Regel klappt die Einrichtung problemlos. Sie können die eingerichteten Konten durch Anklicken des Registers *Datei* anzeigen. Klicken Sie auf *Kontoeinstellungen* und wählen *Kontoeinstellungen* aus. Im Register *E-Mail* ❶ werden alle verbundenen Konten aufgelistet. Markieren Sie ein Konto und klicken Sie auf *Ändern* ❷ (Abbildung nächste Seite) um die Server- bzw. Kontoeinstellungen anzuzeigen.

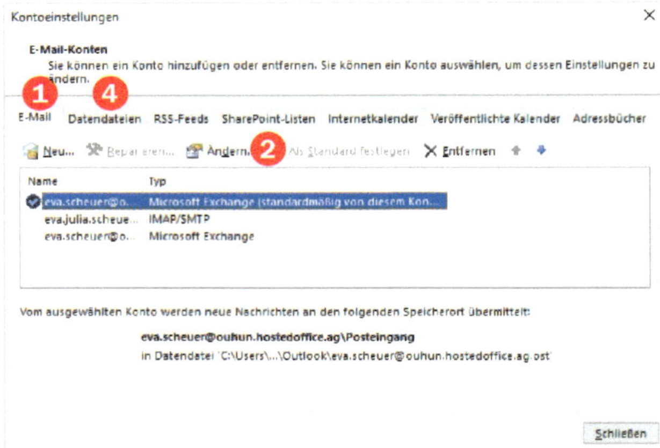

Die Offlinedatendatei verwendet die Dateinamenerweiterung .ost

Was Sie jetzt noch kontrollieren sollten, ist die Einstellung für den Offlinemodus. Sowohl Exchange-Konten als auch IMAP-Konten speichern eine Kopie der Inhalte des verbunden Kontos lokal auf Ihrem Rechner in einer Datei der sogenannten Offlinedatendatei oder OST-Datei. Dadurch sind die Inhalte des verbundenen und synchronisierten Postfachs auch dann verfügbar, wenn Sie gerade nicht mit dem Internet verbunden sind. Die Offlinedatendatei wird regelmäßig aktualisiert.

Ob die gesamten verfügbaren Daten in der Offlinedatendatei gespeichert werden oder nur ein Teil bestimmen Sie in den Kontoeinstellungen. Wenn Sie ältere E-Mails im Posteingang vermissen, erweitern Sie die Anzeigedauer durch Ziehen am Regler ❸.

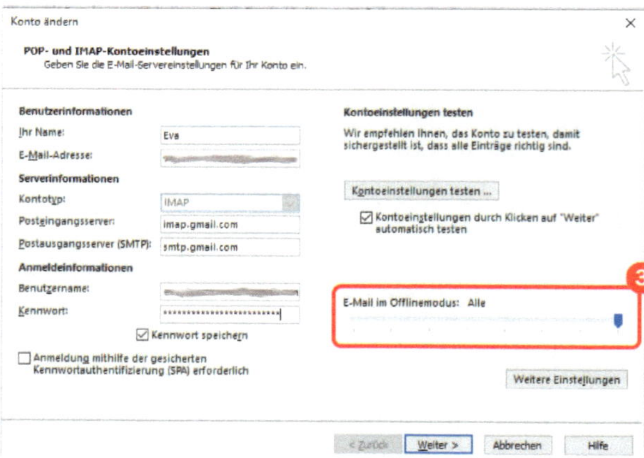

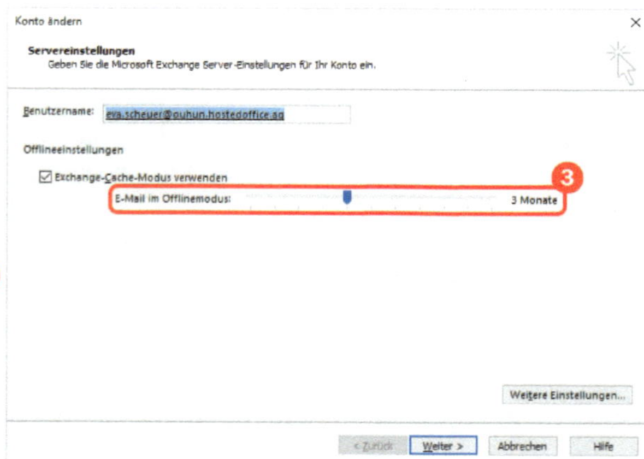

Für welche Konten eine Offlinedatendatei erstellt wurde, erfahren Sie im Register *Datendateien* ❹ (siehe Abbildung oben) Hier sehen Sie auch den Speicherort der OST-Datei. Diese bewahrt Sie aber nicht davor, Ihre Daten zu sichern (siehe dazu Seite 232), da die OST-Datei nicht in Outlook importiert werden kann.

Wenn Sie im Register *Datendateien* ein E-Mail-Konto vermissen sollten, dann handelt es sich bei diesem Konto um ein POP3-Konto. Für diese Konten wird keine Offlinedatendatei erstellt. Diese Kontenart speichert alle Daten in einer Outlook-Datendatei (PST). Diese sind dann ebenfalls offlline verfügbar.

Probleme bei der Kontoeinrichtung

Was tun, wenn trotz vermeintlich richtiger Angaben der Einrichtungsprozess nicht abgeschlossen wird? Wenig Probleme werden auftreten, wenn Sie sich mit einem Exchange-Konto, einem Office365-Organisationskonto oder mit einem Outlook.com-Konto anmelden.

Natürlich ist es möglich, dass Sie sich bei E-Mail-Adresse oder Kennwort vertippt haben. Falls die E-Mail-Adresse falsch ist, klicken Sie auf (Nicht Sie?) ❶. Wenn etwas anderes nicht geklappt hat, klicken Sie auf *Wiederholen* ❷. Im nächsten Fenster sehen Sie die Servereinstellungen für Ihr E-Mail-Konto, die hier geändert werden könnten. Klicken Sie dann auf *Weiter* ❸.

Im nächsten Schritt können Sie das Kennwort erneut eingeben und mit *Verbinden* bestätigen.

Wesentlich häufiger wird das Problem dadurch verursacht, dass die Berechtigung zum Abrufen von Daten für das E-Mail-Konto nicht erteilt wurde.

Berechtigung für ein Gmail-Konto einrichten

Sollten Probleme beim Verbinden von Outlook mit einem Google-Konto auftreten, kontrollieren Sie, ob eine Berechtigung zum Abrufen von Daten erteilt ist.

1 Rufen Sie im Browser www.gmail.de auf und geben Sie E-Mail-Adresse bzw. Telefonnummer und Kennwort ein.

2 Klicken Sie rechts auf ⚙ *Einstellungen* und wählen Sie *Einstellungen* aus.

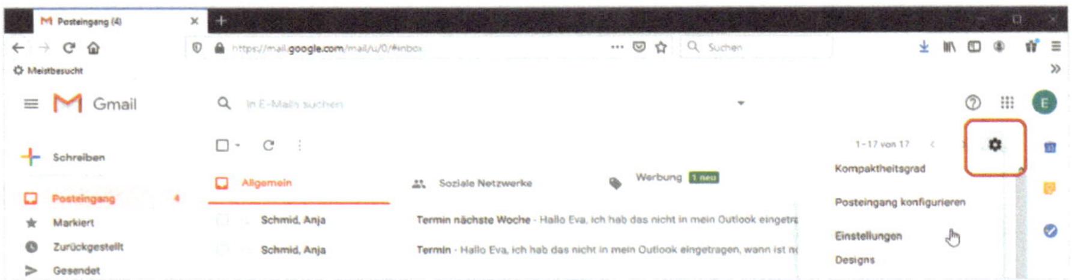

3 Wählen Sie *Weiterleitung & POP/IMAP* aus und klicken Sie dann auf *IMAP aktivieren*.

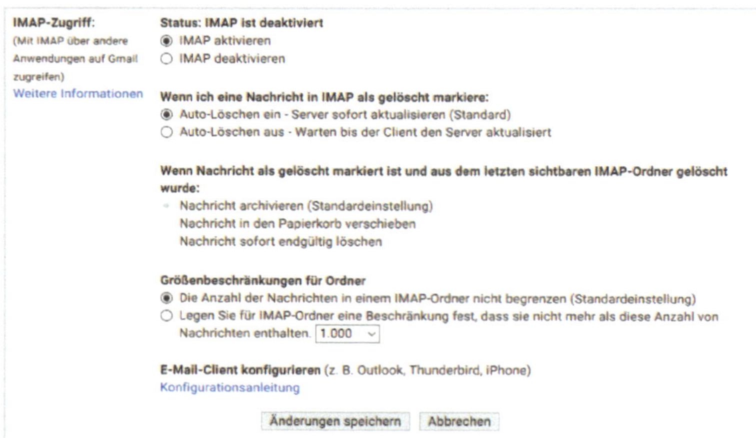

4 Wählen Sie dann *Änderungen speichern* aus.

> Die Aktivierung des IMAP-Zugriffs wird hier exemplarisch für ein Gmail-Konto erläutert, muss aber auch bei anderen Freemail-Diensten, wie z. B. Web.de durchgeführt werden.

Für die meisten E-Mail-Konten ist mit der Aktivierung des Zugriffs das Problem gelöst und Sie können mit Schritt 6 fortfahren.

5 Google ziert sich hier noch etwas. Für Google ist Outlook eine „weniger sichere App“, weswegen der Zugriff nicht ohne Weiteres erlaubt wird. Sie können nun entweder den Zugriff durch weniger sichere Apps erlauben oder eine 2-Faktor-Authentifizierung vereinbaren.

- Um diese Einstellung zu ändern, rufen Sie zunächst Ihr Google-Konto auf. Dazu klicken Sie in Gmail rechts oben auf Ihr Konto-Symbol und dann auf *Google-Konto*.

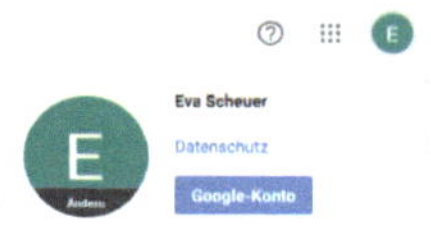

- Weniger sichere Apps den Zugriff erlauben: Klicken Sie rechts auf *Sicherheit* und scrollen Sie nach unten zu *Zugriff durch weniger sichere Apps*. Klicken Sie auf *Zugriff erlauben (nicht empfohlen)* und ziehen Sie den Regler auf *Ein*. Damit schaffen Sie natürlich ein Risiko.

Wer den Zugriff für weniger sichere Apps nicht erlauben möchte, kann für sein Google-Konto im Bereich *Sicherheit* eine *Bestätigung in zwei Schritten* hinterlegen. Danach kann über *App-Passwörter* ein Kennwort generiert werden für den Abruf von E-Mail an einem Windows Rechner. Dadurch wird ein Kennwort angezeigt, welches Sie anstelle des Kennworts Ihres E-Mail-Kontos bei der Einrichtung in Outlook eintippen.

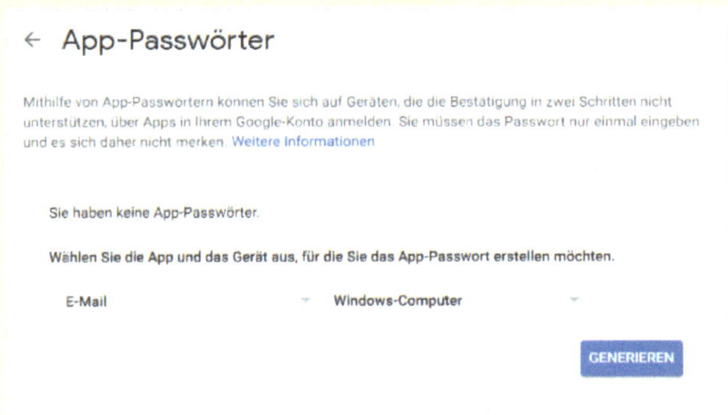

Für Office365 Nutzer wird im Anmeldeprozess ein Google-Fenster angezeigt, in das Sie Ihr Kennwort eintippen können und ggf. mittels 2-Faktor-Authentifizierung bestätigen.

Sie finden in der Outlook Hilfe unter dem Stichwort „Hinzufügen eines Gmail-Kontos zu Outlook“ eine ausführliche Anleitung.

6 Kehren Sie zu Outlook zurück und klicken Sie auf *Wiederholen*. Falls die IMAP-Kontoeinstellungen angezeigt werden, bestätigen Sie diese mit *Weiter*. Gegebenenfalls muss das Kennwort erneut eingegeben werden. Klicken Sie dann auf *Verbinden*.

1.2 Die Outlook-Elemente auf einen Blick

Nach Öffnen von Outlook wird standardmäßig der Funktionsbereich *E-Mail* und hier der Ordner Posteingang angezeigt. Das Erscheinungsbild von Outlook ist veränderbar. Viele Bereiche können ein- bzw. ausgeblendet oder minimiert werden. Außerdem spielt auch das verbundene Konto eine Rolle. Deshalb ist es möglich, dass Ihr Outlook von der unteren Darstellung abweicht.

❶ Symbolleiste für den Schnellzugriff

❷ Menüband

❸ Navigationsleiste

❹ Statusleiste

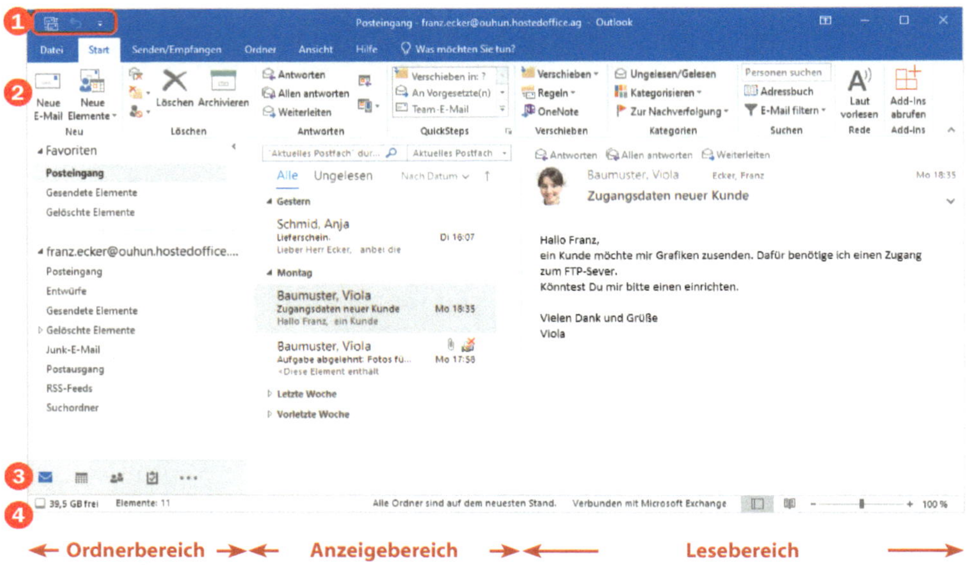

Funktionsbereiche

Outlook enthält neben dem Funktionsbereich E-Mail weitere Arbeitsbereiche: Kalender, Personen etc. Durch den Wechsel zu einem anderen Funktionsbereich ändert sich die Darstellung der Programmoberfläche und andere Befehle stehen zur Verfügung.

Funktionsbereich	Darstellung in der Navigationsleiste	Verwendung
E-Mail		Versenden und Empfangen von E-Mails
Kalender		Termine festlegen und koordinieren
Personen		Organisation von Kontaktinformationen, z. B. E-Mail-Adresse, Telefonnummern, Anschrift etc.
Aufgaben		Planung der zu erledigenden Arbeiten
Notizen		Vermerken von kurzen Hinweisen

Navigationsleiste

Navigationsleiste zum Wechsel zwischen den Funktionsbereichen

Der Wechsel zwischen Funktionsbereichen erfolgt über die Navigationsleiste unterhalb des Ordnerbereiches. Hier werden die Funktionsbereiche entweder als Symbole oder als Text zur Auswahl angezeigt. Durch Anklicken mit der Maus wird zu einem anderen Bereich gewechselt und dessen Inhalt angezeigt. Wie viele Funktionsbereiche in der Navigationsleiste sichtbar sind, hängt zum einen von der Breite des Ordnerbereichs ab, kann aber auch von Ihnen festgelegt werden.

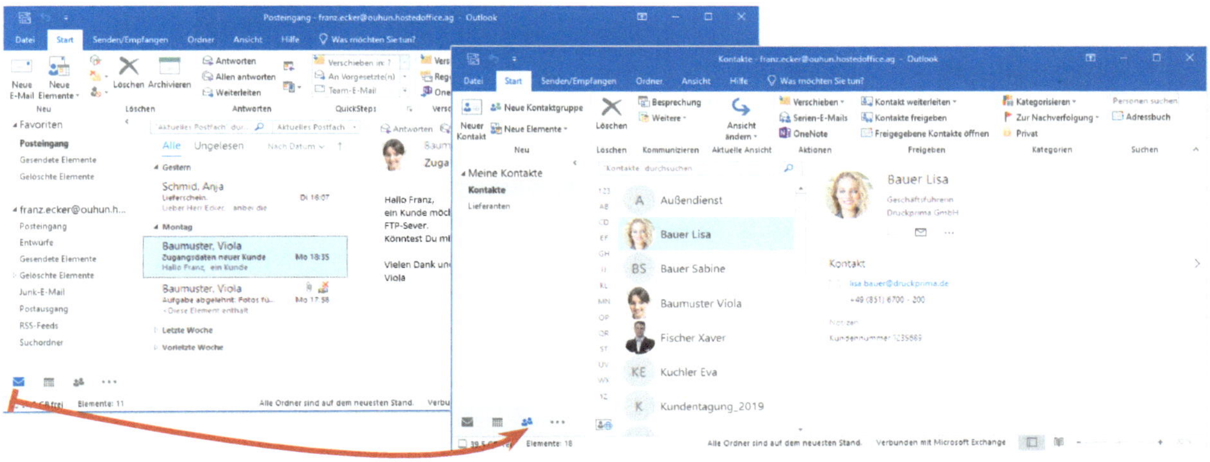

Wechsel vom Funktionsbereich E-Mail zum Funktionsbereich Personen

Momentan werden in diesem Beispiel die Funktionsbereiche E-Mail, Kalender und Personen zur Auswahl angeboten. Mit der Schaltfläche ••• können Sie weitere Funktionsbereiche aufrufen sowie die Darstellung der Navigationsleiste ändern.

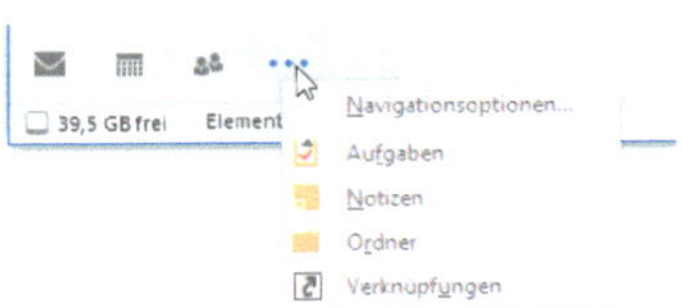

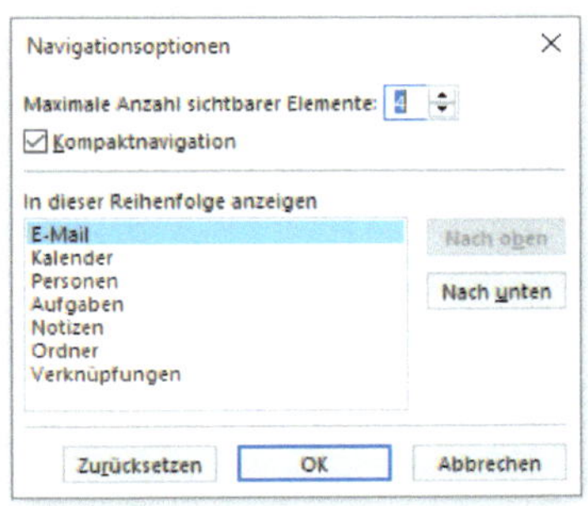

Aussehen der Navigationsleiste anpassen

Ob die Navigationsleiste mit Symbolen als Teil des Ordnerbereichs dargestellt wird (Kompaktnavigation), oder am Fuße des Fensters unabhängig vom Ordnerbereich angezeigt wird, legen Sie in den *Navigationsoptionen* fest. Dazu klicken Sie auf ••• in der Navigationsleiste und wählen *Navigationsoptionen* (siehe Bild oben links). Alternativ erhalten Sie das Fenster ebenfalls über das Register *Ansicht* ▶ Gruppe *Layout* ▶ *Ordnerbereich* ▶ *Optionen*.

- Entfernen Sie das Häkchen bei *Kompaktnavigation*, um eine erweiterte Darstellung der Navigationsleiste zu erhalten.

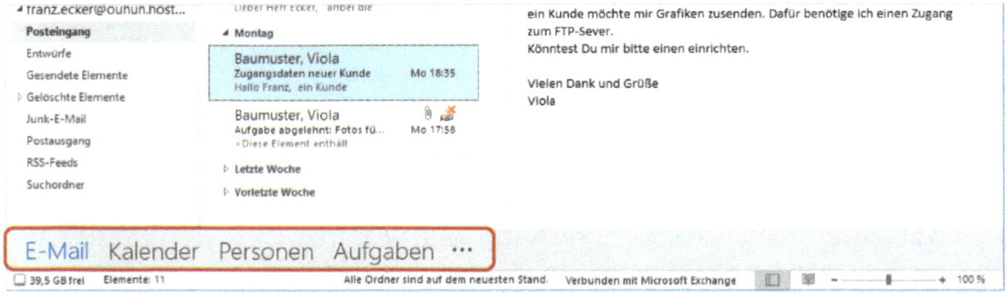

- In der Regel werden in der Navigationsleiste drei bis vier Funktionsbereiche zur Auswahl angeboten. Entscheiden Sie bei *Maximale Anzahl sichtbarer Elemente*, wie viele Sie anzeigen möchten. In der Ansicht *Kompaktnavigation* ist die Anzahl der angezeigten Symbole auch von der Breite des Ordnerbereichs abhängig.
- Im Bereich *In dieser Reihenfolge anzeigen* entscheiden Sie, wie die Symbole aufeinanderfolgen. Markieren Sie einen Funktionsbereich und verändern Sie seine Position über die Schaltflächen *Nach unten* bzw. *Nach oben*.

Ordner-, Anzeige- und Lesebereich

Outlook verwaltet und speichert alle Inhalte in Ordnern. Für jeden Funktionsbereich steht mindestens ein Ordner zur Verfügung. Dieser wird im Ordnerbereich angezeigt. Die Inhalte des Funktionsbereichs *E-Mail* sind auf mehrere Ordner aufgeteilt: *Posteingang*, *Postausgang*, *Gesendete Elemente* etc. Der Ordner *Gelöschte Elemente* steht als „Papierkorb" allen Funktionsbereichen zur Verfügung.

Im Anzeigebereich (siehe Abbildung Seite 26) werden die Inhalte der einzelnen Ordner angezeigt, z. B. die erhaltenen E-Mails, die gespeicherten Kontakte oder die zu erledigenden Aufgaben. Im Lesebereich sehen Sie dann weiter Details, z. B. den Inhalt einer E-Mail, die genauen Kontaktdaten oder weitere Informationen zu einer Aufgabe. Die Anzeige des Lesebereichs ist nicht zwingend notwendig, da jedes Element durch einen Doppelklick geöffnet werden kann, um weitere Informationen zu erhalten. Die Anzeige des Lesebereichs steuern Sie über Register *Ansicht* ▶ Gruppe *Layout* ▶ *Lesebereich*. Hier können Sie den Lesebereich auch unten anzeigen oder ganz ausschalten.

Ordnerliste anzeigen

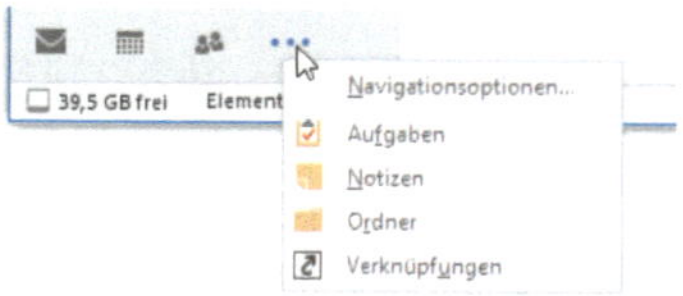

Normalerweise werden in jedem Funktionsbereich nur die Ordner angezeigt, die zu diesem Arbeitsbereich gehören. Es ist aber auch möglich eine Ordnerliste einzublenden, die alle verfügbaren Ordner gemeinsam anzeigt. Klicken Sie auf die Schaltfläche ··· in der Navigationsleiste und wählen Sie *Ordner*.

Neben den schon erwähnten Ordnern können noch weitere zur Verfügung stehen. Wenn Sie beispielsweise mit einem Exchange Server verbunden sind, können vom Administrator *Öffentliche Ordner* bereitgestellt werden, in denen Daten ausgetauscht und gemeinsam genutzt werden.

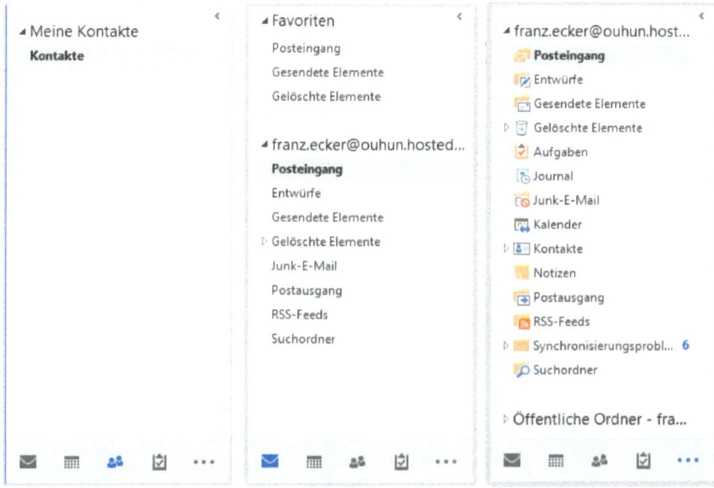

Links: Ordner des Funktionsbereichs Personen
Mitte: Ordner des Funktionsbereichs E-Mail
Rechts: Ordnerliste

Anzeige des Ordnerbereichs steuern

Der Ordnerbereich kann per Mausklick auf ‹ ❶ (rechts oben im Ordnerbereich) minimiert werden. So erhalten Sie mehr Platz für die Ansicht der weiteren Bearbeitungsbereiche. Um den Ordnerbereich wieder anzuzeigen, tippen Sie auf › ❷. Der Ordnerbereich wird dadurch nur erweitert und nicht dauerhaft angezeigt. Soll er wieder permanent angezeigt, tippen Sie auf ⊣ ❸. Mit der Tastenkombination Alt + F1 haben Sie ebenfalls die Möglichkeit den Ordnerbereich zu minimieren, maximieren bzw. auszublenden.

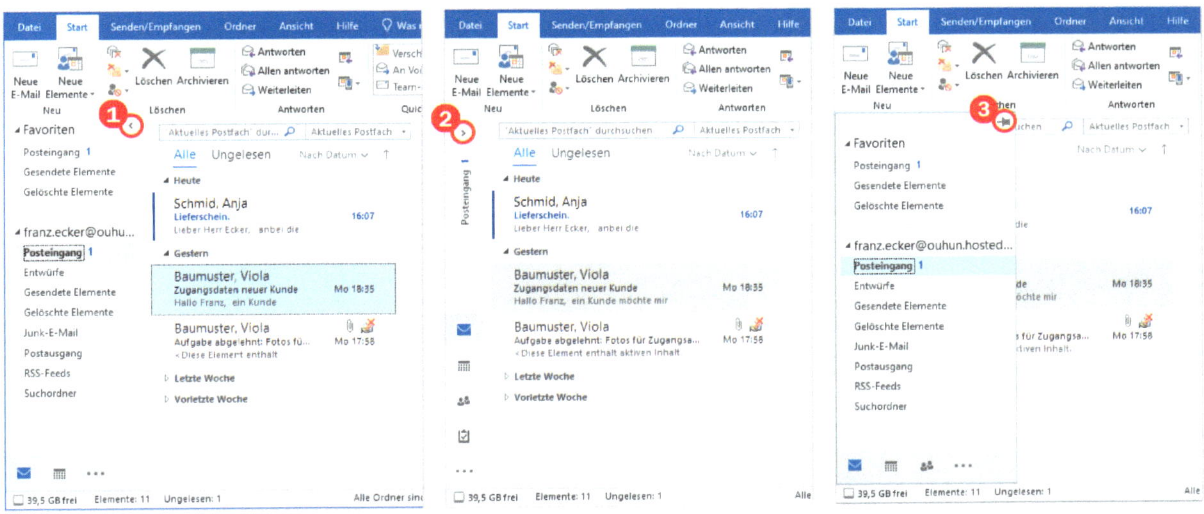

Die Darstellung des Ordnerbereichs bestimmen Sie auch über Register *Ansicht* ▸ Gruppe *Layout* ▸ *Ordnerbereich*.

Die Aufgabenleiste fasst aktuelle Informationen zusammen

Die Aufgabenleiste wird am rechten Rand des Outlook-Fensters eingeblendet und kann Kalenderelemente (Datumsnavigator und Termine), eine Liste wichtiger Kontakte und aktuelle Aufgaben enthalten. Die Aufgabenleiste bietet so eine ausgezeichnete Übersicht Ihrer anstehenden Termine und Aufgaben und kann für alle Funktionsbereichen individuell angezeigt und angepasst werden. Standardmäßig ist diese ausgeblendet.

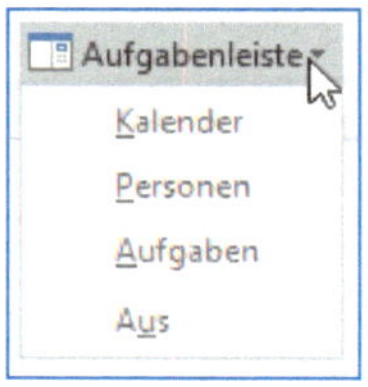

Die Aufgabenleiste wird in allen Funktionsbereichen über *Ansicht* ▸ Gruppe *Layout* ▸ *Aufgabenleiste* angepasst. Klicken Sie die Elemente an (*Kalender*, *Personen*, *Aufgaben*), die Sie anzeigen möchten:

- Kalender: Ein Datumsnavigator wird angezeigt. Darunter sind Termine und Geburtstage der nächsten Tage aufgeführt. Auch als privat markierte Termine sind in der Liste enthalten.
- Personen: Kollegen oder Kunden mit denen Sie oft in Kontakt stehen, können als Favoriten festgelegt werden und erscheinen dann in diesem Bereich der Aufgabenleiste. So können Sie den Kontakt schnell auswählen, um der Person zu schreiben, mit ihr zu chatten etc.
- Aufgaben: Über den Bereich Aufgaben können Sie schnell neue Aufgaben festlegen. Hier sehen Sie auch auf einen Blick, was in den nächsten Tagen erledigt werden muss.

Wie genau Sie die einzelnen Bereiche mit Informationen füllen, erfahren Sie in den folgenden Kapiteln.

▸ In der Aufgabenleiste am rechten Rand des Funktionsbereichs *E-Mail* wurde über Register *Ansicht* ▸ Aufgabenleiste der *Kalender* ausgewählt ❶. Dieser enthält Termine der nächsten Tage.

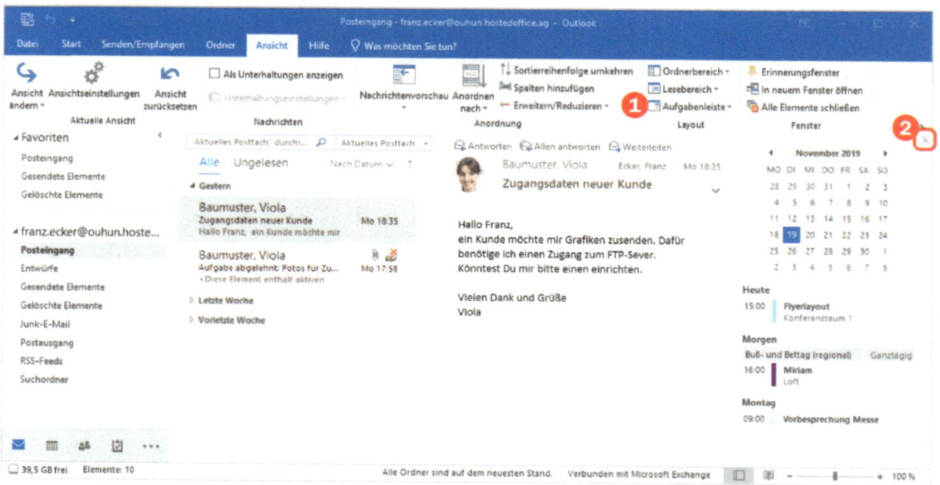

- Nicht benötigte Elemente der Aufgabenleiste können auf dem gleichen Weg ausgeblendet werden. Noch einfacher ist es, die Elemente, welche wie kleine Fenster in die Aufgabenleiste integriert werden, mit der jeweiligen Schließen-Schaltfläche ❷ auszublenden.

Popups bieten Kurzinformationen

Beim Aufrufen eines Funktionsbereichs über die Navigationsleiste, werden, wenn Sie auf einer Schaltfläche kurz mit der Maus verweilen, sogenannte Popups angezeigt. Popups sind Bildschirmelemente, die in der Regel nur temporär erscheinen. Sie sind sehr viel einfacher aufgebaut als Fenster und damit für die schnelle Anzeige von Informationen geeignet. Es stehen über das Popup aber auch einfache Bearbeitungsmöglichkeiten zur Verfügung. Da Sie die Popups erst im Laufe des Buchs mit Inhalten füllen, erhalten Sie zu deren Bearbeitung in den Kapiteln der einzelnen Funktionsbereiche genauere Informationen. Für den Funktionsbereich E-Mail steht kein Popup zur Verfügung.

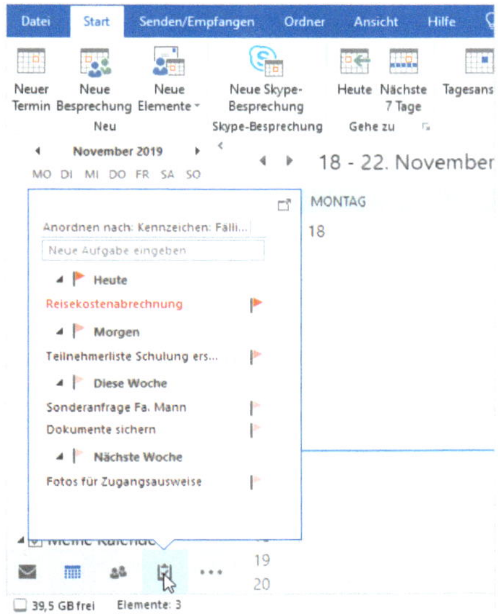

Das Aufgaben-Popup wird angezeigt, wenn Sie den Mauszeiger auf die Schaltfläche Aufgaben bewegen.

Die Inhalte der Popups können in der Aufgabenleiste auch dauerhaft angezeigt werden. Letztendlich erhalten Sie dasselbe Ergebnis, wie beim Hinzufügen von Elementen zur Aufgabenleiste. Klicken Sie auf die Schaltfläche *Popup anheften* oben rechts am Popup.

Outlook Heute

Outlook Heute ist sozusagen die Startseite Ihres Outlook-Postfaches und bietet eine übersichtliche Darstellung Ihrer Termine, Aufgaben und neuer Mails im Posteingang. Sie erhalten diese Anzeige, wenn Sie im Funktionsbereich E-Mail auf Ihr Postfach ❶ klicken.

Die Einträge in den drei Bereichen *Kalender*, *Aufgaben* und *Nachrichten* verlinken auf die einzelnen Inhalte. Klicken Sie auf einen Termin ❷, um das Terminformular mit weiteren Informationen anzuzeigen, gleiches gilt für die Aufgaben. Durch Anklicken von *Posteingang* ❸ zeigen Sie diesen an und können die neuen E-Mails lesen. Durch Aktivieren der Kästchen ❹ bei Aufgaben setzen Sie die Aufgabe auf erledigt. Diese wird dann durchgestrichen angezeigt. Über *Outlook Heute anpassen* ❺ können Sie Darstellung ändern.

- **Start**: Soll *Outlook Heute* beim Öffnen des Programms angezeigt werden, aktivieren Sie das Kästchen vor *Beim Start direkt zu Outlook Heute wechseln*.

- **Nachrichten:** Momentan werden im Bereich *Nachrichten* der *Posteingang* und die Ordner *Entwürfe* und *Postausgang* angezeigt. Klicken Sie auf *Ordner wählen*, um eine andere Auswahl zu treffen.
- **Kalender:** Hier legen Sie die Anzahl der Tage fest, die angezeigt werden sollen. Dazu zählen auch die Wochenende. Tage ohne Termin werden nicht angezeigt, aber mitgezählt.
- **Aufgaben:** Entscheiden Sie, ob Sie nur Aufgaben anzeigen möchten, die heute fällig sind. In diesem Fall aktivieren Sie *Heutige Aufgaben* ❻. Standardmäßig werden die Aufgaben so sortiert, dass die dringlichste Aufgabe am Ende der Liste angezeigt wird. Wem es andersherum lieber ist, wählt *Aufsteigend* ❼ aus.
- **Formate:** Über das Dropdown-Menü wählen Sie, ob Sie von der derzeit dreispaltigen Aufteilung (*Standard*) zu zwei oder einer Spalte wechseln möchten.
- Zum Speichern Ihrer Anpassungen klicken Sie auf *Änderungen speichern* ❽.

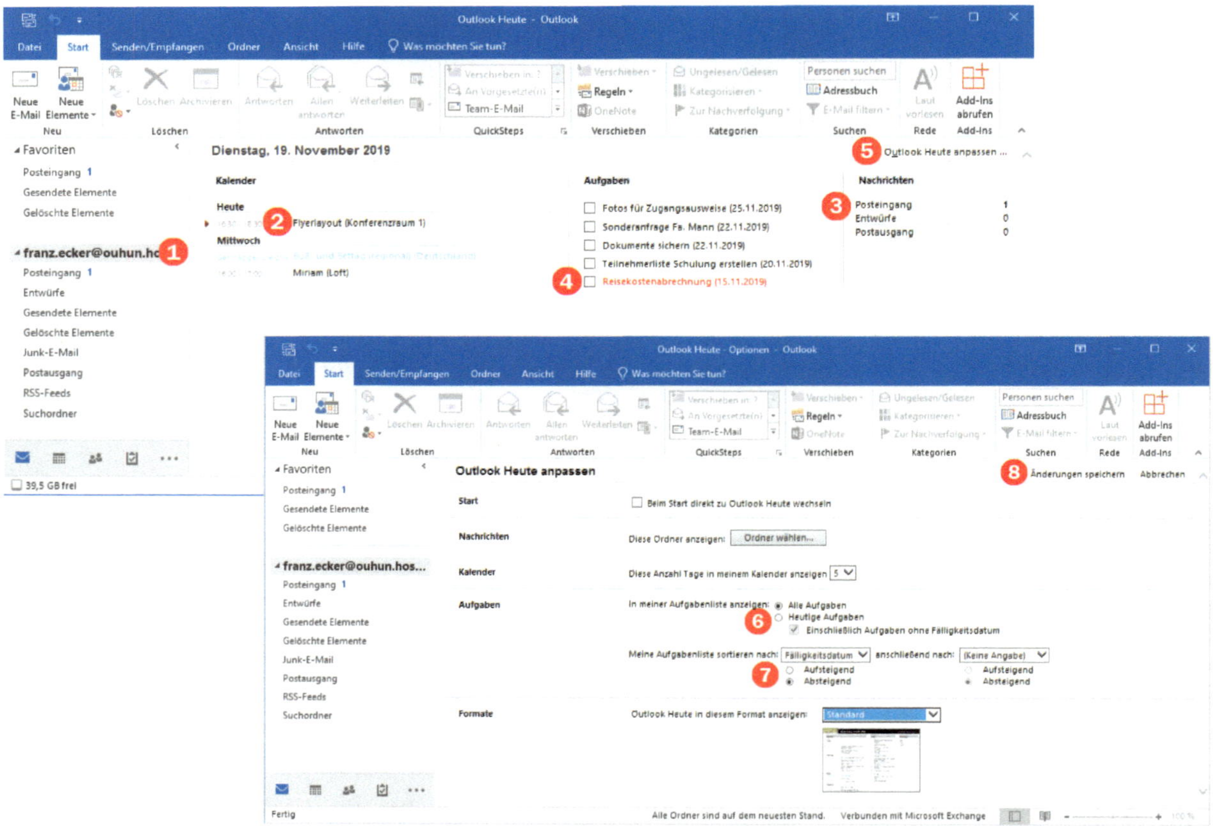

Die Outlook-Hilfe verwenden

Schnelle Hilfe zu einem Befehl

Sie sind auf der Suche nach einem bestimmten Befehl und können diesen im Menüband gerade nicht finden? In diesem Fall verwenden Sie das Feld *Was möchten Sie tun?* und geben hier den Suchbegriff ein. Bereits während der Eingabe werden passende Befehle aufgelistet, die Sie an dieser Stelle auch gleich per Mausklick ausführen können. Manche Befehle stellen zusätzlich eine Dropdown-Liste mit weiteren Optionen zur Verfügung.

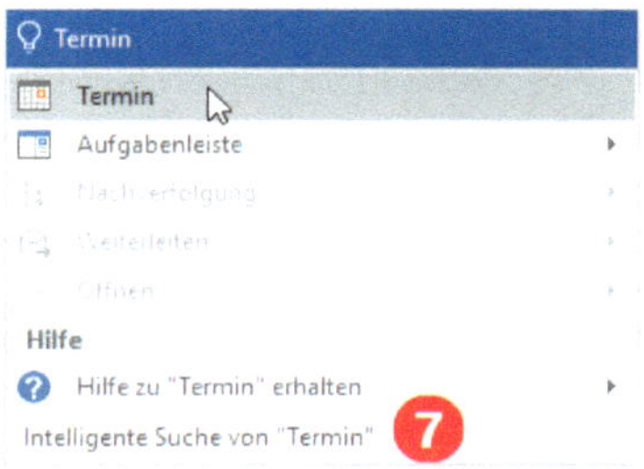

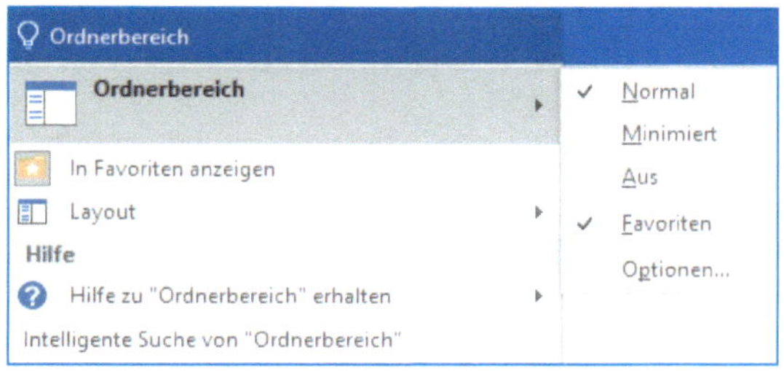

Links: Aufrufen eines Terminformulars

Rechts: Anzeige des Ordnerbereichs verändern

Wenn Sie wissen möchte, welche Funktion eine Schaltfläche hat, zeigen Sie mit der Maus darauf. Einige Quickinfo wird angezeigt, oft auch mit dem dazugehörigen Shortcut.

Der Aufgabenbereich Hilfe

Benötigen Sie dagegen umfassendere Erläuterungen zu einem Thema, dann klicken Sie auf das Register Hilfe und hier auf das Symbol Hilfe ❶. Dadurch öffnet sich der Aufgabenbereich Hilfe auf der rechten Seite des Fensters. Klicken Sie entweder zunächst auf einen Bereich, zu dem Sie Hilfe suchen und wählen Sie dann das Thema aus, z. B. *Kalender* ❷ - *Erstellen eines ganztägigen Ereignisses* ❸, oder geben Sie einen Suchbegriff ❹ ein und klicken auf eines der vorgeschlagenen Themen oder auf das Symbol Lupe. Zu einigen Themen sind auch Lernvideos verfügbar.

Ein Klick auf den Pfeil ❺ bringt Sie zurück zur vorherigen Anzeige, zum Schließen des Hilfe-Bereichs klicken Sie auf das Schließen-Symbol ❻. Hinweis: Der Aufgabenbereich Hilfe öffnet sich auch, wenn Sie nach Eingabe eines Stichworts im Suchfeld des Menübands auf *Hilfe zu ...* ❼ (siehe Bild oben) erhalten klicken.

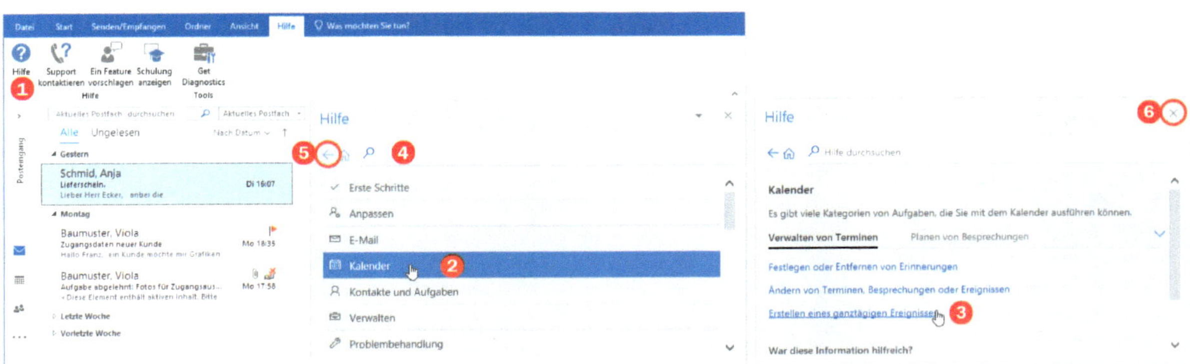

1.3 Die Bildschirmanzeige steuern

Fensterdarstellung

Die Titelleiste des Anwendungsfensters enthält den aktuell gewählten Funktionsbereich gefolgt vom Name des E-Mail-Kontos, sowie ganz rechts die Schaltflächen zur Steuerung der Größe des Fensters (minimiert, Vollbild/ Teilbild) und zum Schließen des Fensters.

- Mit einem Mausklick auf das Symbol *Schließen* beenden Sie Outlook bzw. schließen Sie einzelne Formulare. Daten in Formularen sollten Sie vor dem Schließen speichern.

- Mit einem Mausklick auf das mittlere Symbol wechselt das gesamte Fenster zwischen beliebiger Fenstergröße (*Verkleinern*) und Vollbildmodus (*Maximieren*). Maximieren bedeutet, dass die Fenstergröße automatisch an die Größe des Bildschirms angepasst wird.

- Mit dem Symbol *Minimieren* können Sie das geöffnete Fenster auf die Größe einer Schaltfläche in der Taskleiste reduzieren. Mit einem Mausklick auf die Schaltfläche stellen Sie das ursprüngliche Fenster wieder her. Die Anwendung wird nicht geschlossen, Ihre Daten gehen dabei also nicht verloren.

Statusleiste mit Zoom

- Am unteren Rand des Fensters befindet sich die Statusleiste. Was in der Statusleiste angezeigt wird, bestimmen Sie selbst. Um die Anzeige von Elementen zu deaktivieren bzw. zu aktivieren, klicken Sie mit der rechten Maustaste auf die Statusleiste. Nicht für jedes E-Mail-Konto stehen alle Funktionalitäten zur Verfügung. Wenn Sie beispielsweise mit Microsoft Exchange arbeiten, können in der Statusleiste *Kontingentinformationen* angezeigt werden. Diese geben Auskunft über den für Ihr Postfach zur Verfügung stehenden Speicherplatz.

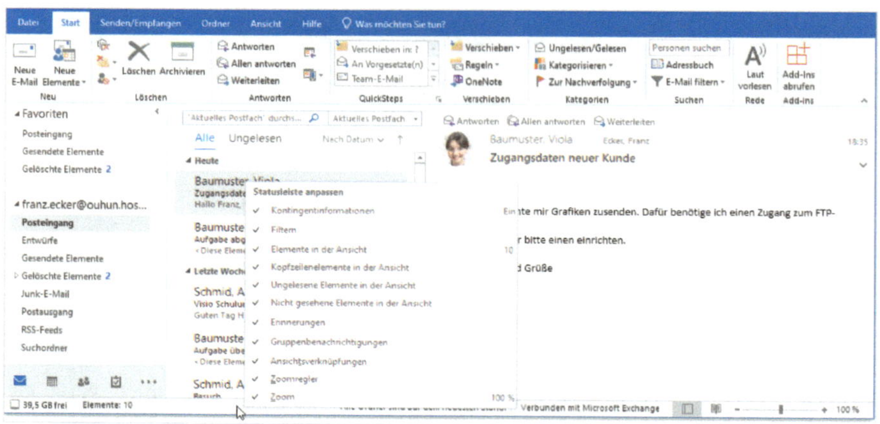

Statusleiste mit der rechten Maustaste anklicken, um Inhalte, die angezeigt werden sollen, auszuwählen.

- Immer sichtbar ist der Zoomregler. Das ist ein Textzoom, d.h. dass nur ein Teil des Fensters vergrößert bzw. verkleinert wird, z. B. der Lesebereich des Funktionsbereichs E-Mail, die Inhalte des Ordnerbereichs und des Anzeigebereichs werden nicht vergrößert.

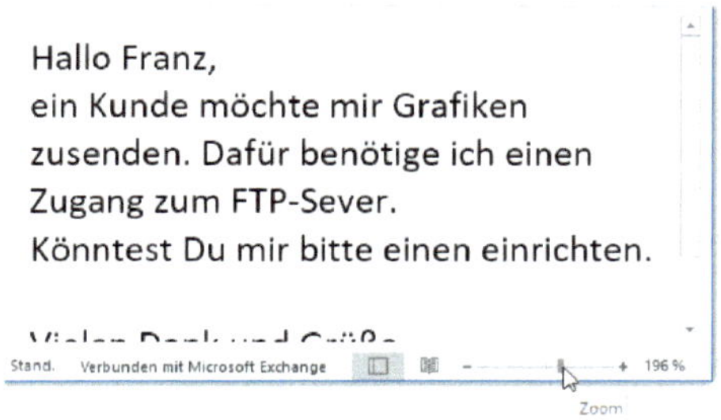

Bereiche vergrößern bzw. verkleinern

Eine Vielzahl an Bereichen kann mit der Maus in Höhe und/oder Breite verändert werden. So können Sie das Outlook-Fenster ganz an Ihre persönlichen Vorlieben anpassen:

Zeigen Sie mit der Maus auf eine Trennlinie. Sobald anstelle des Mauszeigers ein Doppelpfeil sichtbar wird, ziehen Sie die Trennlinie bei gedrückter Maustaste auf die gewünschte Position. Auf diese Weise können Sie die Größe des Ordnerbereichs, Anzeigebereichs und Lesebereichs verändern, aber auch den einzelnen Elementen der Aufgabenleiste mehr bzw. weniger Fläche zuweisen.

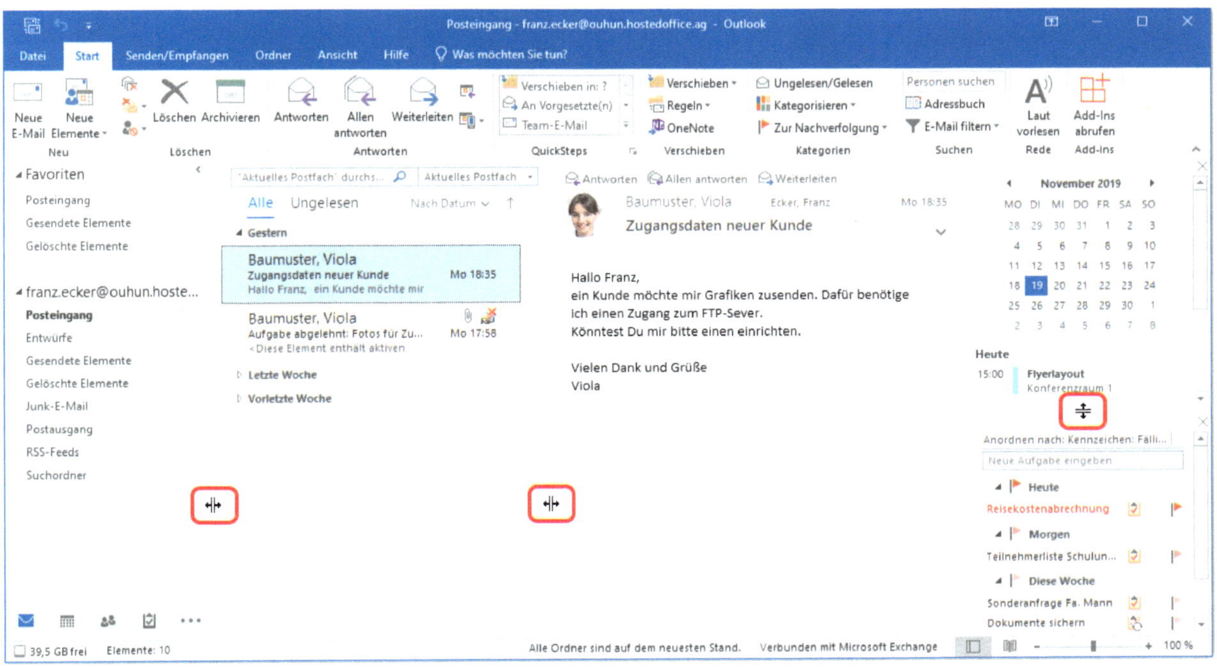

Leseansicht verwenden

Wenn Sie viel Platz zum Lesen Ihrer E-Mails oder zur Durchsicht Ihrer Termine benötigen, schaffen Sie diesen mit der Leseansicht. Durch Anklicken der Schaltfläche auf der Statusleiste werden im aktuellen Funktionsbereich der Ordnerbereich minimiert und die Aufgabenleiste ausgeblendet.

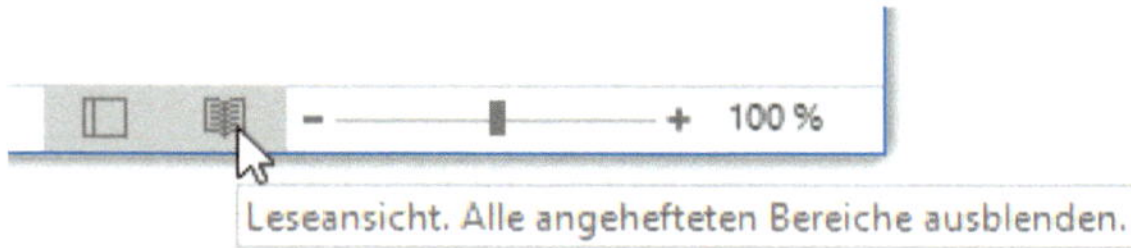

Um wieder zur vorherigen Ansicht zurückzukehren, wählen Sie in der Statusleiste die Normalansicht aus.

1.4 Möglichkeiten der Befehlseingabe

Das Menüband und seine Elemente

Das Menüband (engl. ribbon) fasst grundlegende Aufgabenstellungen in Registerkarten zusammen. So finden Sie im Register *Start* die am häufigsten benötigten Befehle für den aktuellen Funktionsbereich.

- Zur Anzeige der Inhalte einer Registerkarte klicken Sie einfach auf den Namen, bzw. den Reiter des Registers.
- Wenn Sie mit dem Mauszeiger auf das Menüband zeigen, können Sie auch mit dem Mausrad durch die Register wechseln.

Der Inhalt der Registerkarten ist abhängig vom gewählten Funktionsbereich. Zwar werden in allen Funktionsbereichen die Register *Datei*, *Start*, *Senden/Empfangen*, *Ordner* und *Ansicht* angezeigt, jedoch weisen sie unterschiedliche Funktionen auf:

Register Start des Funktionsbereichs E-Mail

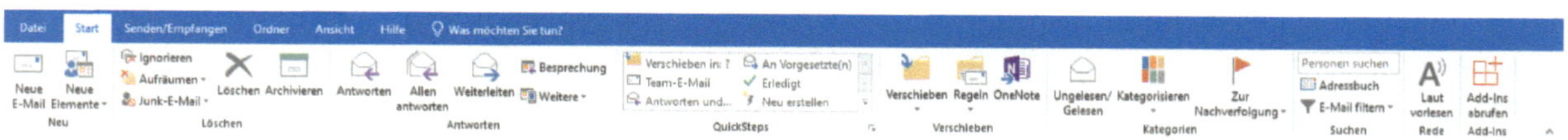

Register Start des Funktionsbereichs Kalender

Gruppen

Innerhalb der Register sind Befehle zu Gruppen zusammengefasst. Das Register *Start* (Funktionsbereich E-Mail) enthält z. B. die Gruppe *Kategorien* zur speziellen Markierung von E-Mails und die Gruppe *Antworten* zur Beantwortung oder Weiterleitung von E-Mail-Nachrichten. In einer Gruppe passt sich die Darstellung der Schaltflächen automatisch an die Größe des Anwendungsfensters an. Bei stark verkleinertem Anwendungsfenster kann anstelle der Schaltflächen auch nur noch der Name der Gruppe angezeigt werden. Die dazugehörigen Befehle erscheinen dann erst, wenn Sie auf den Dropdown-Pfeil der Gruppe klicken.

Darstellung der Gruppe im maximierten, verkleinerten und im stark verkleinerten Fenster

Manche Gruppen stellen über ein kleines Pfeilsymbol ein Zusammenstellung der Befehle oder weiterführende Einstellungen zur Verfügung, z. B. Register *Start* (Funktionsbereich E-Mail), Gruppe *QuickSteps*. Durch Anklicken des Pfeilsymbols zeigen Sie den Inhalt an.

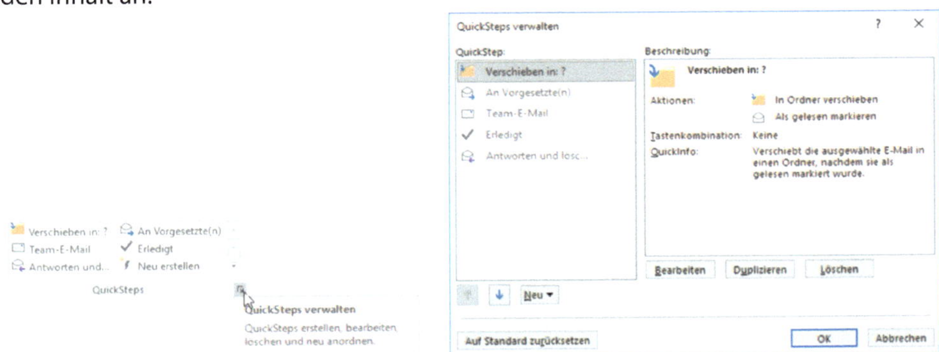

Schaltflächen

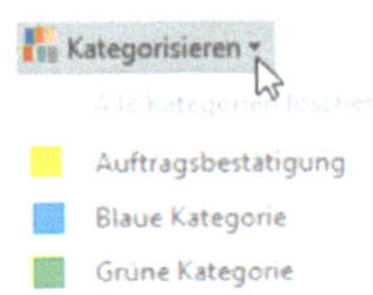

- Einige Schaltflächen sind mit einem Dropdown-Pfeil versehen. Ein Mausklick auf die Schaltfläche öffnet eine Liste mit mehreren Auswahlmöglichkeiten.
- Manche Schaltflächen sind zweigeteilt. Mit einem Mausklick direkt auf die Schaltfläche erhalten Sie die Standardeinstellung. Zur Anzeige weiterer Optionen klicken Sie auf den Dropdown-Pfeil. Hierzu zählt beispielsweise die Schaltfläche *Einfügen* im Nachrichtenformular der E-Mail. Durch Anklicken der Schaltfläche wird der in die Zwischenablage kopierte Text mit Formatierung eingefügt. Durch Anklicken des Dropdown-Pfeils und Auswahl von *Formatierung zusammenführen*, wird der kopierte Text der aktuellen Formatierung angepasst.

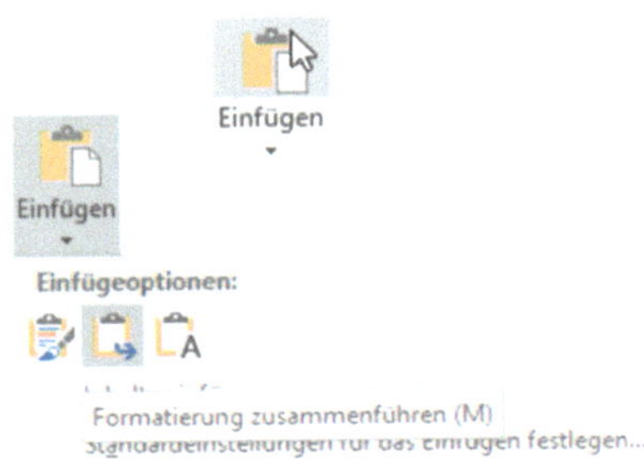

Kontextbezogene Registerkarten

Neben den Standardregistern verfügt Outlook über weitere kontextbezogene Registerkarten. Diese werden hinter den Standardregistern angezeigt, wenn entsprechende Elemente markiert wurden, z. B. das Suchfeld. Sobald Sie das Suchfeld wieder verlassen, wird das Register automatisch ausgeblendet.

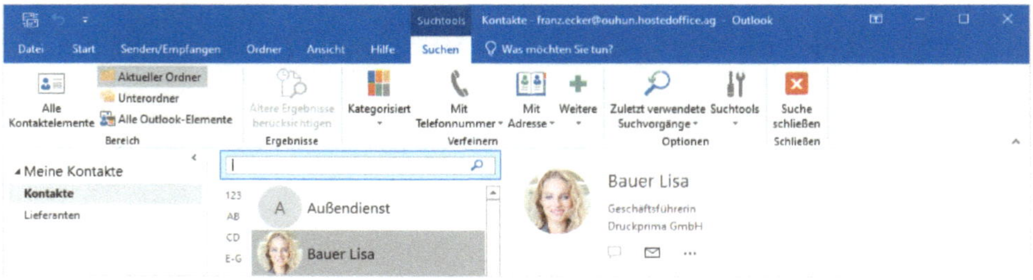

Durch Anklicken des Felds Sofortsuche (hier im Funktionsbereich Personen) wird das kontextbezogene Register Suchtools - Suchen angezeigt. Auf diesem Register finden Sie Befehle zur Erweiterung oder Einschränkung der Suchparameter.

Menüband reduzieren und ausblenden

Bei Bedarf kann das Menüband reduziert oder ganz ausgeblendet werden, um mehr Platz für den Arbeitsbereich zu schaffen. Dazu verwenden Sie die Schaltfläche *Menüband-Anzeigeoptionen* rechts oben im Anwendungsfenster.

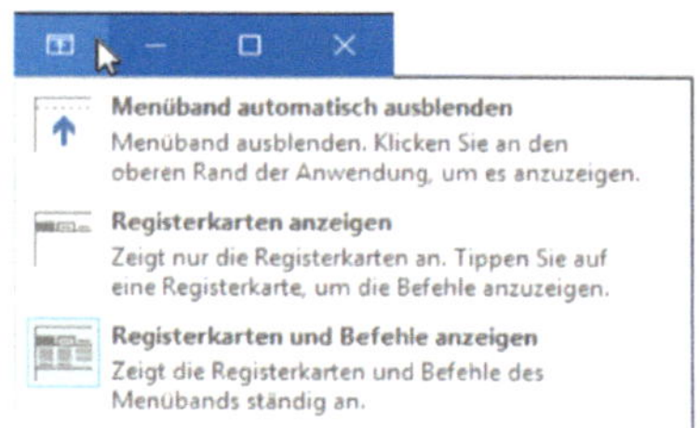

- In der Standardeinstellung *Registerkarten und Befehle anzeigen* ist das Menüband vollständig sichtbar.

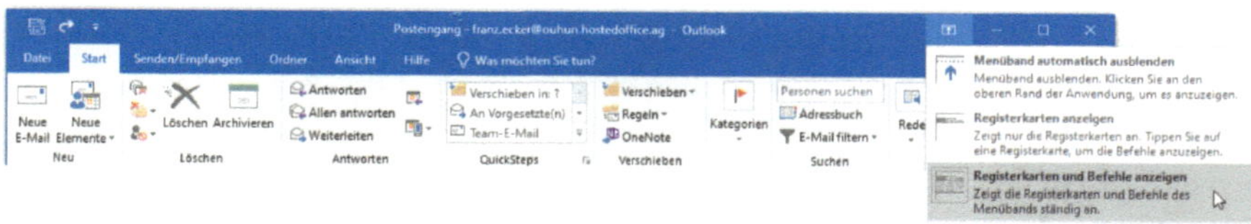

Vollständiges Menüband

- Mit Auswahl von *Registerkarten anzeigen* sind vom Menüband nur die Registernamen sichtbar. Die dazugehörigen Befehle erscheinen erst, wenn Sie auf ein Register klicken und blenden dann wieder ab.

Minimiertes Menüband

Wenn das Menüband reduziert angezeigt wird, rutscht der Befehl für das Erstellen einer neuen E-Mail-Nachricht in den Ordnerbereich. Dies gilt selbstverständlich auch für die anderen Funktionsbereiche. Wird im Funktionsbereich Kalender das Menüband reduziert angezeigt, erhalten Sie im Ordnerbereich den Befehl *Neuer Termin*.

- *Menüband automatisch ausblenden*: Das Fenster wird im Vollbildmodus angezeigt. Das Menüband ist ausgeblendet bis auf einen schmalen Streifen am oberen Bildschirmrand. Hier finden Sie rechts oben die Schaltflächen zur Bearbeitung des Menübands ··· ⊡ ×.
  - Das Menüband wird angezeigt, wenn Sie an den oberen Rand des Fensters oder rechts auf das Dreipunkte-Symbol klicken. Nach Auswahl eines Befehls blendet das Menüband wieder ab.

Menüband blendet automatisch aus

- Soll das Menüband wieder dauerhaft eingeblendet werden, so genügt ein Mausklick auf *Menüband-Anzeigeoption* ▶ *Registerkarten und Befehle anzeigen*. Eine weitere Methode: Sie können auch mit der rechten Maustaste auf einen Reiter klicken und im Kontextmenü das Häkchen bei *Menüband reduzieren* entfernen.

> **Tipp:** Auch ein Doppelklick auf den Namen des aktuellen Registers reduziert das Menüband bis auf die Registernamen und ein weiterer Doppelklick auf ein beliebiges Register stellt wieder eine dauerhafte Anzeige her.

Symbolleiste für den Schnellzugriff

Zum schnellen Aufrufen häufig benötigter Befehle steht in der linken oberen Ecke des Outlook-Fensters die Symbolleiste für den Schnellzugriff zur Verfügung. Standardmäßig enthält Sie die Befehle *Alle Ordner senden/empfangen* und *Rückgängig*. Sie kann um weitere Befehle ergänzt werden.

Befehle hinzufügen

Zum Hinzufügen weiterer Schaltflächen klicken Sie am rechten Ende der Leiste auf die Schaltfläche *Symbolleiste für den Schnellzugriff anpassen* ▾. Eine Liste häufig benötigter Befehle erscheint. Mit einem Mausklick aktivieren oder deaktivieren Sie deren Anzeige auf der Symbolleiste. Ein Mausklick auf den Eintrag *Weitere Befehle* ❶ öffnet ein Dialogfeld mit sämtlichen, in Outlook verfügbaren, Befehlen.

Tipp: Befehle des Menübands fügen Sie dem Schnellzugriff hinzu, in dem Sie mit der rechten Maustaste auf die Befehlschaltfläche im Menüband klicken und dann *Zur Symbolleiste für den Schnellzugriff hinzufügen* wählen. Einen solchen Befehl entfernen Sie wieder, durch Rechtsklick auf den Befehl in der Symbolleiste für den Schnellzugriff und Auswahl von *Aus Symbolleiste für den Schnellzugriff entfernen*.

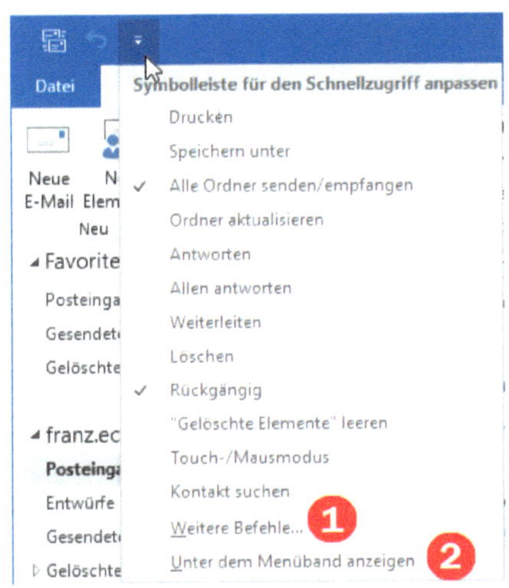

Position der Symbolleiste

Standardmäßig befindet sich die Symbolleiste für den Schnellzugriff über dem Menüband innerhalb der Titelleiste. Mit dem Befehl *Unter dem Menüband anzeigen* ❷ (siehe Grafik vorherige Seite) können Sie die Symbolleiste versetzen. Auf dem gleichen Weg setzen Sie die Symbolleiste für den Schnellzugriff wieder über das Menüband.

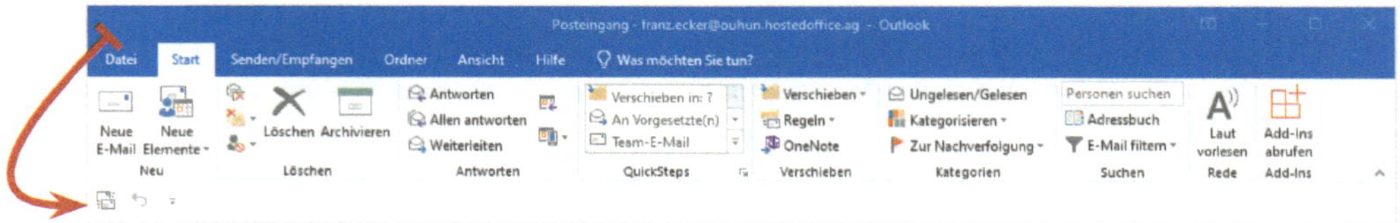

Kontextmenü

Das Kontextmenü erscheint, wenn Sie mit der rechten Maustaste klicken. Die Befehle des Menüs beziehen sich ausschließlich auf den markierten Bereich. Aus diesem Grund wechselt der Inhalt des Kontextmenüs entsprechend der Stelle, die Sie anklicken.

Praktisch ist das Kontextmenü auch dann, wenn Sie einen Befehl nicht finden. Klicken Sie einfach mit der rechten Maustaste den Inhalt an, den Sie bearbeiten möchten. Vielleicht ist der gesuchte Befehl dabei. Im Beispiel rechts sehen Sie das Kontextmenü des Ordners Posteingang.

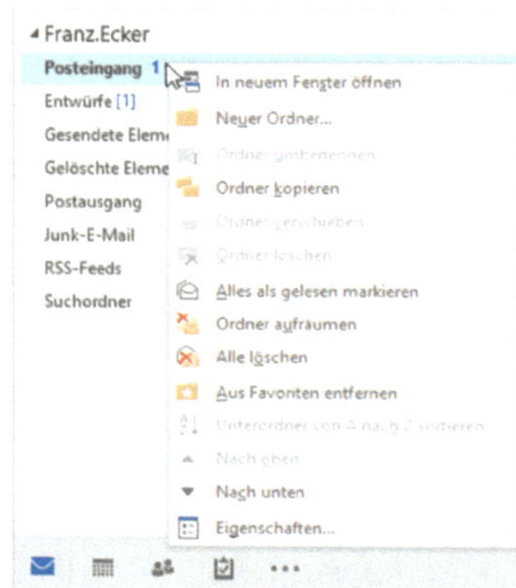

Tasten und Tastenkombinationen

Als Alternative zur Maus können die Registerkarten und Befehlsschaltflächen auch über die Tastatur aufgerufen werden. Durch Drücken der Alt-Taste werden im Menüband zunächst die Tasten angezeigt, die zum Aufrufen der einzelnen Register und zur Auswahl der Befehle auf der Symbolleiste für den Schnellzugriff verwendet werden.

Tastenkombination für Registerkarten

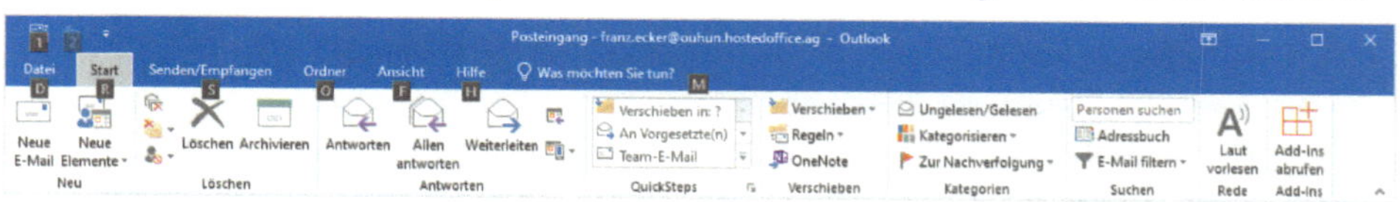

Nach dem Drücken einer Taste, beispielsweise „R“ für das Register *Start*, erscheinen die Tasten zu den Schaltflächen der Registerkarte. Drücken Sie z. B. „T“, um ein neues Nachrichtenformular zum Verfassen einer E-Mail zu öffnen. Mit dem Aufruf eines Befehls oder Klicken mit der Maus verschwindet die Tastenanzeige wieder.

Tastenkombination für Befehle

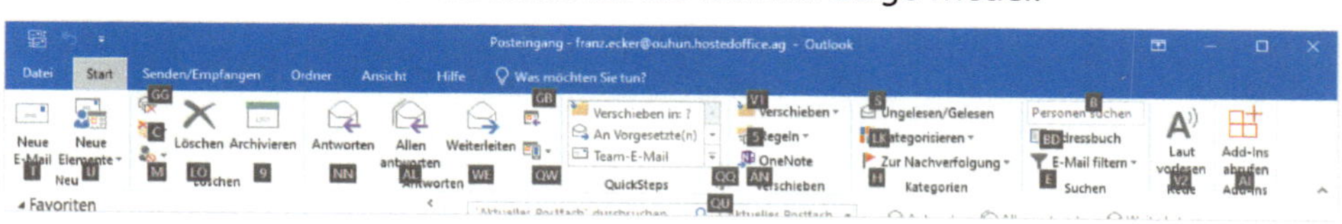

Weitere Tastenkombinationen (Short-Cuts)

Darüber hinaus gibt es weitere Tastenkombinationen, die zum Teil vom Infotext der einzelnen Schaltfläche angezeigt werden und in der Regel die Strg-Taste verwenden. So kann mit **Strg + F** die markierte E-Mail an eine andere Person weitergeleitet werden. Eine Übersicht gängiger Tastenkombinationen finden Sie am Ende dieses Buchs.

Fingereingabe

Neben der klassischen Eingabe mit Maus und Tastatur kann Outlook 2019 in Verbindung mit Windows 10 auch mit den Fingern oder einem entsprechenden Stift über einen Touchscreen bedient werden.

Vorbereitung

- Falls nicht schon automatisch geschehen, können Sie unter Windows 10 den Tabletmodus aktivieren. Damit wechseln Sie in eine für die Touchbedienung optimierte Darstellung. Tippen Sie entweder auf das Symbol *Info-Center* in der Taskleiste oder wischen Sie vom rechten Bildschirmrand nach innen und tippen Sie dann auf *Tabletmodus*.

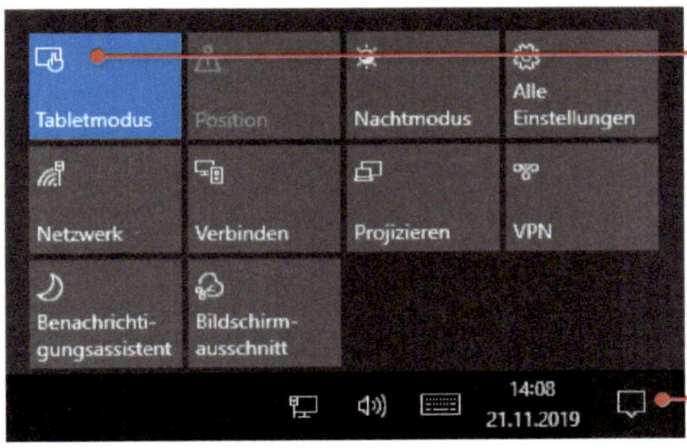

Zur besseren Auswahl der Befehle in Outlook 2019 lässt sich das Menüband für die Fingereingabe optimieren. Im Fingereingabemodus werden Auswahlbereiche und Abstände zwischen den Schaltflächen vergrößert.

Der Wechsel zwischen Maus- und Fingereingabemodus erfolgt über die *Symbolleiste für den Schnellzugriff*. Der Befehl zum Wechseln des Modus wird standardmäßig nicht im Schnellzugriff angezeigt. Deshalb muss er zunächst hinzugefügt werden:

- Tippen Sie am rechten Ende der Leiste auf *Symbolleiste für den Schnellzugriff anpassen* und aktivieren Sie den Befehl *Touch-/Mausmodus*.
- Danach können Sie im Schnellzugriff durch Anklicken von Touch/Mausmodus die Fingereingabe aktivieren.

Quick Actions Tab

Durch Auswahl des Modus *Fingereingabe* wird am rechten Rand das *Quick Actions Tab* eingeblendet. Dieses enthält im Funktionsbereich E-Mail die Befehle *Löschen*, *Antworten*, *Als ungelesen markieren*, *Verschieben*, *Zur Nachverfolgung* kennzeichnen und *Vorheriges* bzw. *Nächstes Element* auswählen. Diese können auf die markierte E-Mail durch Antippen angewendet werden. Natürlich können die gleichen Befehle auch im Menüband ausgewählt werden.

Funktionsbereich E-Mail im Modus Fingereingabe mit Quick Actions Tab

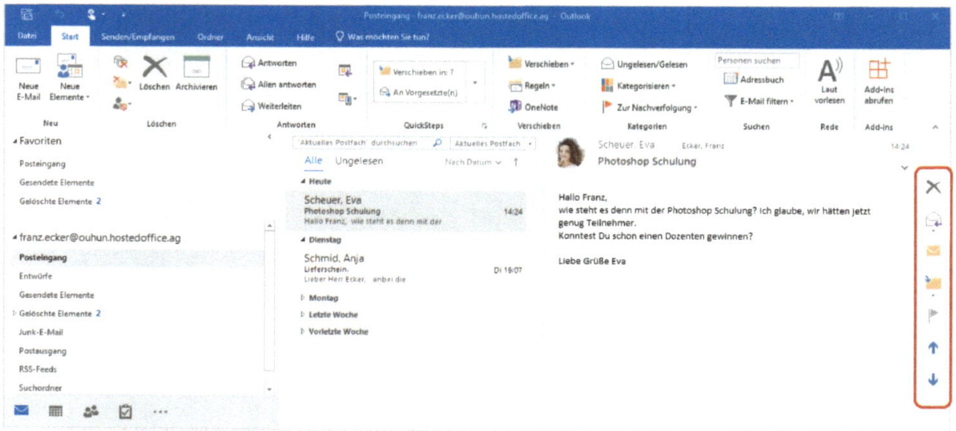

Die im Quick Actions Tab zur Verfügung gestellten Befehle passen sich an das markierte Element an und variieren selbstverständlich in den einzelnen Funktionsbereichen.

Bildschirmtastatur

Beim Arbeiten mit einem Touchscreen können Sie, sofern keine externe Tastatur angeschlossen ist, zum Schreiben die Bildschirmtastatur benutzen. Beim Wechsel in den *Tabletmodus* wird die Möglichkeit zum Aufrufen der Bildschirmtastatur im Infobereich der Taskleiste angezeigt. Durch Antippen des Tastatursymbols ❶ zeigen Sie die Bildschirmtastatur an, sofern diese nicht automatisch eingeblendet wird.

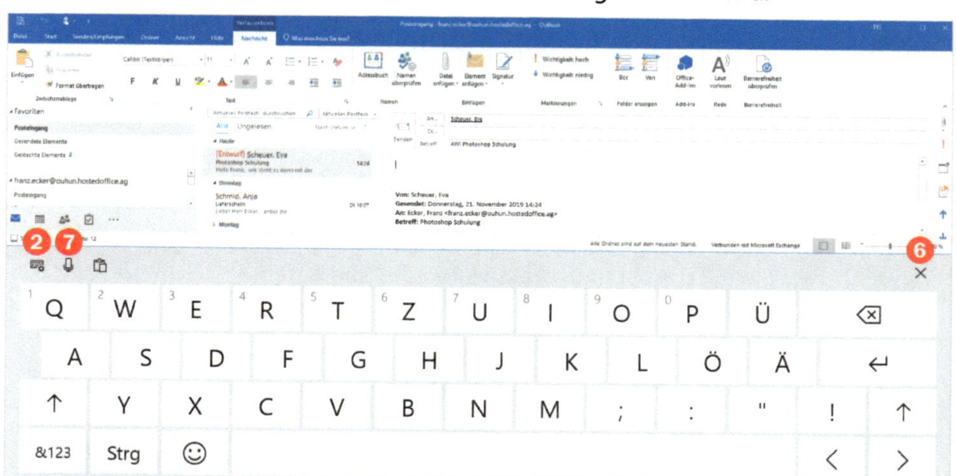

- Die Bildschirmtastatur wird in verschiedenen Ausführungen zur Verfügung gestellt. Öffnen Sie die Einstellungen und wählen Sie ein Tastaturlayout aus. Mit ❸ rufen Sie ein Tastaturlayout auf, dass dem der physischen Tastatur entspricht und in der oberen Reihe Ziffern enthält. Für alle anderen Layouts müssen Sie für die Eingabe von Zahlen und Sonderzeichen mit der Taste *&123* das Tastaturlayout ändern bzw. wieder zurück zur Texteingabe wechseln. Mit ❹ steht Ihnen ein Feld zur Eingabe von Text via Stift/Finger zur Verfügung.

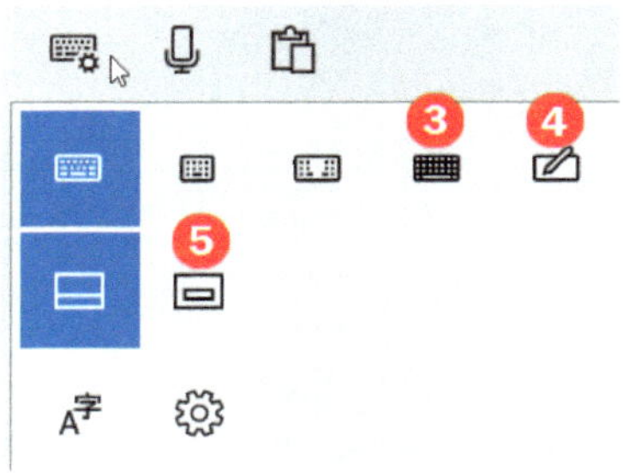

- Um die Bildschirmtastatur vom unteren Bildschirmrand zu lösen und frei zu positionieren, tippen Sie auf ❺.
- Zum Ausblenden der Bildschirmtastatur tippen Sie auf das *Schließen*-Symbol ❻ (Abbildung vorherige Seite) in der rechten oberen Ecke oder tippen erneut auf das Tastatursymbol in der Taskleiste.
- **Kontextmenü**: Das Kontextmenü (rechte Maustaste) rufen Sie auf, indem Sie einen Bereich nicht nur antippen, sondern mit dem Finger auf dieser Stelle kurz verweilen.
- **Zoom**: Sie können auch mit den Fingern zoomen. Auf einem Touchscreen berühren Sie den Bildschirm mit mindestens zwei Fingern und spreizen diese bzw. führen sie zusammen.

- Sofern die Spracherkennung aktiviert ist und das Gerät über ein Mikrofon verfügt, können Sie durch Anklicken des Mikrofon-Symbols ❼ den Text auch diktieren.

Die Befehle Rückgängig und Wiederholen

Das Löschen eines Outlook-Elements, also einer E-Mail, eines Kontakts oder eines Termins etc. kann mit der Schaltfläche *Rückgängig* (Symbolleiste für den Schnellzugriff) zurückgenommen werden. Das Element wird dann wieder im Ordner angezeigt, aus dem es gelöscht wurde. Ebenso können Sie beispielsweise eine Kategorisierung oder eine Nachverfolgung rückgängig machen.

Nach dieser Aktion wird anstelle des Rückgängig-Pfeils der Wiederholen-Pfeil auf der Symbolleiste für den Schnellzugriff angezeigt. Mittels dieser Schaltfläche kann das Element nun doch wieder in den Papierkorb verschoben werden. Der Wiederholen-Pfeil wird so lange im Schnellzugriff angezeigt, bis eine andere Aktion ausgeführt wird, die ebenfalls rückgängig gemacht werden kann, z. B. das Verschieben einer E-Mail oder eines Kontakts.

In anderen Office-Anwendungen können mehrere Schritte durch wiederholtes Klicken auf die Schaltfläche rückgängig gemacht werden. Das gilt nicht für Outlook. Wenn Sie beispielsweise hintereinander drei Kontakte verschoben haben, kann nur der letzte mit der Schaltfläche *Rückgängig* zurückgeholt werden. Schrittweise können Sie in Outlook beispielsweise die Eingabe von Text zurücknehmen, z. B. beim Schreiben einer E-Mail.

1.5 Das Register Datei

Unter den Registern des Menüband sticht das Register *Datei* durch seine alternative Anzeige hervor. Im Register *Datei* bearbeiten Sie Ihre Kontoeinstellungen, fügen neue Konten hinzu oder drucken Informationen aus. Hier finden Sie auch die *Optionen*, in denen Sie wichtige Einstellungen für die einzelnen Funktionsbereiche vornehmen.

Das Register *Datei* steht in allen Funktionsbereichen mit nahezu demselben Inhalt zur Verfügung. Es wird auch als Backstage-Ansicht bezeichnet.

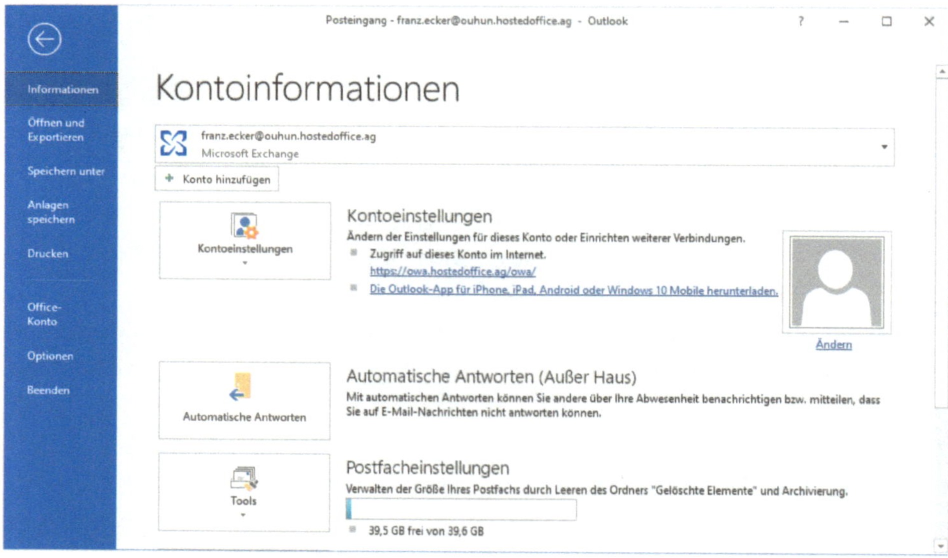

- Mit einem Mausklick auf *Datei* zeigen Sie den Inhalt des Registers an. Dabei wird das gesamte Outlook-Fenster ausgefüllt. Die Funktionsbereiche sind nicht mehr sichtbar.
- In der linken Spalte finden Sie die einzelnen Aufgaben des Registers *Datei*. Klicken Sie auf eine Aufgabe, z. B. *Informationen* oder *Drucken*, so erscheinen rechts die dazugehörigen Befehle und Schaltflächen.

- Mit dem Befehl *Beenden* steht Ihnen im Register *Datei* ein Befehl zum Schließen des Programms zur Verfügung. Alternativ verwenden Sie das Schließen-Symbol der Fenstertechnik.
- Um das Register *Datei* zu verlassen, klicken Sie entweder auf das Pfeilsymbol oder drücken die Esc-Taste.

Einstellungen

- Mit einem Mausklick auf *Optionen* wird das Dialogfenster *Outlook-Optionen* geöffnet. Auch hier finden Sie links einzelne Bereiche, z. B. *Allgemein*, *E-Mail* oder *Kalender*, die Sie durch Anklicken auswählen. In den Optionen treffen Sie wichtige Einstellungen, die die Darstellung und Funktionalität der einzelnen Funktionsbereiche betreffen.

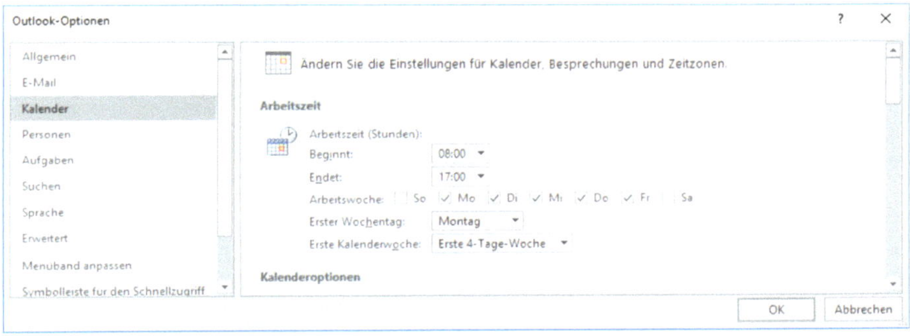

- Über den Bereich *Office-Konto* können Sie das Office-Design festlegen. Wenn Sie lieber mit einer dunkleren Programmoberfläche arbeiten möchten, dann wählen Sie über den Dropdown-Pfeil bei *Office-Design* die Option *Dunkelgrau* oder *Schwarz* aus. Diese Einstellung gilt dann für alle Office-Anwendungen auf dem Gerät. Daneben stehen noch *Farbig* (Standardeinstellung) und *Weiß* zur Verfügung.

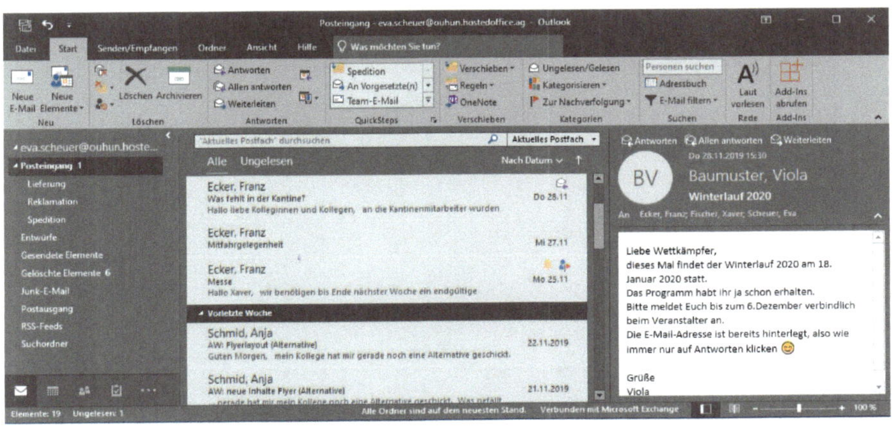

- Sofern Sie mit einem Microsoft-Konto oder einem Organisationskonto Ihres Unternehmens (Office365) angemeldet sind, stehen bei *Office-Hintergrund* weitere Designelemente zur Verfügung, die am rechten oberen Rand eingeblendet werden.

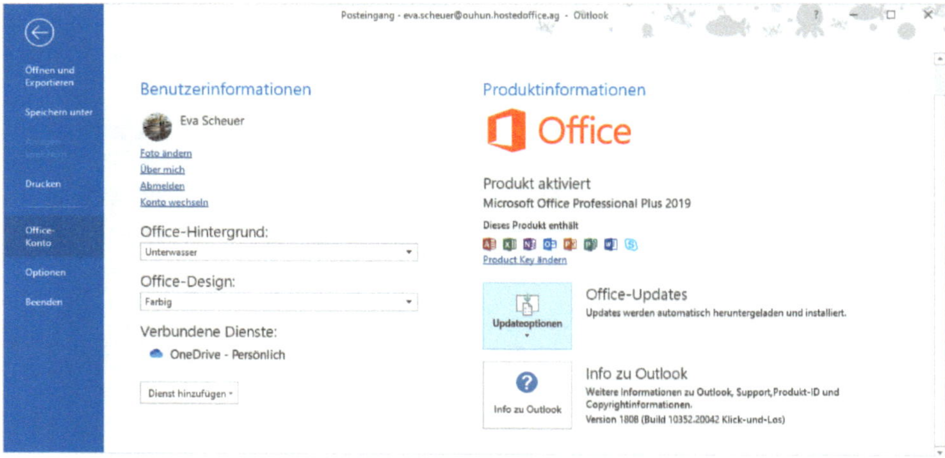

Updates

Informationen zur aktuellen Outlook-Version und Updates finden Sie ebenfalls im Bereich Office-Konto. Hier können Sie auch über Updateoptionen nach Aktualisierungen suchen und diese anstoßen.

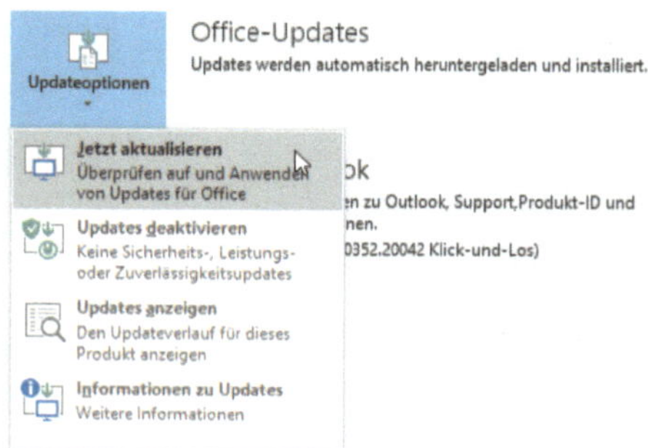

2 E-Mails erhalten und versenden

Das lernen Sie in diesem Kapitel:

- E-Mails versenden, beantworten und weiterleiten
- Dateianhänge verschicken und öffnen
- Grußformel automatisch am Ende jeder E-Mail anzeigen
- Vorgefertigte Textpassagen speichern und schnell in E-Mails einfügen
- Lesebestätigung anfordern

Das sollten Sie bereits wissen:

- Programmgrundlagen

2.1 Aufbau des Funktionsbereichs E-Mail

Übersicht

Nach dem Öffnen von Outlook wird standardmäßig der Inhalt des E-Mail-Ordners Posteingang angezeigt.

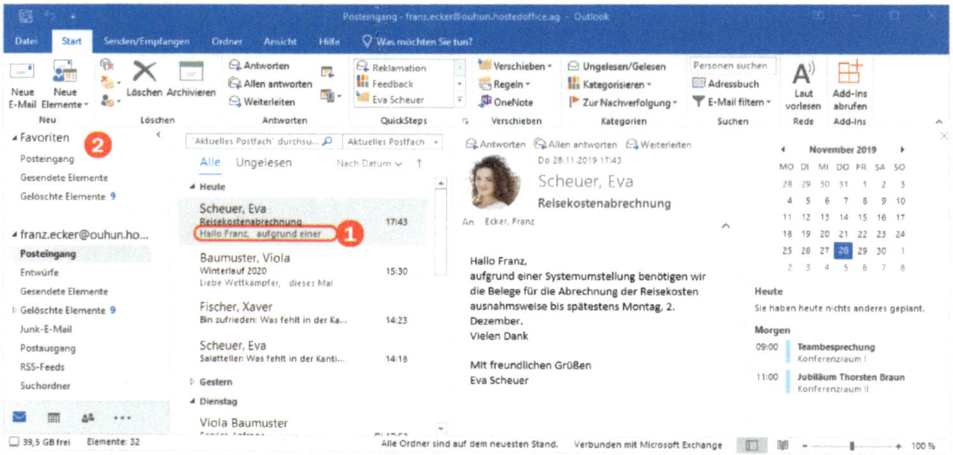

Ordnerbereich | Anzeigebereich oder Nachrichtenliste | Lesebereich | Aufgabenleiste

Mit einem Doppelklick auf die E-Mail in der Nachrichtenliste zeigen Sie diese in einem gesonderten Fenster an.

E-Mail-Ordner und deren Reihenfolge

Um einen E-Mail-Ordner auszuwählen, klicken Sie diesen im Ordnerbereich an. Alle E-Mails des markierten Ordners werden in der *Nachrichtenliste* angezeigt. Wenn Sie in der *Nachrichtenliste* eine E-Mail anklicken, wird ihr Inhalt im *Lesebereich* abgebildet.

- Im *Posteingang* sind alle E-Mails gespeichert, die Sie erhalten haben.
- Der Ordner *Postausgang* speichert vorübergehend alle noch nicht gesendeten E-Mails. Eine E-Mail wird nicht gesendet, wenn Sie offline arbeiten, d. h. ohne Verbindung zum Internet.
- Beim Senden werden alle E-Mails automatisch als Kopie im Ordner *Gesendete Elemente* gespeichert.
- Im Ordner *Entwürfe* speichern Sie E-Mails für eine spätere Weiterbearbeitung und Versendung.
- Unerwünschte E-Mails werden beim Empfang automatisch in den Ordner *Junk-E-Mail* verschoben, z. B. Werbepost.
- Der Ordner Gelöschte Elemente steht allen Funktionsbereichen als Papierkorb zur Verfügung.

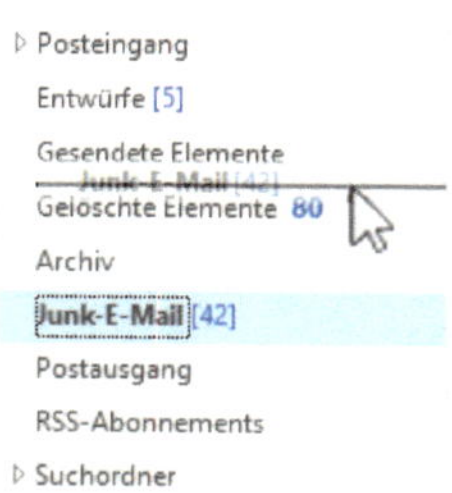

Reihenfolge verändern: Die Abfolge der E-Mail-Ordner kann individuell festgelegt werden. Ziehen Sie den Ordner im Ordnerbereich mit der Maus einfach an die gewünschte Position (Drag&Drop). Der Ordner wird an der schwarzen Linie eingefügt.

Nachrichtenvorschau zeigt den Inhalt der E-Mail

Mit der Nachrichtenvorschau ❶ (Grafik vorherige Seite) erhalten Sie die Möglichkeit schon in der Nachrichtenliste einen Teil des Inhalts der Mail anzuzeigen. Ob und wie viel Sie abbilden, bestimmen Sie über Register *Ansicht* ▶ Gruppe *Anordnung* ▶ *Nachrichtenvorschau*.

Favoriten im Ordnerbereich

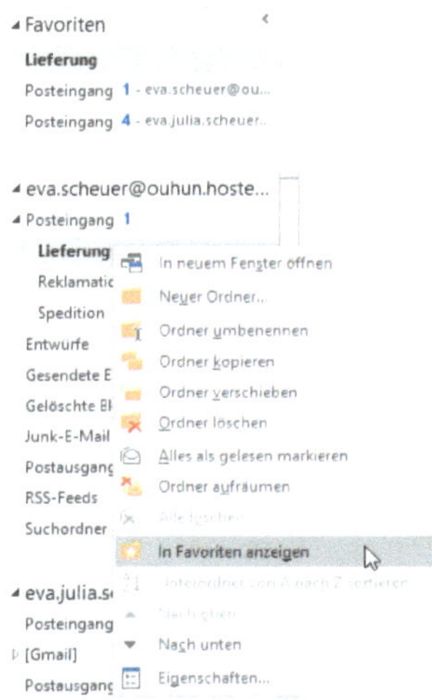

Die Favoriten ❷ (Grafik vorherige Seite) können oben im Ordnerbereich eingeblendet werden und enthalten eine Auswahl wichtiger Ordnerverknüpfungen. Sie blenden die Favoriten ein bzw. aus über Register *Ansicht* ▶ Gruppe *Anordnung* ▶ *Ordnerbereich* ▶ *Favoriten*.

Wenn Sie mehrere Konten verbunden oder viele Unterordner erstellt haben, dann wird es Ordnerbereich recht voll. Um sich das Scrollen zu ersparen, fügen Sie wichtige Ordner zu den Favoriten hinzu. Andererseits sorgt natürlich auch das Ausblenden des Favoritenbereichs für mehr Platz.

Klicken Sie im Ordnerbereich mit der rechten Maustaste auf den Ordner, den Sie hinzufügen möchten und wählen Sie im Kontextmenü *In Favoriten anzeigen*. Sie können einen Ordner auch mit Drag&Drop hinzufügen. Wenn Sie einen Ordner entfernen möchten, klicken Sie diesen Ordner im Bereich Favoriten mit der rechten Maustaste an und wählen *Aus Favoriten entfernen*. Wenn Sie mehrere Ordner gleichen Namens, z. B. Posteingänge hinzufügen, wird zur Unterscheidung der Kontoname angezeigt.

Ansichtsoptionen für E-Mails

Aufgrund der verschiedensten Möglichkeiten, Elemente der Programmoberfläche auszuschalten, zu minimieren oder die Größe durch Ziehen mit der Maus zu verändern, ergeben sich zahlreiche Darstellungsvarianten. Um die folgende Darstellung des Funktionsbereichs E-Mail zu erhalten, wurde der Ordnerbereich minimiert, die Navigationsleiste ohne Kompaktnavigation separat angezeigt und der Lesebereich sowie die Aufgabenleiste ausgeblendet.

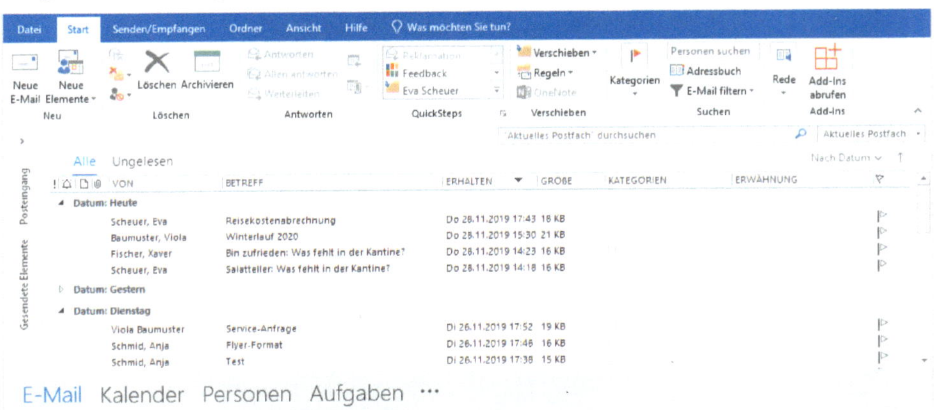

Mit einem Doppelklick auf die Zeile der E-Mail zeigen Sie deren Inhalt in einem gesonderten Fenster an.

Darüber hinaus stehen für den Funktionsbereich E-Mail die Ansichten *Kompakt*, *Einzeln* und *Vorschau* zur Verfügung, die Sie über Register *Ansicht* ▸ Gruppe *Aktuelle Ansicht* ▸ *Ansicht ändern* auswählen. Standardmäßig ausgewählt ist die Ansicht *Kompakt*.

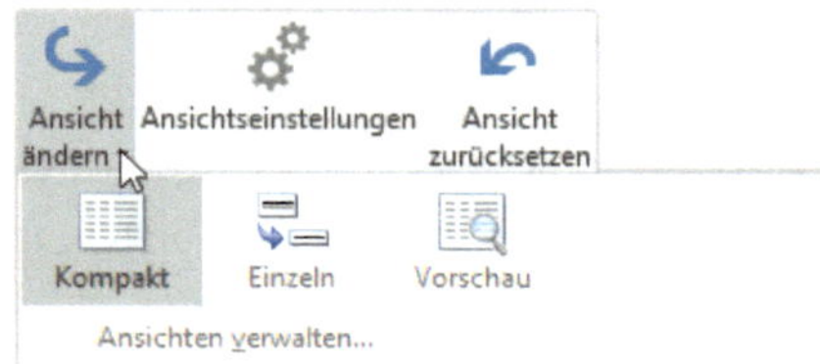

Zur Ansicht *Kompakt* und *Einzeln* gehört auch die Anzeige des Lesebereichs, den Sie, wie in Kapitel 1 gezeigt, ausblenden können. Sowohl *Kompakt* als auch *Einzeln* verwenden die Unterhaltungsansicht, die Sie ab Seite 88 näher kennenlernen.

Die Ansicht *Einzeln* stellt die Informationen in tabellarischer Form dar. Hier ist es je nach Bildschirmgröße von Vorteil, den Lesebereich entweder auszuschalten oder darunter anzuzeigen. Wenn Sie diese Art der Darstellung wählen, sollten Sie auch die Nachrichtenvorschau (Seite 49) ausschalten, dadurch erhöhen Sie meines Erachtens die Übersichtlichkeit.

Spaltenbreite anpassen: Jede Spalte können Sie durch Ziehen mit der Maus anpassen. Zeigen Sie dazu auf den Spaltenübergang.

Spalten hinzufügen/entfernen: Fehlt eine Information, kann diese als Spalte hinzugefügt werden. Klicken Sie dazu auf Register *Ansicht* ▸ Gruppe *Anordnung* ▸ *Spalten hinzufügen*. Wählen Sie die betreffende Spalte aus, z. B. Cc ❶. Beachten Sie, dass bei *Verfügbare Spalten auswählen aus* ❷ weitere Gruppen mit Feldern zur Verfügung stehen. Durch Anklicken von *Hinzufügen* ist die Spalte für die neue Ansicht ausgewält und nun auf der rechten Seite zu sehen. Mit den Schaltflächen *Nach oben* bzw. *Nach unten* ❸ können Sie die Spalte an die korrekte Position innerhalb der tabellarischen Ansicht verschieben. Bestätigen Sie dann mit *Ok*.

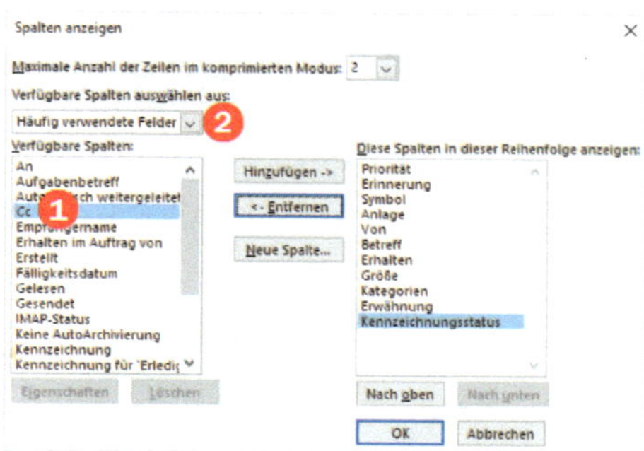

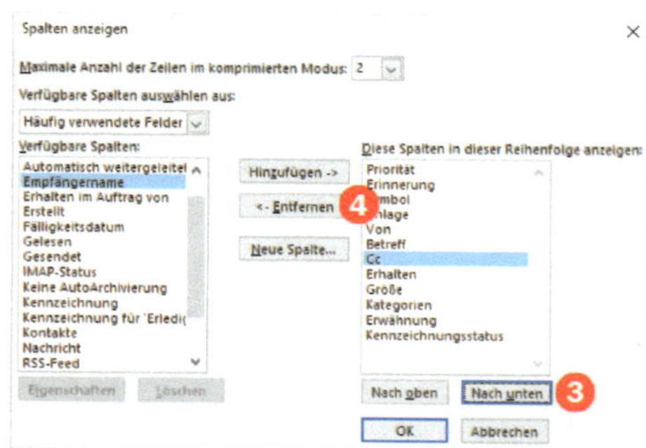

Eine Spalte entfernen Sie analog zur obigen Beschreibung indem Sie die Spalte auf der rechten Seite markieren und dann auf *Entfernen* ❹ klicken. Bestätigen Sie mit *Ok*.

Diese Änderung bleibt nun für die gewählte Ansicht erhalten bis Sie diese entweder über Register *Ansicht* ▸ Gruppe *Aktuelle Ansicht* ▸ *Ansicht zurücksetzen* wieder im Ursprungszustand anzeigen oder eine weitere Veränderung vornehmen. Wie Sie eine Ansicht als neue Ansicht speichern, erfahren Sie auf Seite 167.

Grundsätzlich kann beim Öffnen einer E-Mail Schadsoftware übertragen werden. Die größere Gefahr geht sicherlich von Dateianhängen oder Links in E-Mails aus. Dennoch besteht diese Problematik, weswegen einige auf die Verwendung der Leseansicht und Nachrichtenvorschau verzichten.

Anordnung und Sortierung der E-Mails

Standardmäßig werden E-Mails in der Nachrichtenliste nach Datum sortiert angeordnet und zwar von neu nach alt. E-Mails, die heute eingegangen sind, stehen so ganz oben. Um die Übersichtlichkeit zu erhöhen, erfolgt die Ansicht in Gruppen, z. B. *Heute*, *Gestern* etc.

- Um die ältesten Nachrichten des Ordners zuerst anzuzeigen, klicken Sie auf den Pfeil . Ein weiterer Klick zeigt wieder das jüngste Element oben an.

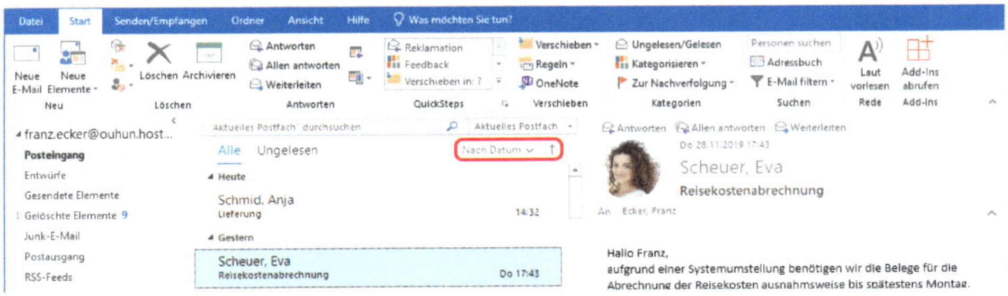

Standardanordnung nach Datum

Anderes Kriterium für die Anordnung wählen

- Durch Anklicken von *Nach Datum* erhalten Sie andere Sortiermöglichkeiten. Alternativ können Sie die Anordnung auch ändern über *Ansicht* ▸ Gruppe *Anordnung* ▸ *Anordnen nach*.

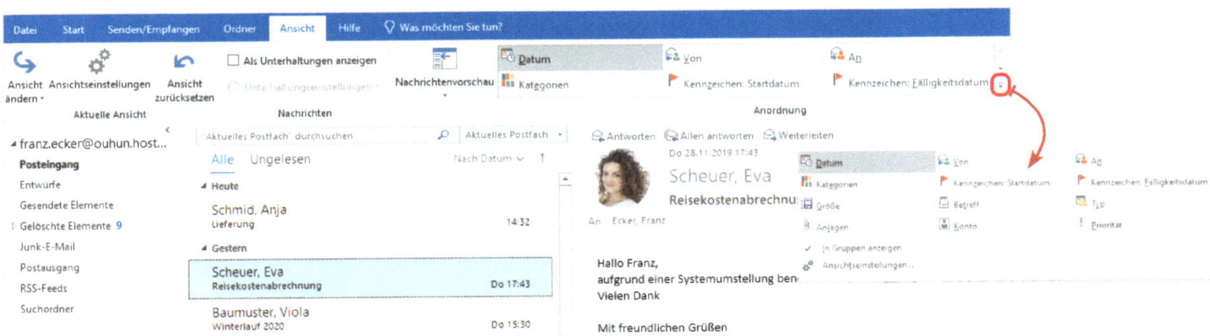

- Eine Änderung der Anordnung ist meist nützlich bei der Suche nach bestimmten Nachrichten. So werden E-Mails bei der Auswahl *Von* ❶ (Grafik nächste Seite) nach Absender sortiert angezeigt. Wenn Sie die Sortierung *Anlagen* ❷ wählen, werden zuerst alle Nachrichten angezeigt, die eine Anlage erhalten, dann alle ohne Dateianhang.

- **Spezialfall - Anordnung nach Datum (Unterhaltung):**
  Enthält die aktuelle Anordnung *Datum* den Zusatz *Unterhaltungen*, so wurde die Unterhaltungsansicht aktiviert. Auf der Registerkarte *Ansicht* ▶ Gruppe *Unterhaltung* können Sie die Unterhaltungsansicht aktivieren bzw. deaktivieren. In der Unterhaltungsansicht werden bestimmte E-Mails zusammengefasst.

Wie Sie mit der Unterhaltungsansicht arbeiten, erfahren Sie ab Seite 88

> Die Änderung der Anordnung gilt für den ausgewählten Ordner und wird beim Beenden von Outlook gespeichert. Bei Auswahl einer anderen Anordnung erscheinen die neuen E-Mails nicht mehr zwingend oben in der Liste. Es ist daher sinnvoll zur Anordnung *Datum* ❸ *– Neuestes Element oben* ❹ zurückzukehren.

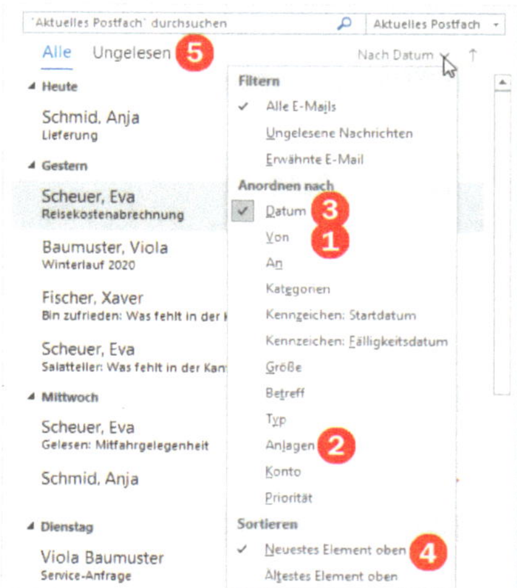

- **Ungelesene E-Mails anzeigen:** Um sicherzustellen, dass Sie nichts Wichtiges verpasst haben, können nur noch nicht gelesene E-Mails angezeigt werden. Dazu klicken Sie oben in der Nachrichtenliste auf *Ungelesen* ❺. Durch Anklicken von *Alle* zeigen Sie wieder den gesamten Inhalt des Ordners an.
- Arbeiten Sie in einer anderen Ansicht mit spaltenweiser Anordnung der E-Mail-Inhalte, so können Sie nach den einzelnen Spalteninhalten sortieren, indem Sie auf die passende Spaltenüberschrift klicken. Beispielsweise klicken Sie, um nach Anlagen zu sortieren auf das Büroklammersymbol. Dadurch werden alle E-Mails mit Anlage oben angezeigt. Nochmaliges Anklicken zeigt zuerst alle E-Mails ohne Anlage an. Auch hier sollten Sie wieder zu einer Anordnung nach Datum mit der jüngsten E-Mail ganz oben zurückkehren. Klicken Sie dazu auf die Spaltenüberschrift *Erhalten*. Das Pfeilsymbol sollte nach unten weisen, sonst steht nicht die neueste Nachricht oben. In diesem Fall klicken Sie nochmal auf die Spalte erhalten.

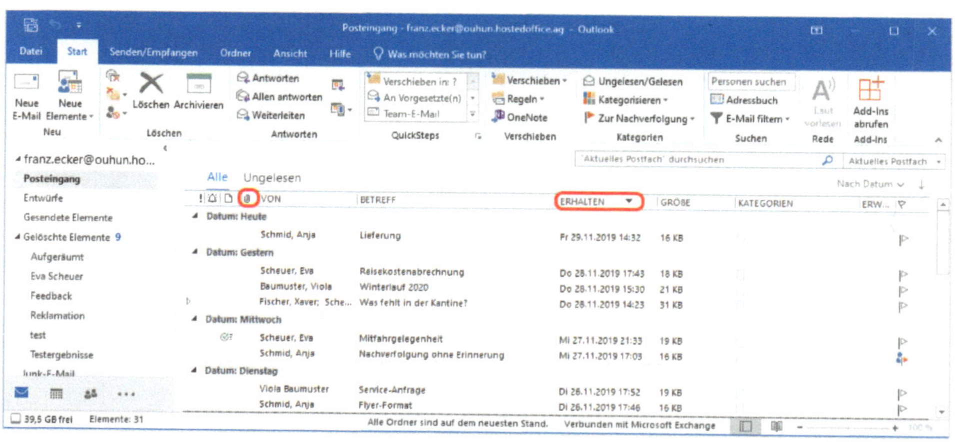

2.2 E-Mails versenden

Neue E-Mail erstellen und versenden

- Outlook verwendet für die Erstellung von E-Mails ein spezielles **Nachrichtenformular.** Über den Befehl *Start* ▶ Gruppe *Neu* ▶ *Neue E-Mail* öffnen Sie ein Nachrichtenformular in einem eigenen Fenster.
- Alternativ steht in jedem Funktionsbereich (z. B. E-Mail, Personen, Kalender etc.) über *Start* ▶ Gruppe *Neu* ▶ *Neue Elemente* eine Liste zur Verfügung. Auch hier können Sie durch Auswahl von *E-Mail-Nachricht* ein Nachrichtenformular öffnen.

Das Menüband des Nachrichtenformulars unterscheidet sich zwar inhaltlich, aber nicht in der Handhabung vom Menüband des Outlook-Programmfensters.

Im Nachrichtenformular bewegen Sie zur Eingabe von Informationen den Cursor mit der Tabulator-Taste schnell von Feld zu Feld.

1 **Empfänger eintragen:** Im Feld *An* wird die E-Mail-Adresse des Empfängers eingetragen. Weitere Empfänger-Adressen fügen Sie im gleichen Feld getrennt durch ein Semikolon (;) ein. Versenden Sie eine E-Mail an mehrere Personen, sind die Mail-Adressen für alle Empfänger sichtbar (Abbildung nächste Seite).

2 **Nachrichtenbetreff:** Geben Sie in die Zeile *Betreff* ein Wort oder einen kurzen Text ein, der den Inhalt Ihrer E-Mail prägnant beschreibt und fügen Sie im unteren Feld die eigentlichen Informationen hinzu.

3 **Nachrichtentext** (E-Mail-Body): Der Text wird von der Rechtschreibprüfung kontrolliert und zeigt fehlerhafte Wörter durch eine rote Unterstreichung an. Sie können die Wörter selbst korrigieren oder die Rechtschreibprüfung mit Register *Überprüfen* ▶ Gruppe *Rechtschreibung* ▶ *Rechtschreibung und Grammatik* benutzen.

Der Nachrichtentext kann, wie Sie es aus Microsoft Word gewohnt sind, auch in Outlook formatiert werden. Hierzu stehen Ihnen auf der Registerkarte *Nachricht* in der Gruppe *Text* die gängigsten Formatierungsmöglichkeiten zur Verfügung. Ein Nachrichtentext kann allerdings nur formatiert werden, wenn die E-Mail im Format *HTML* oder *Rich-Text* erstellt ist. Das Format können Sie prüfen und gegebenenfalls ändern *Text formatieren* ▶ Gruppe *Format*.

Mehr zum Format von E-Mails finden Sie auf Seite 62.

4 **E-Mail senden**: Zum Versenden der E-Mail klicken Sie im Nachrichtenformular auf die Schaltfläche *Senden*. Alle gesendeten E-Mails werden zunächst in den Ordner Postausgang verschoben und bei bestehender Internet-Verbindung (Online-Modus) sofort weiter versendet. Sobald eine E-Mail aus dem Ordner *Postausgang* versendet wurde, wird automatisch eine Kopie der Nachricht im Ordner *Gesendete Elemente* gespeichert. Durch Anklicken des Ordners *Gesendete Elemente* erhalten Sie einen Überblick über alle versendeten E-Mails.

Nachrichtenformular

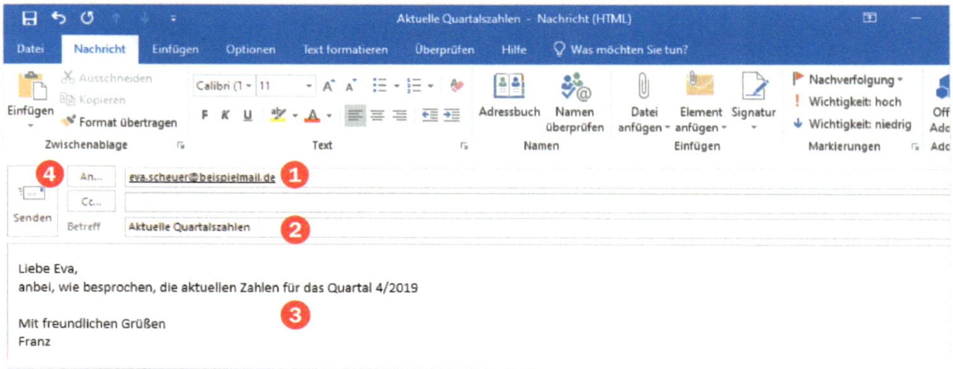

Befinden sich beim Schließen von Outlook noch E-Mails im Ordner *Postausgang*, erhalten Sie eine Meldung. Klicken Sie auf *Nicht beenden* und erzwingen Sie die Versendung über die Schaltfläche *Alle Ordner senden/empfangen* auf der Registerkarte *Senden/Empfangen* oder im Schnellzugriff. Alternativ verwenden Sie die Taste F9.

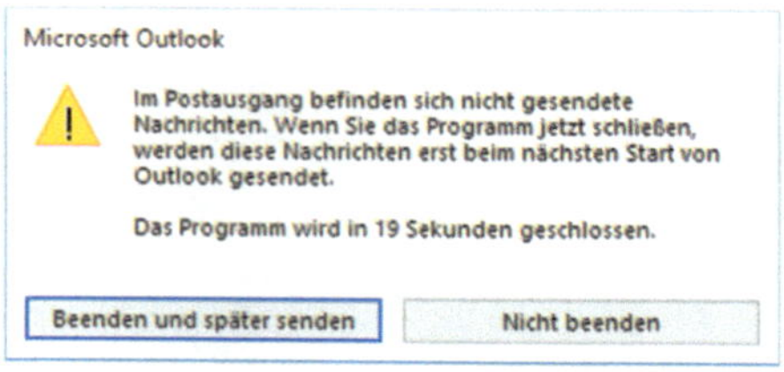

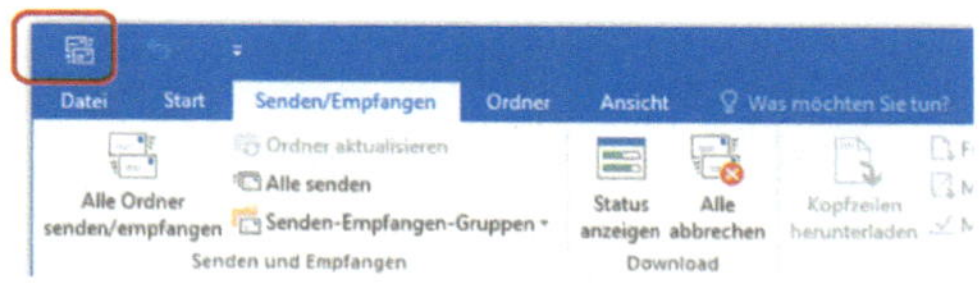

Warum werden meine E-Mails nicht automatisch versendet?

Zunächst sollten Sie überprüfen, ob eine Verbindung zum Internet besteht. Außerdem könnte eine Einstellung in den Outlook-Optionen den automatischen Versand verhindern. Öffnen Sie *Datei* ▸ *Optionen* ▸ *Erweitert*. Unter *Senden und Empfangen* ist standardmäßig der sofortige Versand aktiviert. Fehlt das Häkchen, werden die Nachrichten im Postausgang gesammelt.

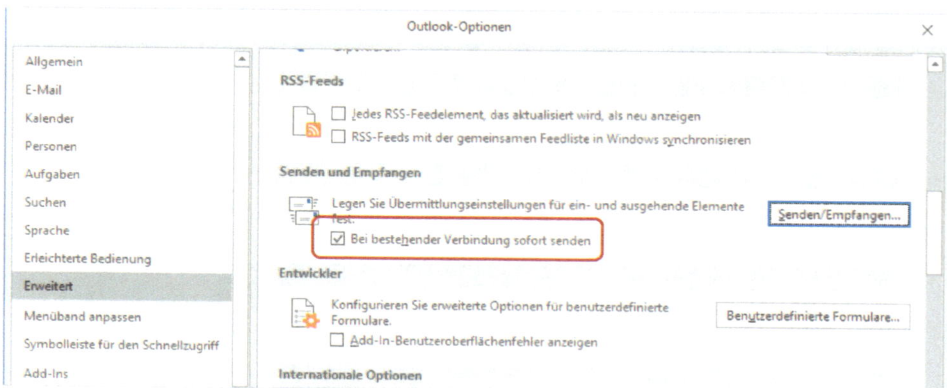

Methoden zur Eingabe der Empfängeradressen

Für das Eingeben einer Empfänger-Adresse in die Felder *An*, *Cc* oder *Bcc* einer E-Mail stehen Ihnen mehrere Möglichkeiten zur Verfügung. Bevor diese besprochen werden, erhalten Sie eine kurze Übersicht zur Verwendung der einzelnen Adressfelder:

Feld	Verwendung
An	Tragen Sie einen oder mehrere Empfänger der E-Mail ein.
Cc (Carbon Copy)	Geben Sie die E-Mail-Adressen von Personen ein, die die E-Mail "als Kopie" erhalten sollen.
Bcc (Blind Carbon Copy)	Die E-Mail-Adressen der eingetragenen Empfänger werden an die anderen Adressaten der Nachricht nicht übermittelt. Tragen Sie Adressen in Bcc ein, wenn Sie davon ausgehen, dass diese Personen nicht wollen, dass ihre E-Mail-Adresse an andere weitergegeben wird.

Falls im Nachrichtenformular das Feld *Bcc* nicht angezeigt wird, können Sie es dauerhaft im Register *Optionen* ▸ *Felder anzeigen* ▸ *Bcc* einblenden.

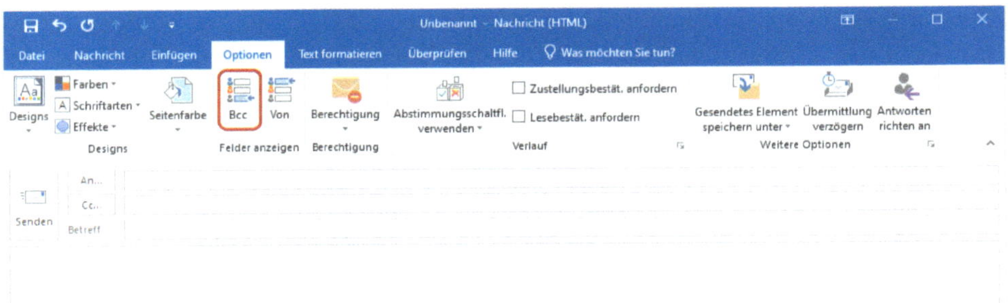

Feld Bcc dauerhaft einblenden

Freie Eingabe

Die E-Mail-Adresse kann direkt in eines der Felder *An*, *Cc* oder *Bcc* eingegeben werden. Wollen Sie mehrere Adressen in ein Feld eingeben, trennen Sie diese durch ein Semikolon (;). Wenige Sekunden nach der Eingabe prüft Outlook die Adressen auf Gültigkeit. Wenn es sich um eine technisch gültige E-Mail-Adresse handelt, wird diese unterstrichen dargestellt. Das bedeutet selbstverständlich nicht, dass die Adresse existiert.

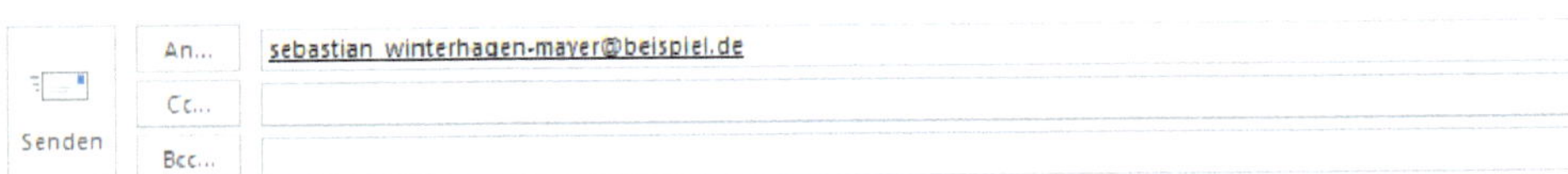

Überprüfung auf technische Gültigkeit

Adressbücher verwenden

Im Funktionsbereich Personen (siehe Kapitel 4) speichern Sie Daten zu Ihren Kontakten. Sofern die E-Mail-Adressen der gewünschten Empfänger dort hinterlegt wurden, können diese durch Verwendung von Adressbüchern in eine E-Mail eingefügt werden. Durch Anklicken der Schaltflächen *An*, *Cc* oder *Bcc* erhalten Sie Zugriff. Die genaue Vorgehensweise wird auf Seite 57 beschrieben.

Vorgeschlagene Adresse übernehmen

Beim Eintippen einer E-Mail-Adresse erhalten Sie automatisch Vorschläge. Diese stammen aus dem Adressbuch. Aber auch E-Mail-Adressen, die Sie händisch eingegeben haben, hat sich Outlook gemerkt und fügt sie der Vorschlagsliste hinzu. Eine vorgeschlagene Adresse wählen Sie entweder mit der Maus aus oder Sie verwenden die Pfeiltasten, um durch die Liste zu scrollen und die Enter-Taste zur Auswahl des Eintrags. Selbstverständlich können Sie auch einfach weiterschreiben und eine andere Adresse eintippen.

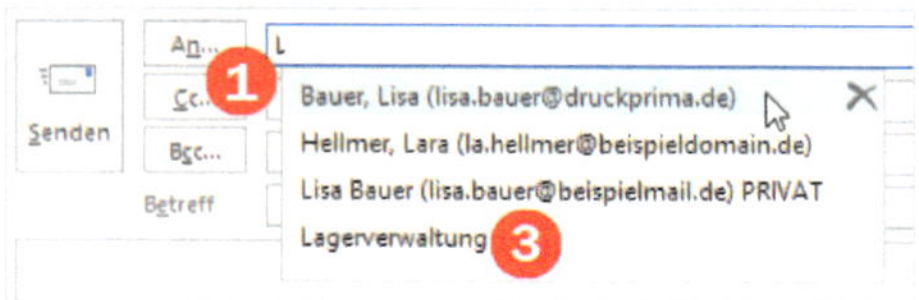

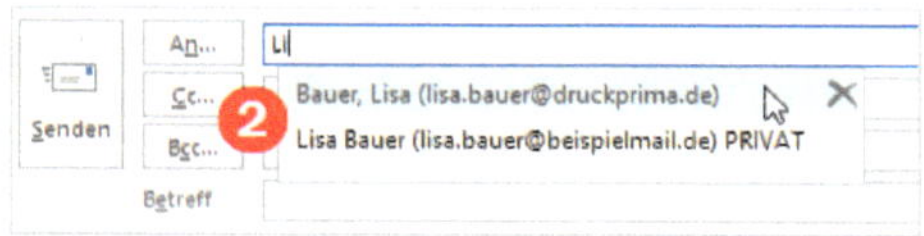

Schon bei der Eingabe des ersten Buchstabens erhalten Sie Vorschläge ❶. Wie die Namen angezeigt werden (Vornamen Nachname oder Nachname, Vorname) ist abhängig von Ihren Einstellungen im Funktionsbereich Kontakte. Trotz unterschiedlicher Eingabe des Namens ❷ wird die E-Mail-Adresse gefunden. Dennoch sollten Sie beim Speichern Ihrer Kontaktdaten um Einheitlichkeit bemühen. Auch Kontaktgruppen ❸ (Sammlung von E-Mail-Adressen) werden vorgeschlagen.

Hin und wieder kommt es vor, dass sich in dieser Liste fehlerhafte E-Mail-Adressen einschleichen. Sie entfernen einen Eintrag aus der AutoVervollständigungsliste, indem Sie auf den vorgeschlagenen Eintrag mit der Maus zeigen und auf das *x* klicken.

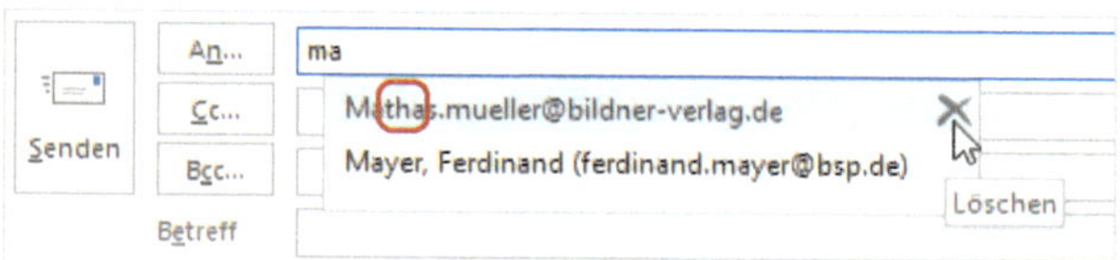

Diese E-Mail-Adresse wurde fehlerhaft eingetippt und in die AutoVervollständigung übernommen.

Wenn Sie keine Vorschläge zur Eingabe ins Adressfeld erhalten möchten, schalten Sie das Feature über Register *Datei* ▶ *Optionen* ▶ *E-Mail* ▶ Abschnitt *Nachrichten senden* ▶ *Beim Ausfüllen der Zeilen An, Cc und Bcc Namen mithilfe der AutoVervollständigung vorschlagen* ab.

Namen überprüfen

Bei Speicherung von Kontaktdaten zu einer Person wurde in der Regel neben der E-Mail-Adresse zumindest ein Vor- und Nachname eingegeben.

Im Grunde ist es ausreichend, wenn Sie in das Adressfeld den Namen des gespeicherten Kontakts eingeben. Outlook prüft, ob eine Person mit diesem Namen im Adressbuch vorhanden ist und ergänzt die E-Mail-Adresse entsprechend. Diese Funktion stoßen Sie durch Anklicken von *Namen überprüfen* im Register *Nachricht* an.

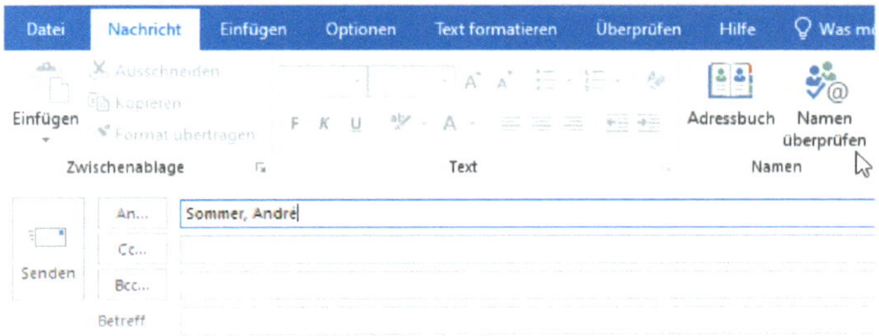

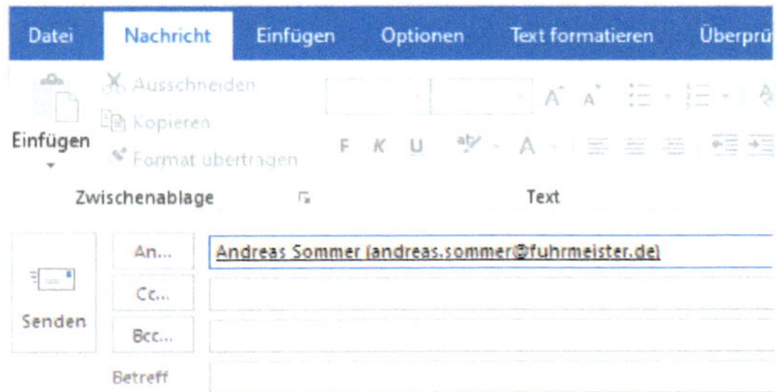

Wenn die Überprüfung fündig geworden ist, wird die E-Mail-Adresse eingefügt. Kleine Abweichungen, wie z. B. ein falscher Vorname, bleiben unberücksichtigt.

Falls keine übereinstimmenden Adressinformationen gefunden wurden, erhalten Sie eine Meldung. Tippen Sie dann auf die Schaltfläche *Weitere Vorschläge*, um einen Eintrag aus dem Adressbuch auszuwählen. Werden aufgrund Ihrer Eingabe mehrere Personen gefunden oder sind für eine Person mehrere E-Mail-Adressen eingetragen, muss eine Adresse aus der Vorschlagsliste ausgewählt werden.

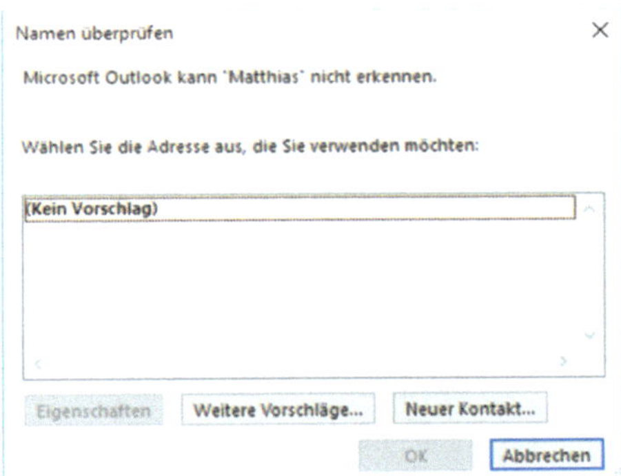

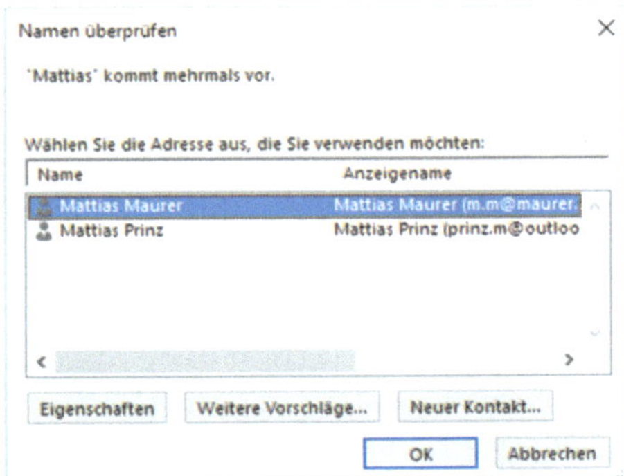

Adressbücher verwenden

In Outlook steht Ihnen das Adressbuch *Kontakte* zum schnellen Einfügen von E-Mail-Adressen in eine Nachricht zur Verfügung. Das Adressbuch *Kontakte* zeigt alle E-Mail-Adressen an, die Sie gespeichert haben. Wie Sie Adressinformationen hinterlegen lesen Sie in Kapitel 4.

Arbeiten Sie mit einem Exchange Server-Postfach, so verfügen Sie zusätzlich über eine *Globale Adressliste*. Die dort befindlichen Adressen werden vom Administrator eingetragen und enthalten neben den Adressen Ihrer Kolleginnen und Kollegen unter Umständen noch weitere Adressen von Kunden und Lieferanten oder z. B. von Teams, Räumen oder Geräten; dazu später mehr. Die Handhabung aller Arten von Adressbüchern ist dieselbe.

Empfänger aus einem Adressbuch auswählen

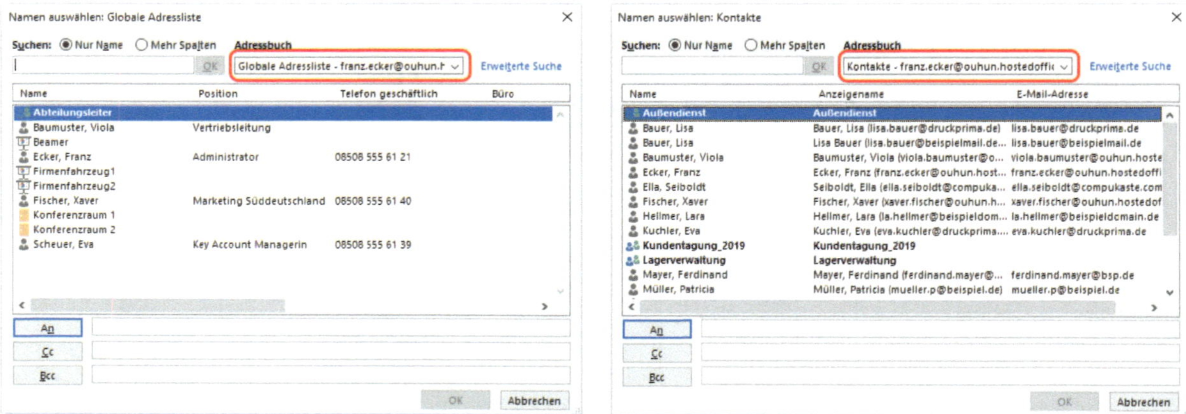

Links: Globale Adressliste
Rechts: Kontakte

1. Zum Einfügen einer Adresse, klicken Sie im Nachrichtenformular auf die Schaltfläche *An* (bzw. *Cc* oder *Bcc*) oder Sie tippen im Register *Nachricht* auf *Adressbuch*. Outlook öffnet das Dialogfenster *Namen auswählen*.

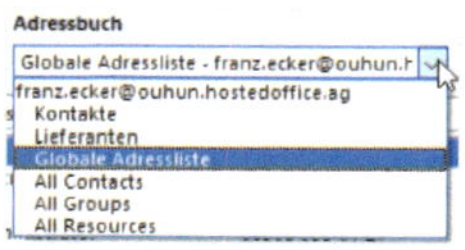

Hier können neben Kontakte auch noch weiter Adressbücher, wie z. B. Lieferanten, zur Verfügung stehen. Diese können von Ihnen im Funktionsbereich Kontakte erstellt werden.

2. **Adressbuch auswählen:** Unter Umständen muss über das Dropdown-Feld bei *Adressbuch* das gewünschte Adressbuch angeklickt werden.

3. Markieren Sie den Empfänger Ihrer Nachricht und klicken Sie auf die Schaltfläche *An* bzw. *Cc* oder *Bcc* und dann auf *OK*. Alternativ hierzu reicht auch ein Doppelklick auf den Namen des Empfängers. Dieser wird im Feld *An* eingefügt bzw. in das Feld, welches Sie zuletzt benutzt haben.

Empfänger im Adressbuch suchen

Wenn Sie den gewünschten Empfänger nicht auf Anhieb finden, können Sie auch nach diesem suchen. Ob Sie im Suchfeld durch Eingabe des Nach- oder Vornamens fündig werden, hängt von der Sortierung des Adressbuchs ab.

- Die Adressbücher in Outlook sind standardmäßig nach Vornamen sortiert. Geben Sie in diesem Fall im Feld *Suchen* den Vornamen ❶ der Person ein und klicken Sie auf *Ok*. Achten Sie darauf, das richtige Adressbuch auszuwählen. Der erste Treffer wird markiert.
- Ist Ihr Adressbuch nach Nachnamen sortiert, müssen Sie im Suchfeld den Nachnamen ❷ eingeben, um die gesuchte Adresse zu finden. Wie Sie die Sortierung des Adressbuchs ändern, erfahren Sie auf Seite 145.

Im Suchfeld müssen Sie entsprechend Ihrer Sortierung suchen. Aber was tun, wenn man sich an den Vornamen bzw. Nachnamen gerade nicht erinnern kann? Aktivieren Sie in diesen Fällen die Option *Mehr Spalten* ❸ und wiederholen Sie die Suche mit dem Namensteil, an den Sie sich erinnern können.

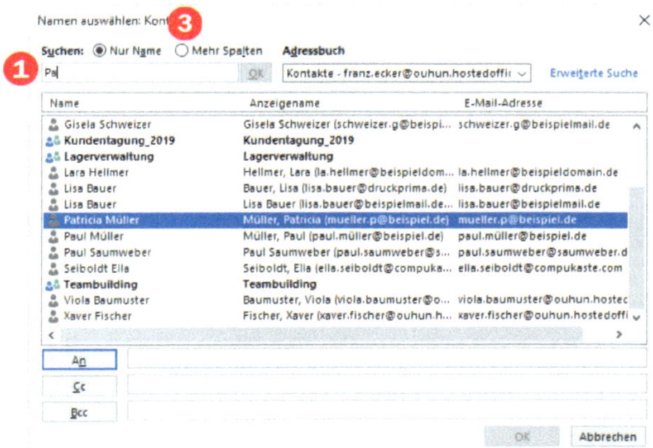

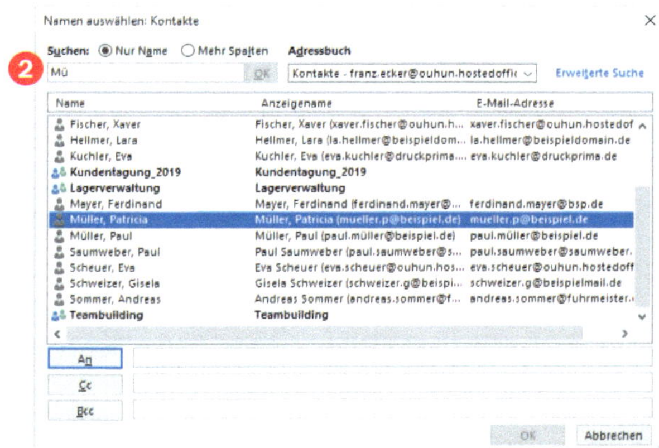

Die Auswahl der Option *Mehr Spalten* bleibt erhalten. Beim nächsten Öffnen des Adressbuchs muss auf die Option *Nur Name* gewechselt werden, damit die einzelnen Einträge angezeigt werden.

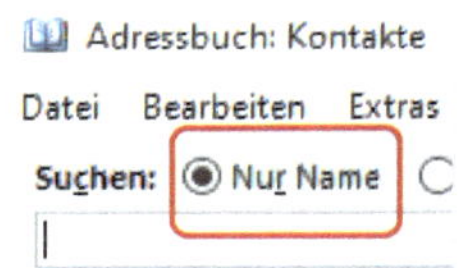

An eine Kontaktgruppe mailen

Wie Sie eine Kontaktgruppe erstellen, erfahren Sie auf Seite 146.

Wenn Sie oft an einen bestimmten Personenkreis mailen, ist es von Vorteil, die E-Mail-Adressen der einzelnen Empfänger in einer Kontaktgruppe zusammenzufassen. Kontaktgruppen werden im Funktionsbereich *Personen* erstellt und gespeichert bzw. stehen in der *Globalen Adressliste* zur Verfügung. Sie erkennen eine Kontaktgruppe an diesem Symbol. In der Globalen Adressliste steht oft die Kontaktgruppe *All User* zur Verfügung. Diese enthält alle Kontakte der Globalen Adressliste.

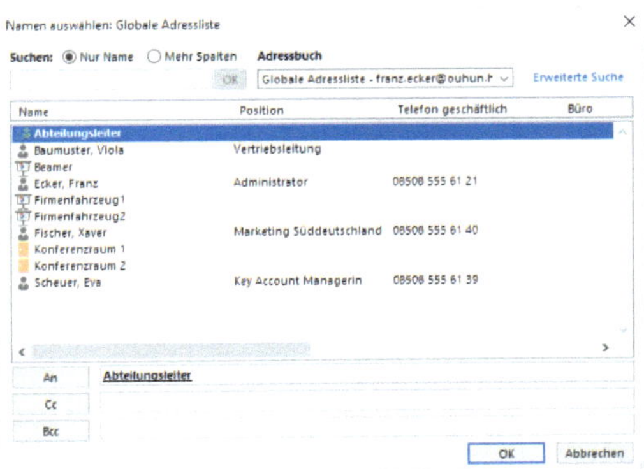

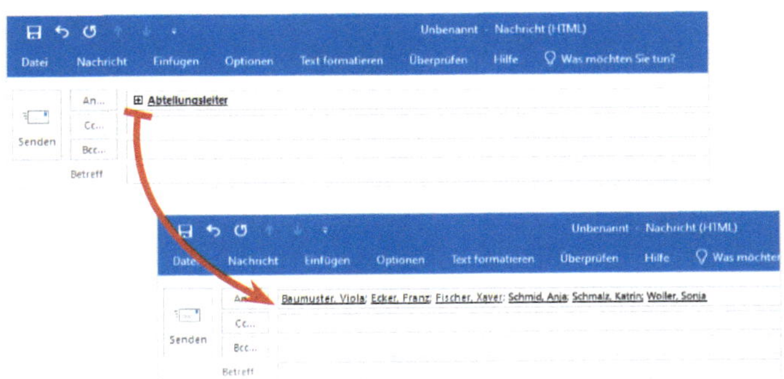

Die Kontaktgruppe wird wie einzelne Kontakte im Adressbuch ausgewählt. Im Nachrichtenformular erscheint der Name der Kontaktgruppe. Falls Sie im Feld *An* des Nachrichtenformulars die einzelnen E-Mail-Adressen der Kontaktgruppe anzeigen möchten, klicken Sie auf das Plus-Zeichen und bestätigen Sie die Meldung mit *Ok*.

Die E-Mail wird an alle Mitglieder der Kontaktgruppe versandt. Bei den Empfängern der Nachricht werden die E-Mail-Adressen der anderen Mitglieder der Kontaktgruppe angezeigt und nicht der Name der Kontaktgruppe.

Empfänger einer Nachricht besonders erwähnen

Wenn Sie eine Nachricht an mehrere Kontakte senden, aber innerhalb der E-Mail eine Person besonders ansprechen möchten, bedienen Sie sich der Funktion *Erwähnung*.

Dazu geben Sie im Nachrichtentext das @-Zeichen ein gefolgt von den ersten Buchstaben der Adresse. Sie erhalten eine Liste mit Adressen des Kontaktordners. Hier wählen Sie die Gewünschte durch Anklicken aus. Erwähnen Sie eine Adresse im Text, die kein Adressat ist, so wird die Adresse im Feld *An* hinzugefügt. Hinter dem Namen kann dann direkt der entsprechende Text eingegeben werden.

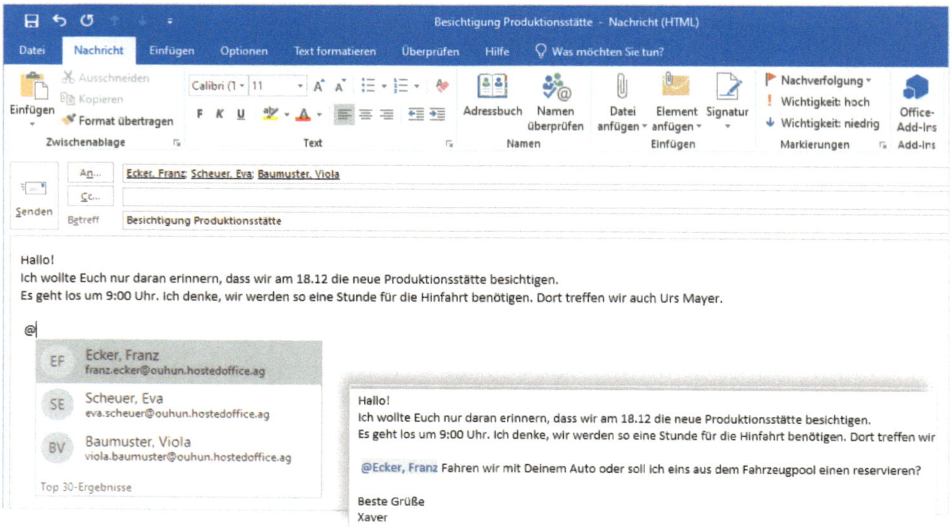

Tipp: Sie können im Posteingang ganz leicht, nur Nachrichten anzeigen, in denen Sie erwähnt würden. Dazu öffnen Sie in der Nachrichtenliste die Anordnungsoptionen und wählen den Filter *Erwähnte E-Mail* aus. Um wieder alle E-Mails des Posteingangs anzuzeigen, klicken Sie auf dem gleichen Weg nochmal auf *Erwähnte E-Mail*.

Im Bild rechts werden nur E-Mails angezeigt, in denen der Empfänger der Nachricht erwähnt wurde.

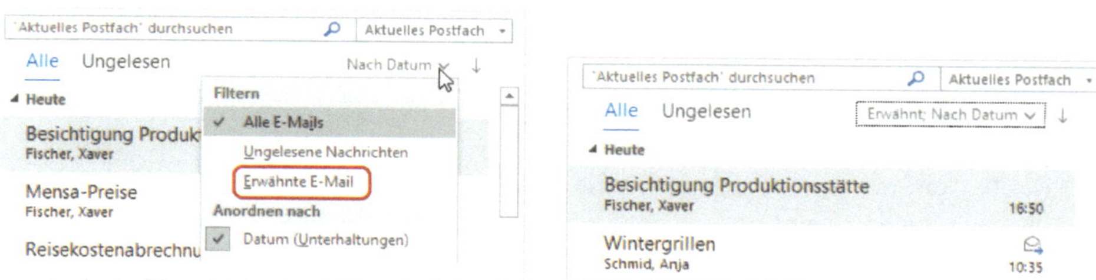

Nachricht als Entwurf speichern

Nachrichten, die zu einem späteren Zeitpunkt fertiggestellt und versendet werden sollen, können als Entwurf gespeichert werden. Klicken Sie dazu in der Symbolleiste für den Schnellzugriff des Nachrichtenformulars auf die Schaltfläche *Speichern* und schließen Sie dann das Nachrichtenformular. Die E-Mail wird im Ordner *Entwürfe* gespeichert und kann jetzt geschlossen werden.

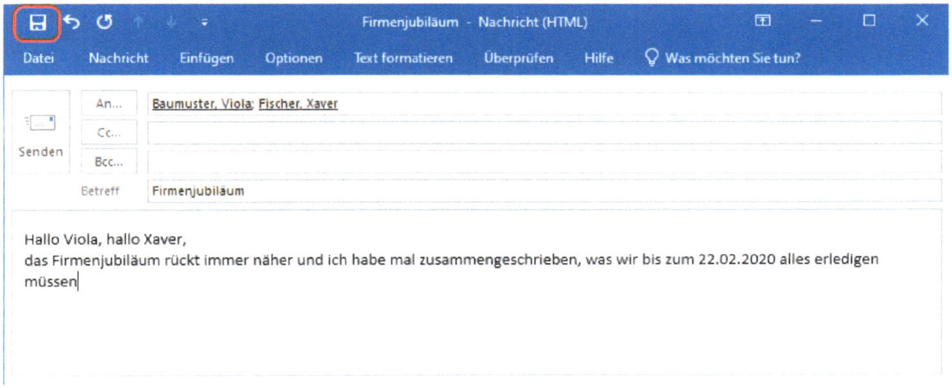

Nachricht über das Speichern-Symbol im Schnellzugriff zur späteren Fertigstellung speichern

Zum erneuten Bearbeiten und Versenden der Nachricht wählen Sie den Ordner *Entwürfe* ❶ aus und markieren in der Nachrichtenliste die gewünschte E-Mail. Im Lesebereich ergänzen Sie den Text, fügen E-Mail-Adressen hinzu oder ändern den Betreff. Alternativ können Sie die E-Mail mit einem Doppelklick öffnen und die Änderungen in einem gesonderten Fenster vornehmen. Auch durch Anklicken von *Abdocken* ❷ zeigen Sie die E-Mail in einem gesonderten Fenster an. Klicken Sie auf *Senden* ❸, um die E-Mail abzuschicken. Nachdem Sie die Nachricht versandt haben, wird Sie nicht mehr im Ordner *Entwürfe* angezeigt.

Sollten Sie die Nachricht nicht mehr benötigen, können Sie diese durch Anklicken von *Verwerfen* ❹ aus dem Ordner Entwürfe entfernen.

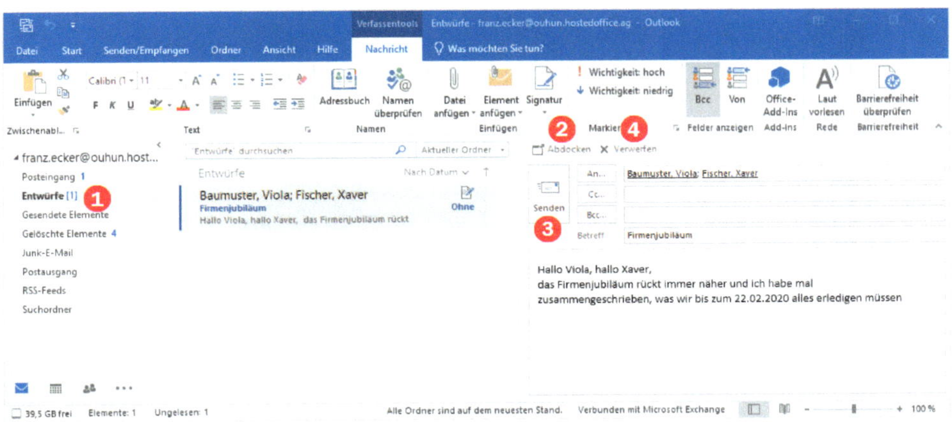

E-Mail-Ordner Entwürfe mit Inhalt

Wieso befinden sich im Ordner Entwürfe-E-Mails, die ich nicht gespeichert habe?

Standardmäßig werden alle E-Mails, die Sie zu schreiben begonnen, aber nicht versendet haben nach 3 Minuten im Ordner Entwürfe gespeichert. Sofern Sie eine begonnene E-Mail nicht mehr versenden möchten und schließen, erscheint folgende Meldung:

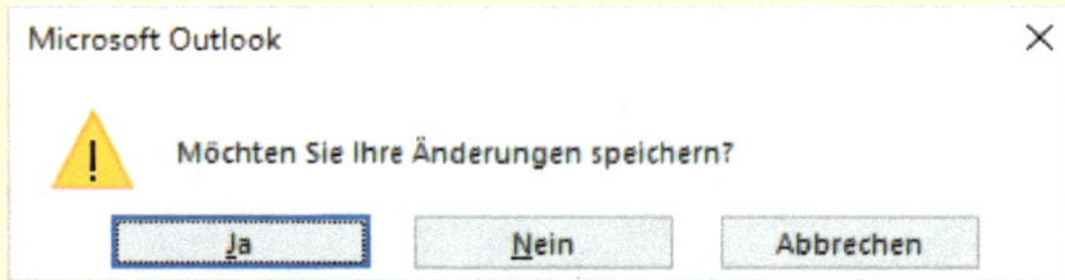

Wenn Sie hier *Ja* auswählen, bleibt die E-Mail im Ordner Entwürfe erhalten. Falls Sie keine weitere Speicherung wünschen, klicken Sie auf *Nein*.

Die automatische Speicherung erfolgt aufgrund eines Eintrags unter Register *Datei* ▶ *Optionen* ▶ *E-Mail* ▶ Bereich *Nachrichten speichern*.

Outlook-Optionen: Automatische Speicherung noch nicht gesendeter E-Mails vereinbaren

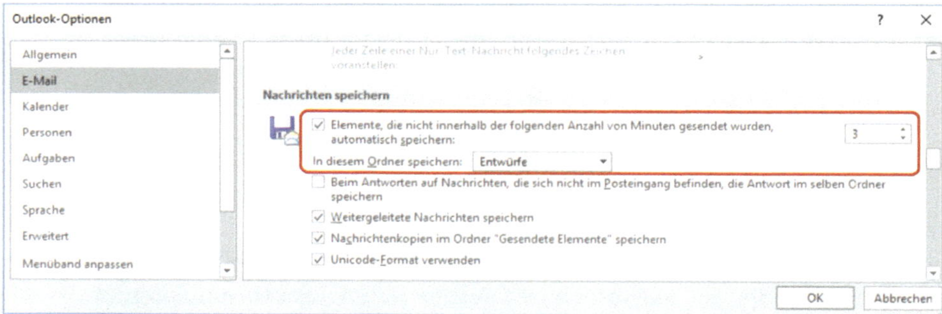

E-Mail-Formate

E-Mails können in drei verschiedenen Formaten verfasst werden: *Nur-Text*, *HTML-Format* und *Rich-Text*:

Nur Text

In der einfachsten Form versenden Sie eine Nachricht im Nur-Text-Format. Diese enthält keinerlei Formatierung.

Vorteile	Nachteile
Der Inhalt der E-Mail wird beim Empfänger genauso dargestellt, wie er eingegeben wurde.	Die Gestaltungsmöglichkeiten sind sehr gering.
Der Text kann von jedem beliebigen E-Mail-Programm angezeigt werden.	Sie können in den Nachrichtentext keinerlei Bilder einfügen.
Im Gegensatz zu E-Mails im HTML-Format kann der Nachrichtentext im Nur-Text-Format keinerlei ausführbare Skripte enthalten und stellt damit für den Empfänger kein Sicherheitsrisiko dar.	
Die E-Mails benötigen wenig Speicherplatz und haben eine geringe Übertragungsdauer.	

HTML

HTML ist eigentlich ein Dateiformat für Webseiten, kann aber auch für die Gestaltung von E-Mails verwendet werden und ist das am weitesten verbreitete Format für E-Mails.

Vorteile	Nachteile
HTML erlaubt fast alle Zeichen- und Absatzformatierungen wie Schriftart und -größe, Schriftfarbe, Ausrichtung, Aufzählung und Nummerierung	HTML kann Skripte enthalten, die auf Ihrem Computer unbemerkt Schäden verursachen. Aus diesem Grund werden E-Mails im HTML-Format von einigen wenigen Mailservern zurückgewiesen.
Grafiken, z. B. das Firmenlogo und sonstige Gestaltungselemente, wie Hintergrundfarben können im Nachrichtentext verwendet werden.	Eine E-Mail im HTML-Format mit integrierten Grafiken benötigt nicht nur mehr Speicherplatz, sondern hat auch eine längere Übertragungsdauer.
Das HTML-Format vereint die Vorteile von Nur-Text (z. B. Anlagenvorschau) und Rich-Text (z. B. Formatierung) ohne deren Nachteile.	

Rich-Text

Das Rich-Text-Format stellt ein spezielles Microsoft Nachrichtenformat dar. Ihnen stehen Formatierungsmöglichkeiten zur Verfügung, es bietet gegenüber HTML aber keine Vorteile. Dieses Format wird nicht von allen E-Mail-Programmen dargestellt und sollte daher, wenn überhaupt, nur für Nachrichten im internen Netzwerk verwendet werden.

Änderung E-Mail-Format

Sie sehen das aktuell verwendete Format in der Titelleiste des Nachrichtenformulars. Zum Ändern des E-Mail-Formats für die geöffnete E-Mail wählen Sie im Nachrichtenformular auf der Registerkarte *Text formatieren* in der Gruppe *Format* das gewünschte Format durch Anklicken aus.

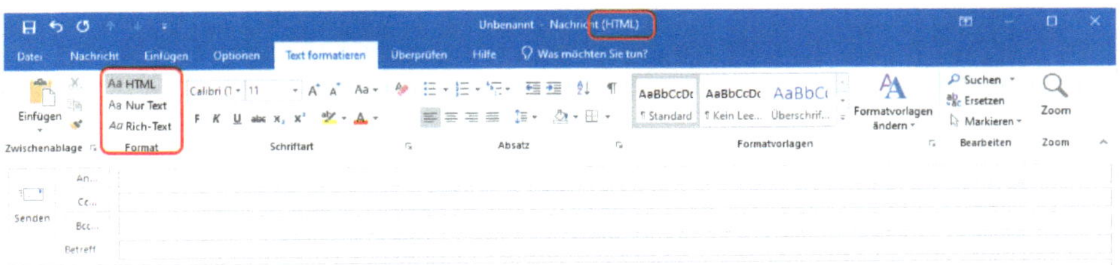

Um die Standardeinstellung des E-Mail-Formats zu verändern, wählen Sie auf der Registerkarte *Datei* den Bereich *Optionen* aus. Sie gelangen zum Fenster *Outlook-Optionen*. Klicken Sie hier links im Fenster *E-Mail* an und wählen Sie im Abschnitt *Nachrichten verfassen* das gewünschte Format aus.

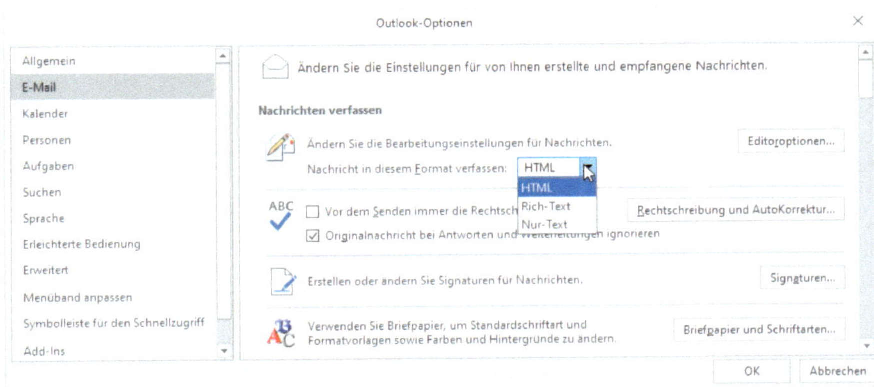

Manche Empfänger erhalten meine E-Mail nicht.
Neben einer Vielzahl an weiteren Gründen, die für dieses Problem verantwortlich sein können, besteht auch die Möglichkeit, dass deren Mailserver Nachrichten im HTML-Format löscht. In den letzten Jahren sind immer mehr Firmen dazu übergegangen, das HTML-Format zu erlauben. Dennoch finden sich immer wieder Adressaten, die keine HTML-Nachrichten empfangen können. Wenn ein Übermittlungsfehler auftritt, versenden Sie die E-Mail zur Sicherheit im Nur-Text Format.

2.3 E-Mails lesen, beantworten und löschen

E-Mails empfangen

Meist werden Nachrichten bei bestehender Internetverbindung in festgelegten Intervallen vom Server abgerufen. Hierzu muss Outlook allerdings geöffnet sein.

Um sicherzustellen, dass alle Ordner die aktuellen Inhalte anzeigen, klicken Sie in der Symbolleiste für den Schnellzugriff auf *Alle Ordner senden / empfangen* oder drücken Sie die Funktionstaste F9.

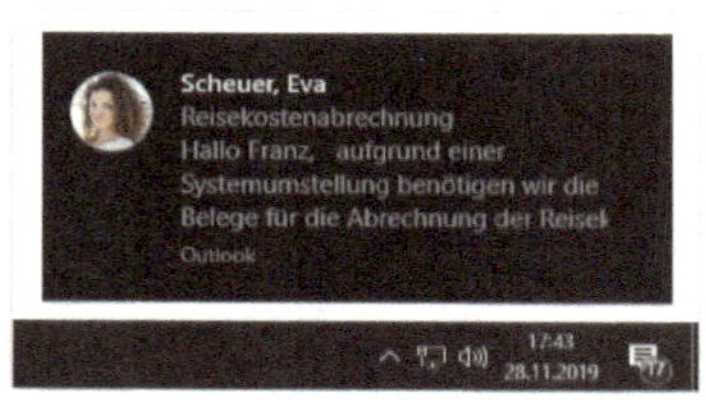

Bei Eingang einer neuen E-Mail werden Sie in der Regel im Infobereich der Taskleiste am rechten unteren Bildschirmrand durch ein Briefsymbol auf diese aufmerksam gemacht und erhalten unter Windows 10 kurz eine Vorschau auf die Nachricht.

Haben Sie neue Nachrichten erhalten, erscheint eine Zahl hinter dem Ordner *Posteingang* im Ordnerbereich. Diese gibt die Anzahl der ungelesenen E-Mails an. Jede ungelesene E-Mail wird im Anzeigebereich mit einem senkrechten blauen Balken versehen. Außerdem ist der Betreff fett und blau formatiert.

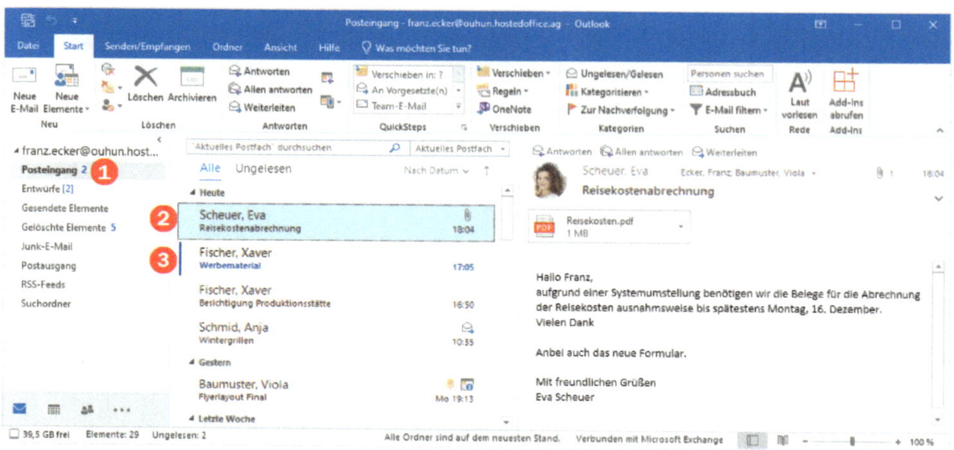

❶ Anzahl der ungelesenen E-Mails

❷ Nachricht, deren Inhalt im Lesebereich angezeigt wird

❸ Ungelesene Nachricht

Um den Inhalt einer E-Mail anzuzeigen:

Klicken Sie im Ordnerbereich auf den Ordner *Posteingang*. Der Inhalt des Ordners *Posteingang* wird rechts daneben in der Nachrichtenliste angezeigt. Klicken Sie einmal auf die gewünschte E-Mail. Im *Lesebereich* wird der Inhalt der markierten E-Mail dargestellt.

Alternative oder falls Sie nicht mit dem Lesebereich arbeiten: Ein Doppelklick auf die E-Mail in der Nachrichtenliste öffnet diese in einem neuen Fenster.

Informationen des E-Mail Kopfbereichs

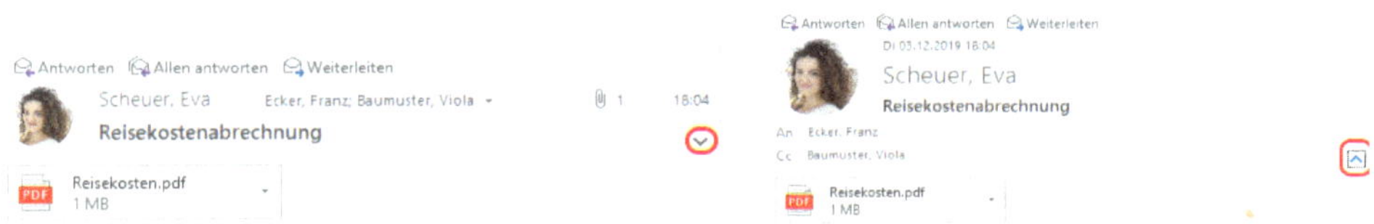

Der Kopfbereich kann entweder erweitert oder reduziert angezeigt werden. Zum Wechsel klicken Sie auf diese Schaltfläche.

- Datum und Uhrzeit des E-Mail-Empfangs.
- Name des Absenders und gegebenenfalls ein Bild des Absenders, sofern dieses von Ihnen in den Kontaktdaten gespeichert wurde.
- Betreff der E-Mail.
- Empfänger der E-Mail: Ihr Name und unter Umständen weitere. Sollten Sie eine E-Mail erhalten, in der Sie nicht aufgeführt sind, wurde Ihnen diese Mail als Blind Carbon Copy *Bcc* übersandt.

Je nach Einstellung und Inhalt der E-Mail können weitere Informationen dargestellt werden, z. B. ob und wann die E-Mail beantwortet und/oder weitergeleitet wurde, enthaltene Anlagen oder Informationen zu Darstellungsproblemen.

Ungelesene E-Mails anzeigen

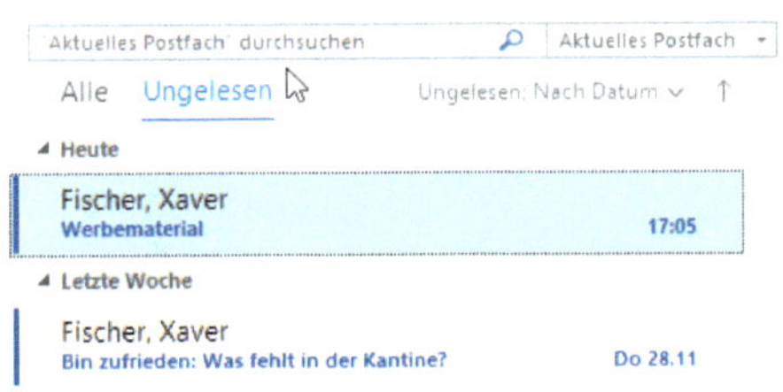

Mit den Schaltflächen Alle und Ungelesen oben in der Nachrichtenliste können Sie bequem nur die ungelesenen E-Mails herausfiltern und später wieder zur Ansicht *Alle* zurückschalten.

Beim morgendlichen Überfliegen des Posteingangs ist es vielleicht ganz praktisch die eine oder andere Mail nochmals als ungelesen zu markieren, um sich später genauer damit zu beschäftigen. Hier stehen zwei Möglichkeiten zur Verfügung:

- Zeigen Sie mit der Maus in der Nachrichtenliste auf den Beginn der Zeile und klicken einmal.
- Alternativ markieren Sie die E-Mail und klicken auf Register *Start* ▸ Gruppe *Kategorien* ▸ *Ungelesen/ Gelesen*.

E-Mails beantworten und weiterleiten

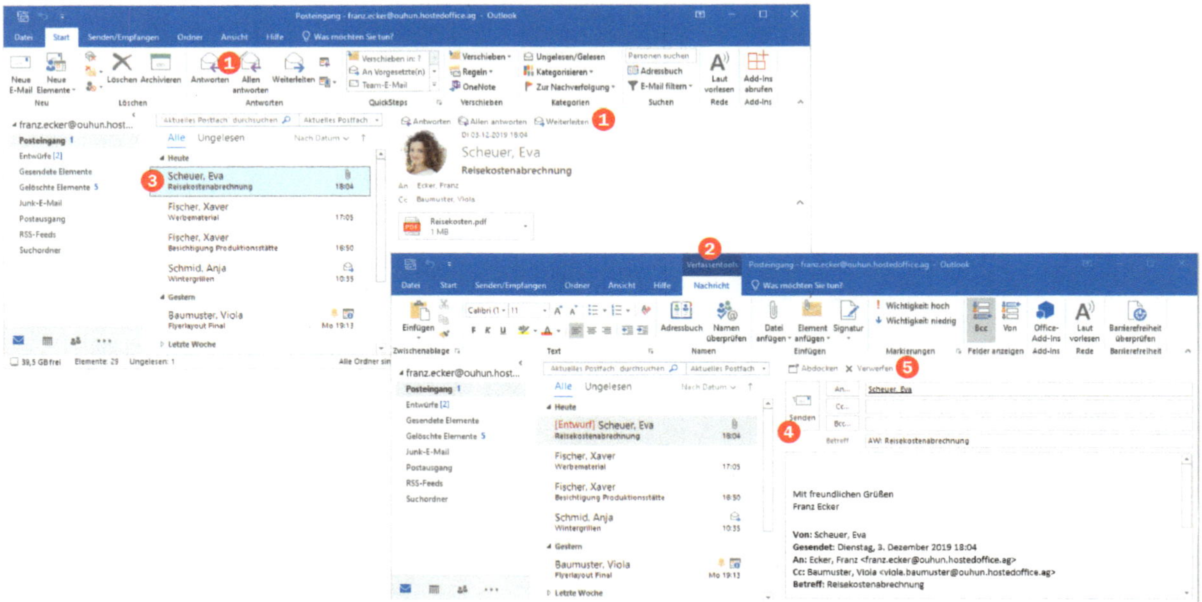

1 Die Schaltflächen für Antworten und Weiterleiten finden Sie auf der Registerkarte *Start* in der Gruppe *Antworten* oder im Lesebereich der E-Mail. Markieren Sie die E-Mail im Anzeigebereich und klicken Sie auf die entsprechende Schaltfläche.

2 Dadurch werden im Lesebereich die notwendigen Eingabefelder angezeigt und das kontextbezogene Register *Verfassentools - Nachricht* eingeblendet.

3 Sobald Sie mit der Texteingabe beginnen, wird Ihre Antwort als Entwurf gespeichert, leicht zu erkennen am Hinweis im Anzeigebereich. Dadurch ist es möglich, die Bearbeitung zu unterbrechen und zu einem anderen Bereich von Outlook zu wechseln, ohne den bereits eingegebenen Text zu verlieren. Sobald Sie zur ursprünglichen Nachricht zurückkehren, wird der eingegebene Text wieder im Lesebereich angezeigt.

4 Um die Nachricht zu verschicken, klicken Sie auf *Senden*.

5 Durch Anklicken der Schaltfläche *Abdocken* zeigen Sie die E-Mail in einem extra Fenster an. Mit der Schaltfläche *Verwerfen* brechen Sie die Aktion ab. Dadurch wird auch der automatisch erstellte Entwurf gelöscht.

> Wenn Sie nicht mit dem Lesebereich im Funktionsbereich E-Mail arbeiten, dann wird die E-Mail beim Anklicken von *Antworten* oder *Weiterleiten* in einem neuen Fenster geöffnet. Die Bearbeitung erfolgt analog zu obiger Beschreibung.

Antworten

- Wenn Sie auf eine E-Mail antworten, wird der Absender der E-Mail als Empfänger der neuen Nachricht eingetragen.
- Der Betreff wird beibehalten, ergänzt durch das Kürzel *AW* für Antwort bzw. *RE* für Reply.
- Der ursprüngliche Nachrichtentext ist angefügt. Geben Sie an der Cursorposition darüber Ihre Antwort ein.
- Sofern die E-Mail einen Dateianhang hatte, ist dieser selbstverständlich nicht mehr Teil der Antwort.
- Auch wenn die empfangene E-Mail an mehrere Personen gesendet wurde, antworten Sie nur dem Absender dieser Nachricht.
- Nach dem Versenden der Antwort wird die E-Mail im Posteingangsordner als beantwortet durch einen violetten Pfeil gekennzeichnet.

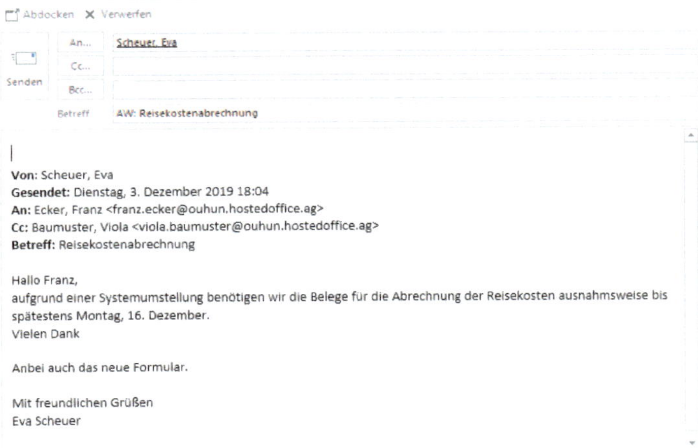

Allen Antworten

Wurde eine E-Mail an mehrere Empfänger versandt, so können Sie allen Empfängern Ihre Antwort senden. Markieren Sie die E-Mail und klicken Sie dann auf die Schaltfläche *Allen Antworten*. Empfänger, die die Nachricht als Blind Carbon Copy erhalten haben, bekommen jedoch keine Antwort. Machen Sie von dieser Möglichkeit nur Gebrauch, wenn Sie sicher sind, dass alle Empfänger Ihre Antwort auch benötigen.

Weiterleiten

- Sie haben eine E-Mail erhalten und möchten diese einer anderen Person zusenden. Diese Aufgabe erfüllt die Schaltfläche *Weiterleiten*.
- Die Empfängeradresse muss nun selbst eingegeben werden. Der Betreff wird übernommen, ergänzt durch das Kürzel *WG* für Weitergeleitet bzw. *FW* für Forward.

- Auch beim Weiterleiten können Sie der Nachricht einen eigenen Text hinzufügen. Anlagen zur E-Mail werden ebenfalls weitergeleitet.
- In Ihrem Posteingangsordner wird die E-Mail als weitergeleitet mit einem blauen Pfeil gekennzeichnet.

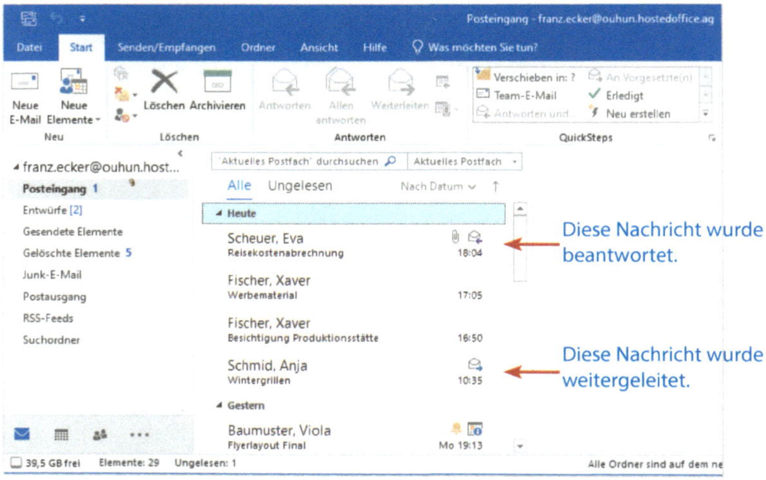

E-Mails erneut versenden

Möchten Sie eine versendete Nachricht erneut senden, gehen Sie wie folgt vor:

1. Wechseln Sie in den Ordner *Gesendete Elemente*, der Kopien aller ausgehenden Nachrichten enthält und öffnen Sie die gewünschte E-Mail mit einem Doppelklick.
2. Wählen Sie *Nachricht* ▸ Gruppe *Verschieben* ▸ *Weitere Verschiebeaktionen* ▸ *Diese Nachricht erneut senden* aus.
3. Das Nachrichtenformular wird erneut angezeigt. Hier können jetzt Änderungen vorgenommen werden. Verschicken Sie die E-Mail über die Schaltfläche *Senden*.

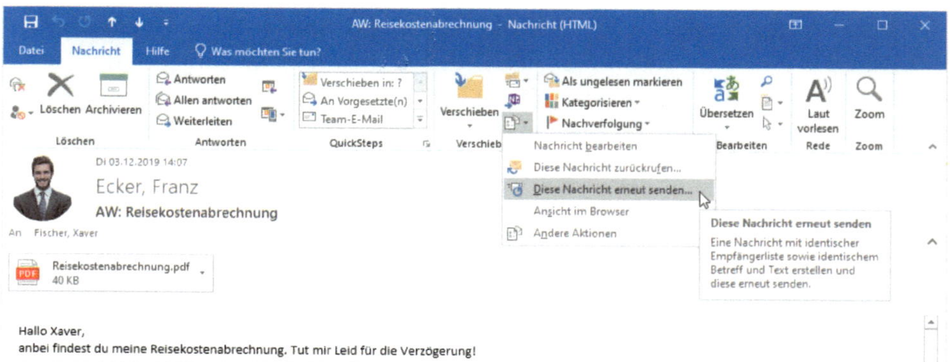

E-Mails löschen

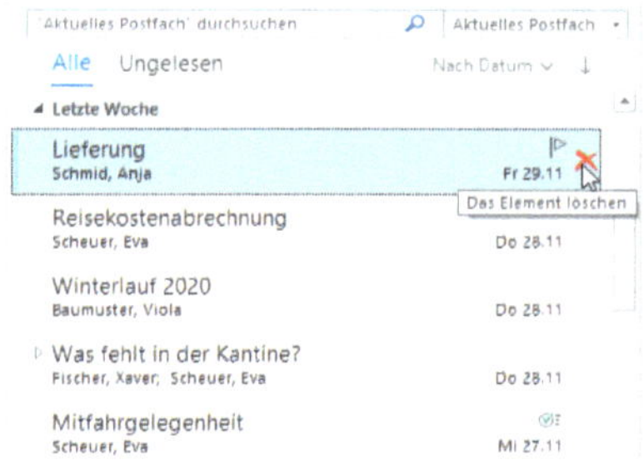

- Markieren Sie eine E-Mail im Nachrichtenbereich und klicken auf *Start* ▸ Gruppe *Löschen* ▸ *Löschen* .
- Alternativ zeigen Sie im Nachrichtenbereich auf die E-Mail, die gelöscht werden soll und klicken Sie auf das Löschen-Symbol am Ende der Zeile.
- Markieren Sie die E-Mail im Nachrichtenbereich und drücken Sie die Entf-Taste auf der Tastatur. Sie können auch mehrere E-Mails gleichzeitig löschen. Klicken Sie dazu die erste E-Mail an, halten Sie die Strg-Taste gedrückt, klicken Sie die zweite E-Mail an usw. Alle markierten Nachrichten können dann wie oben beschrieben gelöscht werden.

Versehentlich gelöschte Nachrichten wiederherstellen

Gelöschte Nachrichten werden in den Ordner *Gelöschte Elemente* verschoben. Dieser Ordner dient allen Funktionsbereichen zur Aufbewahrung gelöschter Elemente. Somit finden Sie hier auch gelöschte Termine oder Kontakte.

> In früheren Versionen wurde der Ordner *Gelöschte Elemente* als *Gelöschte Objekte* bezeichnet. Unter Umständen, z. B. bei einer Migration auf Outlook 2019, wurde dieser Ordnername in Ihrem Postfach beibehalten.

E-Mails können aus dem Ordner *Gelöschte Elemente* wieder in andere Ordner verschoben werden. Wechseln Sie zum Ordner *Gelöschte Elemente*. Klicken Sie die Nachricht im Nachrichtenbereich an, halten Sie die linke Maustaste gedrückt und ziehen Sie die E-Mail in den gewünschten Ordner.

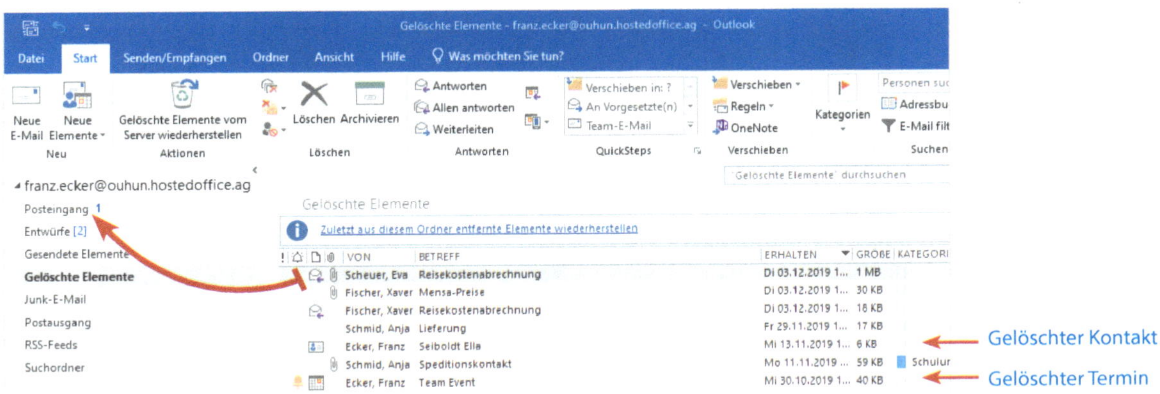

Ordner Gelöschte Elemente aufräumen

Sie sollten auch von Zeit zu Zeit den Ordner Gelöschte Elemente leeren. Dieser kann neben E-Mails auch gelöschte Termine, Kontakte oder Aufgaben enthalten. Elemente, die Sie hier löschen, sind endgültig entfernt. Löschen Sie entweder, wie oben beschrieben, einzelne Elemente oder klicken Sie den Ordner mit der rechten Maustaste an und wählen *Ordner leeren*. Dann sollten Sie sich allerdings sicher sein, dass Sie kein gelöschtes Element mehr benötigen.

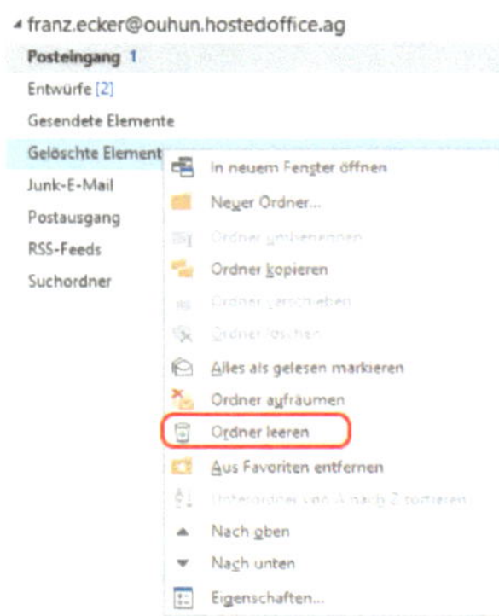

Falls doch einmal etwas versehentlich gelöscht wurde, können Sie das Element unter Umständen mit *Zuletzt aus diesem Ordner entfernte Elemente wiederherstellen* ❶ bzw. Register Start ▶ *Gelöschte Elemente vom Server wiederherstellen* ❷ nochmal zurückholen. Im Dialogfenster markieren Sie das entfernte Element ❸. Achten Sie darauf, dass *Ausgewähltes Element wiederherstellen* ❹ aktiviert ist und klicken Sie auf *Ok*.

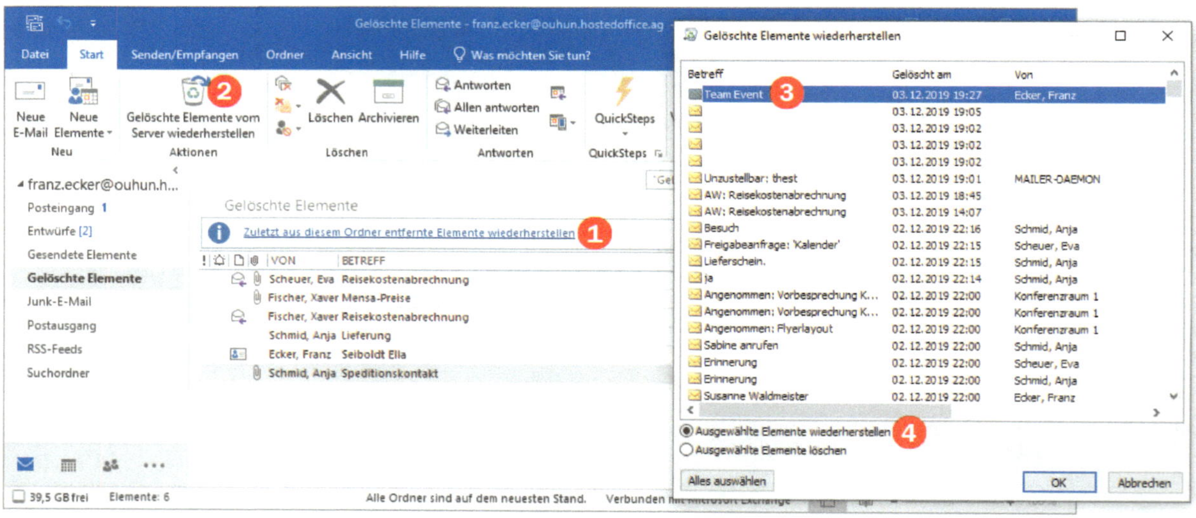

Mit mehreren Konten arbeiten

Enthält Outlook mehrere E-Mail-Konten, so werden diese getrennt voneinander im Ordnerbereich angezeigt. Sie bestimmen, welches E-Mail-Konto eine Nachricht versendet, indem Sie einen E-Mail-Ordner des entsprechenden Kontos anklicken und dann ein neues Nachrichtenformular aufrufen.

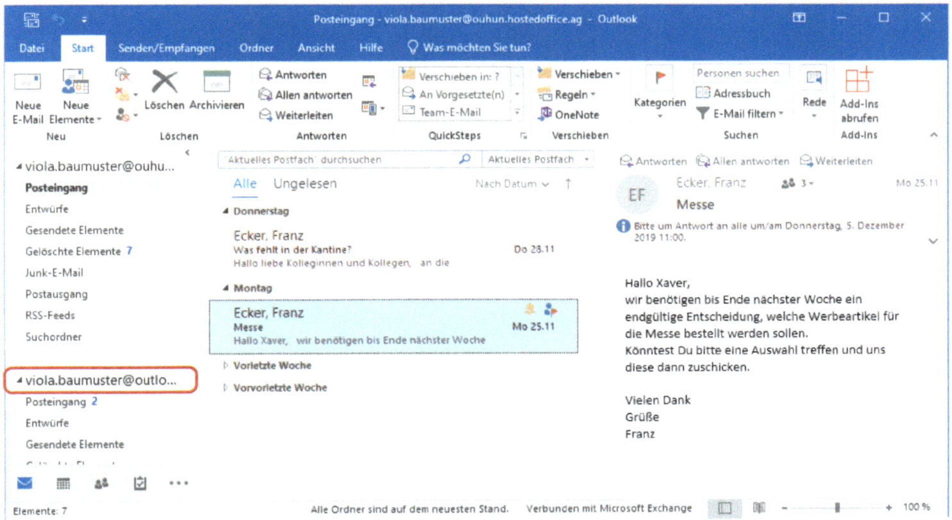

Um diese E-Mail-Adresse als Absender einer neuen Nachricht auszuwählen, markieren Sie das Postfach oder einen E-Mail-Ordner, der zu diesem Postfach gehört und klicken dann auf *Neue E-Mail*.

Auch im Nachrichtenformular selbst können Sie noch auswählen, welche Absenderadresse Sie verwenden. Klicken Sie dazu auf die Schaltfläche *Von* , die automatisch angezeigt wird, wenn mehrere E-Mail-Konten existieren und wählen Sie eine Adresse aus.

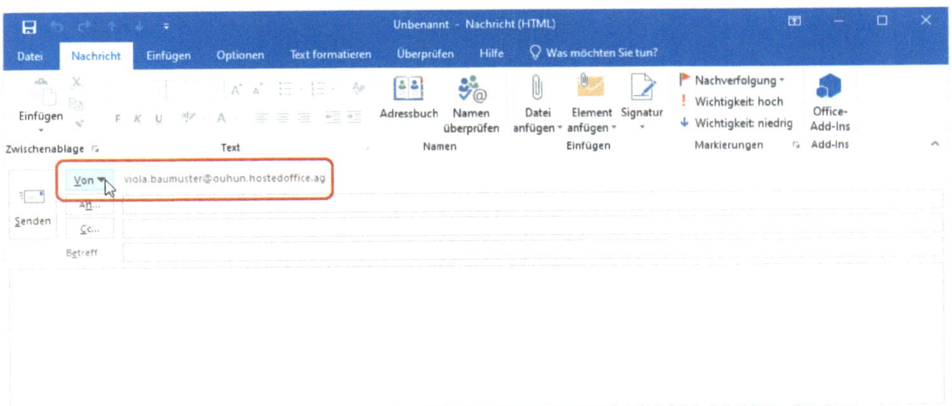

2.4 E-Mail Anlage

Als Anlage zu einer E-Mail können Word-Dokumente, Excel-Tabellen, Bilder, komprimierte Dateien etc. versendet und empfangen werden. Antworten Sie auf eine E-Mail, die eine Anlage enthält, wird diese nicht in die Antwort-E-Mail integriert. Leiten Sie eine E-Mail mit Anlage weiter, wird auch die Anlage weitergeleitet.

Datei als Anlage versenden

Wenn Sie keine neue Nachricht verfassen, sondern auf eine E-Mail antworten, dann finden Sie die Schaltfläche *Datei anfügen* im Register Verfassentools-Nachricht ebenfalls zur Verfügung.

- Öffnen Sie ein neues Nachrichtenformular und tragen Sie die Empfängeradresse, den Betreff und Ihren Nachrichtentext ein.
- Klicken Sie auf *Nachricht* ▸ Gruppe *Einfügen* ▸ *Datei anfügen*. Zunächst erhalten Sie eine Liste aller zuletzt verwendeten Elemente (ähnlich der Anzeige der *Zuletzt verwendeten Dateien* ❶ im Datei-Explorer). Hier werden Dateien angezeigt, Word-Dokumente, Excel-Dateien, PDFs oder Grafikdateien etc., die Sie erst kürzlich gespeichert haben. Falls das Gewünschte hier schon dabei ist, können Sie es durch Anklicken als Anlage einfügen.
- Ansonsten klicken Sie auf *Diesen PC durchsuchen* ❷. Das Dialogfenster *Datei einfügen* öffnet sich. Rufen Sie den Speicherort der gewünschten Datei auf, markieren Sie diese und klicken Sie auf die Schaltfläche *Einfügen*. Durch Mehrfachmarkierung können mehrere Dateien gleichzeitig eingefügt werden. Halten Sie dazu die Strg-Taste gedrückt und markieren Sie alle Dateien.
- Im Feld *Angefügt* sehen Sie jetzt die Datei mit Dateiname, Dateityp und Dateigröße. Versenden Sie die E-Mail wie gewohnt. Möchten Sie eine eingefügte Datei wieder löschen, klicken Sie diese an und drücken die Entf-Taste auf der Tastatur oder tippen Sie das kleine Dreieck am Ende des Anhangs an ❸ und wählen *Anlage entfernen*.

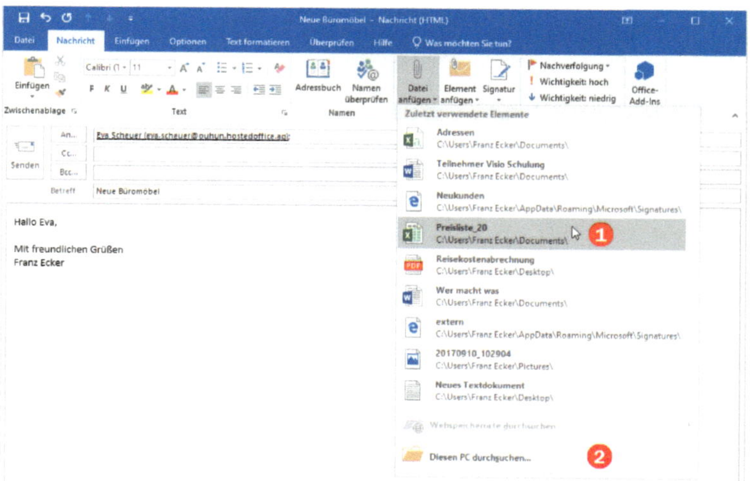

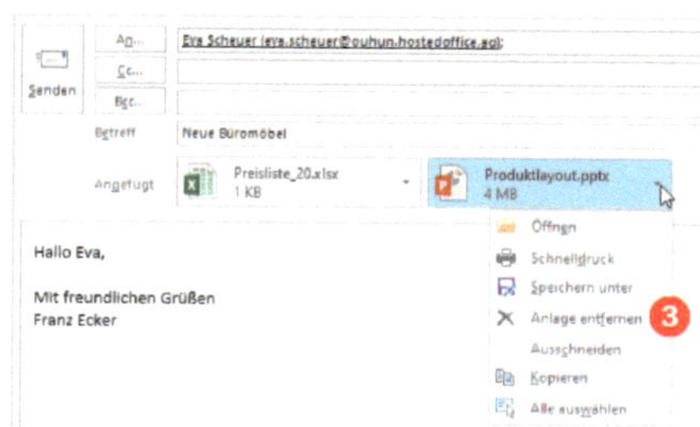

An eine E-Mail können Dateien nur bis zu einer bestimmten Größe angefügt werden, oft ist ab 20 MB Schluss. Das Limit wird entweder durch Outlook, den Exchange Server oder den E-Mail-Provider bestimmt. Darüber hinaus können an eine E-Mail-Nachricht nur Dateien, aber keine Ordner angehängt werden. In diesem Fall komprimieren Sie den Ordner mit einem entsprechenden Programm, z. B. WinZip, WinRar oder 7-Zip. Dann kann er an eine E-Mail angehängt werden.

Anlagedateien werden blockiert

Die Dateien einer Anlage können Schadprogramme enthalten, die Ihren Computer infizieren. Deshalb hat Outlook verschiedene Vorsichtsmaßnahmen integriert, die schon beim Versenden von Nachrichten aktiv werden. Versenden Sie beispielsweise eine ausführbare Datei (Dateierweiterung .exe), so wird der Versand blockiert. Auch wenn Sie die Warnung über die Schaltfläche *Ja* bestätigen, ist es möglich, dass der Empfänger die Anlage nicht erhält.

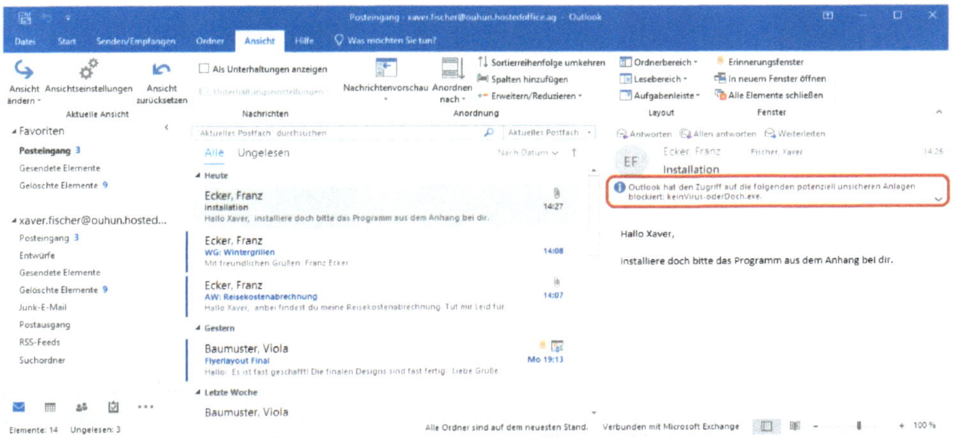

Potenziell gefährliche Anlage wurde blockiert

Datei als Anlage erhalten

Eine Nachricht mit ein oder mehreren Dateien als Anlage erkennen Sie im Posteingang (und in allen anderen Ordnern) am Büroklammersymbol. Die eigentliche Nachricht wird, wie gewohnt, im Lesebereich angezeigt. Da angefügte Dateien auch Schädlinge auf Ihren Computer übertragen können, wird zunächst keine Vorschau geöffnet.

Schadsoftware kann beispielsweise durch eine komprimierte Datei oder eine Excel-Datei, die Makros enthält, auf fremden Rechnern installiert werden. Hier gibt es viele Möglichkeiten, wie der Empfänger ausgetrickst wird. Beispielsweise tarnen sich E-Mails als Bewerbungsschreiben oder Preislisten, um vom Empfänger geöffnet zu werden.

> Öffnen Sie Dateianlagen nur, wenn Sie sicher sind, dass Sie aus einer vertrauenswürdigen Quelle stammen.

Anlagenvorschau und Anlagen bearbeiten

Klicken Sie einmal auf die Anlage, um eine Vorschau zu erhalten. Je nach Dateityp sehen Sie die Vorschau sofort, oder erst nach Anklicken der Schaltfläche *Dateivorschau* ❶. Für manche Dateien ist keine Vorschau möglich. Mit *Zurück zur Nachricht* ❷ zeigen Sie wieder den Text der E-Mail an.

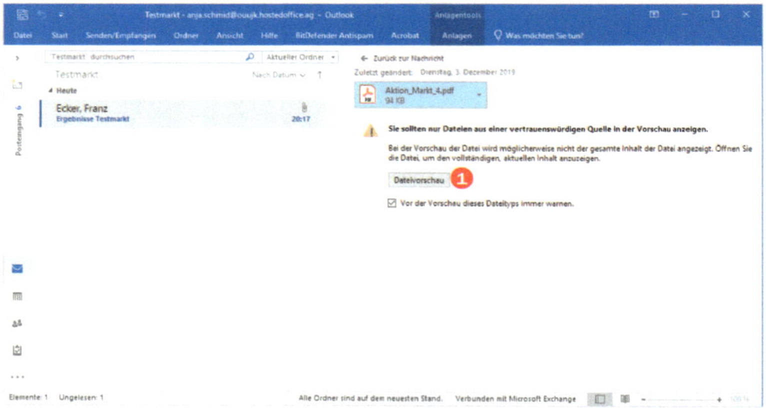

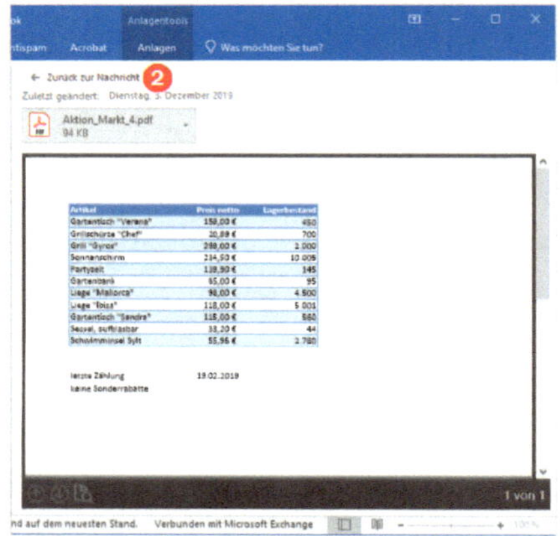

Anlage speichern

Wenn die Anlage markiert ist, wird das kontextbezogene Register *Anlagentools - Anlagen* eingeblendet, das alle Befehle zur Weiterverarbeitung der Anlagendatei enthält. Alternativ klicken Sie auf das DropDown-Menü der Anlage und wählen den entsprechenden Befehl aus, z. B. *Speichern unter* ❸ zur Speicherung der Datei auf dem Rechner.

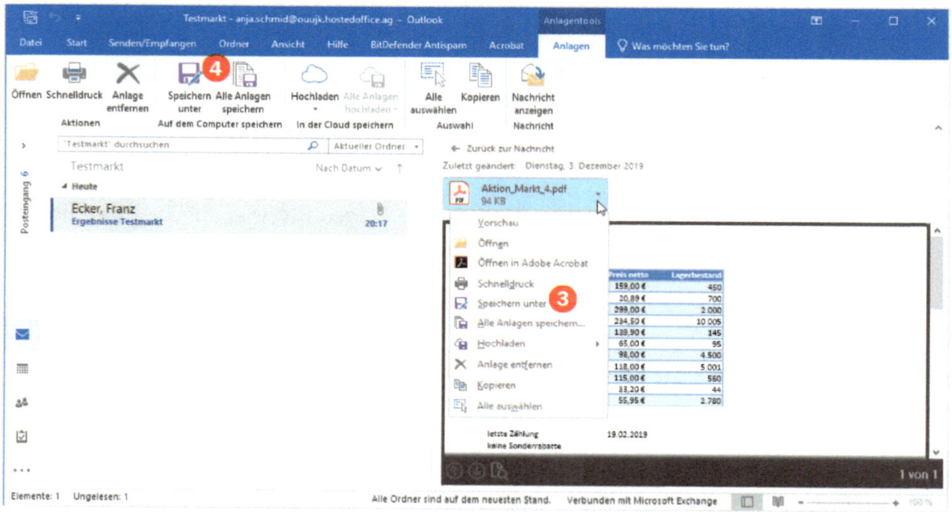

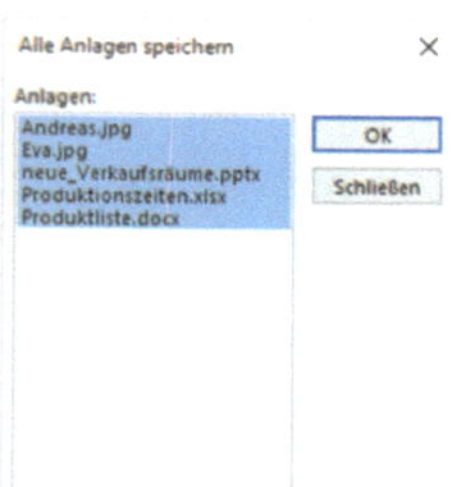

Mehrere Anlagen gleichzeitig abspeichern

Enthält eine E-Mail mehrere Anlagedateien, empfiehlt es sich, alle Anlagen gemeinsam abzuspeichern. Markieren Sie eine Anlage und klicken Sie im Register *Anlagentools - Anlagen* auf die Schaltfläche *Alle Anlagen speichern* ❹. Das Dialogfenster *Alle Anlagen speichern* wird angezeigt. Hier können mit der Strg-Taste und Anklicken der gewünschten Datei, auch einzelne Anlagen aus der Auswahl entfernen. Klicken Sie dann auf *OK* und wählen Sie den Speicherort aus. Schließen Sie das Fenster über die gleichnamige Schaltfläche.

Anlage öffnen

Um eine Anlage zu öffnen, können Sie die Datei auch doppelt anklicken. Anlagen können nur geöffnet oder in der Vorschau betrachtet werden, wenn das entsprechende Programm auf dem Computer installiert ist. Erhalten Sie beispielsweise eine Excel-Datei (.xlsx), benötigen Sie das Programm Microsoft Excel, um die Datei zu öffnen.

2.5 Junk-E-Mail

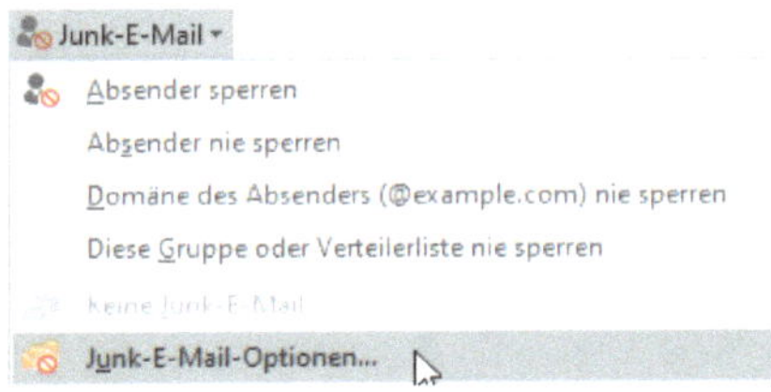

Sie erhalten eine Menge unerwünschte Werbemails, Millionengewinne und Spendenangebote im Posteingang? Dann ist vielleicht die Schutzebenen des outlookeigene Junk-E-Mail-Filter zu niedrig. Überprüfen Sie die Einstellungen, in dem Sie im Register *Start* ▶ Gruppe *Löschen* ▶ *Junk-E-Mail* ▶ *Junk-E-Mail-Optionen* auswählen. Natürlich kann Outlook auch mit anderen Programmen zusammenarbeiten, die die Filterung steuern. In einem Unternehmen wurde das in der Regel für Sie bereits von der EDV-Abteilung voreingestellt.

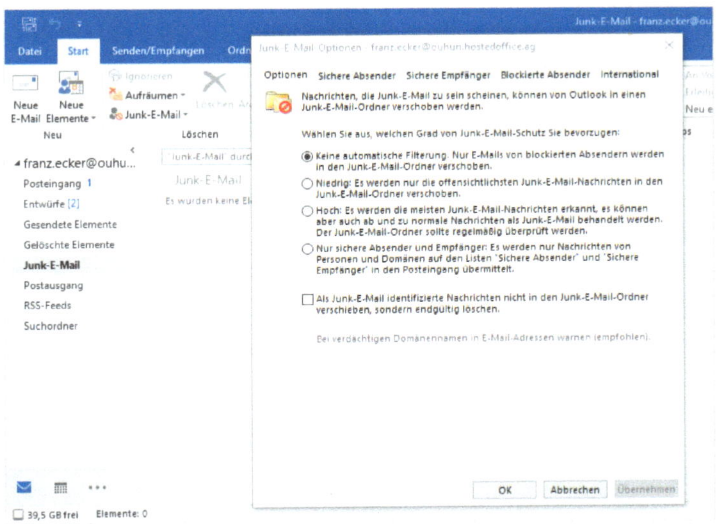

Für welche Schutzstufe Sie sich entscheiden, bleibt Ihnen überlassen. Grundsätzlich kann man sagen, je höher der Schutz, um so öfter sollten Sie den Inhalt des Junk-E-Mail Ordners überprüfen, um sicherzustellen, dass keine Mail gefiltert wurde, die Sie eigentlich gerne erhalten hätten. Die Option *Nur sichere Absender und Empfänger* setzt voraus, dass Sie die Adressen aller gewünschten Absender und Empfänger in den folgenden Registern eintragen. Eine als Junk-E-Mail erkannte Nachricht sofort zu löschen, birgt meines Erachtens mehr Nachteile als Nutzen. Mit einem Rechtsklick auf den Junk-E-Mail-Ordner im Ordnerbereich und Auswahl von *Ordner leeren*, kann dessen Inhalt nach einer Durchsicht der gefilterten E-Mails schnell gelöscht werden. Damit sind Sie auf der sicheren Seite.

- Sollten Sie im Posteingang eine E-Mail entdecken, bei der es sich um Spam handelt, markieren Sie die Nachricht und wählen Register *Start* ▶ Gruppe *Löschen* ▶ *Absender sperren.*

- Finden Sie bei der Durchsicht des Junk-E-Mail Ordners eine E-Mail, die kein Spam ist, dann markieren Sie die Mail und wählen Register *Start* ▶ Gruppe *Löschen* ▶ *Keine Junk-E-Mail.*

2.6 Signaturen verwenden

Bestandteile einer E-Mail, wie z. B. Grußformel, Name, Firma, Anschrift etc. müssen nicht für jede E-Mail erneut eingeben werden. Diese Informationen werden als Signatur hinterlegt und automatisch in jede neue E-Mail eingefügt.

Visitenkarte siehe Kapitel 3

Neben einer einfachen Textsignatur steht Ihnen in Outlook auch das Feature „Visitenkarte" zur Verfügung. Eine Visitenkarte enthält ebenfalls Kontaktinformationen und wird im Funktionsbereich *Personen* erstellt. Versenden Sie eine Visitenkarte per E-Mail, um dem Empfänger die Speicherung Ihrer Kontaktinformationen zu erleichtern. Die Textsignatur dagegen dient zur Anzeige notwendiger und wiederkehrender Inhalte im Nachrichtentext Ihrer E-Mail.

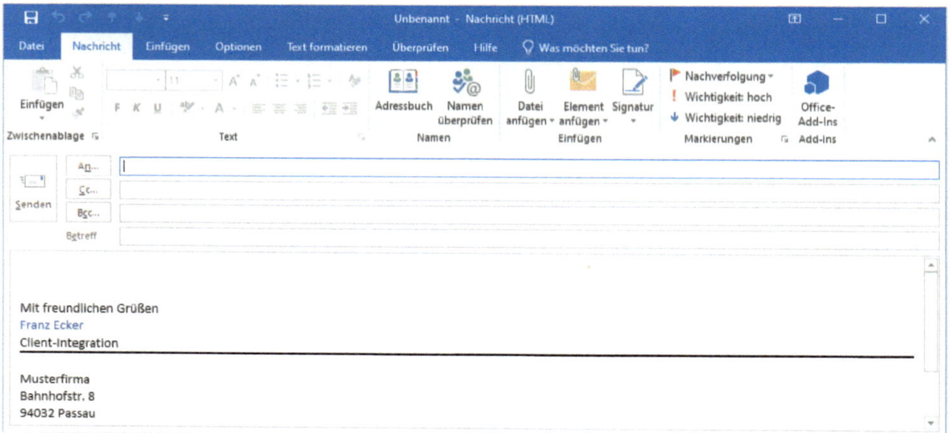

Signatur erstellen

Öffnen Sie ein neues Nachrichtenformular und klicken Sie auf *Nachricht* ▶ Gruppe *Einfügen* ▶ *Signatur* ▶ *Signaturen*. Das Dialogfenster *Signaturen und Briefpapier* wird geöffnet. Alternativ wählen Sie das Register *Datei* und klicken Sie hier auf *Optionen* und dann auf *E-Mail*. Klicken Sie dann auf die Schaltfläche *Signaturen*.

- Klicken Sie die Schaltfläche *Neu* ❶ an und geben Sie einen Namen für die Signatur ein, z. B. *intern* oder *extern*. Bestätigen Sie über die Schaltfläche *OK*. Die neue Signatur wird jetzt im Abschnitt *Signatur zum Bearbeiten auswählen* aufgeführt.
- Tragen Sie nun im Abschnitt *Signatur bearbeiten* ❷ eine Grußformel, ihren Namen, die Firmenanschrift etc. ein und formatieren sie den Text.
- Bei *Standardsignatur auswählen* ❸ legen Sie fest, welche Signatur standardmäßig in einer neuen E-Mail und beim Antworten auf oder Weiterleiten von einer Nachricht angezeigt wird. Ein Wechsel zwischen verschiedenen Signaturen ist unabhängig davon möglich. Außerdem kann jede Signatur in der E-Mail wie Text gelöscht werden. Schließen Sie die Eingabe mit *Ok* ab.

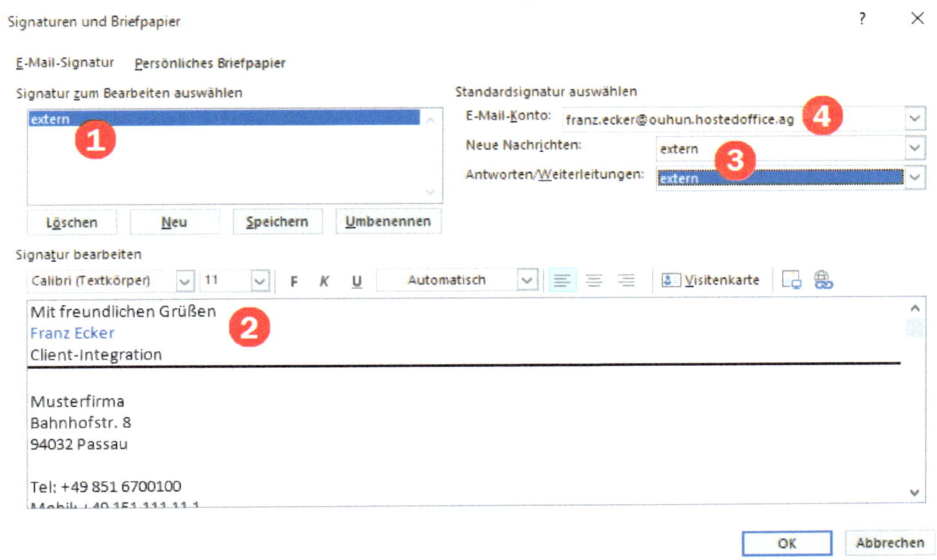

Erste Signatur wurde gespeichert

Tipp: Falls mehrere E-Mail-Konten verbunden sind, muss für jedes vereinbart werden, welche Signatur standardmäßig angezeigt werden soll. Zwischen den E-Mail-Konten wechseln Sie hier 4.

Weitere Signaturen anlegen und bearbeiten

Outlook bietet die Möglichkeit, mehrere Signaturen anzulegen und je nach Art der E-Mail-Nachricht zwischen den Signaturen zu wechseln. So können Sie eine Signatur *intern* anlegen, für E-Mails an Kollegen oder eine Signatur *Erstkontakt*, die verwendet wird um Neukunden weitere Informationen, wie z. B. eine Visitenkarte zukommen zu lassen.

Rufen Sie, wie oben beschrieben das Dialogfenster *Signaturen und Briefpapier* auf. Legen Sie über die Schaltfläche *Neu* eine weitere Signatur an, z. B. intern, und geben Sie im Abschnitt *Signatur bearbeiten* einen neuen Text ein. Wählen Sie unter *Standardsignatur auswählen* für *Neue Nachrichten* und gegebenenfalls für *Antworten/Weiterleitungen* die Signatur aus, die Sie häufiger benutzen. Diese wird dann standardmäßig im Nachrichtenformular angezeigt.

Über die Schaltfläche *Löschen* entfernen Sie die markierte Signatur. Änderungen am Text der Signatur nehmen Sie im Bereich *Signatur bearbeiten* vor und bestätigen die Änderung mit *Ok*.

Mehrere Signaturen verwenden

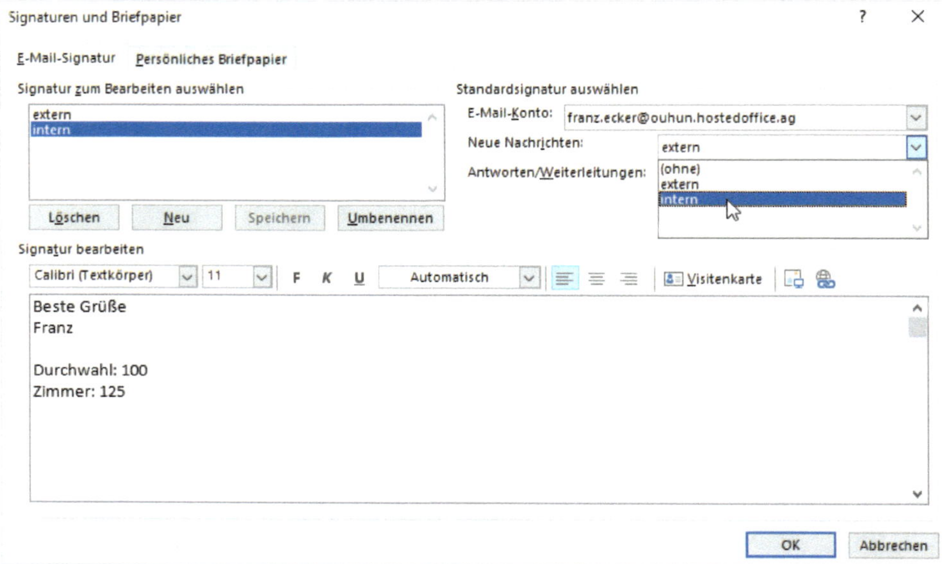

Zwischen Signaturen wechseln

Wenn Sie in einem neuen Nachrichtenformular die Signatur wechseln möchten, klicken Sie auf *Nachricht* ▸ Gruppe *Einfügen* ▸ *Signatur*. Alle festgelegten Signaturen erscheinen und können ausgewählt werden.

Schneller Wechsel zwischen Signaturen

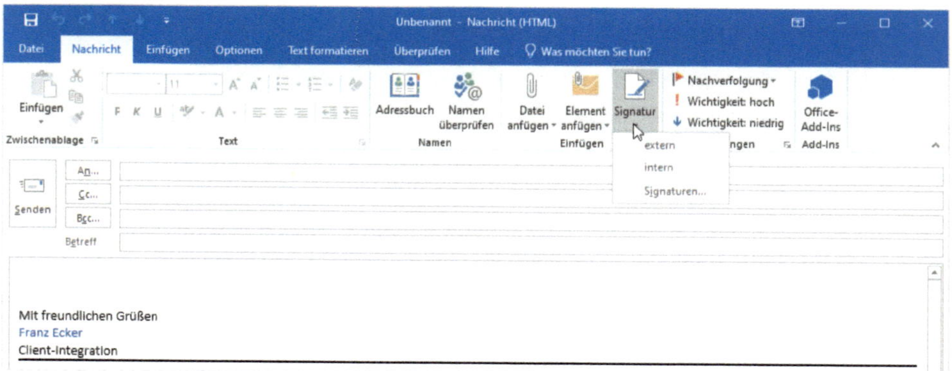

2.7 Schnellbausteine: Vorgefertigte Texte einfügen

Wenn Sie in verschiedenen E-Mails immer wieder dieselben Texte benötigen, ersparen Sie sich viel Tipparbeit durch die Verwendung von Schnellbausteinen. In einem Schnellbaustein speichern Sie Text samt Formatierung, Grafiken, Tabellen, Symbolen oder sogar Formen. Der Schnellbaustein steht für jede neue E-Mail-Nachricht zur Verfügung und kann nachträglich verändert oder gelöscht werden. Schnellbausteine finden Sie im Nachrichtenformular über Register *Einfügen* ▸ Gruppe *Text* ▸ *Schnellbausteine*. Standardmäßig werden in Outlook keine vorgefertigten Schnellbausteine angeboten. Sie müssen vom Benutzer angelegt werden.

Schnellbaustein erstellen

1 Öffnen Sie ein neues Nachrichtenformular und geben Sie zunächst den gewünschten Text ein, fügen Sie Grafiken oder Tabellen hinzu und formatieren Sie alles nach Ihren Vorstellungen.

2 Markieren Sie die Inhalte und wählen *Einfügen* ▸ Gruppe *Text* ▸ *Schnellbausteine* ▸ *Auswahl im Schnellbaustein-Katalog speichern* aus.

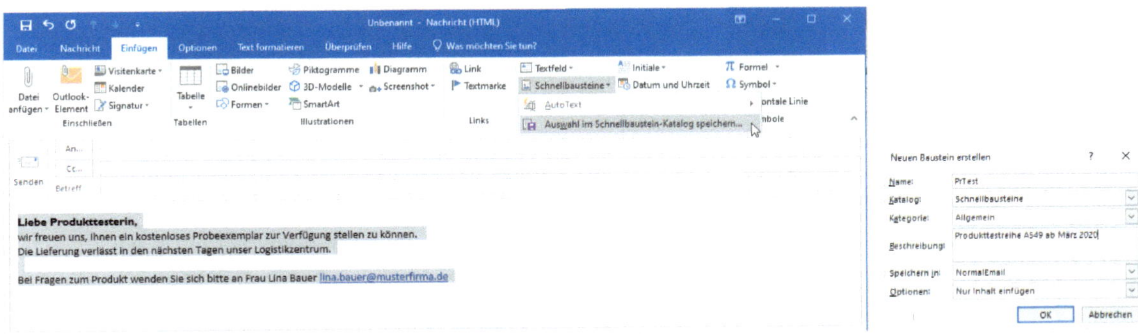

3 Geben Sie einen Namen für den Schnellbaustein ein. Vorgeschlagen werden automatisch die ersten Zeichen des eingegebenen Texts. Die Schnellbausteine werden innerhalb einer Kategorie alphabetisch sortiert angezeigt. Häufig benötigte Bausteine können durch das Voranstellen einer Zahl oder des Buchstabens A an den Anfang der Liste gestellt und so schneller gefunden werden.

Sie müssen einen Namen verwenden, der nicht schon für einen anderen Baustein in diesem Katalog vergeben ist. Andernfalls würden Sie den vorhandenen Baustein überschreiben.

4 Bei *Katalog* legen Sie fest, wo das erstellte Element zur Verfügung steht. In anderen Office-Programmen ist eine Aufteilung durchaus sinnvoll. Hier sollten Sie den Katalog *Schnellbausteine* verwenden.

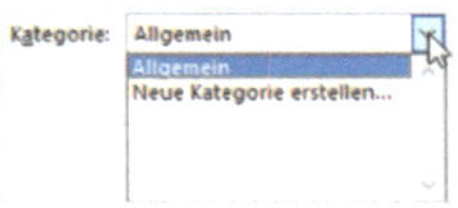

5 Den Eintrag für den Baustein legen Sie entweder in der Kategorie *Allgemein* an oder, falls noch eine ganze Reihe an Schnellbausteinen folgen, erstellen Sie hier weitere Kategorien als zusätzliches Ordnungssystem.

6 Zusätzlich kann ein Text zur Beschreibung des Schnellbausteins eingetragen werden, dieser wird in der QuickInfo angezeigt, wenn Sie bei Auswahl des Schnellbausteins mit der Maus auf den entsprechenden Eintrag zeigen.

7 Im Feld *Speichern in* belassen Sie die aktuelle Auswahl.

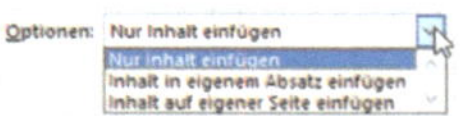

8 Bei *Optionen* legen Sie fest, welche Umbrüche den eingefügten Schnellbaustein umgeben. Bei Auswahl von *Inhalt in eigenem Absatz einfügen* wird vor dem Text des Schnellbausteins ein Zeilenumbruch eingefügt. Mit *Nur Inhalt einfügen* wird der Schnellbaustein ohne weitere Absätze in die E-Mail-Nachricht eingefügt.

Geben Sie den Code ein:
12ACgbjlsd$589PUZ

Mit Zeilenumbruch

Geben Sie den Code ein:
12ACgbjlsd$589PUZ

Ohne Zeilenumbruch

Ich habe „Nur Inhalt einfügen" ausgewählt, dennoch wird nach dem Schnellbaustein eine neue Zeile eingefügt.

Zusätzlich zur Auswahl unter *Optionen* kommt es auch darauf an, wie der Text markiert wurde. Wenn bei der Erstellung des Schnellbausteins der Zeilenumbruch am Ende des Eintrags markiert wurde, wird beim späteren Einfügen des Schnellbausteins ein Zeilenumbruch erzeugt und es kann nicht nahtlos weitergeschrieben werden.

Schnellbaustein einfügen

Die Schnellbausteine werden im Nachrichtenformular über *Einfügen* ▸ Gruppe *Text* ▸ *Schnellbausteine* angeboten. Jeder Eintrag ist mit einem Vorschaubild abgelegt. Oberhalb des Vorschaubildes steht der Name des Bausteins. Die Schnellbausteine im Katalog sind alphabetisch geordnet. Arbeiten Sie mit vielen Schnellbausteinen, sind thematische Anordnungen meist sinnvoller, dann erstellen Sie verschiedene Kategorien, denen die einzelnen Schnellbausteine zugeordnet werden. Dadurch wird die Liste der verfügbaren Schnellbausteine mit Zwischenüberschriften durchsetzt.

- Durch Anklicken des Eintrages, wird der gespeicherte Inhalt an der aktuellen Cursorposition im Nachrichtenformular eingefügt.
- Alternativ geben Sie den Namen des Schnellbausteins im Nachrichtenformular ein und drücken die Enter-Taste, sofern der Name vier oder mehr Zeichen hat und eine Vorschau auf den Inhalt des Schnellbausteins erscheint. Bei weniger Zeichen verwenden Sie die Funktionstaste F3. Daraufhin wird der Inhalt eingefügt.

  Tipp: Wer sich gut Zahlen merken kann, kann auch für den Namen des Schnellbausteins eine Nummer festlegen und diesen dann schnell mit F3 einfügen.

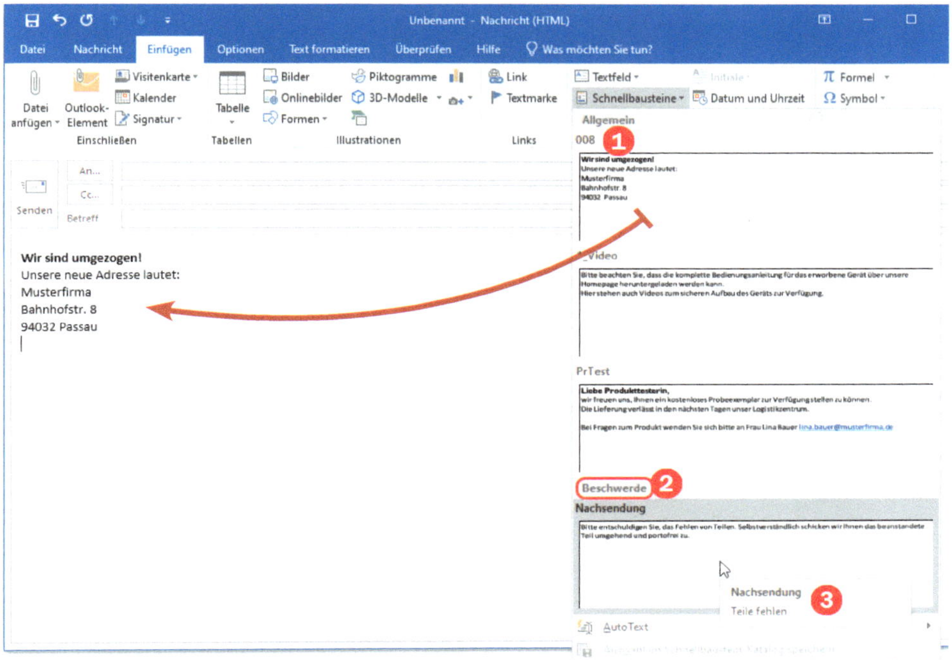

❶ Zahl als Name

❷ Kategorie Beschwerde

❸ QuickInfo

Schnellbausteine verwalten und löschen

Im Organizer verwalten Sie alle Bausteine, können deren Eigenschaften bearbeiten oder den markierten Baustein löschen.

Zeigen Sie im Nachrichtenformular *Einfügen* ▶ Gruppe *Text* ▶ *Schnellbausteine* an und klicken Sie in der Liste den gewünschten Schnellbaustein mit der rechten Maustaste an. Im Kontextmenü wählen Sie *Organisieren und löschen*. Das Dialogfenster *Organizer für Bausteine* wird angezeigt. Der gewünschte Schnellbaustein ist bereits markiert.

Baustein löschen: Um den markierten Schnellbaustein zu löschen, klicken Sie auf die Schaltfläche *Löschen*.

Eigenschaften ändern: Soll der Baustein einer anderen Kategorie hinzugefügt werden, fehlt eine Beschreibung oder möchten Sie den Namen des Bausteins ändern, dann klicken Sie auf *Eigenschaften bearbeiten*.

Bauteine sortieren: Sollten Sie sehr viele Bausteine hinterlegt haben, finden Sie sich besser im Organizer zurecht, wenn Sie diesen nach der passenden Spalte sortieren. Klicken Sie dazu auf die Spaltenbezeichnung.

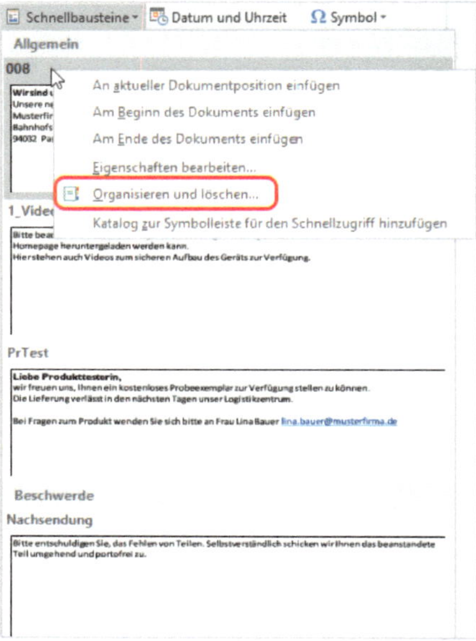

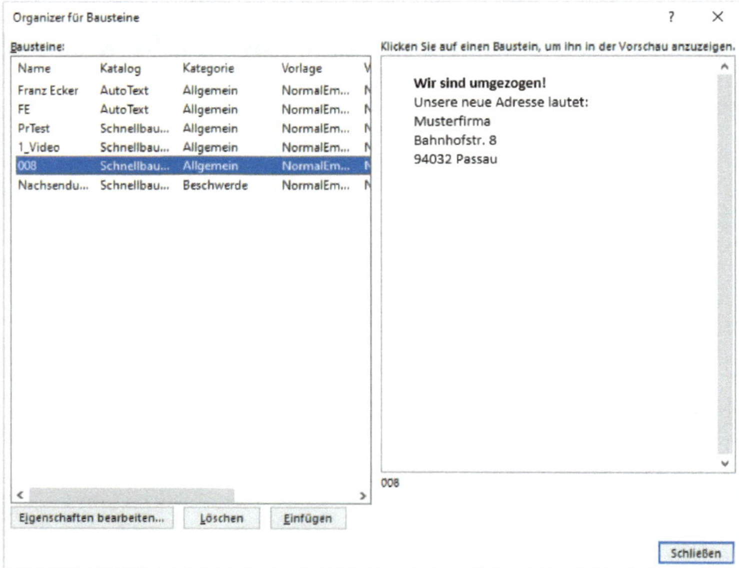

Inhalt ändern: Den Text bzw. die Formatierung eines Schnellbausteins können Sie dagegen nur ändern, indem Sie den Baustein in ein Nachrichtenformular einfügen, hier alle erforderlichen Änderungen vornehmen, und ihn anschließend erneut unter dem bisherigen Namen speichern. Bestätigen Sie die nachfolgende Meldung, ob Sie den Baustein neu definieren möchten mit der Schaltfläche *Ja*.

Schwierige Namen schnell eingeben

Haben Sie Geschäftskontakte ins Ausland? Die Namen mancher Ansprechpartner sind eingabeintensiv, z. B. Frau Němcová. Besonders das ě, da Sie es nicht über die Tastatur eintippen, sondern über Register *Einfügen* ▸ *Symbol* auswählen müssen, macht hier schon ein bisschen Arbeit. Auch für wenig Text ist es sinnvoll, einen Schnellbaustein zu definieren. Geben Sie den Namen des Ansprechpartners ein, fügen Sie ein Komma hinzu und eine Zeilenschaltung. Markieren Sie auch die Zeilenschaltung, dann ersparen Sie sich diese bei der Eingabe der Anrede. Achten Sie darauf, dass der Name des Bausteins leicht zu merken ist. Zur Eingabe tippen Sie später dann nur die Zeichen gefolgt von F3 oder falls der Inhalt des Schnellbausteintext angezeigt wird die Enter-Taste.

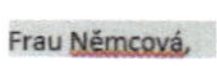

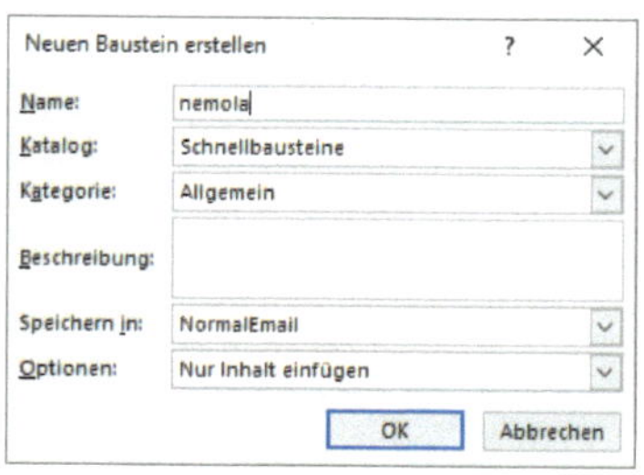

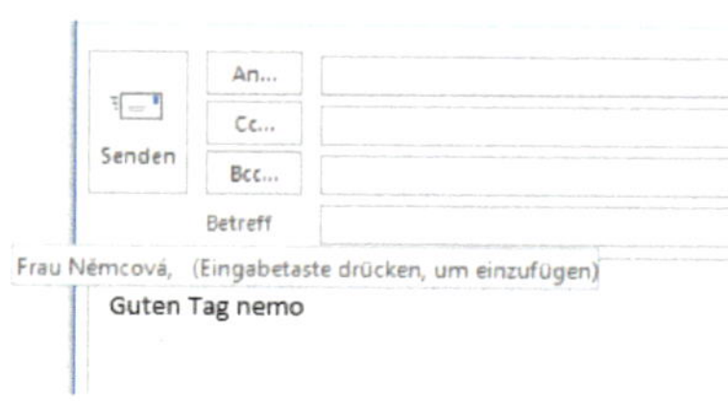

2.8 Lesebestätigung oder Zustellungsbestätigung anfordern

Um sicherzustellen, dass wichtige E-Mails vom Empfänger gelesen wurden, können Sie eine Lesebestätigung anfordern. Der Empfänger erhält beim Öffnen der E-Mail eine entsprechende Meldung und kann, muss aber nicht den Erhalt bestätigen. Hier sind Sie auf den guten Willen des Gegenübers angewiesen. Außerdem wird die Lesebestätigung nicht von jedem E-Mail-Programm unterstützt. Mit einer Zustellungsbestätigung lösen Sie diese Problematik. Hier wird bestätigt, dass die E-Mail dem Empfängerpostfach zugegangen ist, allerdings erfahren Sie nicht, ob der Empfänger die E-Mail auch gelesen hat.

Bestätigung anfordern

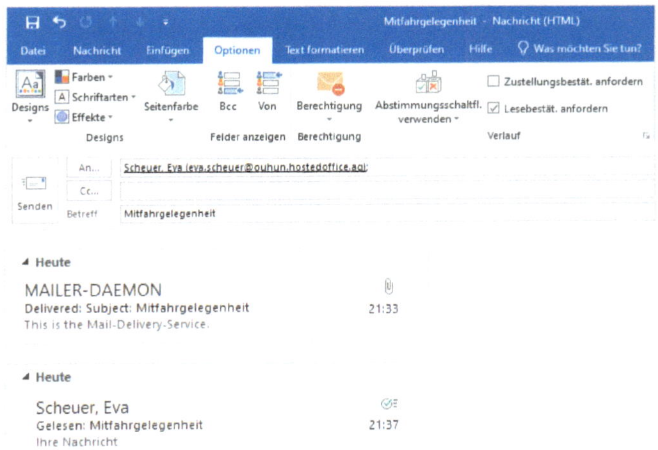

Verfassen Sie eine E-Mail mit Empfänger, Betreff und Nachrichtentext. Wechseln Sie im Nachrichtenformular auf die Registerkarte *Optionen* und aktivieren Sie in der Gruppe *Verlauf* das Kontrollkästchen vor *Lesebestät. anfordern* bzw. vor *Zustellbestät. anfordern*. Versenden Sie die E-Mail wie gewohnt.

Die Zustellungsbestätigung findet der Sender ebenfalls im Posteingang.

Sofern der Empfänger den Eingang Ihrer E-Mail bestätigt hat, erhalten Sie automatisch eine Lesebestätigung per E-Mail.

Das Lesen der E-Mail bestätigen

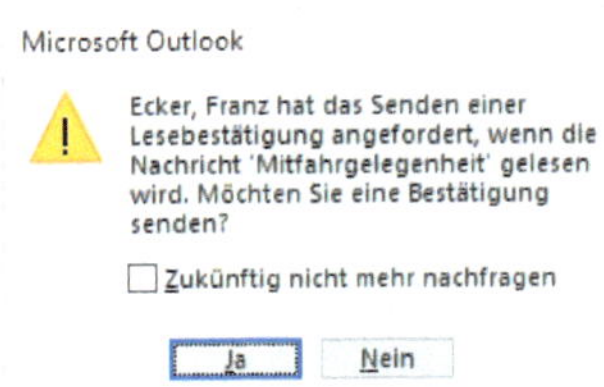

Der Empfänger einer E-Mail mit Lesebestätigung wird nach dem Öffnen der E-Mail automatisch aufgefordert, den Eingang dieser zu bestätigen. Die Bestätigung wird automatisch versandt, sobald dies im Dialogfenster über die Schaltfläche *Ja* erlaubt wurde. Wählt der Empfänger der Nachricht hier *Nein* aus, so wird keine Information zum Erhalt der Nachricht an den Absender versandt. Der Versand einer Zustellungsbestätigung bleibt vom Empfänger der Nachricht unbemerkt.

Nachricht ist unzustellbar

Die Information, dass ein Fehler bei der Nachrichtenzustellung aufgetreten ist, erhalten Sie immer. Dafür muss keine Zustellungsbestätigung vereinbart worden sein. Für die Unzustellbarkeit gibt es eine Reihe von Gründen, z. B. Tippfehler in der Empfänger-Adresse, die Speichergrenze des Empfängerkontos ist erreicht, Sie senden die Nachricht an zu viele Empfänger, Anhang oder Link der E-Mail wurde als Spam erkannt.

2.9 Kleine Umfragen mit Abstimmungsschaltflächen

Über Abstimmungsschaltflächen führen Sie kleine Meinungsumfragen durch. Eine Frage könnte lauten: *Was fehlt in der Kantine?* Voraussetzung für die Verwendung von Abstimmungsschaltflächen ist, dass die Antwortalternativen gegeben sind, z. B. *Veganes Gericht, Salatteller, Preiswerter Snack, Bin zufrieden*. In Ihre E-Mail werden die Antwortalternativen so eingefügt, dass die Empfänger nur noch auf eine der Alternativen klicken müssen, um abzustimmen. Der große Vorteil für Sie ist, dass Sie bei der Auswertung entlastet werden. Sie erhalten eine Statusübersicht, der Sie mit einem Blick entnehmen, welche Option am meisten Stimmen erhalten hat.

E-Mail mit Abstimmungsschaltfläche verfassen

Viele Empfänger übersehen, dass die E-Mail Abstimmungsschaltflächen enthält. Es kann nicht schaden, wenn Sie direkt im Nachrichtentext noch einmal auf diese hinweisen.

- Verfassen Sie eine E-Mail mit Empfänger, Betreff und Nachrichtentext.
- Wechseln Sie im Nachrichtenformular auf die Registerkarte *Optionen* und klicken Sie in der Gruppe *Verlauf* auf *Abstimmungsschaltfläche verwenden*. Über das Listenfeld erhalten Sie eine Auswahl vordefinierter Schaltflächen. Über *Benutzerdefiniert* können Sie eigene Schaltflächen festsetzen. Klicken Sie auf *Benutzerdefiniert*.
- Das Dialogfenster *Eigenschaften* öffnet sich. Tragen Sie im Abschnitt *Abstimmungs- und Verlaufsoptionen* in das Feld *Abstimmungsschaltflächen verwenden* die Bezeichnungen der einzelnen Möglichkeiten, getrennt durch einen Semikolon (;) ein. Bestätigen Sie das Fenster über die Schaltfläche *Schließen.*

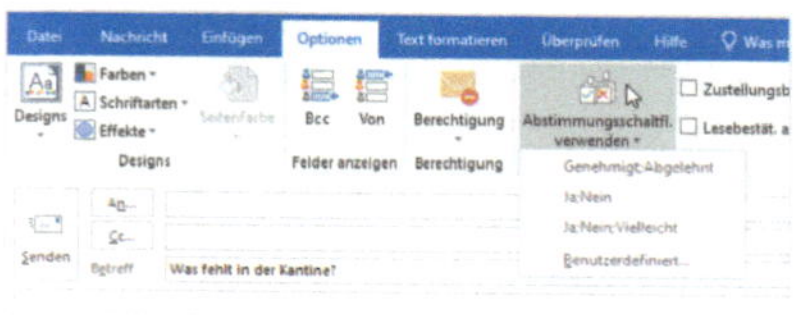

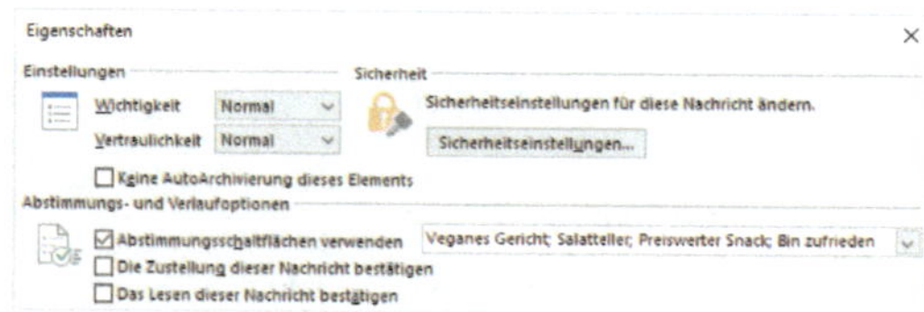

- Im Nachrichtenformular erhalten Sie lediglich eine Information, die eigentlichen Abstimmungsschaltflächen sehen Sie als Absender nicht. Versenden Sie die E-Mail wie gewohnt.

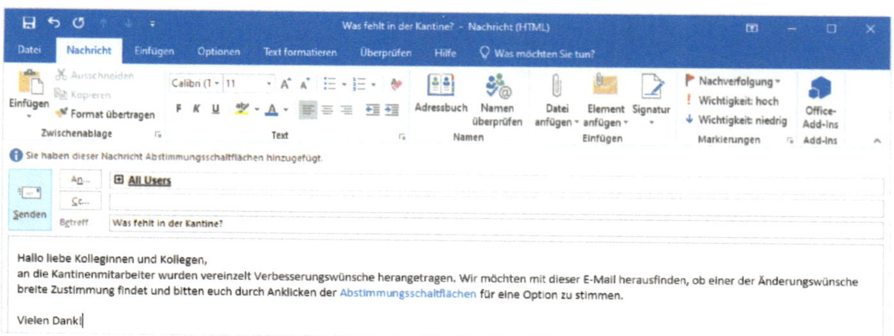

Abstimmungsschaltflächen in einer E-Mail verwenden

- Die Empfänger der E-Mail sehen im Lesebereich der E-Mail zunächst nur einen Hinweis auf das Vorhandensein von Abstimmungsschaltflächen. Klicken Sie den Hinweis mit der linken Maustaste an, um die Schaltflächen anzuzeigen und die gewünschte Option auszuwählen. Im folgenden Dialogfenster bestätigen Sie die Versendung. Sie können hier auch noch eine Nachricht beifügen.
- Sollten Sie den Inhalt der Nachricht nicht im Lesebereich betrachten, sondern die E-Mail mit einem Doppelklick geöffnet haben, finden Sie die Abstimmungsschaltflächen unter *Nachricht* ▸ *Abstimmen*.

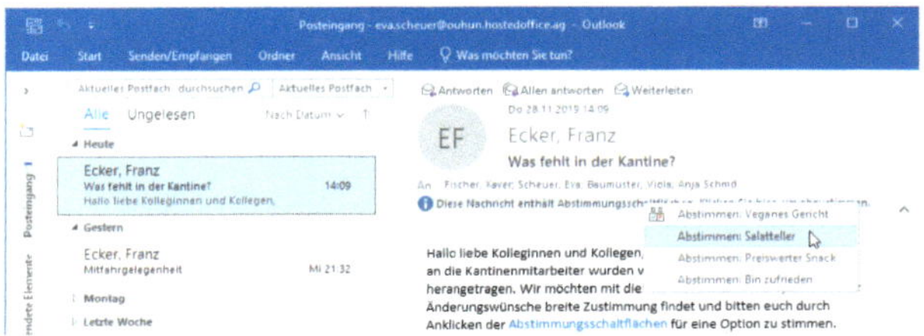

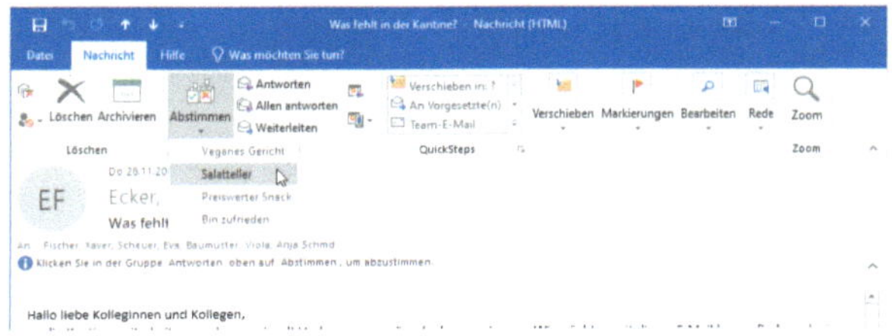

Links: Lesebereich des Empfängers
Rechts: Nachrichtenfenster des Empfängers

Abstimmungsresultate anzeigen

Nachdem Sie als Initiator der Abstimmung die ersten E-Mail-Antworten erhalten haben, können Sie eine Übersicht der derzeitigen Stimmverteilung anzeigen:

- Zeigen Sie den Inhalt einer E-Mail-Antwort auf Ihre Umfrage im Lesebereich an, klicken Sie die Infoleiste an und klicken nochmals auf *Abstimmungsresultate anzeigen*. Sie erhalten die Einzelantworten in übersichtlicher Form und sehen in der Infoleiste oberhalb eine Zusammenfassung der Ergebnisse.

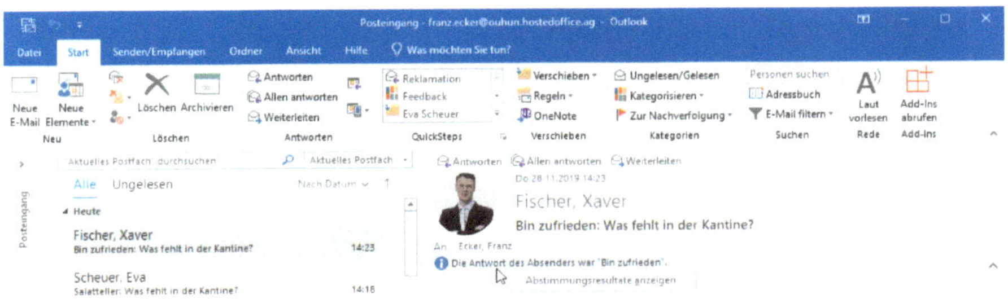

- Alternativ können Sie auch Ihre unter *Gesendete Elemente* gespeicherte Kopie der Umfrage-E-Mail öffnen. Mit *Nachricht* ▸ Gruppe *Anzeigen* ▸ *Status* können Sie den Status der Abstimmung abfragen.

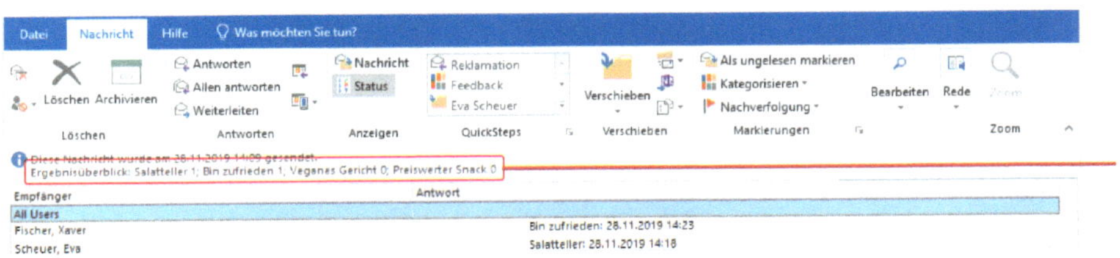

Hier sehen Sie schnell, wie viele Personen sich für welche Option entschieden haben.

3 E-Mails ordnen und verwalten

Das lernen Sie in diesem Kapitel:

- Wichtige E-Mails mittels Nachverfolgung zu kennzeichnen
- Mit QuickSteps Arbeitsschritte bündeln und auf eine E-Mail anwenden
- E-Mails mit verschiedenen Farben kategorisieren und so ein Ordnungssystem festzulegen
- Eigene Ordner erstellen und mit Regeln automatisch E-Mails verschieben
- Automatische Antworten bei Abwesenheit versenden und eine Stellvertretung einrichten

Das sollten Sie bereits wissen:

- Programmgrundlagen
- Empfangen und versenden von E-Mails

3.1 Die Unterhaltungsansicht verwenden

Ein Großteil des E-Mail-Verkehrs wird durch Antworten auf erhaltene E-Mails erledigt. Alle E-Mails, die auf diese Weise zum selben Betreff ausgetauscht werden, bezeichnet man als Unterhaltung. Eine Unterhaltung ist eine automatisch gebildete Zusammenfassung von E-Mails, dabei wird nur die neueste E-Mail der Unterhaltung angezeigt.

Die Unterhaltung kann zwischen zwei oder mehreren Personen geführt werden. In letzterem Fall ist die Nutzung der Unterhaltungsansicht besonders interessant, da die Antworten aller Empfänger in der Unterhaltungsansicht übersichtlich zusammengefasst werden. Vorteilhaft ist auch, dass E-Mails verschiedener Ordner, z. B. *Gesendete Elemente* und *Posteingang* in einer Unterhaltung gemeinsam angezeigt werden können. Die Möglichkeit, schnell eine Unterhaltung aufzuräumen und unnötige E-Mails zu löschen, ist ebenfalls praktisch.

Unterhaltungsansicht aktivieren

1. Wählen Sie zunächst den Ordner aus, der in der Unterhaltungsansicht angezeigt werden soll, im Beispiel unten ist das der *Posteingang*. Die Einstellung gilt nicht für vorhandene Unterordner; für diese muss die Unterhaltungsansicht gesondert vereinbart werden.
2. Aktivieren Sie die Unterhaltungsansicht, indem Sie das Kontrollkästchen bei *Ansicht* ▶ Gruppe *Nachrichten* ▶ *Als Unterhaltungen anzeigen* anklicken.
3. Sollte mehr als ein Konto mit Outlook verbunden sein, entscheiden Sie im sich öffnenden Dialogfenster, ob die Unterhaltungsansicht für den entsprechenden Ordner (In diesem Beispiel *Posteingang*) der anderen Konten auch aktiviert werden soll. In diesem Fall wählen Sie *Allen Postfächern*. Soll nur der aktuelle Ordner in der Unterhaltungsansicht angezeigt werden, dann klicken Sie auf *Diesem Ordner*.

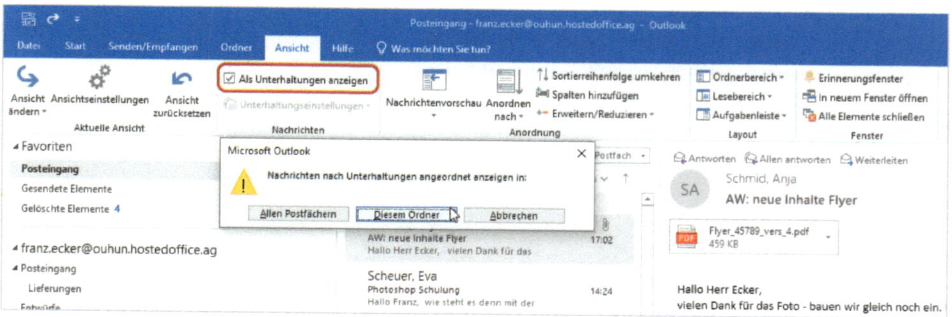

Die Unterhaltungsansicht wird zusätzlich zur Standardanordnung *Datum* aktiviert, d. h. die Ordnerinhalte werden auch weiterhin sortiert nach Datum angezeigt, nur reduziert um einige E-Mails. Für einige Anordnungen, z. B. *Von* oder *Betreff*, steht die Unterhaltungsansicht nicht zur Verfügung.

Alle E-Mails der Unterhaltung anzeigen

Zusammengefasste Unterhaltungen erkennen Sie am weißen Dreieck im Aufgabenbereich. Bei minimierter Unterhaltungsansicht werden die Namen der beteiligten Personen angzeigt. Bei einer erweiterten Unterhaltung sehen Sie zunächst den Betreff und darunter alle erhaltenen und gesendeten E-Mails einzeln.

Zur Anzeige aller E-Mails einer Unterhaltung klicken Sie im Aufgabenbereich auf das weiße Dreieck. Dabei werden in der Standardeinstellung nicht nur die E-Mails des aktuellen Ordners (Posteingang) abgebildet, sondern auch Nachrichten anderer Ordner (Gesendete Elemente). So erhalten Sie ein übersichtliches Protokoll Ihres E-Mail-Verkehrs zu einem Thema.

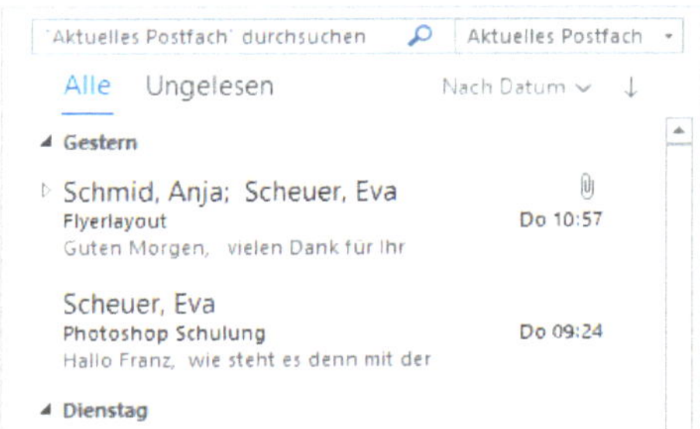

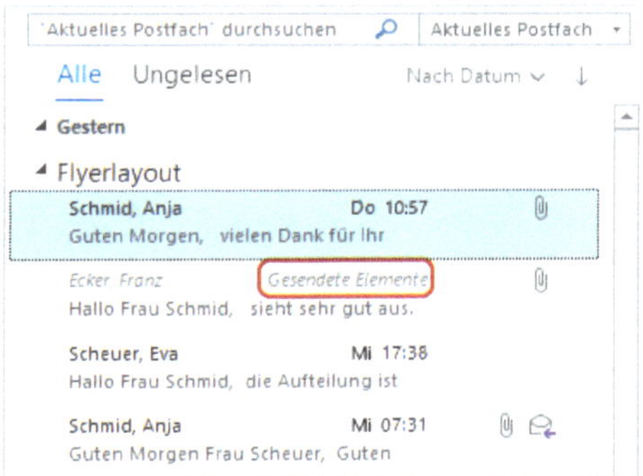

Sofern eine neue E-Mail zu einer bestehenden Unterhaltung eingeht, wird die gesamte Unterhaltung in der Gruppe *Heute* im *Posteingang* angezeigt.

Anzeigeoptionen für Unterhaltungen

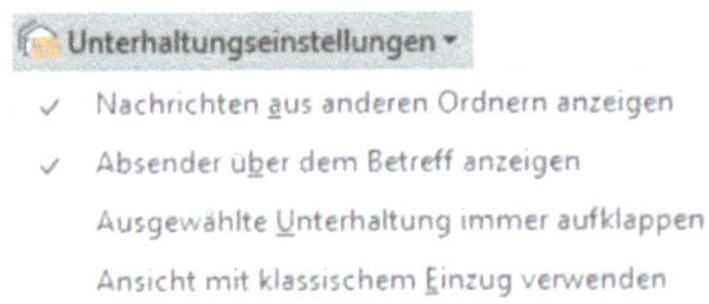

Änderungen an den Anzeigeoptionen nehmen Sie vor über *Ansicht* ▶ Gruppe *Unterhaltungen* ▶ *Unterhaltungseinstellungen*

- Empfangene E-Mails und gesendete E-Mails werden gemeinsam in einer Unterhaltung angezeigt. E-Mails, die von Ihnen versandt wurden, erhalten als Zusatz den Ordnernamen *Gesendete Elemente*. Wer das als unübersichtlich empfindet, entfernt das Häkchen bei *Nachrichten aus anderen Ordnern anzeigen*.
- Entscheiden Sie, ob die E-Mail bzw. die Unterhaltung im Aufgabenbereich mit dem Namen der Absender oder mit dem Betreff beschriftet sein soll. Für letzteres entfernen Sie das Häkchen bei *Absender über dem Betreff anzeigen*.
- Mit Ausgewählte Unterhaltung immer aufklappen sorgen Sie dafür, dass beim Anklicken einer Unterhaltung im Aufgabenbereich, diese sofort aufgeklappt wird. Sie müssen dann nicht mehr auf das weiße Dreieck klicken.

In der Unterhaltung fehlen Nachrichten!

Vielleicht hat die Person zwar auf Ihre E-Mail geantwortet, aber dem Betreff noch ein Wort hinzugefügt, also den Betreff geändert. Dadurch wird diese E-Mail nicht mehr als Teil der Unterhaltung angezeigt.

Andererseits werden auch nicht alle Nachrichten mit demselben Betreff automatisch als eine Unterhaltung angezeigt. Obwohl Outlook die Nachrichten einer Unterhaltung augenscheinlich nach dem Betreff zuordnet, arbeitet das Programm durchaus differenzierter. Tatsächlich werden nur E-Mails in einer Unterhaltung gruppiert, die durch *Antworten* auf eine Nachricht der Unterhaltung entstanden sind. E-Mails, die zufällig denselben Betreff-Text enthalten, werden nicht in einer Unterhaltung gesammelt.

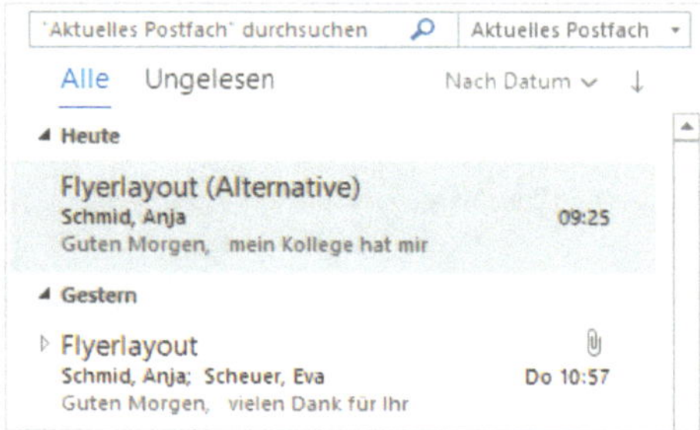

Zum Betreff Flyerlayout wurde in der anderen E-Mail noch (Alternative) ergänzt.

Auf eine Unterhaltung antworten

Markieren Sie die Gruppenzeile der Unterhaltung im Posteingang und klicken Sie auf *Start* ▸ Gruppe *Antworten* ▸ *Antworten*. Zur Beantwortung wird automatisch die neueste E-Mail ausgewählt. Wenn Sie auf eine andere Nachricht antworten wollen, muss diese E-Mail markiert und auf die Schaltfläche *Antworten* geklickt werden. Sind mehrere Personen an der Unterhaltung beteiligt, wie im Beispiel auf der vorherigen Seite, wählen Sie anstelle von *Antworten* die Option *Allen antworten*, um alle Unterhaltungsteilnehmer zu informieren.

Unterhaltung aufräumen

Geringe Postfachgrößen zwingen den Benutzer, sich von überflüssigen E-Mails zu trennen. Dazu gehören sicherlich die meisten E-Mails einer Unterhaltung, da bei der Beantwortung der Nachrichtentext der vorigen E-Mail in die neue übernommen wird. So enthält die neueste Nachricht in der Regel alle Informationen der gesamten Unterhaltung, was das Aufbewahren der anderen E-Mails überflüssig macht.

▶ Markieren Sie die Unterhaltung, die Sie aufräumen möchten. Über *Start* ▸ Gruppe *Löschen* ▸ *Aufräumen* ▸ *Unterhaltung aufräumen* starten Sie das Aufräumen. Klicken Sie im folgenden Fenster auf die Schaltfläche *Aufräumen*.

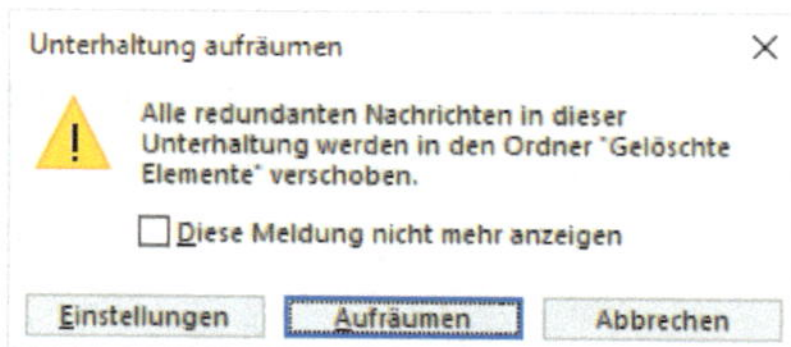

Einstellungen für das Aufräumen einer Unterhaltung

Die Einstellungen zum Aufräumen einer Unterhaltung finden Sie unter *Datei* ▸ *Optionen* ▸ Kategorie *E-Mail* ▸ Abschnitt *Unterhaltungen aufräumen*.

- Alle entfernten Nachrichten werden standardmäßig in den Ordner *Gelöschte Elemente* verschoben. Falls Sie das Ergebnis des Aufräumens zu Beginn genauer kontrollieren möchten, kann in den Outlook-Optionen auch anstelle des Ordners *Gelöschte Elemente* ein anderer Ordner festgelegt werden. Erstellen Sie dazu einen neuen Ordner, wie auf Seite 105 beschrieben und wählen Sie diesen durch Anklicken von *Suche* aus.
- Selbstverständlich können E-Mails einer Unterhaltung auch wie gewohnt mit der Entf-Taste oder über die Schaltfläche *Löschen* entfernt werden.
- Entscheiden Sie, ob Nachrichten, denen Sie eine Kategorie hinzugefügt haben bzw. Nachrichten, die Sie nachverfolgen (Gekennzeichnete Nachrichten) ebenfalls verschoben respektive gelöscht werden sollen, und was mit ungelesenen Nachrichten geschehen soll.
- E-Mails, die eine Anlage enthalten, werden nicht aus der Unterhaltung gelöscht, da die neueste E-Mail die Anlage nicht enthält.

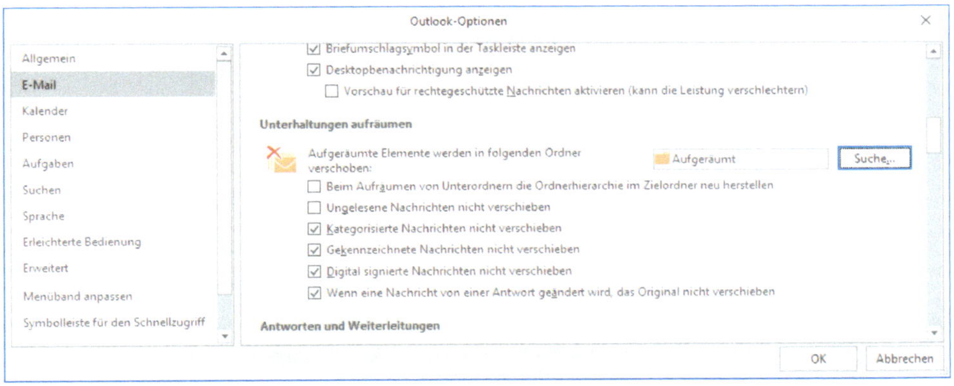

3.2 Posteingang mit Relevanz

Diese Funktion steht nicht für jedes E-Mail-Konto zur Verfügung. Wenn Sie Office 365 verwenden oder eine Outlook-E-Mail-Adresse (name@outlook.de) ist der Posteingang mit Relevanz aktiviert.

Dadurch werden im Posteingang eingehende E-Mails automatisch den Bereichen *Relevant* und *Sonstige* zugeordnet. Die Idee ist, dass E-Mails, wie z. B. Bestellbestätigungen in den Bereich *Sonstige* einsortiert werden. Hier hat man diese im Fall der Fälle zur Hand, sie überfluten aber nicht den Posteingang. Im Bereich *Relevant* werden dann idealerweise nur „wichtige" E-Mails angezeigt.

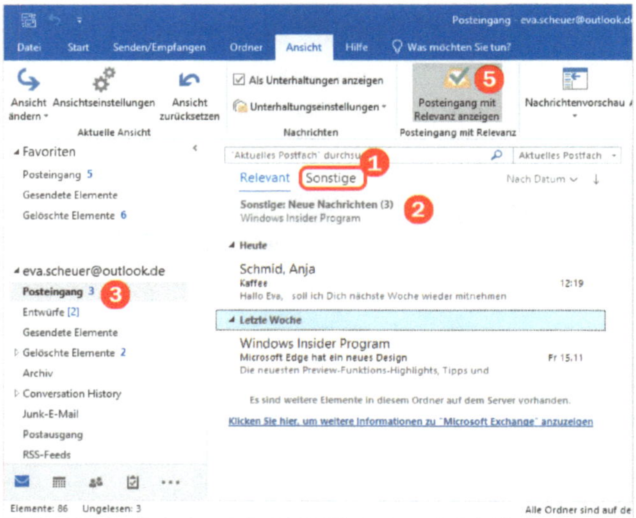

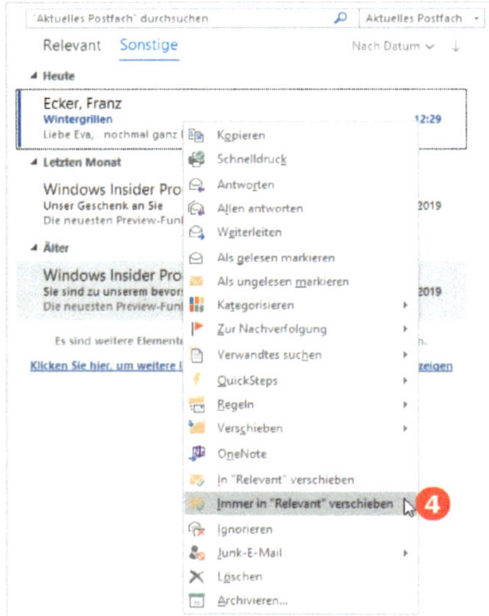

Standardmäßig wird im Posteingang der Inhalt des Bereichs *Relevant* angezeigt. Klicken Sie auf *Sonstige* ❶, um diese E-Mails durchzusehen.

Damit keine Nachricht übersehen wird, erhalten Sie einen Hinweis, auf neue Nachrichten des Bereichs *Sonstige* ❷. Ungelesene Nachrichten des Bereichs *Sonstige* werden ebenfalls bei der Anzeige ❸ hinter Posteingang berücksichtigt.

Falls eine E-Mail fälschlicherweise in den Bereich *Sonstige* einsortiert wurde, klicken Sie mit der rechten Maustaste auf die E-Mail und wählen *In „Relevant" verschieben* bzw. *Immer in „Relevant" verschieben* ❹. Analog verfahren Sie, wenn eine E-Mail im Bereich *Relevant* angezeigt wird, Ihrer Meinung nach aber doch besser bei *Sonstige* aufgehoben ist.

Funktion deaktivieren: Wenn Sie diese Aufteilung des Posteingangs als unnötig empfinden, schalten Sie die Funktion einfach aus. Dazu klicken Sie im Register Ansicht auf die Schaltfläche Posteingang mit Relevanz anzeigen ❺.

3.3 Nachverfolgung: E-Mails auf Wiedervorlage

Sowohl E-Mails, die Sie versenden, als auch E-Mails, die Sie erhalten, können zur Nachverfolgung gekennzeichnet werden. Die Nachverfolgung erinnert Sie, dass im Zusammenhang mit dieser E-Mail weiterer Handlungsbedarf besteht. Damit legen Sie E-Mails sozusagen auf Wiedervorlage. Durch die Kennzeichnung der E-Mail wird ein Aufgabenelement erstellt, das im Funktionsbereich Aufgaben mit Fälligkeitsdatum angezeigt wird.

E-Mail kennzeichnen

Schnelle Kennzeichnung mit Fälligkeit Heute

Sie werden via E-Mail gebeten heute noch eine Teilnehmerliste zu übersenden. Um das nicht zu vergessen, verwenden Sie die Nachverfolgung. Dazu zeigen Sie in der Nachrichtenliste mit der Maus auf die gewünschte E-Mail. Ein Fähnchen-Symbol erscheint. Klicken Sie dieses an. Die E-Mail-Nachricht wird dadurch zur Nachverfolgung gekennzeichnet mit Fälligkeit *Heute*. Im Zuge dessen wird die E-Mail als neues Aufgabenelement dem Funktionsbereich Aufgaben hinzugefügt. Der Betreff der E-Mail wird zum Aufgabenbetreff. In der Abbildung unten wird die nachverfolgte E-Mail in der Aufgabenleiste angezeigt.

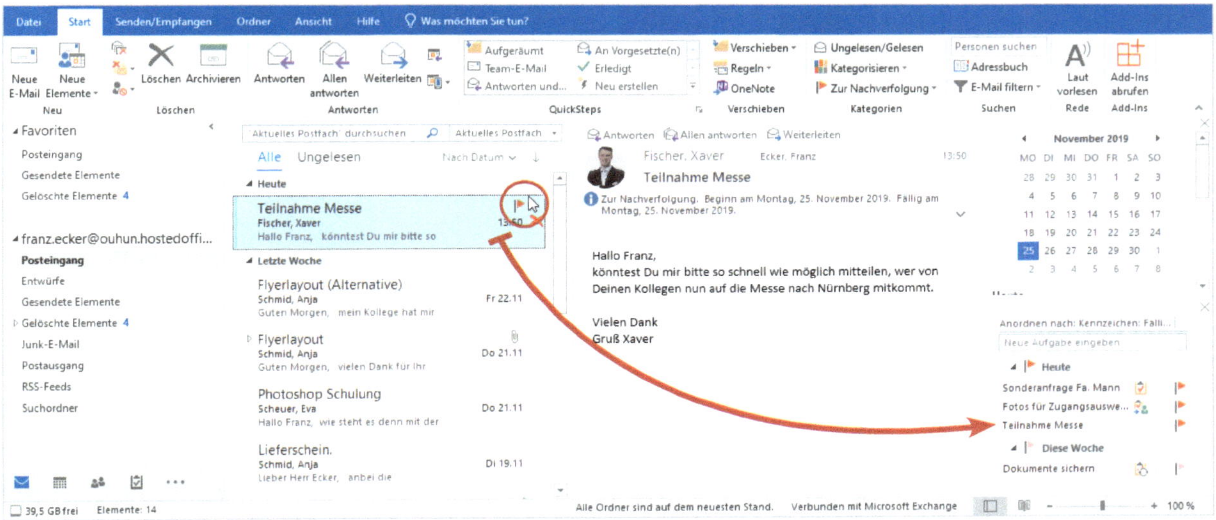

Kennzeichnung mit Auswahl eines Zeitpunkts

Markieren Sie in der Nachrichtenliste die E-Mail, die zur Nachverfolgung gekennzeichnet werden soll. Klicken Sie auf *Start* ▸ Gruppe *Kategorien* ▸ *Zur Nachverfolgung*. Hier wählen Sie einen Zeitpunkt, z. B. *Morgen* oder *Nächste Woche* (fällig am Freitag der nächsten Woche) als Fälligkeit aus.

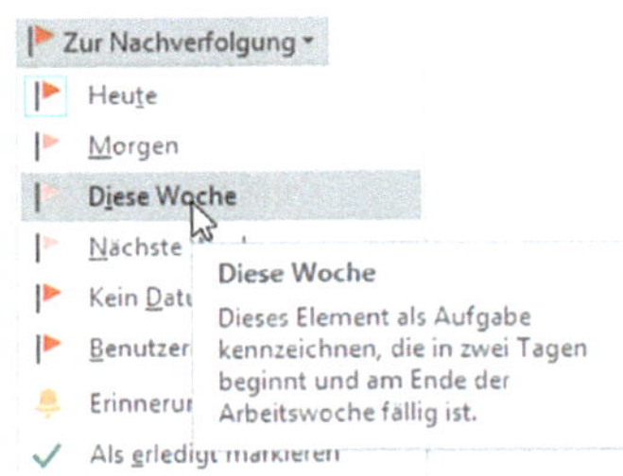

> Zeigen Sie auf einen Eintrag bei *Zur Nachverfolgung*, um Angaben zu Beginn und Fälligkeit zu erhalten.

Das Aufgabenelement wird je nach gewähltem Zeitpunkt in der Aufgabenliste eingeordnet. So können Sie die Erledigung nicht vergessen.

Kennzeichnung	Startdatum	Enddatum
Heute	Datum des aktuellen Tags	Datum des aktuellen Tags
Morgen	Datum des Folgetags	Datum des Folgetags
Diese Woche	Aktueller Tag + 2 Tage: Wenn Sie am Montag eine Aufgabe für *Diese Woche* vereinbaren, beginnt sie am Mittwoch	Freitag der aktuellen Woche
Nächste Woche	Montag der Folgewoche	Freitag der Folgewoche
Kein Datum	Leer	Leer
Benutzerdefiniert	Individuelle Angaben	Individuelle Angaben

Benutzerdefinierte Nachverfolgung

Sie können für eine Nachverfolgung auch ein bestimmtes Fälligkeitsdatum vereinbaren. Verfahren Sie, wie oben beschrieben und wählen über die Schaltfläche *Zur Nachverfolgung* die Option *Benutzerdefiniert* aus. Tragen Sie Beginn, Fälligkeit und ggf. eine Erinnerungsmeldung ein und bestätigen Sie das Dialogfenster über die Schaltfläche *OK*.

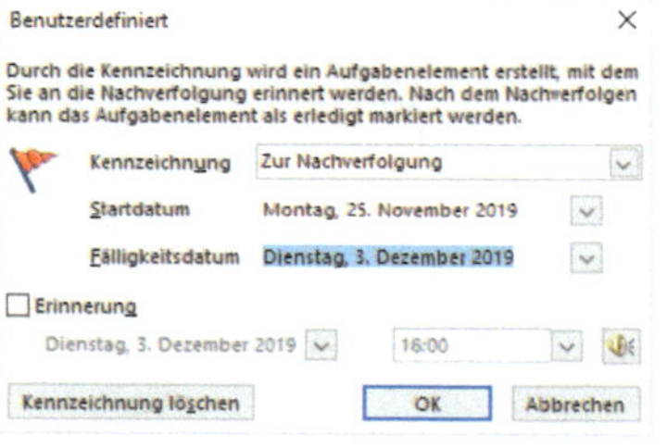

Fälligkeit nachträglich verändern

Um nachträglich die Fälligkeit einer nachverfolgten E-Mail zu ändern, verwenden Sie erneut die Schaltfläche *Zur Nachverfolgung*.

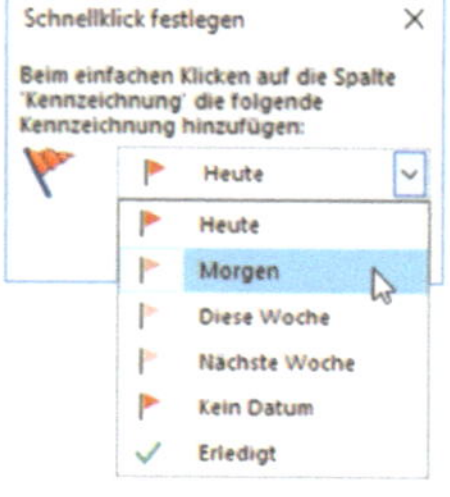

Fälligkeit des Schnellklicks festlegen

Als Schnellklick bezeichnet man die Kennzeichnung zur Nachverfolgung durch Anklicken des Fähnchensymbols in der Nachrichtenliste. Standardmäßig wird hier die Fälligkeit *Heute* festgelegt. Soll standardmäßig eine andere Fälligkeit vereinbart werden, wählen Sie *Start* ▸ Gruppe *Kategorien* ▸ *Zur Nachverfolgung* ▸ *Schnellklick festlegen*.

E-Mail im Nachrichtenformular zur Nachverfolgung kennzeichnen

Sie können auch beim Schreiben einer E-Mail-Nachricht bereits eine Nachverfolgung für sich festlegen und damit ein Aufgabenelement erstellen: Öffnen Sie ein Nachrichtenformular und tragen Sie Empfänger, Betreff und Text ein. Klicken Sie auf *Nachricht* ▸ Gruppe *Kategorien* ▸ *Nachverfolgung*. Wählen Sie einen Zeitpunkt für die Fälligkeit oder klicken Sie auf *Benutzerdefiniert*, um detaillierte Informationen einzutragen. Hier muss ein Häkchen bei *Für mich kennzeichnen* ❶ gesetzt sein, darunter tragen Sie das Fälligkeitsdatum, ggf. eine Erinnerung etc. ein. Versenden Sie die E-Mail wie gewohnt.

Für den **Versender** der Nachricht wird die E-Mail im Ordner *Gesendete Elemente* mit einem roten Nachverfolgungsfähnchen versehen und in der *Aufgabenliste* eingetragen. Für den **Empfänger** der nachverfolgten E-Mail ist die Kennzeichnung nicht ersichtlich.

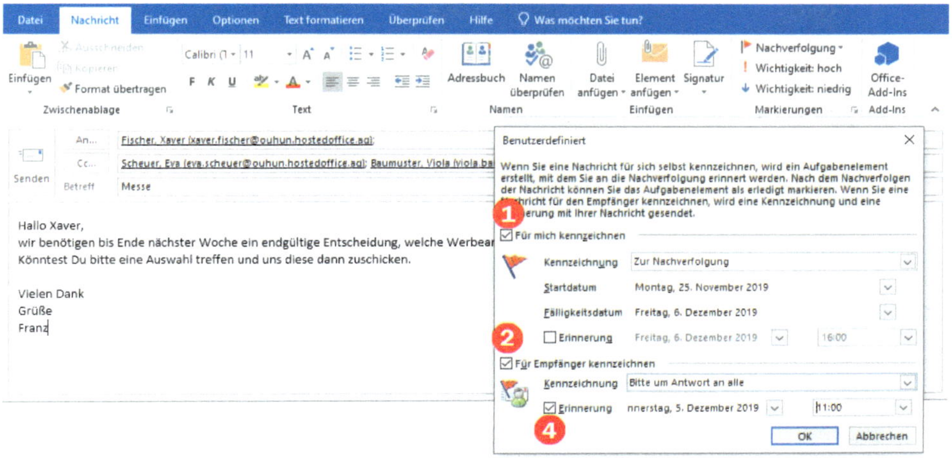

Erinnerung für den Empfänger einer E-Mail festlegen

Sie können eine zu versendende E-Mail auch gleich für den Empfänger mit einer Erinnerung versehen. Dazu verfassen Sie zunächst die E-Mail und klicken dann im Nachrichtenformular auf *Nachricht* ▶ Gruppe *Kategorien* ▶ *Nachverfolgung* ▶ *Benutzerdefiniert* deaktivieren Sie zunächst *Für mich kennzeichnen* (außer Sie möchten eine Nachverfolgung setzen) und aktivieren die Option *Für Empfänger kennzeichnen* ❷. Die Kennzeichnung selbst wird beim Empfänger leicht übersehen, da es sich nur um einen kurzen Text handelt ❸. Es wird auch kein Aufgabenelement beim Empfänger erstellt. Deshalb sollten Sie, um den gewünschten Effekt zu erzielen eine Erinnerung ❹ hinterlegen, die den Empfänger auf die Erledigung der E-Mail aufmerksam macht. Die Weitergabe einer Erinnerung ist allerdings nur innerhalb des Unternehmens möglich. Außerhalb der eigenen Organisation wird sie nicht übertragen. Eine E-Mail mit Erinnerung wird nach Ablauf der Frist in der Nachrichtenliste in roter Schrift angezeigt bis Sie die E-Mail als erledigt markiert haben. Dazu klicken Sie mit der rechten Maustaste auf die E-Mail in der Nachrichtenliste und wählen *Zur Nachverfolgung* ▶ *Als erledigt markieren* an.

Der Empfänger der Nachricht erhält mit der Kennzeichnung der E-Mail eine Erinnerung, die zum gewünschten Zeitpunkt automatisch angezeigt wird.

❺ Mit einem Doppelklick auf den Erinnerungstext öffnet sich die E-Mail.

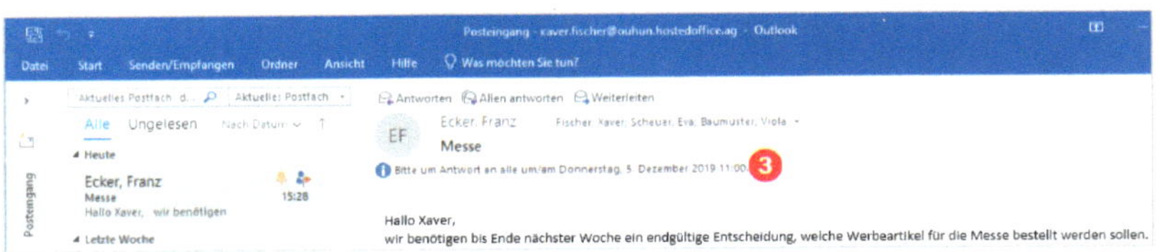

Nachverfolgung erledigen

Von Ihnen nachverfolgte E-Mails werden als Aufgabenelement angezeigt. Ein Doppelklick auf den Text der Aufgabe öffnet die E-Mail-Nachricht. So können Sie sich jederzeit über die Aufgabe informieren.

Wenn Sie den Auftrag erfüllt haben, sollten Sie die nachverfolgte E-Mail als erledigt kennzeichnen. Dadurch verschwindet das Aufgabenelement aus der Aufgabenliste. Zur Kennzeichnung einer Aufgabe als erledigt, klicken Sie auf das rote Nachverfolgungsfähnchen der E-Mail in der Nachrichtenliste ❶ oder im Funktionsbereich Aufgaben oder in der Aufgabenliste ❷ (sofern Sie diese anzeigen). Im E-Mail-Ordner wird die nachverfolgte Nachricht mit einem Häkchen ❸ als erledigt gekennzeichnet. Aus der Aufgabenliste verschwindet diese.

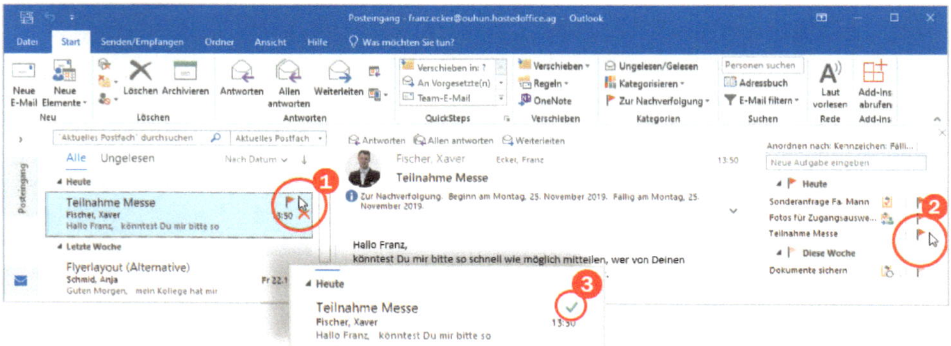

Nachverfolgte E-Mails werden am Tag Ihrer Fälligkeit im E-Mail-Ordner (Posteingang, Gesendete Elemente) in roter Schriftfarbe dargestellt, sofern sie nicht erledigt wurden.

Nachverfolgung löschen

Versehentlich vereinbarte Nachverfolgungen können über *Start* ▸ Gruppe *Kategorien* ▸ *Zur Nachverfolgung* und Auswahl von *Kennzeichnung löschen* wieder entfernt werden. Die E-Mail muss dazu markiert werden.

3.4 Mehr Übersichtlichkeit mit Kategorien

Outlook bietet Ihnen die Möglichkeit, einzelne Elemente wie E-Mails, Termine oder Aufgaben, thematisch und farbig zu kennzeichnen. Dadurch etablieren Sie ordnerübergreifend ein Farbleitsystem, z. B. alle Termine, Aufgaben und E-Mails eines Projekts erhalten dasselbe Stichwort und dieselbe Farbe. So schaffen Sie einen visuellen Reiz für die Zusammengehörigkeit der Elemente und sorgen für mehr Übersichtlichkeit. Outlook stellt Ihnen standardmäßig sechs Kategorien in verschiedenen Farben zur Verfügung. Jede Kategorie kann individuell benannt werden. Zusätzlich haben Sie die Möglichkeit, beliebig weitere Kategorien mit insgesamt 25 Farben zu erstellen. Eine E-Mail, ein Termin oder eine Aufgabe kann auch mit mehreren Kategoriezuweisungen versehen werden.

Praktisch ist auch, dass nach Kategorien gesucht werden kann und E-Mails oder Aufgaben nach Kategorien angeordnet werden können. Die Verwendung von Kategorien wird am Beispiel des Funktionsbereichs E-Mail beschrieben. Die Vorgehensweise können Sie aber auch auf

E-Mail kategorisieren

- Markieren Sie die E-Mail, der Sie eine Kategorie zuweisen möchten und klicken Sie auf *Start* ▸ Gruppe *Kategorien* ▸ *Kategorisieren*.

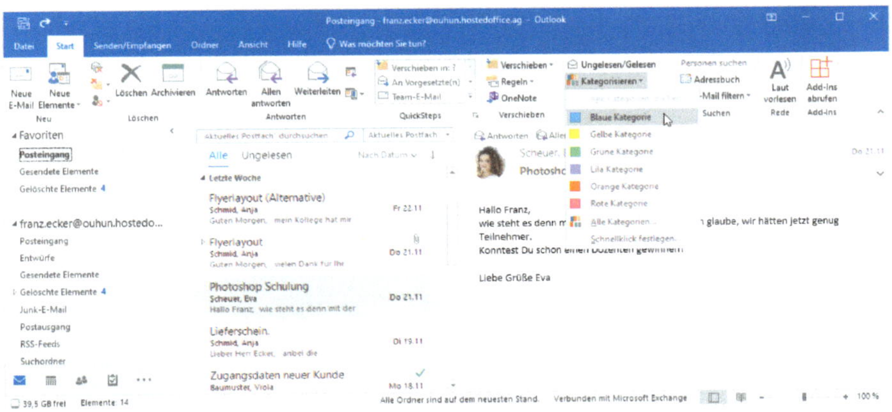

- Wählen Sie eine Kategorie aus. Beim ersten Verwenden einer Kategorie erhalten sie die Möglichkeit, diese umzubenennen. Tragen Sie den neuen Namen ein und bestätigen Sie die Eingabe über die Schaltfläche *Ja* oder brechen Sie die Anfrage über die Schaltfläche *Nein* ab.

- Die markierte E-Mail erhält nun die ausgewählte Farbe ❶. Außerdem erscheint im Lesebereich der E-Mail der Name der Kategorie, z. B. „Schulung" oder „Blaue Kategorie". Ohne Lesebereich erweitert sich die Anzeige des Nachrichtenbereichs. In dieser Darstellungsform können Sie die Kategorie rechts hinten ❷ ablesen.
- Die umbenannte Kategorie finden Sie dann unter Umständen an neuer Position innerhalb der Dropdown-Liste.
- Auch mehrere Kategorien können für ein Element vereinbart werden. Wiederholen Sie einfach die Vorgehensweise.

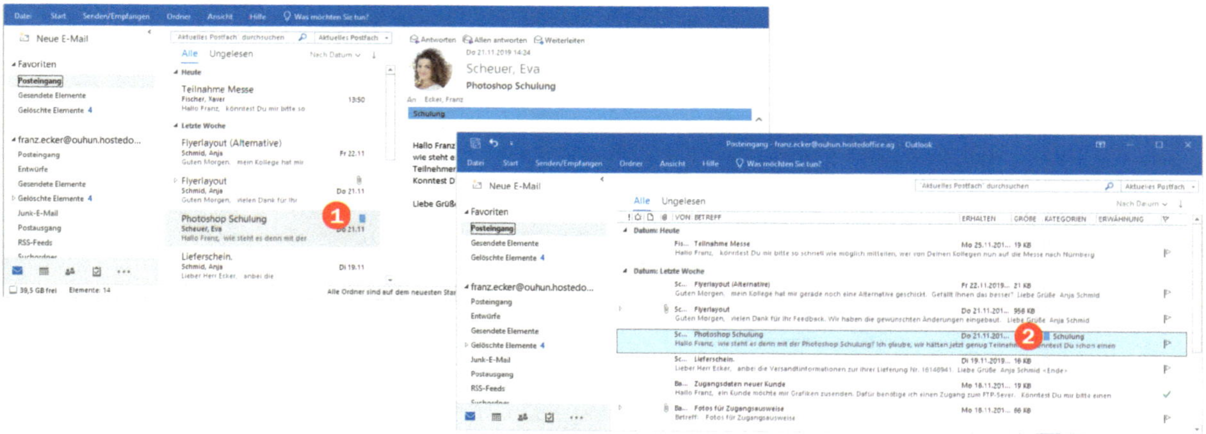

Schnellklick verwenden

Mit dem Schnellklick legen Sie für eine E-Mail schnell eine Kategorie fest, standardmäßig die rote. Dazu klicken Sie auf das weiße Rechteck in der Spalte *Kategorie* der Nachrichtenliste. Die Spalte wird in der Ansicht *Kompakt* nur angezeigt, wenn die Nachrichtenliste eine gewisse Breite hat.

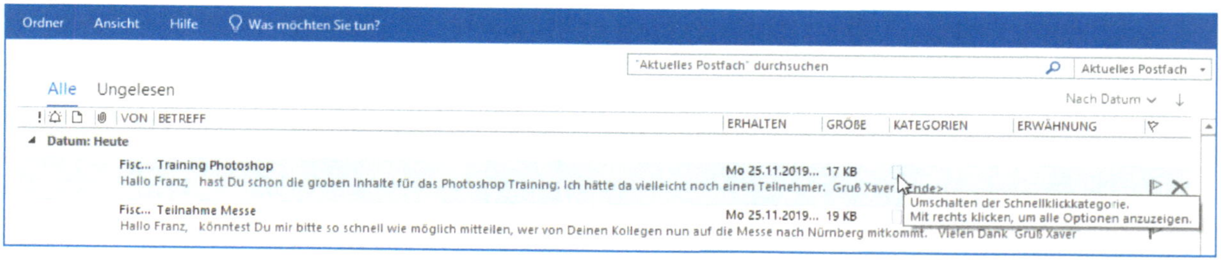

So zeigen Sie die Nachrichtenliste mit Kategorieauswahlfeld und dahinter den Lesebereich an: Wechseln Sie zur Ansicht *Einzeln* über Register *Ansicht* ▸ Gruppe *Aktuelle Ansicht* ▸ *Ansicht ändern* ▸ *Einzeln*.

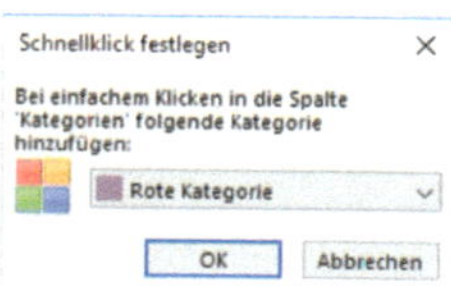

Schnellklick festlegen: Natürlich sollten Sie auf die Funktion *Schnellklick* die Kategorie legen, die Sie am häufigsten verwenden. Klicken Sie dazu auf *Start* ▸ Gruppe *Kategorien* ▸ *Kategorisieren* und wählen Sie *Schnellklick festlegen* aus. Im Dialogfenster bestimmen Sie die gewünschte Kategorie.

Kategorie entfernen

Markieren Sie die gewünschte E-Mail im Anzeigebereich und klicken im Menüband auf *Start* ▶ Gruppe *Kategorien* ▶ *Kategorisieren* und verwenden Sie den Befehl *Alle Kategorien löschen*. Wurden mehrere Kategorien vergeben und sollen nicht alle gelöscht werden, wählen *Kategorisieren* ▶ Alle Kategorien. Im Dialogfenster entfernen Sie durch Anklicken das Häkchen vor der ungewollten Kategorie.

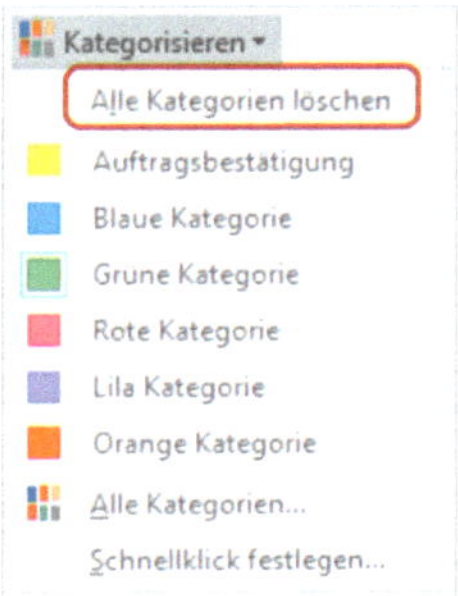

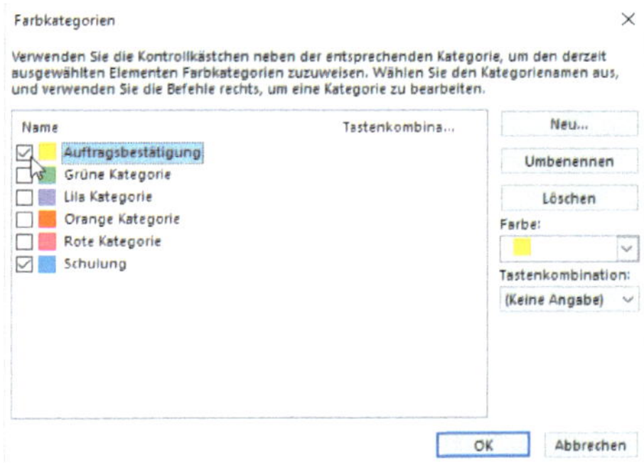

Wenn Sie die Nachrichtenliste in der Ansicht *Einzeln* anzeigen, dann können Sie auch durch nochmaliges Anklicken des farbigen Rechtecks die Kategorie entfernen.

Kategorien bearbeiten

Alle Bearbeitungsmöglichkeiten finden Sie unter *Start* ▶ Gruppe *Kategorien* ▶ *Kategorisieren* ▶ *Alle Kategorien*. Hier können neue Kategorien erstellt, Kategorien umbenannt, gelöscht oder mit einer anderen Farbe versehen werden. Darüber hinaus kann eine Tastenkombination zur Übertragung einer Kategorie festgelegt werden.

E-Mails getrennt nach Kategorien anzeigen

Standardmäßig werden E-Mails nach Datum sortiert angezeigt. Diese Anordnung kann auf *Kategorien* umgestellt werden. Dadurch werden alle E-Mails, die keiner Kategorie zugeordnet sind, gemeinsam in einer Gruppe angezeigt und alle weiteren E-Mails getrennt nach Kategorien. Klicken Sie in der Nachrichtenliste bei *Nach Datum* auf den Dropdown-Pfeil und wählen *Kategorien* aus. Durch Anklicken des Pfeils werden kategoriesierte E-Mails entweder am Anfang oder am Ende der Nachrichtenliste angezeigt.

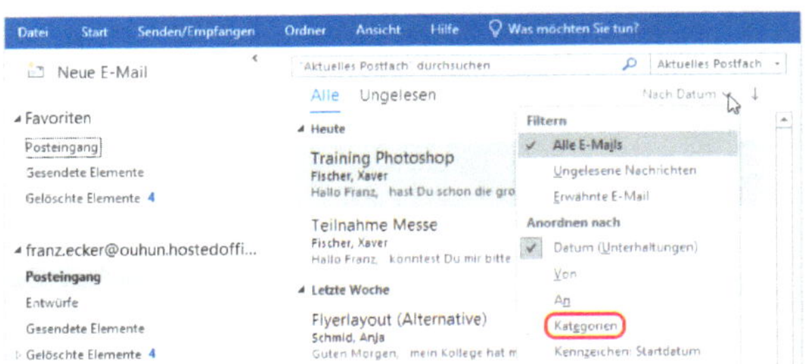

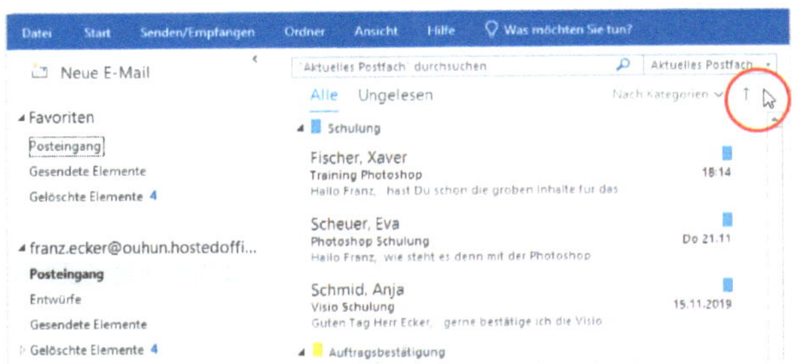

Achtung! E-Mails mit mehreren Kategorien werden doppelt, einmal in der einen und einmal in der anderen Kategorie angezeigt. Um zur gewohnten Anordnung nach Datum zurückzukehren, wählen Sie in der selben Liste wieder *Datum* aus.

Wenn Sie mit einer Ansicht arbeiten, die Spaltenbeschriftungen enthält, klicken Sie auf die Überschrift *Kategorien* und ggf. ein weiteres Mal, um die kategorisierten E-Mails nach oben zu sortieren. Wenn Sie wieder zu einer Sortierung nach Datum wechseln möchten, klicken Sie *Erhalten* an.

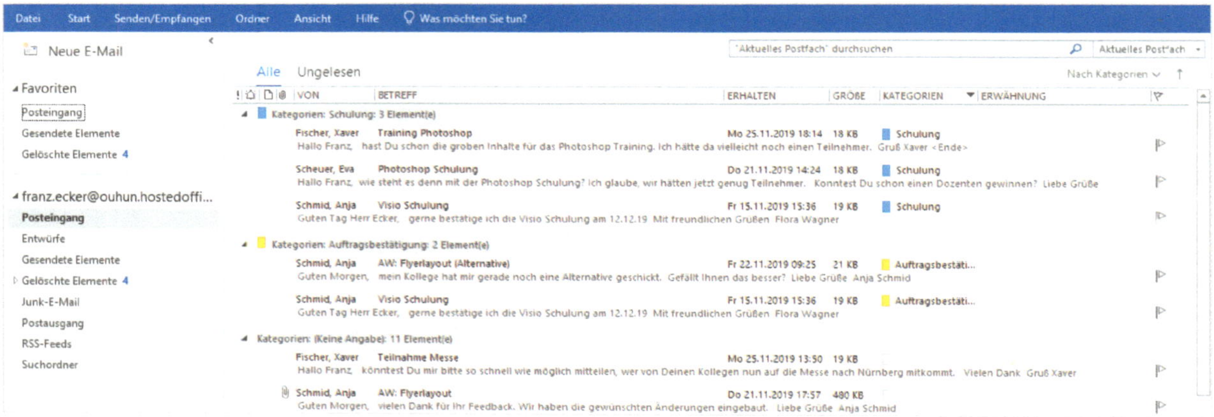

3.5 Bestimmte E-Mails automatisch hervorheben

Outlook bietet mit der bedingten Formatierung die Möglichkeit automatisch bestimmte Formate auf E-Mails zu übertragen, sofern eine von Ihnen festgelegte Bedingung eintritt. Ein Anwendungsbereich ist beispielsweise, E-Mails einer Person im Posteingang farblich zu markieren. Einige bedingte Formatierungen sind bereits voreingestellt, z. B. das Format *Fett* für alle ungelesenen Nachrichten.

Beispiel: Alle E-Mails von Eva Scheuer sollen in der Schriftfarbe grün dargestellt werden.

> Rot eignet sich unter Umständen nicht als Farbe für die bedingte Formatierung, da E-Mails, die zur Nachverfolgung gekennzeichnet wurden, am Fälligkeitstag auch in roter Schriftfarbe dargestellt werden.

1 Zeigen Sie den E-Mail-Ordner an, für den Sie eine bedingte Formatierung festlegen möchten; für unser Beispiel den Ordner *Posteingang*.

2 Klicken Sie im Funktionsbereich *E-Mail* auf den Befehl *Ansicht* ▸ Gruppe *Aktuelle Ansicht* ▸ *Ansichtseinstellungen*. Die aktuelle Ansicht wird bearbeitet. Das Dialogfenster *Erweiterte Ansichtseinstellungen* öffnet sich. Klicken Sie auf die Schaltfläche *Bedingte Formatierung*.

3 Klicken Sie im Dialogfenster *Bedingte Formatierung* auf die Schaltfläche *Hinzufügen*. Im Feld *Name* tragen Sie eine Bezeichnung für die festzulegende Regel ein. Über die Schaltfläche *Schriftart* wählen Sie eine Schriftfarbe für die bedingte Formatierung aus.

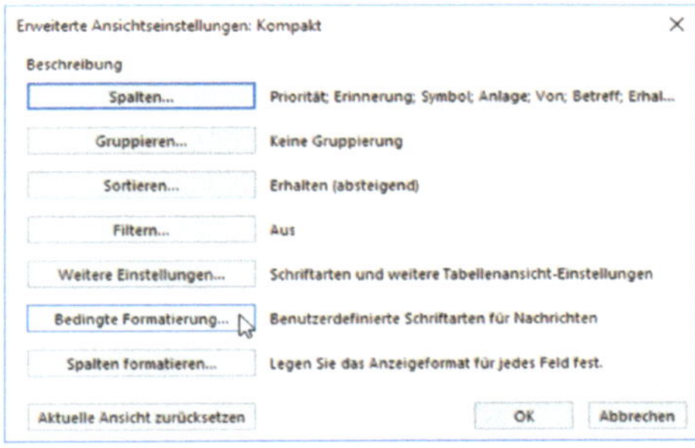

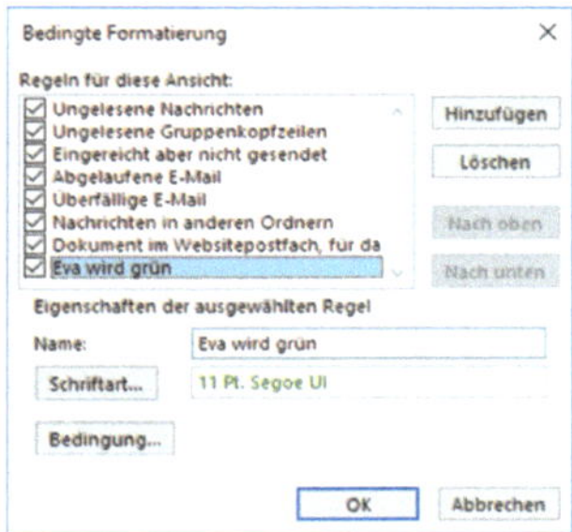

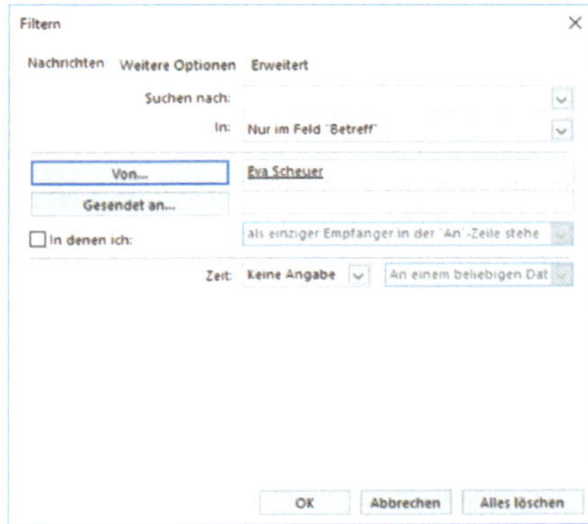

4 Klicken Sie auf die Schaltfläche *Bedingung* und wählen Sie im Dialogfenster *Filtern* über die Schaltfläche *Von* die Person aus, deren Mails farbig formatiert werden sollen. Bestätigen Sie alle Fenster mit *OK*. Alle E-Mails im Posteingang von *Eva Scheuer* werden in der Schriftfarbe *grün* dargestellt.

> Stimmen E-Mail-Ordner und Bedingung nicht überein, wird keine bedingte Formatierung übernommen, d. h. im Ordner *Gesendete Elemente* können Sie nicht vereinbaren, dass alle E-Mails, die Ihnen von einer bestimmten Person übersandt wurden, speziell formatiert werden.
>
> Die bedingte Formatierung wird immer für eine spezielle Ansicht vereinbart. In diesem Beispiel war die aktuelle Ansicht *Kompakt*. Die im Folgenden festgelegte bedingte Formatierung gilt also nur für die Ansicht *Kompakt*. Wechseln Sie zu einer anderen Ansicht, z. B. *Einzeln*, wird die bedingte Formatierung nicht angezeigt.

Bedingte Formatierung löschen

- Wählen Sie den E-Mail-Ordner aus, für den die bedingte Formatierung erstellt wurde.
- Klicken Sie auf *Ansicht* ▸ Gruppe *Aktuelle Ansicht* ▸ *Ansichtseinstellungen* und klicken Sie dann auf die Schaltfläche *Bedingte Formatierung*.
- Markieren Sie die Regel, die Sie löschen möchten und klicken Sie auf die Schaltfläche *Löschen*. Bestätigen Sie alle Fenster mit *OK*.

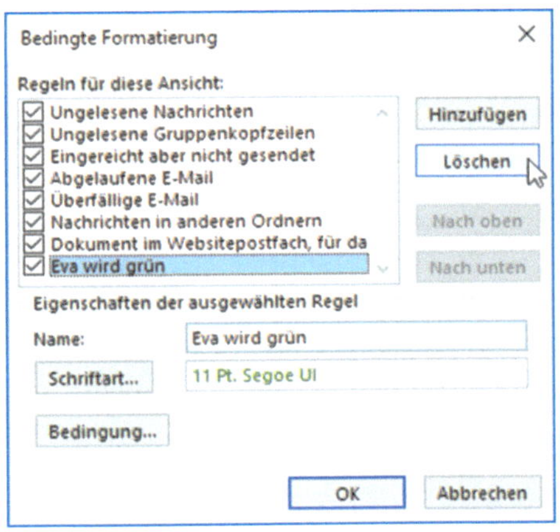

Falls Sie die bedingte Formatierung zu einem späteren Zeitpunkt wieder verwenden möchten, löschen Sie die Regel nicht, sondern entfernen nur das Häkchen vor der Regel.

3.6 QuickSteps: Mehrere Aktionen zusammenfassen

QuickSteps fassen Routinearbeitsschritte zusammen und ermöglichen eine schnelle Anwendung mit einem Mausklick. Beispielsweise können durch einen QuickStep die Bearbeitungsschritte „Antworten auf die markierte E-Mail" und „Löschen der ursprünglichen Nachricht nach Versendung" zusammengefasst werden.

Für gängige Bearbeitungen existieren bereits QuickSteps. Sie finden diese im Register *Start*, Gruppe *QuickSteps*. Zeigen Sie mit der Maus auf einen QuickStep, um Informationen zu dessen Funktion zu erhalten. Durch Anklicken von *Weitere* zeigen Sie alle verfügbaren QuickStep-Inhalte an.

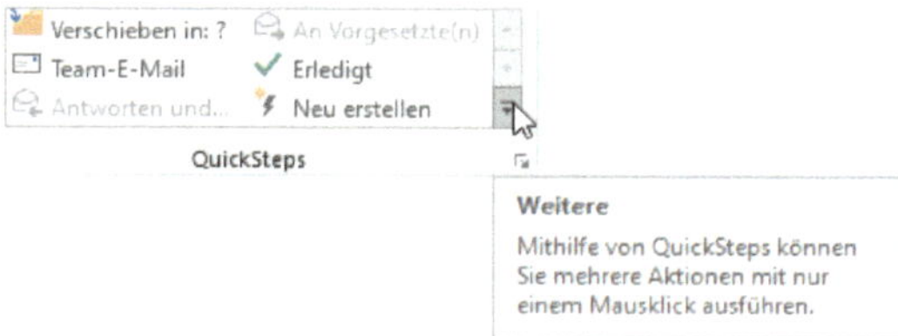

* Welcher Ordner, welche Personen hierbei verwendet werden, wird jeweils bei der ersten Verwendung eines QuickSteps hinterlegt.

QuickSteps	Funktionsbeschreibung
Verschieben in:?	Verschiebt die ausgewählte E-Mail in einen Ordner*, nachdem sie als gelesen markiert wurde.
An Vorgesetzte(n)	Leitet die ausgewählte E-Mail an die vorgesetzte Person* weiter.
Team-E-Mail	Erstellt eine neue E-Mail an Ihr Team*.
Erledigt	Markiert die ausgewählte E-Mail als erledigt, verschiebt sie in einen Ordner* und markiert sie als gelesen.
Antworten und löschen	Antwortet dem Absender und löscht die ursprüngliche E-Mail

QuickSteps ausführen

- Um einen QuickStep auszuführen, markieren Sie zunächst die E-Mail, auf die der QuickStep angewendet werden soll. Klicken Sie dann auf den gewünschten QuickStep. Einige der vorhandenen QuickSteps sind schon funktionstüchtig, z. B. *Antworten und löschen*.
- Andere benötigen zusätzliche Informationen, die beim ersten Anklicken abgefragt werden, z. B. *An Vorgesetzte(n)*. Mit diesem QuickStep wird eine E-Mail an eine oder mehrere Personen weitergeleitet.

- Nach Anklicken des QuickSteps *An Vorgesetzte(n)* wird das Dialogfenster *Erstes Einrichten* angezeigt.

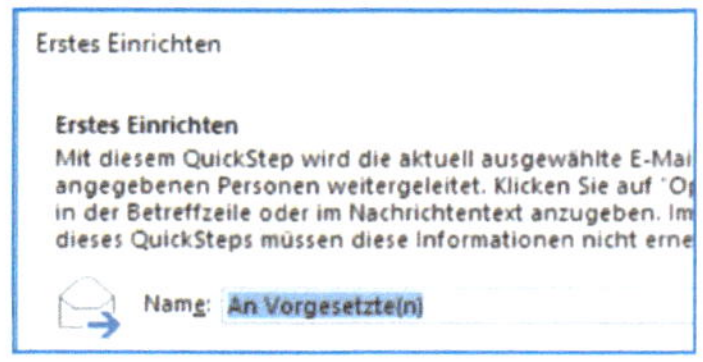

- Tragen Sie einen Namen für den QuickStep ein. Dieser wird nachher im Register *Start*, Gruppe *QuickSteps* anstelle von *An Vorgesetzte(n)* angezeigt.

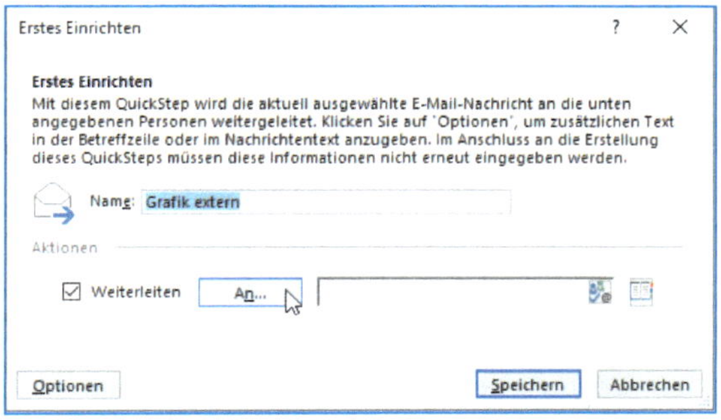

- Klicken Sie auf die Schaltfläche *An*, um aus dem Adressbuch eine oder mehrere E-Mail-Adressen auszuwählen. Beenden Sie die Bearbeitung über die Schaltfläche *Speichern*.

Durch Anklicken des QuickSteps wird ein Nachrichtenfenster zur Weiterleitung der markierten E-Mail angezeigt. Die festgelegte E-Mail-Adresse ist eingetragen.

QuickSteps verwalten

Im Dialogfenster *QuickSteps verwalten* bearbeiten, löschen oder erstellen Sie neue QuickSteps. Ebenso ändern Sie die Anzeigenreihenfolge über die blauen Pfeile. Sie rufen das Dialogfenster durch Anklicken des Gruppensymbols ⧉ von *QuickSteps* auf.

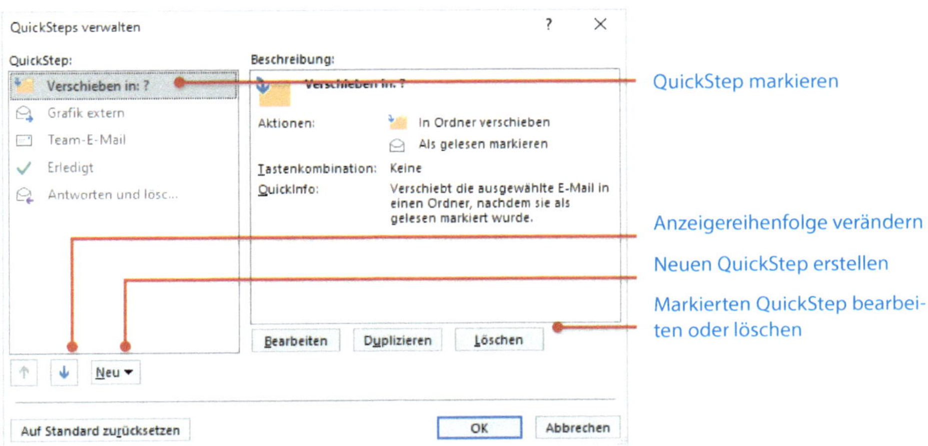

Neuen QuickStep erstellen

E-Mail mit einer Kategorie versehen und in einen Ordner verschieben

Klicken Sie in der Gruppe *QuickSteps* auf *Weitere* und zeigen Sie auf *Neuer QuickStep*. Falls einer der angebotenen Befehle Ihren Wünschen entspricht, z. B. *Kategorisieren und verschieben...*, wählen Sie diesen aus. Vergeben Sie einen Namen für den QuickStep und wählen Sie für dieses Beispiel einen Zielordner und eine Kategorisierung. Der Zielordner muss zuvor erstellt werden (siehe Seite 105).

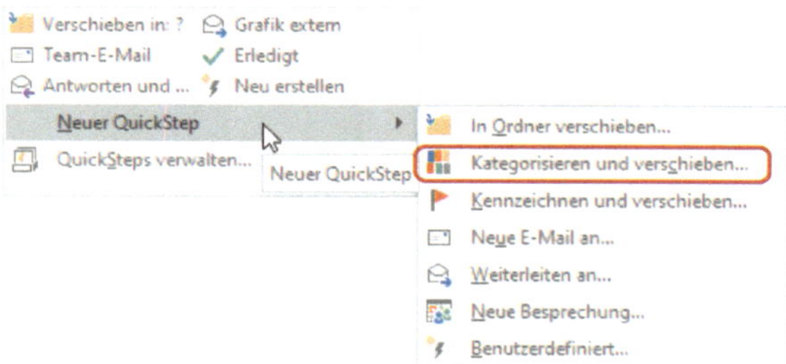

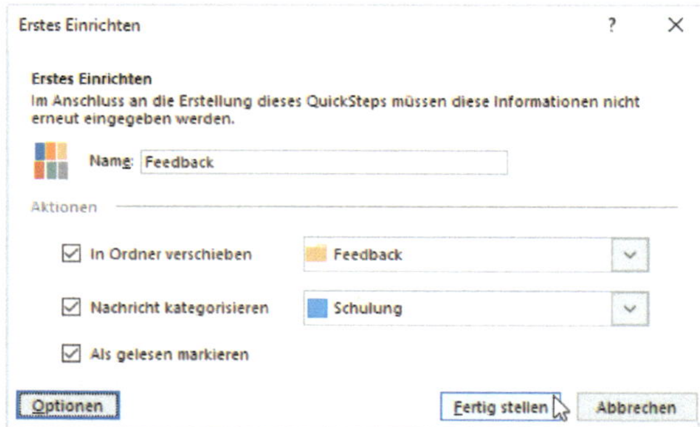

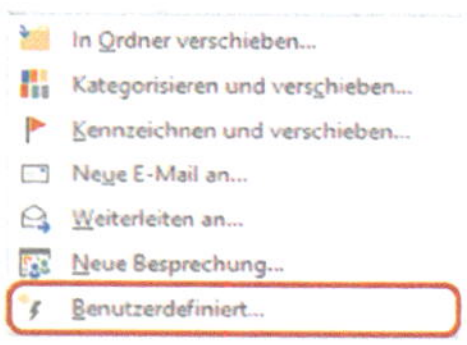

E-Mail beantworten und in einen Ordner verschieben

Im oberen Beispiel waren die einzelnen Befehle schon vorbereitet. Über *Benutzerdefiniert* erstellen Sie einen ganz eigenen QuickStep, z. B. Antworten auf eine E-Mail und Verschieben der Nachricht in einen Ordner:

Vergeben Sie wieder einen Namen für den QuickStep und wählen Sie über den Dropdown-Pfeil die erste Aktion aus. Eine zusätzliche Aktion fügen Sie über die Schaltfläche *Aktion hinzufügen* an. Falls Sie eine Aktion wieder entfernen möchten klicken Sie auf das Symbol ✕ hinter der Aktion.

❶ Anzeigename vergeben

❷ Erste Aktion *Antworten* auswählen

❸ Optionen anzeigen anklicken und
❹ Standardtext für die Antwort hinzufügen, für eine bessere Übersichtlichkeit Optionen ausblenden

❺ Nächste Aktion hinzufügen

Zum Abschluss klicken Sie auf Fertig stellen

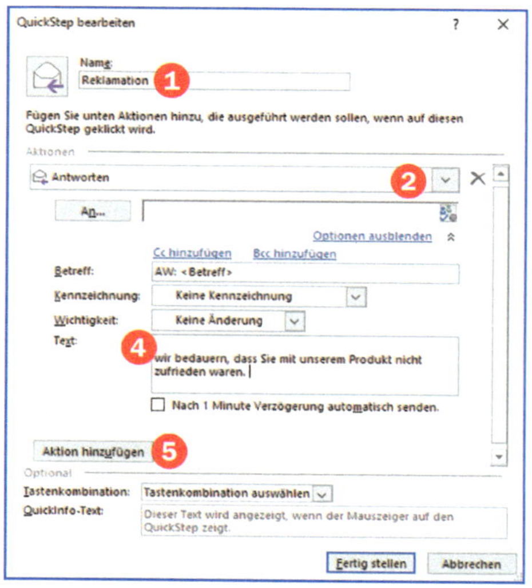

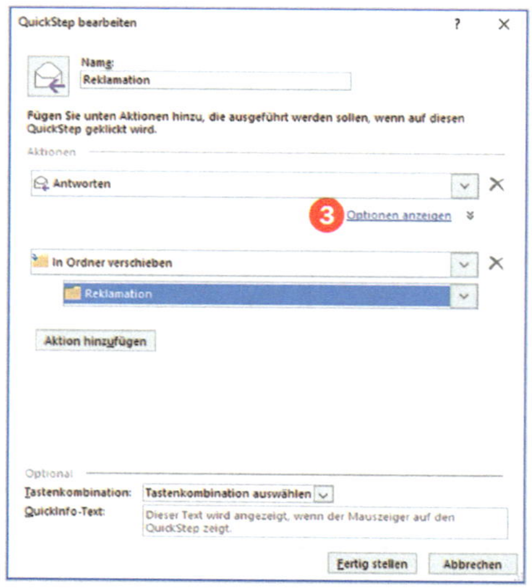

3.7 E-Mails in Ordner mittels Regeln verschieben

Neuer Ordner erstellen

Sie möchten spezielle E-Mails gerne in gesonderten Ordnern anzeigen, z. B. Reklamationen von Kunden oder E-Mails an die Personalabteilung etc. Die Ordner *Posteingang* und *Gesendete Elemente* können durch Unterordner gegliedert und so übersichtlicher gestaltet werden. Die einzelnen E-Mails müssen allerdings von Hand in die Unterordner verschoben werden, wobei Regeln diesen Vorgang automatisieren können.

Neuen Ordner erstellen - über das Kontextmenü
Beispiel: Erstellung eines Unterordners „Reklamation" im *Posteingang*:

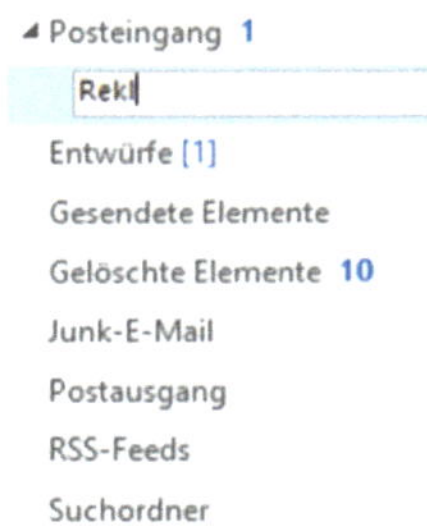

- Klicken Sie mit der rechten Maustaste im Ordnerbereich auf *Posteingang* und wählen Sie im Kontextmenü *Neuer Ordner* aus.
- Im Ordnerbereich wird unter *Posteingang* eine neue leere Zeile sichtbar. Hier müssen Sie nur den Namen des neuen Ordners eingeben, sonst verschwindet die Zeile - und damit der Ordner - wieder.

Neuen Ordner erstellen - über das Menüband
Beispiel: Erstellung eines Ordners „Testergebnisse" direkt im Postfach:

- Markieren Sie Ihr Postfach (Ihre E-Mail-Adresse im Ordnerbereich) ❶. Rufen Sie Register *Ordner* ▸ Gruppe *Neu* ▸ *Neuer Ordner* auf.

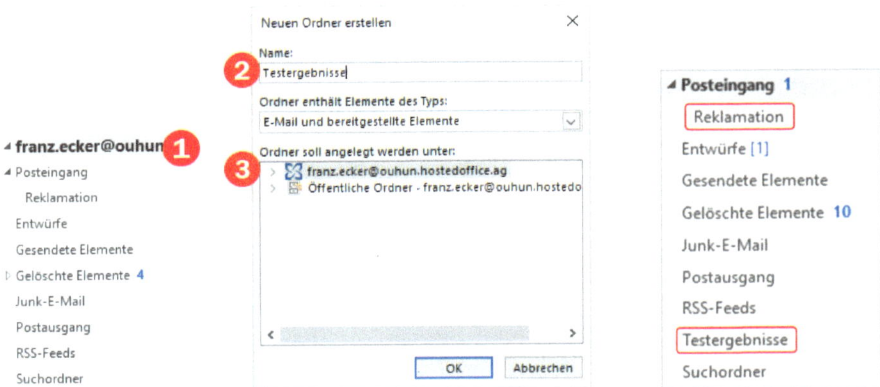

- Im folgenden Dialogfenster tragen Sie den Namen des neuen Ordners ein, z. B. *Testergebnisse* ❷. Im Feld *Ordner enthält Elemente des Typs* muss *E-Mail und Bereitstellung* ausgewählt sein, sofern Sie E-Mails dorthin verschieben möchten.
- Wählen Sie im Listenfeld, falls nicht schon geschehen, Ihr Postfach aus; in unserem Beispiel auf der vorherigen Seite ist das das Postfach von *franz.ecker* ❸. Bestätigen Sie den neuen Ordner mit *OK*.

Im Ordnerbereich werden die neuen Ordner *Reklamation* und *Testergebnisse* angezeigt. Durch Anklicken des Dreiecks vor Posteingang wird die Anzeige des Unterordners reduziert bzw. erweitert.

Alternativen zur Verwendung eines Ordners

Wenn Sie keinen Ordner anlegen möchten, können Sie stattdessen auf verschiedene Ansichtsoptionen für E-Mail-Ordner zurückgreifen, z. B. eine Sortierung des Posteingangs nach *Von*, falls Sie E-Mails sortiert nach Absender anzeigen möchten.

Außerdem verfügen Sie mit der *Sofortsuche* und den *Suchordnern* über wirkungsvolle Features, um alle E-Mail-Nachrichten effizient nach verschiedenen Suchbegriffen zu durchsuchen und gefiltert anzuzeigen.

Somit kann auf das Anlegen eigener Ordner und Unterordner unter Umständen auch verzichtet werden. Entscheiden Sie selbst, was praktischer für Sie ist.

Nachrichten manuell in Ordner verschieben

E-Mails können mit der Maus von einem Ordner in einen anderen verschoben werden. Diese Technik nennt man Drag & Drop.

- Nehmen Sie die E-Mail mit gedrückter linker Maustaste in der Nachrichtenliste auf und ziehen Sie diese auf den Unterordner im Ordnerbereich.
- Sollen gleich mehrere E-Mails verschoben werden, können Sie diese gemeinsam markieren. Markieren Sie die erste E-Mail, halten Sie die Strg-Taste gedrückt, markieren Sie die nächste E-Mail usw. Danach verfahren Sie, wie oben beschrieben.

E-Mails lassen sich auch automatisch mithilfe von Regeln verschieben. Wenn möglich, ist es natürlich von Vorteil das Einsortieren von E-Mails zu automatisieren. Wie das geht, erfahren Sie gleich im nächsten Abschnitt.

Regeln zur Nachrichtenverwaltung erstellen

Nachrichten im *Posteingang* oder im Ordner *Gesendete Elemente* können mit Hilfe von Regeln unmittelbar nach dem Erhalt bzw. Senden gekennzeichnet oder verschoben werden.

Einfache Regel schnell erstellen

Beispiel: Alle Nachrichten einer Person in einen Ordner verschieben

1. Legen Sie einen Ordner an, in dem die Nachrichten aufbewahrt werden sollen.
2. Markieren Sie eine E-Mail der betreffenden Person.

3 Klicken Sie auf *Start* ▶ Gruppe *Verschieben* ▶ *Regeln* ▶ *Nachrichten von ... immer verschieben*. Im folgenden Fenster bestimmen Sie einen Ordner bzw. Unterordner, in den die Nachrichten verschoben werden sollen.

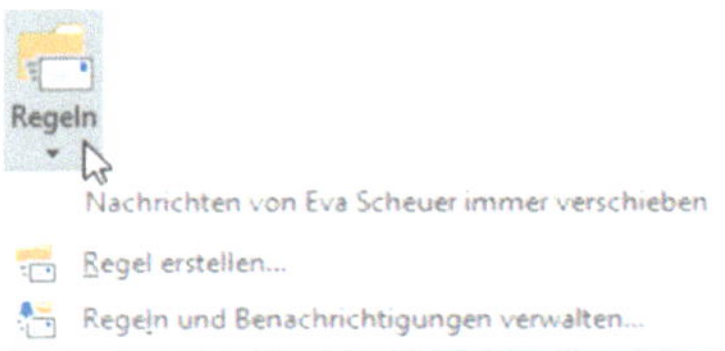

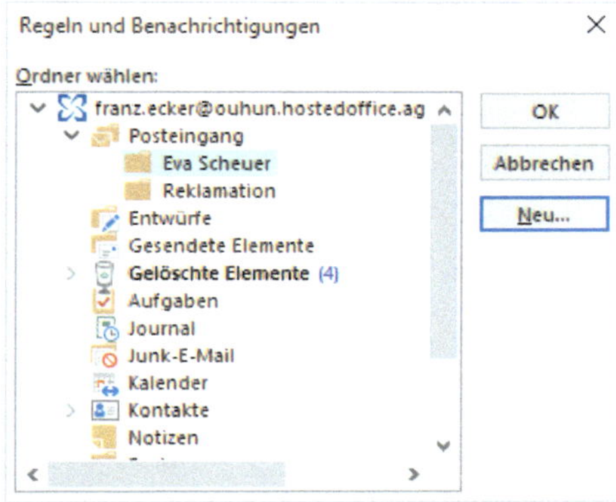

Regel selbst erstellen

Beispiel: Kunden können über die Homepage Anfragen stellen. Diese erhalten Sie via E-Mail. Der Betreff lautet bei allen E-Mails „Kontaktformular". Diese E-Mails sollen automatisch mit der orangen Kategorie versehen werden.

1 Markieren Sie eine der betreffenden E-Mails.

2 Klicken Sie auf *Start* ▶ Gruppe *Verschieben* ▶ *Regeln* ▶ *Regel erstellen*.

3 Aktivieren Sie *Betreff enthält* und löschen Sie außer dem Wort *Kontaktformular* jeden weiteren Text. Klicken Sie dann auf *Erweiterte Optionen*.

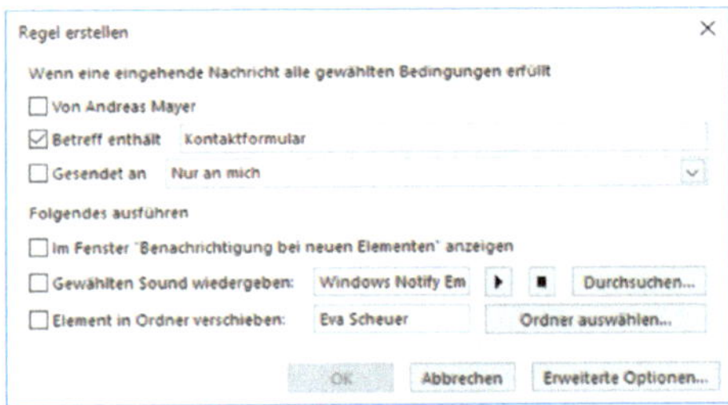

4 Der Regel-Assistent wird angezeigt. Die Bedingung *mit Kundenanfrage im Betreff* wurde bereits festgelegt. Diese sehen Sie auch unten im Fenster. Klicken Sie auf *Weiter*.

5 Im nächsten Schritt entscheiden Sie, was geschehen soll, wenn die Regel erfüllt ist. Aktivieren Sie oben *diese der Kategorie .... zuordnen* und klicken Sie unten auf *Kategorie* und wählen die *Orange Kategorie* aus. Dann klicken Sie auf *Weiter*.

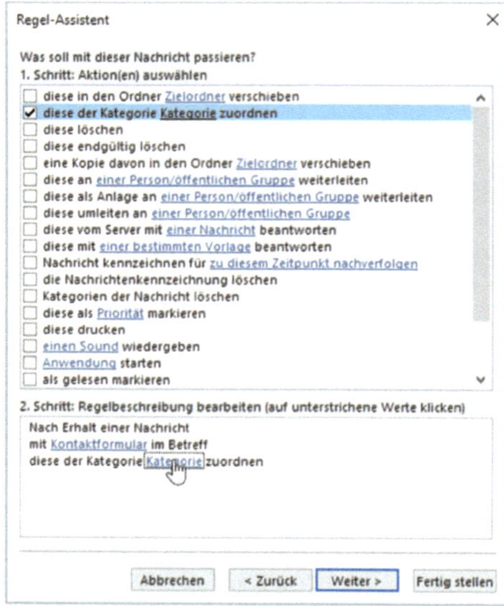

6 Im nächsten Schritt könnten Sie noch eine Ausnahme von der Regel definieren. In unserem Beispiel ist das nicht nötig. Klicken Sie auf *Weiter*.

7 Im letzten Schritt vergeben Sie einen aussagekräftigen Namen für die Regel. Wahrscheinlich befinden sich im Posteingang bereits E-Mails mit dem Betreff „Kontaktformular". Wenn diese auch die orange Kategorie erhalten sollen aktivieren Sie *Diese Regel jetzt auf Nachrichten anwenden, die sich bereits im Ordner „Posteingang" befinden*. Klicken Sie dann auf *Fertig stellen*.

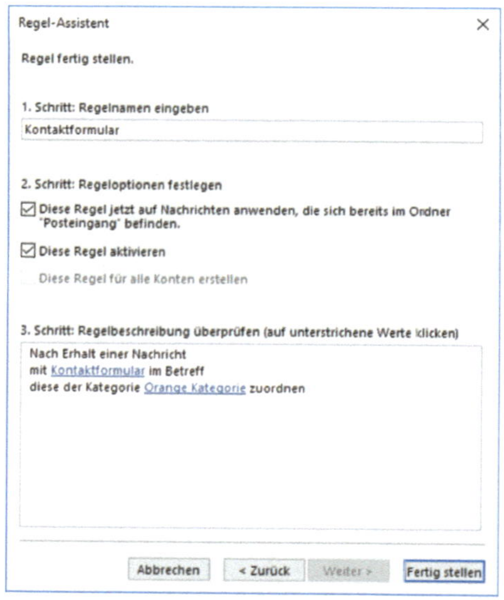

Wie kann ich nur E-Mails anzeigen, die mit der orangen Kategorie versehen sind?

Zeigen Sie den Posteingang an und wählen Sie *Start* ▸ Gruppe *Suchen* ▸ *E-Mail filtern* ▸ *Kategorisiert* ▸ *Orange Kategorie*. Jetzt sehen Sie in der Nachrichtenliste nur E-Mails, die mit der orangen Kategorie versehen sind.

Sollen wieder alle E-Mails angezeigt werden, schließen sie die Suche in der Nachrichtenliste.

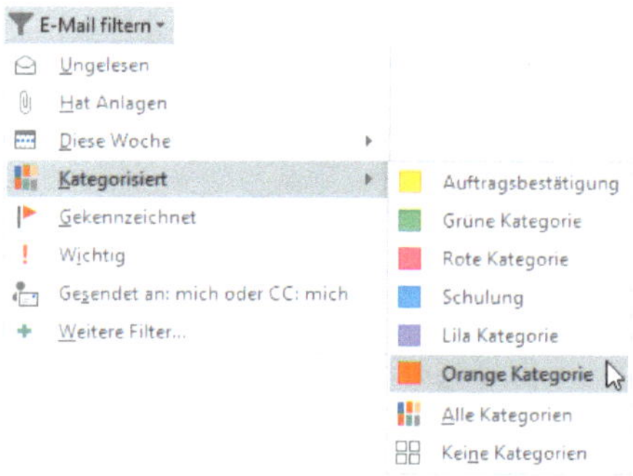

Die Problemstellung dieses Beispiels kann auch mit einem Suchordner gelöst werden. Lesen Sie mehr dazu auf Seite 243 .

Regel löschen bzw. deaktivieren

Um eine Regel zu löschen, verwenden Sie das Register *Start* ▶ Gruppe *Verschieben* ▶ *Regeln* ▶ *Regeln und Benachrichtigungen verwalten*. Markieren die dann die zu entfernende Regel und klicken auf die Schaltfläche *Löschen* ❶.

Soll die Regel nur vorübergehend nicht verwendet werden, entfernen Sie das Häkchen ❷ vor der Regel.

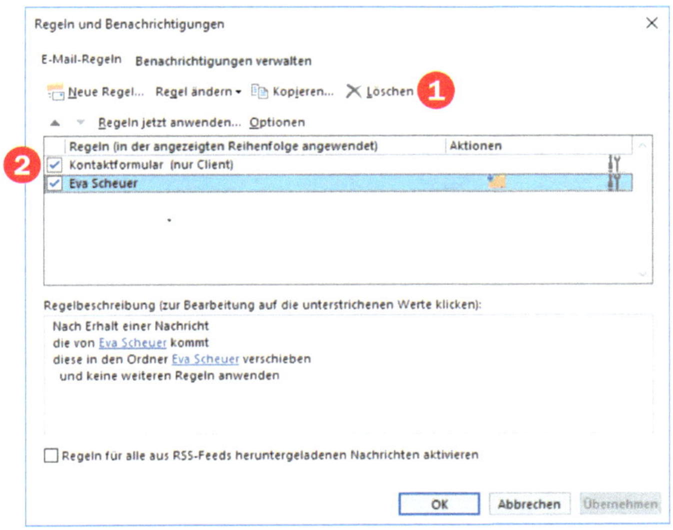

Eine Alternative zur Erstellung von Regeln können QuickSteps sein. Regeln gelten immer für alle E-Mails *von* oder *an* eine Person bzw. für einen *Betreff*, während QuickSteps für die markierte E-Mail ausgewählt werden. Die Regel hat den Vorteil, dass sie automatisch abläuft, beim QuickStep ist vorteilhaft, dass Sie von Fall zu Fall entscheiden können, ob Sie die Aktion anwenden möchten.

3.8 E-Mails drucken

Schnelldruck einer E-Mail

Zum Ausdrucken einer E-Mail, klicken Sie im entsprechenden E-Mail-Ordner (z. B. Posteingang, Gesendete Elemente etc.) die E-Mail mit der rechten Maustaste an und wählen im Kontextmenü *Schnelldruck* aus. In diesem Fall wird der Druckauftrag sofort übergeben, Sie können keine weiteren Einstellungen festlegen.

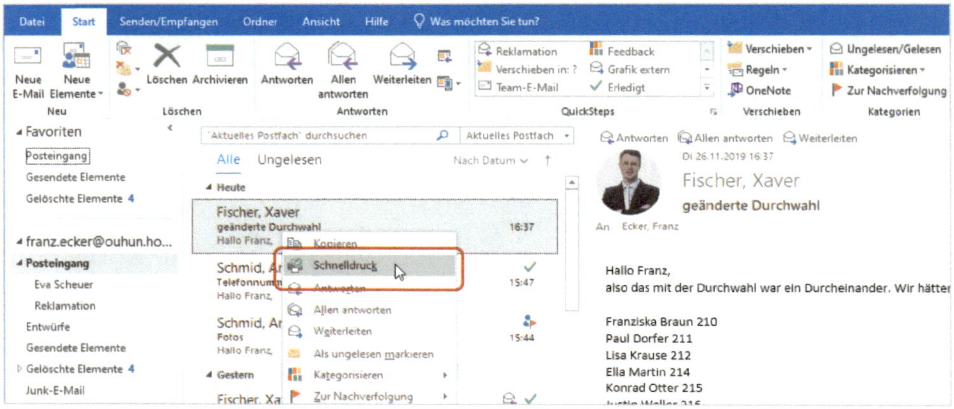

Schnelldruck einer E-Mail

Weitere Einstellungsmöglichkeiten

Um weitere Einstellungen für den Ausdruck einer E-Mail vorzunehmen, z. B. Druck im Querformat, Hinzufügen einer Kopfzeile etc., gehen Sie so vor:

- Markieren Sie die E-Mail, die Sie ausdrucken möchten und wählen Sie auf der Registerkarte *Datei* ▶ *Drucken* aus. Im Druckbereich erhalten Sie auch eine Druckvorschau.

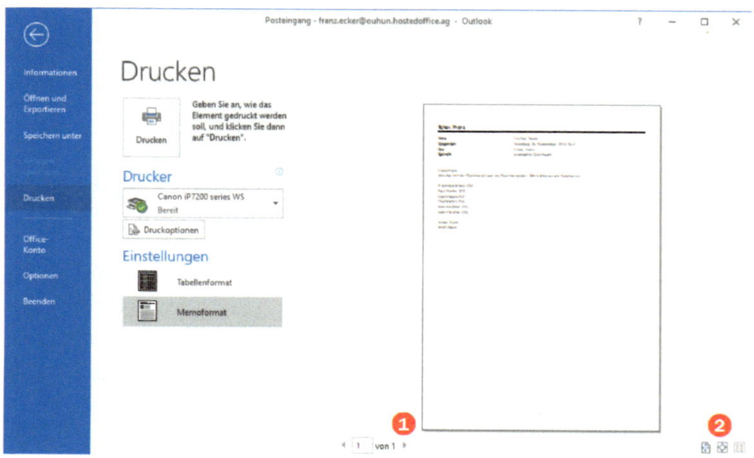

Einstellungen und Druckvorschau

- Wählen Sie bei Einstellungen *Memoformat* aus. Dies eignet sich zum Ausdruck von einzelnen E-Mails. Im Feld rechts erhalten Sie eine Vorschau. Rechts erhalten Sie eine Vorschau. Diese kann mehrere Seiten umfassen. Durch die Seiten blättern Sie mit ◀ bzw. ▶ ❶. Falls Sie etwas nachlesen möchten, zeigen Sie die Seite in tatsächlicher Größe mit an, zur Übersicht wechseln Sie wieder mit und mehrere Seiten erhalten Sie durch Anklicken von . Alle drei Symbole finden Sie rechts unten im Fenster ❷.
- Zum Starten des Drucks, klicken Sie auf die Schaltfläche *Drucken*.
- Über die Schaltfläche *Druckoptionen* erhalten Sie weitere Einstellungsmöglichkeiten: Hier wählen Sie beispielsweise aus, wie oft die E-Mail ausgedruckt werden soll. Oder klicken Sie auf die Schaltfläche *Seite einrichten*, um beispielsweise die Schriftart zu verändern, das Blatt im Querformat auszudrucken oder Kopf- und Fußzeilen hinzuzufügen. Bestätigen Sie Ihre Auswahl über die Schaltfläche *OK*.

Den Inhalt eines E-Mail-Ordners ausdrucken

Möchten Sie eine Inhaltsübersicht eines E-Mail-Ordners ausdrucken, gehen Sie wie folgt vor:

- Klicken Sie im Ordnerbereich auf den Ordner, dessen Übersicht Sie ausdrucken möchten und wählen Sie *Datei* ▶ *Drucken* aus.
- Wählen Sie in der Gruppe *Einstellungen* das *Tabellenformat*. Der Inhalt des Ordners wird als tabellarische Übersicht dargestellt.
- Auch hier können Sie über die Schaltfläche *Druckoptionen* weitere Einstellungen vornehmen.
- Zum Ausdruck klicken Sie auf die Schaltfläche *Drucken*.

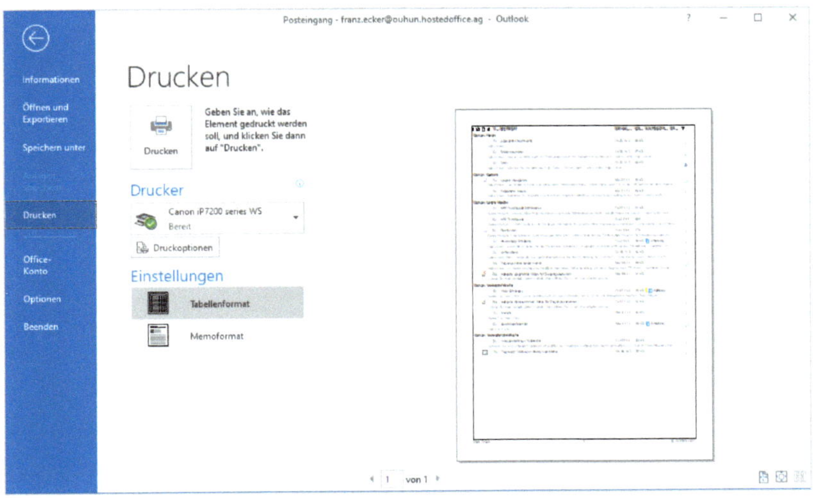

Drucken des Inhalts eines Ordners

3.9 Automatische Abwesenheitsmeldung

Mit einer Abwesenheitsmeldung informieren Sie Kollegen, Kunden, Lieferanten etc., dass Sie für längere Zeit nicht am Arbeitsplatz sind. Jede Person, die Ihnen eine E-Mail sendet, erhält automatisch eine Abwesenheitsmeldung.

Automatische Antworten nur mit Microsoft Exchange

Dieses Feature steht nur mit Microsoft Exchange Server oder für Office 365 zur Verfügung und ist zudem abhängig von der Exchange-Version sowie dessen Konfiguration. Erkundigen Sie sich bei Ihrem Administrator über die Möglichkeiten der Nutzung.

> Jeder Absender erhält nur eine Meldung. Sendet derselbe Absender erneut eine E-Mail, so bleibt diese unbeantwortet.

Automatische Antwort erstellen

- Klicken Sie im Register *Datei*, Bereich *Informationen* auf die Schaltfläche *Automatische Antworten*. Aktivieren Sie *Automatische Antworten senden*. Sie können den Zeitraum Ihrer Abwesenheit festlegen. Falls Sie darauf verzichten, werden ab jetzt Abwesenheitsmeldungen versendet bis Sie die Option wieder deaktivieren.
- Tragen Sie in das erste Register einen Text für Ihre Kollegen ein und in das zweite einen Text für Personen außerhalb Ihres Unternehmens.

  Hier haben Sie die Möglichkeit, Meldungen an *Nur meine Kontakte* oder *Jeder außerhalb meiner Organisation* zu senden. Mit der Option *Nur meine Kontakte* werden Neukunden keine Abwesenheitsmeldung erhalten. Wählen Sie dagegen *Jeder außerhalb meiner Organisation*, beantworten Sie beispielsweise auch Newsletter mit einer Abwesenheitsmeldung.

Links: Meldung für Kollegen

Rechts: Meldung für Externe

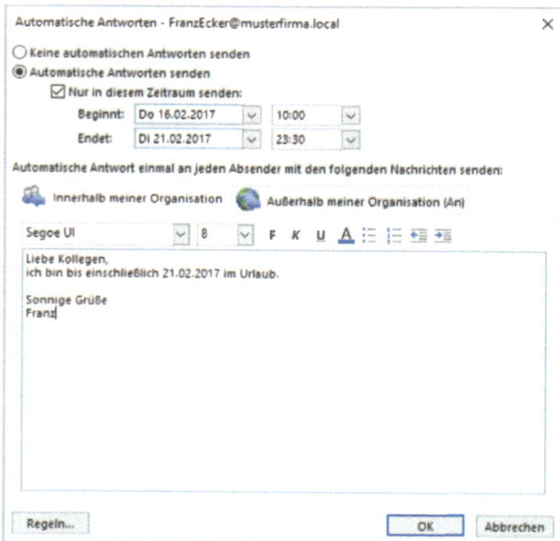

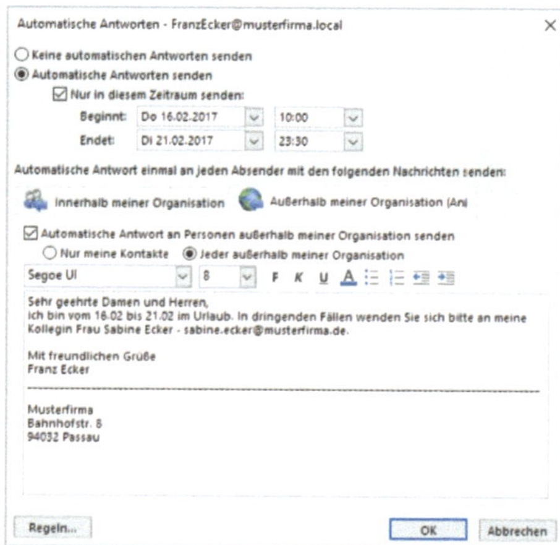

> Eine vorhandene E-Mail-Signatur wird nicht mit der Automatischen Antwort versendet. Grußzeile, Adresse, Telefonnummern und alle anderen vorgeschriebenen Informationen müssen in das Feld eingetragen werden.

Abwesenheitsmeldung deaktivieren

Während des Abwesenheitszeitraums erscheint in Outlook unter dem Menüband ein Hinweis. Über die Schaltfläche *Deaktivieren* können Sie die Versendung von Abwesenheitsmeldungen beenden; die Schaltfläche erhalten Sie ebenfalls im Register *Datei* ▶ Bereich *Information*.

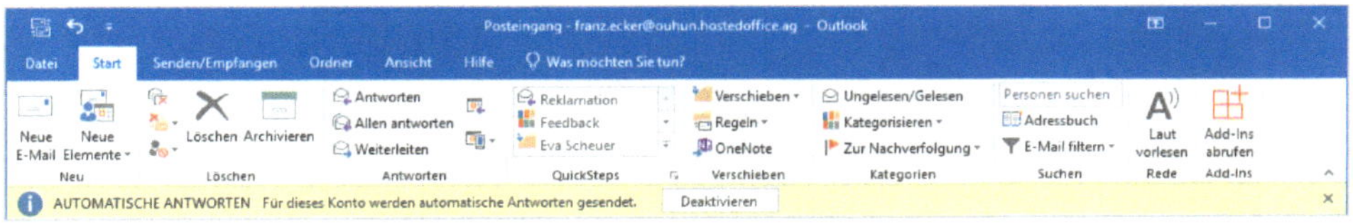

Abwesenheitsmeldung empfangen

In Outlook 2019 können Sie bereits beim Versuch, an einen abwesenden Kollegen (also Personen innerhalb Ihrer Organisation) zu mailen, von dessen Abwesenheit in Kenntnis gesetzt werden. Unter Umständen wird damit das Schreiben der E-Mail unnötig - das spart Zeit. Zum einen wird ein Hinweis im Nachrichtenformular angezeigt, sobald die E-Mail-Adresse der abwesenden Person eingefügt wurde und zum anderen wird die E-Mail-Adresse grün dargestellt.

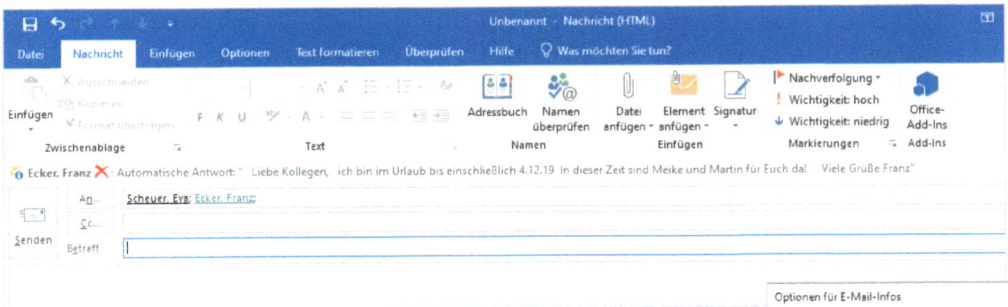

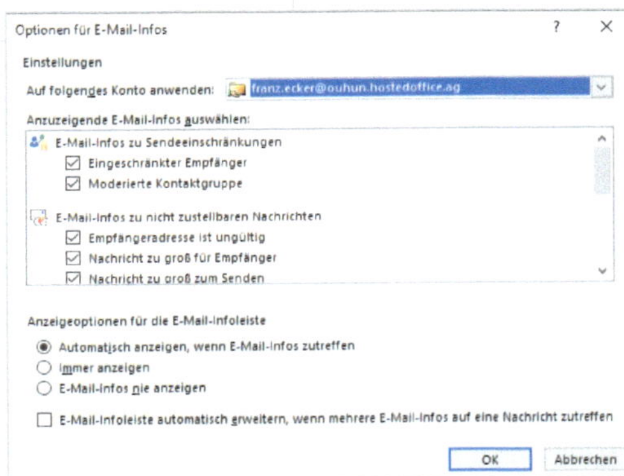

Dieses Feature gehört zu den **E-Mail-Infos**, die den Benutzer warnen können, wenn er an eine abwesende Person, an eine große Kontaktgruppe oder eine Person außerhalb der eigenen Organisation mailt. Allerdings funktionieren diese Features nur in einer Microsoft Exchange Umgebung. Welche E-Mail-Infos Sie verwenden und was angezeigt wird vereinbaren Sie unter Register *Datei* ▶ *Optionen* ▶ Kategorie *E-Mail* ▶ Abschnitt *E-Mail-Infos*. Hier klicken Sie auf die Schaltfläche *Optionen für E-Mail-Infos*.

3.10 Stellvertretung - Arbeiten in Ihrem Auftrag

Wenn Sie in einer Microsoft Exchange Umgebung arbeiten, können Sie die Funktion *Stellvertretungen* nutzen und Kollegen als Stellvertreter bestimmen. Der Stellvertreter kann beispielsweise Ihre E-Mails lesen und beantworten, Besprechungsanfragen zu- oder absagen, Termine eintragen und vieles mehr. Was ein Stellvertreter einsehen und nutzen darf, legen Sie individuell fest.

Die Verwendung der Funktion *Stellvertretungen* eignet sich nicht nur für Krankheits- oder Urlaubsvertretung sondern auch für die tägliche, innerbetriebliche Organisation, beispielsweise zwischen Koordinator und Außendienstmitarbeiter oder Sekretariat und Abteilungsleitung:

- Der Außendienstmitarbeiter setzt den Koordinator als Stellvertreter ein. So kann dieser notwendige E-Mails beantworten, Termine vereinbaren oder auch neue E-Mails „im Auftrag" des Außendienstmitarbeiters verfassen.
- Ebenso kann der Sekretär Besprechungsanfragen für den Vorgesetzten zu- oder absagen.

Stellvertreter erstellen

1. Um einen Stellvertreter einzurichten, wählen Sie im Register *Datei* ▸ *Informationen* ▸ *Kontoeinstellungen* ▸ *Zugriffsrechte für Stellvertretung* aus.
2. Im Dialogfenster *Stellvertretungen* klicken Sie auf die Schaltfläche *Hinzufügen...*, um das Fenster *Benutzer hinzufügen* zu öffnen. Wählen Sie aus den Benutzern einen oder mehrere aus, indem Sie auf den Namen doppelklicken und bestätigen Sie mit *OK*.

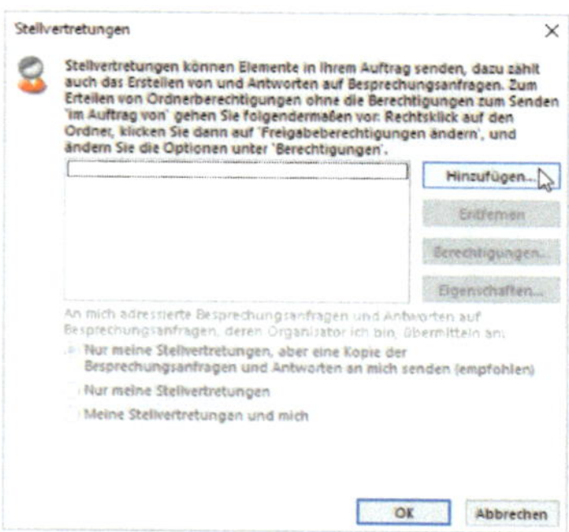

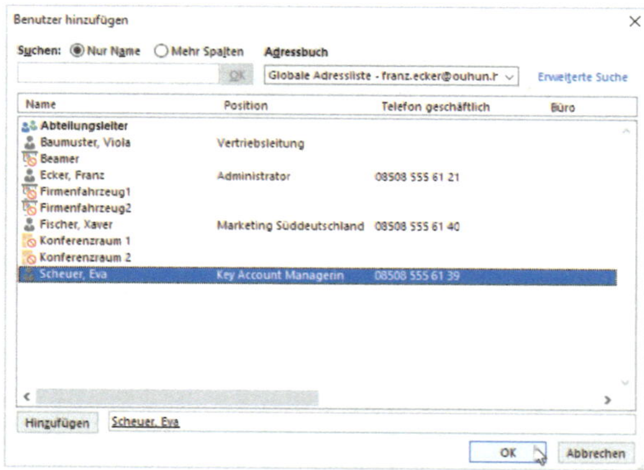

> Beachten Sie, dass Sie nur Personen aus Ihrem Adressbuch wählen können, die in derselben Exchange Umgebung arbeiten. Ressourcen und Kontaktgruppen können ebenfalls nicht ausgewählt werden. Diese erkennen Sie an einem kleinen roten Sperrsymbol.

3 Im folgenden Fenster legen Sie fest, was der Stellvertreter einsehen und welche Veränderungen er vornehmen darf. Sie können jeweils für die Funktionsbereiche Kalender, Aufgaben, Posteingang, Kontakte und Notizen vier Berechtigungsstufen vergeben:

Berechtigung	Funktion
Keine	Hat keinerlei Zugriffsrechte
Prüfer	Darf vorhandene Inhalte nur lesen
Autor	Darf vorhandene Inhalte lesen und neue erstellen
Bearbeiter	Darf vorhandene Inhalte lesen, verändern und neue erstellen

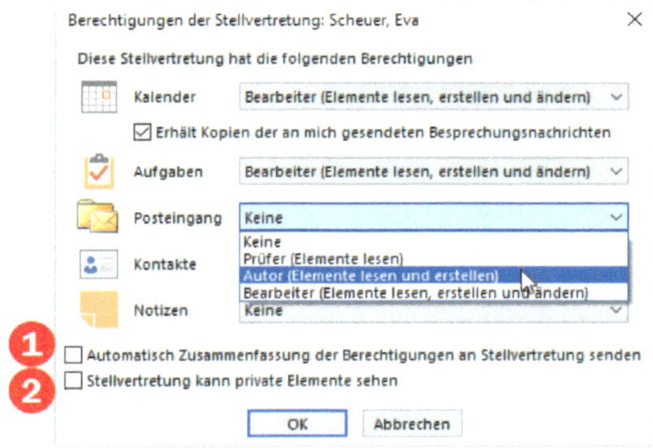

4 Um Ihre Stellvertreter automatisch per E-Mail über ihre Berechtigungen zu informieren, aktivieren Sie das Kontrollfeld bei *Automatisch Zusammenfassung der Berechtigungen an Stellvertretung senden* ❶. Wollen Sie den Zugriff auf *als Privat markierte Elemente* gestatten, aktivieren Sie den Punkt *Stellvertretung kann private Elemente sehen* ❷. Bestätigen Sie das Dialogfenster mit *OK*.

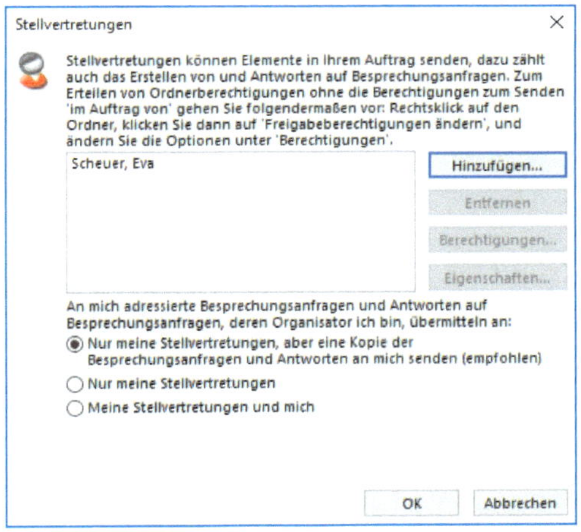

5 Im Dialogfenster *Stellvertretungen* wird jetzt der hinzugefügte Stellvertreter angezeigt. In den unteren drei Optionsfeldern stellen Sie den Empfänger von Besprechungsanfragen ein. Der Stellvertreter erhält die Besprechungsanfragen in seinem Posteingang. Um die Erstellung eines Stellvertreters abzuschließen, klicken Sie auf *OK*.

Die Person, die die Stellvertretung übernehmen soll, erhält eine E-Mail, die sie über die Stellvertretung und ihre Berechtigungen informiert.

Obwohl die Person, die ich zu meinem Stellvertreter machen möchte, innerhalb meiner Organisation ist, erhalte ich eine Fehlermeldung.
Synchronisieren Sie Ihr Globales Adressbuch über *Datei* ▸ *Informationen* ▸ *Kontoeinstellungen* ▸ *Adressbuch herunterladen* und bestätigen Sie mit *OK*.

Beispiel Stellvertretung für Besprechungsorganisation

Stellvertretung einrichten

Franz Ecker möchte, dass seine Kollegin Eva Scheuer als Stellvertreterin seine Termine plant. Dazu muss sie auch Besprechungsanfragen erhalten und Zusagen versenden können. Für diesen Fall ist es ausreichend, wenn Franz Ecker folgende Berechtigungen erteilt:

Eva Scheuer als Stellvertreterin hinzufügen

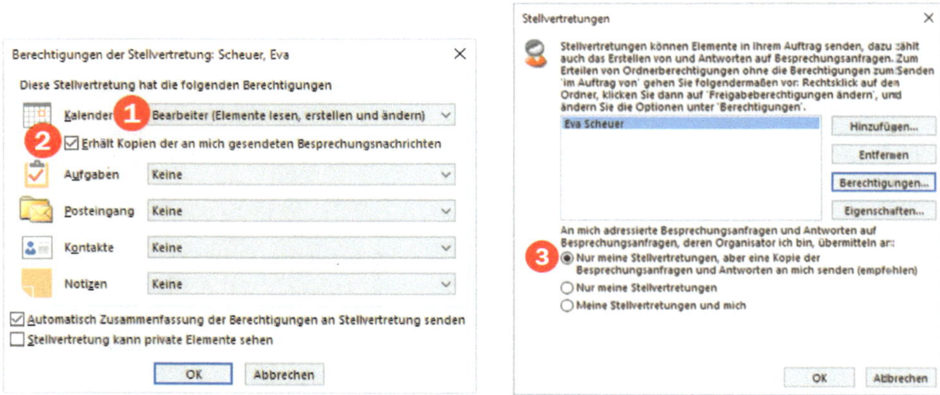

Eva Scheuer benötigt als Stellvertreterin Zugriff auf den *Kalender* mit der Berechtigung *Bearbeiter*. ❶ So kann sie neue Termine anlegen und verschieben. Wichtig ist auch, dass das Häkchen bei *Erhält Kopien der an mich gesendeten Besprechungsnachrichten* ❷ gesetzt ist. Da Eva Scheuer keinen Zugriff auf den Posteingang gewährt wurde, muss sie auf diesem Weg Kenntnis von Besprechungsanfragen erlangen. Im nächsten Schritt wird sichergestellt, dass auch Franz Ecker weiß, welche Besprechungen Eva Scheuer organisiert hat und welche Antworten von ihr gesendet wurden, durch Auswahl von *Nur meine Stellvertretungen, aber eine Kopie der Besprechungsanfragen und Antworten an mich senden (empfohlen)* ❸.

Stellvertretung erhält und beantwortet eine Besprechungsanfrage

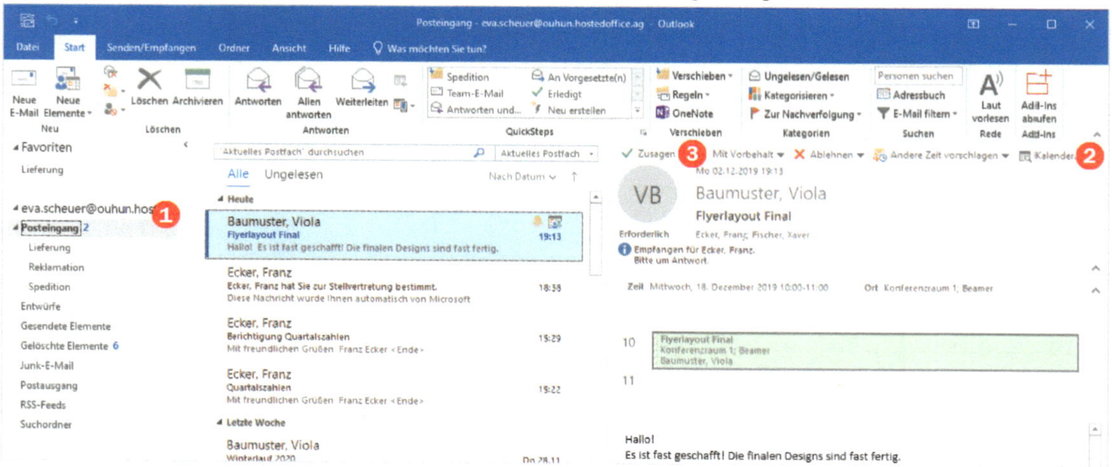

- Die Besprechungsanfrage für Franz Ecker wurde der Stellvertretung Eva Scheuer im eigenen Posteingang zugestellt ❶.
- Durch Antippen von Kalender kann sich die Stellvertretung informieren, ob Franz Ecker Zeit hat. Der Kalender von Franz Ecker wird angezeigt und im Funktionsbereich Kalender als Freigegebener Kalender geführt ❷.
- Die Stellvertretung Eva Scheuer kann jetzt für Franz Scheuer die Besprechung zu- oder absagen ❸.

Wichtig zu wissen ist, dass Eva Scheuer aufgrund der eingestellten Berechtigungen zwar nicht den Posteingang von Franz Ecker einsehen kann, sie kann aber E-Mails in seinem Auftrag versenden. Franz Ecker wird über die reine E-Mail-Versendung, die nicht im Zusammenhang mit einer Besprechung steht, nicht informiert. Sendet Eva Scheuer E-Mails für Franz Ecker, so erhalten diese im E-Mail Header den Zusatz *Eva Scheuer im Auftrag von Franz Ecker*.

Zusage durch die Stellvertretung und Anzeige beim Organisator

Die Stellvertretung sagt die Besprechung zu. Diese geht dem Besprechungsorganisator zu. In der Nachrichtenliste erscheint die Besprechungszusage mit Absender Franz Ecker. Im Lesebereich erkennt der Empfänger, dass die Zusage von Eva Scheuer im Auftrag von Franz Ecker versendet wurde.

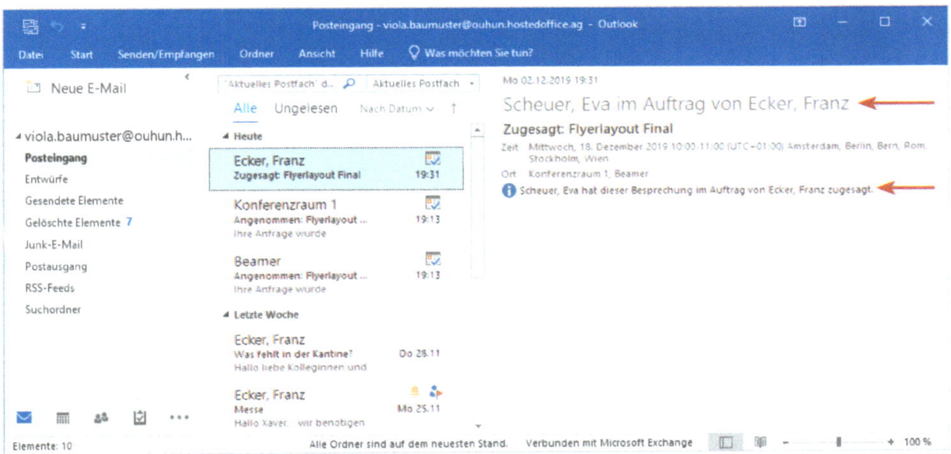

Wie sieht es beim Vertretenen aus?

Franz Ecker wird sowohl über die Besprechungsanfrage als auch über die Zusage von Eva Scheuer in seinem Posteingang informiert. Selbstverständlich ist die Besprechung ebenfalls in seinem Kalender eingetragen.

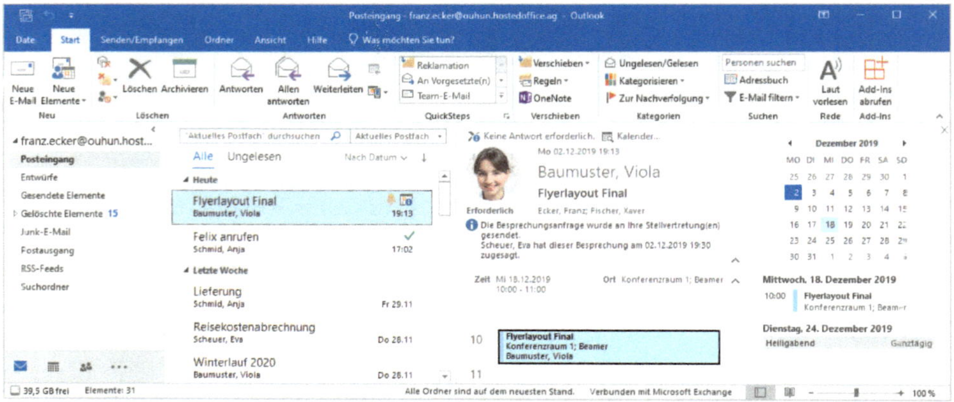

Stellvertreter verwalten

Die Stellvertretung endet nicht automatisch. In vielen Anwendungsfällen ist das auch nicht wünschenswert. Allerdings soll ein Stellvertreter, der Sie für die Zeit Ihres Urlaubs vertreten hat, danach nicht mehr auf Ihren Posteingang zugreifen können oder Ihre Besprechungsanfragen erhalten. Entfernen Sie in diesem Fall den Stellvertreter ganz oder entziehen Sie die entsprechenden Berechtigungen.

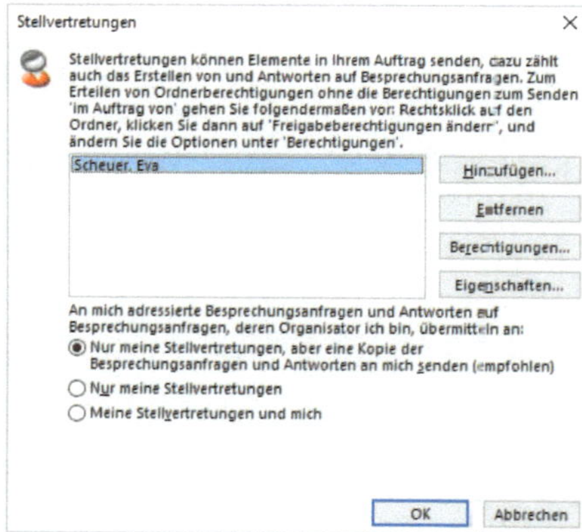

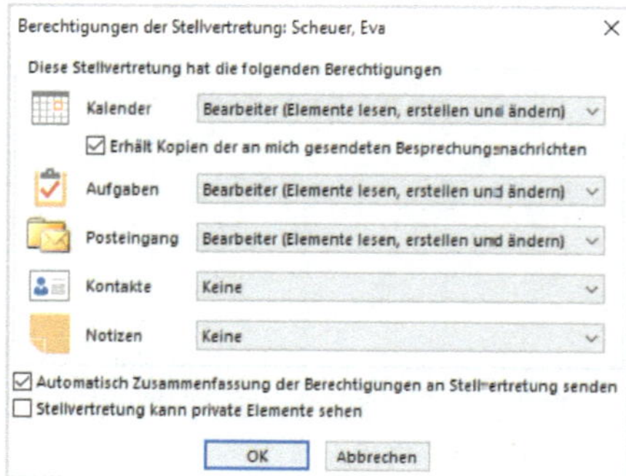

- Klicken Sie auf *Datei* ▸ *Informationen* ▸ *Kontoeinstellungen* ▸ *Zugriffsrechte für Stellvertretung*, um das Fenster *Stellvertretungen* zu öffnen. In der Liste sehen Sie alle vorhandenen Stellvertreter.
- **Stellvertreter löschen:** Markieren Sie den gewünschten Stellvertreter durch Anklicken und wählen Sie den Befehl *Entfernen*.
- **Befugnisse des Stellvertreters ändern:** Markieren Sie die Person und klicken Sie auf *Berechtigungen*. Nun können Sie neue Zugriffsrechte für die Funktionsbereich vergeben: Eva Scheuer erhält in diesem Beispiel weitreichende Rechte für Kalender, Aufgaben und Posteingang
- Unter *Eigenschaften* erhalten Sie eine Zusammenfassung der Kontaktinformationen.

Stellvertretung übernehmen

Wenn Sie als Stellvertreter für einen anderen Exchange Benutzer ausgewählt wurden, erhalten Sie üblicherweise eine E-Mail-Nachricht, in der Sie über Ihre Berechtigungen informiert werden.

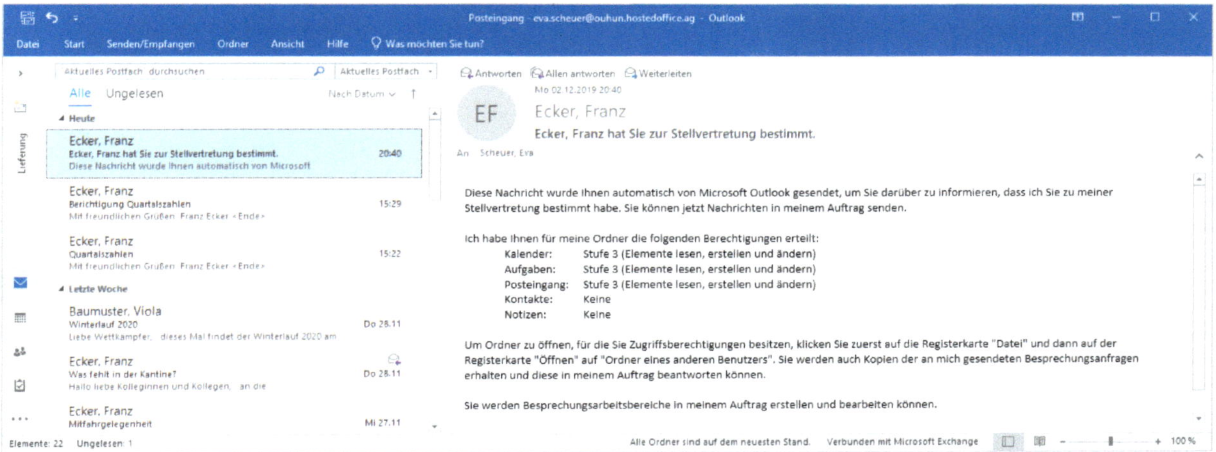

Freigegebene Ordner öffnen

- Im Beispiel oben haben Sie die Berechtigung für Kalender, Aufgaben und Posteingang erhalten. Als Stellvertreter öffnen Sie einen dieser Ordner, indem Sie auf *Datei* ▸ *Öffnen und Exportieren* ▸ *Ordner eines anderen Benutzers* ❶ klicken.
- Es erscheint das Fenster *Ordner eines anderen Benutzers öffnen*.
  - Klicken Sie auf die Schaltfläche *Name* ❷, um die Globale Adressliste anzuzeigen und den Kollegen auswählen zu können. Markieren Sie die Person, deren Stellvertretung Sie sind und klicken Sie auf *OK*.
  - Wählen Sie nun noch den *Ordnertyp* ❸ (z. B. *Posteingang*) aus und klicken auf *OK*.

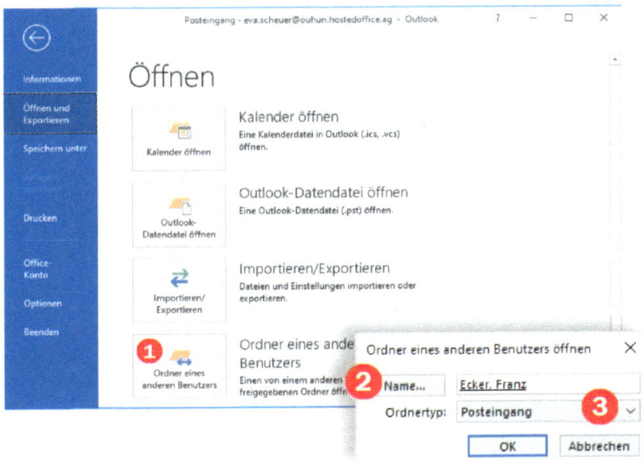

Der gewählte Ordner öffnet sich in Ihrer Outlook Standard-Ansicht.

Im diesem Beispiel hat Franz Ecker seine Kollegin Eva Scheuer zur Stellvertreterin gemacht und ihr weitreichende Rechte eingeräumt. Die Abbildung auf der nächsten Seite zeigt das Outlook-Postfach von Eva Scheuer. Momentan wird der Posteingang von Franz Ecker in der Nachrichtenliste angezeigt. Das ist nur in der Titelleiste von Outlook zu erkennen, die mit *Ecker, Franz - Posteingang* ❹ bezeichnet ist. Es handelt sich aber um das Outlook-Postfach von Eva Scheuer ❺.

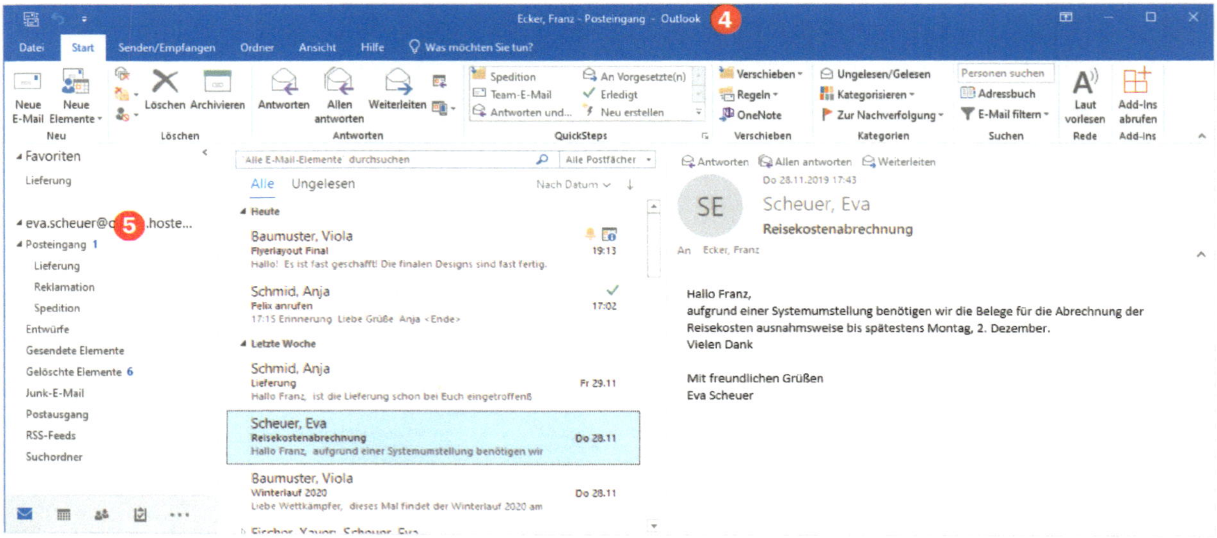

Sobald Eva Scheuer einen eigenen Outlook-Ordner anklickt, wird der Posteingang von Franz Ecker nicht mehr angezeigt und muss erneut über die oben beschriebene Prozedur eingeblendet werden.

Dagegen muss der Kalender nur einmal über *Datei ▸ Öffnen und Exportieren ▸ Ordner eines anderen Benutzers* angezeigt werden. Dieser wird dann den *Freigegebenen Kalendern* hinzugefügt; die Anzeige kann hier beliebig aktiviert ❻ und deaktiviert werden.

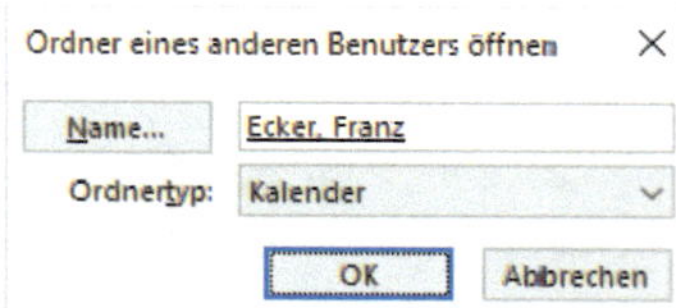

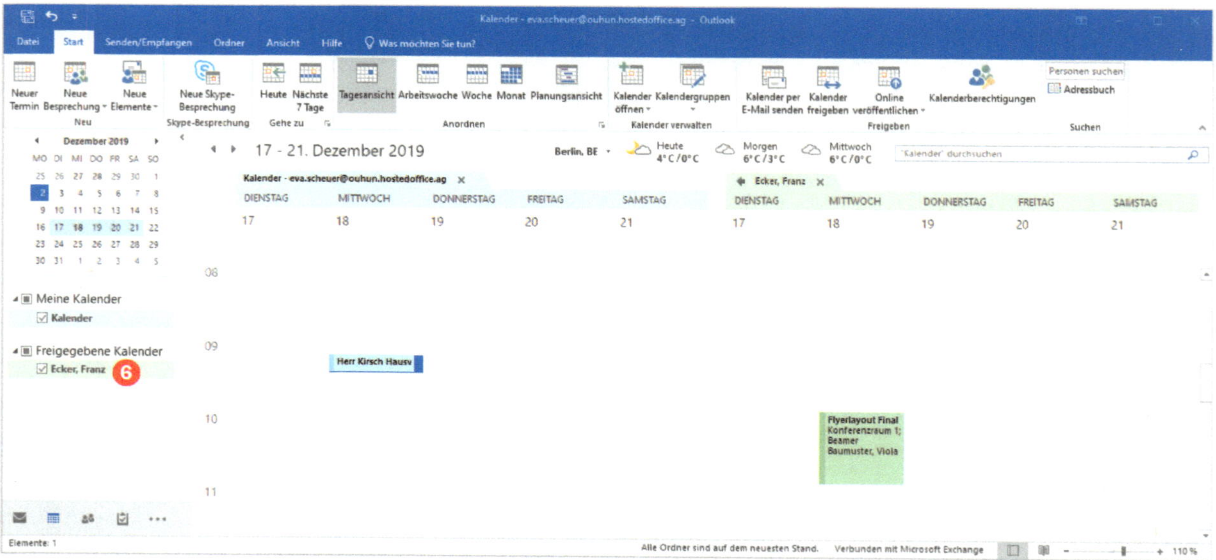

E-Mail im Namen der vertretenen Person verschicken

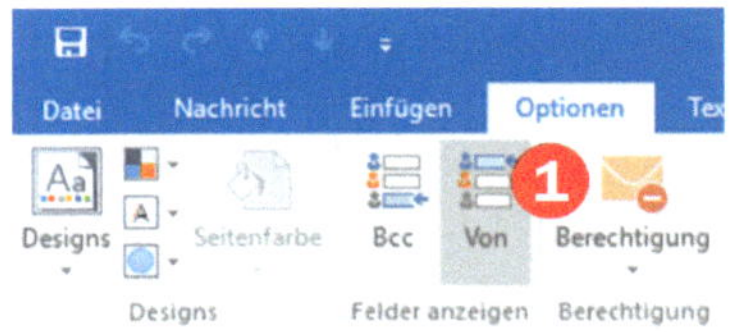

Um eine Nachricht als Stellvertreter für eine andere Person zu schreiben, öffnen Sie ein neues Nachrichtenformular. Aktivieren Sie ggf. im Register *Optionen* die Schaltfläche *Von* ❶.

Nun klicken Sie in der E-Mail auf die Schaltfläche *Von* und wählen *Weitere E-Mail-Adresse* ❷. Im nächsten Fenster wählen Sie wiederum mit *Von...* ❸ den Benutzer, in dessen Namen Sie senden möchten, aus.

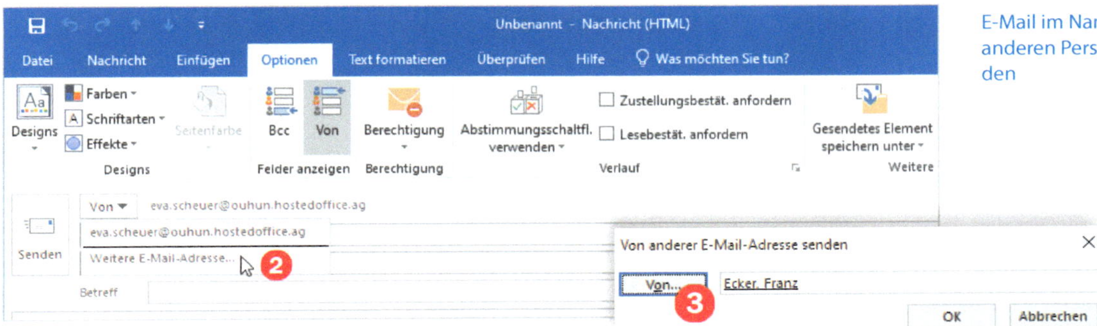

E-Mail im Namen einer anderen Person versenden

Versendung von E-Mails durch den Stellvertreter

Problemstellung: Franz Ecker hat Eva Scheuer als seine Stellvertreterin eingesetzt. Sie soll E-Mails beantworten, erstellen und löschen können und auch Aufgaben eintragen und Besprechungen für ihn organisieren können. Die Stellvertreterin zeigt nun den Posteingang von Franz Ecker an und versendet und löscht E-Mails. Dabei wird die Kopie der gesendeten Nachricht und die gelöschte Nachricht in den entsprechenden Ordnern der Stellvertreterin! verschoben. Franz Ecker sieht also nicht, welche Nachrichten gelöscht bzw. welche E-Mails in seinem Namen versendet wurden.

Grund hierfür ist, dass der Stellvertreter keine Berechtigung zum Ändern des Inhalts der entsprechenden Ordner erhalten hat. Wenn Sie erfahren möchten, was Ihr Stellvertreter geschrieben bzw. gelöscht hat, dann müssen Sie für diese Ordner eine Berechtigung erteilen.

Berechtigung erteilen für Änderung von Ordnerinhalten durch den Stellvertreter

Franz Ecker muss dazu in seinem Outlook die entsprechenden Ordner freigeben:

- Markieren Sie den Ordner Gelöschte Elemente bzw. Gesendete Elemente und klicken Sie im Register *Ordner* auf *Ordnerberechtigungen*.
- Klicken Sie im nächsten Fenster auf die Schaltfläche *Hinzufügen...* ❶ und wählen Sie mit einem Doppelklick den Benutzer aus, dem Sie als Ihrem Stellvertreter die Berechtigung für den Ordner Gelöschte Elemente bzw. Gesendete Elemente erteilen möchten.

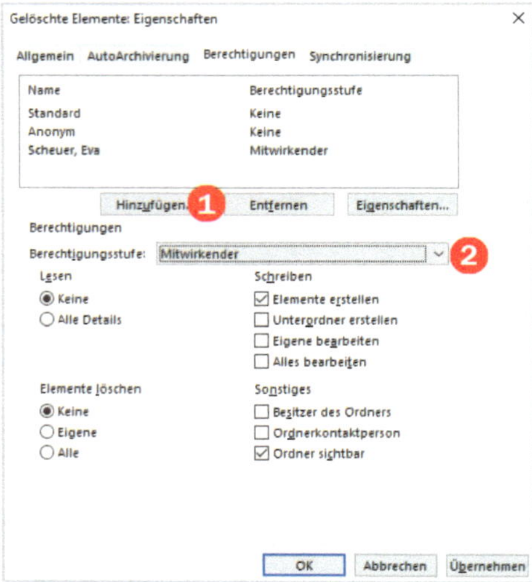

- Wählen Sie bei *Berechtigungsstufe: Mitwirkender* ❷ und bestätigen Sie Ihre Änderungen mit *OK*.

> Das allein ist allerdings noch nicht ausreichend. Gleichzeitig muss eine Änderung der Registry (Datenbank, die Einstellungen des Windows-Betriebssystems und der installierten Programme enthält) vorgenommen werden. Dies geschieht in einem Unternehmen, meist vom Mitarbeiter unbemerkt, durch den Administrator.

Postfach einer anderen Person dauerhaft anzeigen

Um das Postfach eines Kollegen, für den Sie die Stellvertretung übernommen haben, permanent in Ihrem Ordnerbereich anzuzeigen, gehen Sie wie folgt vor.

1. Klicken Sie auf *Datei* ▸ *Informationen* ▸ *Kontoeinstellungen* ▸ *Kontoeinstellungen*. Markieren Sie Ihr E-Mail-Konto und klicken auf *Ändern*.
2. Im folgenden Fenster klicken Sie auf die Schaltfläche *Weitere Einstellungen* und wählen das Register *Erweitert* aus.
3. Über die Schaltfläche *Hinzufügen* können Sie nun den Namen der Person eingeben, deren Postfach Sie öffnen möchten. Bestätigen Sie durch klicken auf *OK* und schließen Sie das Dialogfenster *Konto ändern* mit *Weiter* ▸ *Fertigstellen*.

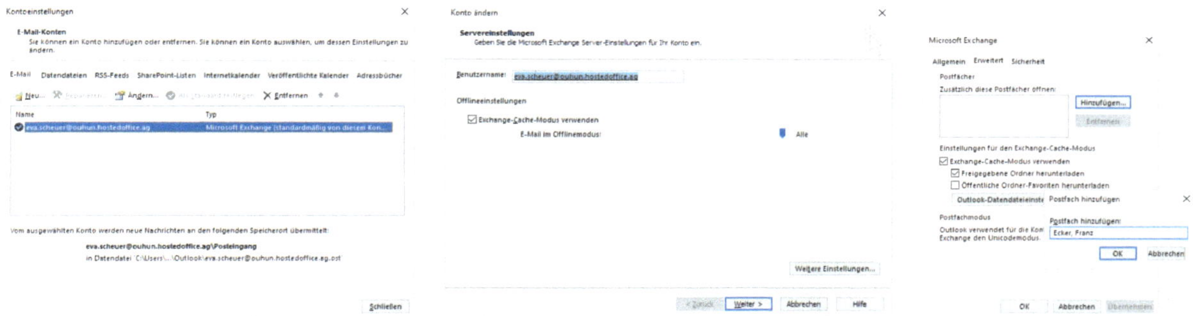

Nun wird im Ordnerbereich unter Ihrem Postfach auch das Konto Ihres Kollegen, für den Sie die Stellvertretung übernommen haben, angezeigt. Zunächst ist nur der Name sichtbar. Klicken Sie auf das Dreieck, um den Posteingang des fremden Postfachs anzuzeigen.

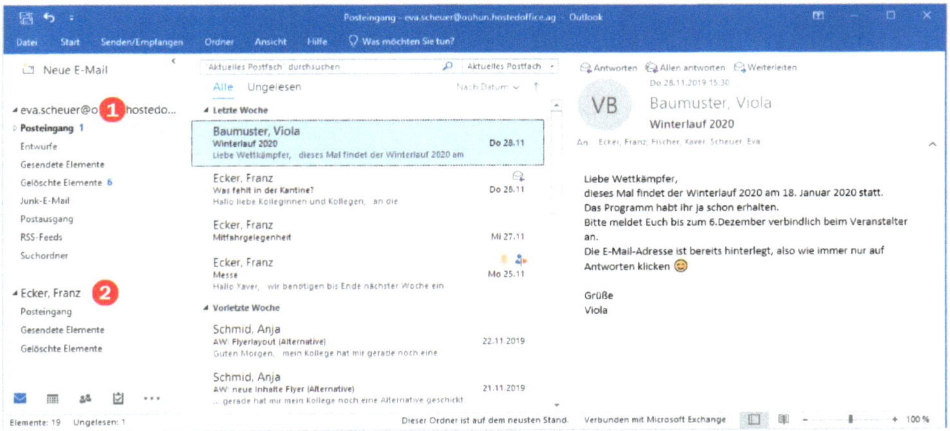

1 Persönlicher Posteingang

2 Posteingang der Person für die Sie die Stellvertretung übernommen haben

> Unter Umständen erhalten Sie eine Fehlermeldung: *Der Ordner kann nicht erweitert werden, ein Clientvorgang ist fehlgeschlagen*. Dann muss der Kollege, für den Sie die Stellvertretung übernommen haben, sein Postfach in den Ordnerberechtigungen auf *sichtbar* stellen.

Berechtigung vergeben zur dauerhaften Anzeige des Posteingangs im Ordnerbereich des Stellvertreters

Falls die Stellvertretung nicht nur für die Dauer des Urlaubs besteht, ist es sinnvoll, dass der Stellvertreter Ihr Postfach permanent in seinem Ordnerbereich anzeigen kann. Dazu müssen Sie folgende Einstellungen vornehmen:

1 Klicken Sie mit der rechten Maustaste im Funktionsbereich *E-Mail* auf Ihr Postfach und wählen Sie im Kontextmenü *Ordnerberechtigungen* aus.

2 Im Dialogfenster wird das Register *Berechtigungen* angezeigt. Klicken Sie auf die Schaltfläche *Hinzufügen* und wählen Sie Ihren Stellvertreter aus.

Stellvertreter das Recht einräumen den Posteingang permanent anzuzeigen

3 Der Name des Stellvertreters wird angezeigt und ist markiert. Aktivieren Sie unter *Sonstiges* das Kontrollkästchen *Ordner sichtbar* und bestätigen Sie mit *OK*.

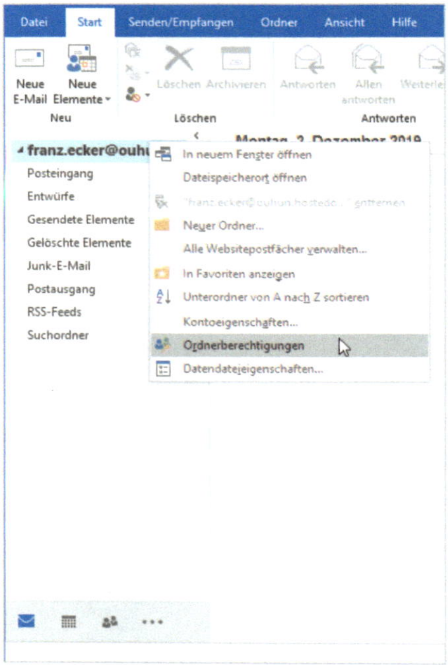

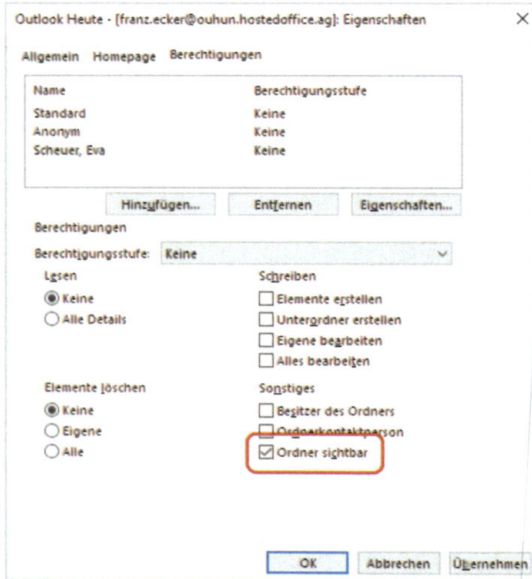

4 Kontakte verwalten

Das lernen Sie in diesem Kapitel:

- Speichern aller Informationen zu einer Person im Kontaktformular
- Erstellen mehrere Ordner zum Speichern von Adressen
- Sortierreihenfolge und eine Namensreihenfolge für die Anzeige Ihrer Kontakte festlegen
- Visitenkarten gestalten und nutzen
- Eigene Kontaktgruppen erstellen
- Kontaktdaten ausdrucken

Das sollten Sie bereits wissen:

- E-Mail-Grundlagen

4.1 Adressen verwalten

Der Funktionsbereich *Personen* bietet Ihnen eine komfortable Möglichkeit der Adressverwaltung. Die Features gehen weit über die bloße Speicherung der E-Mail-Adresse und der postalischen Informationen hinaus. Sie können beispielsweise den Geburtstag, den Vorgesetzten oder die Position der einzelnen Person eintragen oder Notizen hinzufügen, z. B. „Dienstag immer außer Haus". Kontakte können für die Erstellung von Serienbriefen in Microsoft Word verwendet oder mit dem Mobiltelefon synchronisiert werden.

Übersicht

Um den Funktionsbereich *Personen* anzuzeigen, wählen Sie in der Navigationsleiste *Personen* ❶ aus. In der Regel ist im Ordnerbereich nur ein Ordner, nämlich *Kontakte* ❷, zu sehen. Sofern Sie von einer älteren Version auf Outlook 2019 umgestiegen sind, wird unter Umständen der Ordner *Vorgeschlagene Kontakte* angezeigt. Der Ordner *Kontakte* ist der Standardspeicherort zur Ablage von Kontaktinformationen, hier finden Sie alle von Ihnen gespeicherte Personendaten. Wenn mehrere Konten verbunden sind, werden hier auch mehrere Kontaktordner angezeigt. Sie arbeiten immer in dem Ordner ❸, den Sie durch Anklicken ausgewählt haben. Allerdings werden hier nicht Ordner aller E-Mail-Konten synchronisiert, z. B. ist das für ein Gmail-Konto nicht möglich.

Die gespeicherten Daten zu einer Person werden in der Kontaktliste ❹ (Anzeigebereich) angezeigt. Für den markierten Kontakt sehen Sie die hinterlegten Informationen rechts auf der Kontaktkarte ❺ (Lesebereich). Für die untere Darstellung wurde die Ansicht *Personen* ❻ vereinbart.

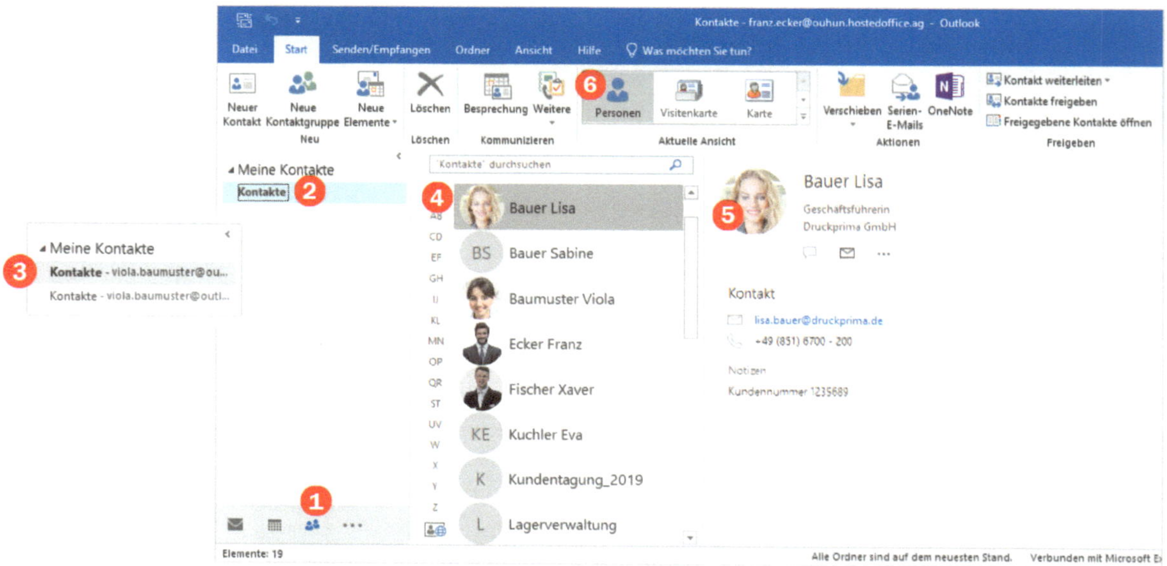

Ordnerbereich

Anzeigebereich oder Kontaktliste

Lesebereich oder Kontaktkarte

Adressbücher und Kontakte

Als **Kontakte** werden die Daten zu einer Person im Funktionsbereich Personen bezeichnet. Sie enthalten Informationen wie z. B. E-Mail-Adresse, postalische Adresse, Telefonnummern, Geburtstag etc., also alle Details, die Sie zu einem Geschäftspartner abspeichern möchten.

Das **Adressbuch** haben Sie bereits im Kapitel 2 zum schnellen Einfügen von E-Mail-Adressen in Nachrichten kennengelernt. Dieses steht auch in den anderen Funktionsbereichen zur Verfügung. Sofern Sie zu einem Kontakt eine E-Mail-Adresse gespeichert haben, wird diese im Adressbuch angezeigt. Enthält ein Kontakt keine E-Mail-Adresse, wird der Name der Person nicht ins Adressbuch aufgenommen.

- **Globale Adressliste:** Eine Globale Adressliste steht nur in einer Microsoft Exchange Server-Umgebung zur Verfügung. Sie enthält beispielsweise alle E-Mail-Adressen der Mitarbeiter eines Unternehmens. Darüber hinaus kann die Globale Adressliste auch Ressourcen bereitstellen. Typische Ressourcen in Outlook sind Fahrzeuge des Fuhrparks, Besprechungsräume oder technische Geräte, wie Beamer, Kamera etc. Im Beispiel unten sind Beamer, Firmenfahrzeug und Konferenzraum Ressourcen. Über Outlook können die einzelnen Ressourcen für bestimmte Termine gebucht werden. Dazu mehr im nächsten Kapitel.

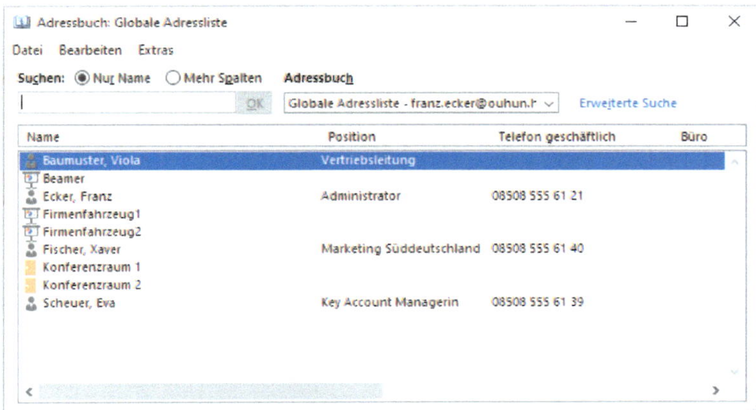

Adressbuch Globale Adressliste; steht nur mit Exchange zur Verfügung

Die Globale Adressliste ist auf dem Server gespeichert und wird vom Administrator verwaltet. Die einzelnen Benutzer können keine Daten in die Adressliste eingeben, Änderungen vornehmen oder Datensätze löschen. Jeder Benutzer kann allerdings Kontaktinformationen aus der Globalen Adressliste in die persönlichen Kontakte kopieren.

- **Adressbuch Kontakte:** Dieses Adressbuch enthält alle E-Mail-Adressen, die Sie im Ordner *Kontakte* speichern. Sie wechseln zwischen Globaler Adressliste und Kontakte über das Dropdown-Menü. Dem Funktionsbereich *Personen* können weitere Ordner zur Speicherung von Kontaktdaten hinzugefügt werden. Für diese steht dann ebenfalls ein Adressbuch gleichen Namens zur Verfügung.

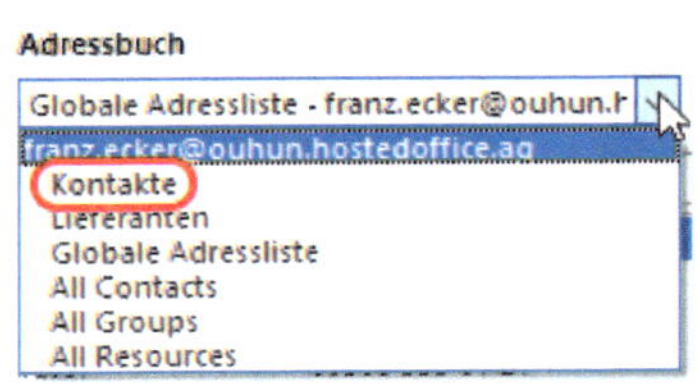

Adressbuch Kontakte

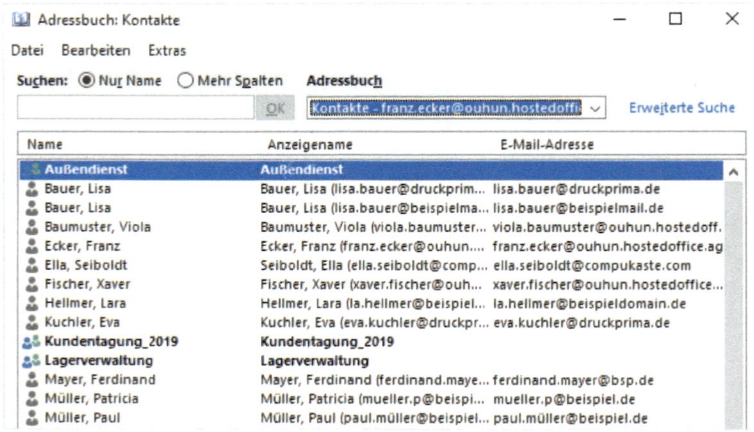

4.2 Informationen zu einer Person speichern

Kontaktformular anzeigen

Das Kontaktformular dient der Speicherung aller Informationen, die Sie zu einer Person gerne hinterlegen möchten.

- Um einen neuen Kontakt anzulegen, klicken Sie im Funktionsbereich Personen auf *Start* ▸ Gruppe *Neu* ▸ *Neuer Kontakt*.
- Alternativ kann in jedem anderen Funktionsbereich ein neuer Kontakt erstellt werden. Klicken Sie auf *Start* ▸ Gruppe *Neu* ▸ *Neue Elemente* ▸ *Kontakt*.

Kontaktformular

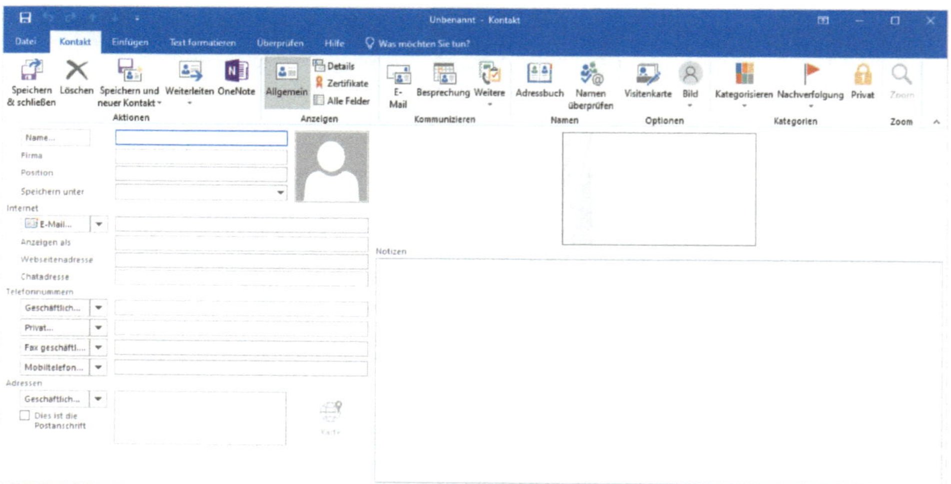

Anzeigen

Die Gruppe *Anzeigen* ❶ enthält unter anderem die Schaltflächen *Allgemein* und *Details*. Mit Ihnen können Sie zwischen verschiedene Seiten des Kontaktformulars wechseln. Standardmäßig ist die Seite *Allgemein* ausgewählt. Hier tragen Sie alle Informationen zu Ihrem Kontakt ein. Über die Schaltfläche *Details* stehen Ihnen weitere Felder für das Geburtsdatum, den Namen des Vorgesetzten, etc. zur Verfügung.

Überprüfen

Eingegebenen Inhalte werden zum Teil auf Schlüssigkeit überprüft. Ist die Eingabe unvollständig oder nicht korrekt, erscheint ein Dialogfenster. Dies gilt für die Felder *Name*, *E-Mail* und *Adressen*. Ein fehlender Vorname, die Eingabe der E-Mail-Adresse ohne @-Zeichen oder eine postalische Adresse ohne Postleitzahl löst die Aktion aus. Im Dialogfenster können die Änderungen vorgenommen oder Informationen ergänzt werden. Natürlich werden Rechtschreibfehler oder Fehler, wie z. B. *Frau Martin Muster* von der Überprüfung nicht gefunden. Möchten Sie einzelne Felder von der Überprüfung ausnehmen, entfernen Sie im Dialogfenster das Häkchen vor *Diesen Dialog einblenden, wenn Name unvollständig oder unklar* ❷. Dann werden Sie bei Erstellung des nächsten Kontakts nicht mehr auf Fehler in diesem Feld aufmerksam gemacht.

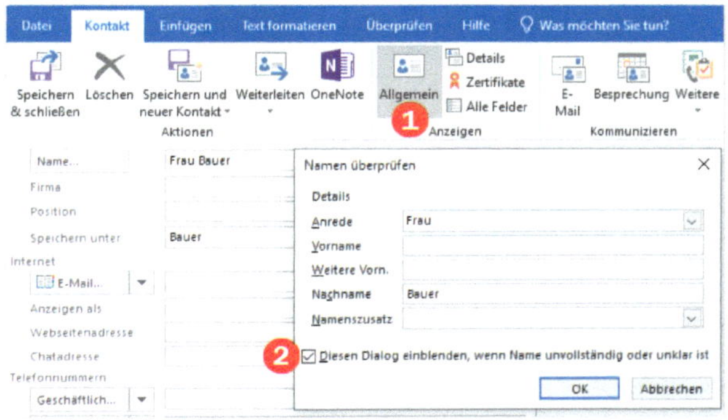

Unvollständige Eingabe in das Feld Name, deswegen wird das Dialogfenster angezeigt: Tragen Sie den Vornamen ein oder entfernen Sie das Häkchen.

Eingabehilfe

Durch Anklicken der Schaltflächen (*Name*, *Geschäftlich*, etc.) erhalten Sie eine Hilfe zur richtigen Eingabe. Die Eingabehilfen sorgen für eine richtige, vollständige und einheitliche Eingabe der Daten und sichern damit die effiziente Nutzung der Informationen.

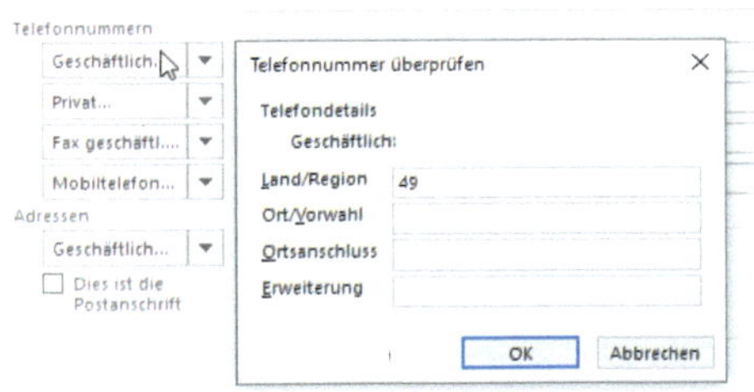

Dropdown-Listen

Über Dropdown-Listen erhalten Sie die Möglichkeit zu E-Mails, Telefonnummern oder postalischen Adressen mehrere Alternativen zu hinterlegen.

Tragen Sie die erste Adresse ein, wechseln Sie dann über die Dropdown-Liste zu E-Mail 2 und tragen Sie die nächste Adresse ein. Zur Anzeige der Adressen wechseln Sie auch über die Dropdown-Liste.

Kontaktformular ausfüllen - Seite Allgemein

Klicken Sie in ein Feld und tippen Sie die gewünschten Informationen ein. Mit der Tab-Taste springen Sie schnell von Feld zu Feld.

Überlegen Sie bei der Erstellung von Kontakten genau, für welche Zwecke die Daten verwendet werden. Sollen die Informationen z. B. auch für die Erstellung von Serienbriefen in Word benutzt werden, dann benötigen Sie vollständige Adressinformationen, beispielsweise auch die korrekte Anrede bei Name mit Frau bzw. Herr. Allerdings sorgt die Anzeige von Herr/Frau in der Kontaktliste (Ansicht *Personen*) für Unübersichtlichkeit. Hier müssen Sie sich entscheiden oder etwas umständlich das Geschlecht für jeden Kontakt hinterlegen. Wie das geht, erfahren Sie auf Seite 144.

Name

Sie können den Namen der Person direkt in das Feld *Name* eintragen, z. B. Frau Lisa Bauer. Durch Anklicken der Schaltfläche *Namen...* erhalten Sie in einem Dialogfenster detaillierte Felder für die Eingabe und stellen so sicher, dass die Namensbestandteile richtig zugeordnet werden. Tragen Sie die einzelnen Informationen in die Felder ein und bestätigen Sie Ihre Eingabe über die Schaltfläche *OK*. Beachten Sie die einzelnen Dropdown-Pfeile, die Ihnen eine Auswahl der zur Verfügung stehenden Merkmale auflisten.

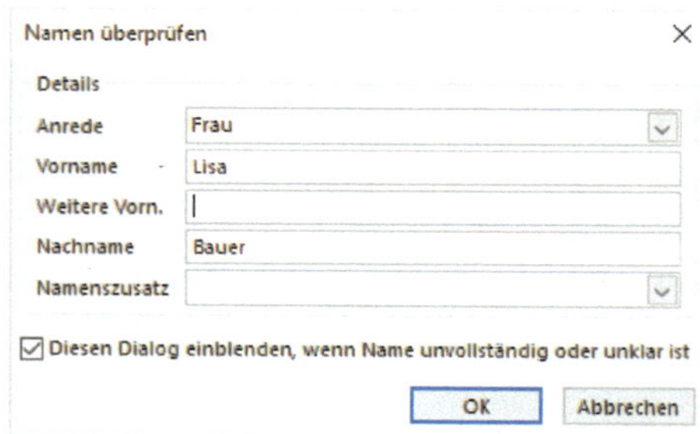

Speichern unter

Nachdem Sie den Namen Ihres Kontakts eingetragen haben, wird das Feld *Speichern unter* automatisch ausgefüllt. Die gewählte Anordnung legt fest, wo dieser Kontakt innerhalb der alphabetischen Übersicht im Ordner *Kontakte* erscheint. Standardmäßig wird der Kontakt unter dem Nachnamen gespeichert. Über das Dropdown-Feld können Sie eine andere Speichersortierung auswählen. Sofern der Kontakt die Angabe der Firma enthält, kann er auch unter diesem Namen abgespeichert werden.

Einheitlichkeit ist oberstes Gebot

Unabhängig für welche Darstellung Sie sich entscheiden, achten Sie darauf, dass die Einträge auf dieselbe Weise hinterlegt werden.

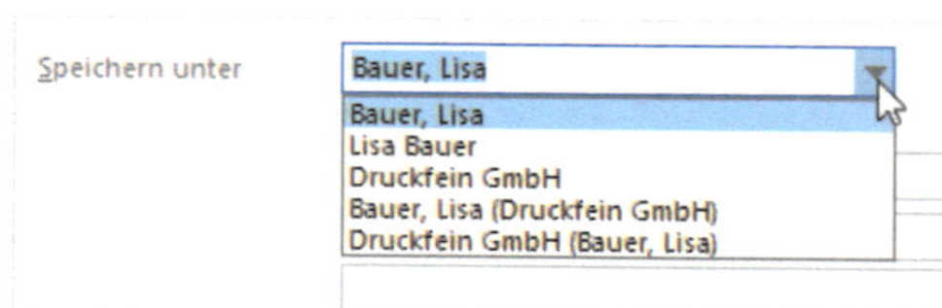

Bild

Sie können jedem Kontakt ein Bild (Passbild oder Firmenlogo) hinzufügen. Dazu klicken Sie auf die Fläche und suchen dann die gewünschte Bilddatei. Alternativ können Sie auch den Befehl *Kontakt* ▸ Gruppe *Optionen* ▸ *Bild* ▸ *Bild hinzufügen* verwenden. Zum Austausch oder zum Entfernen des Bildes klicken Sie mit der rechten Maustaste auf das Bild oder verwenden *Kontakt* ▸ Gruppe *Optionen* ▸ *Bild*.

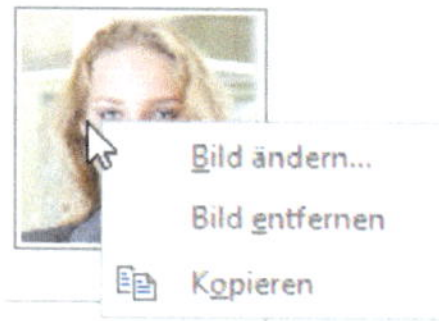

Das Bild eines Kontakts wird nicht nur hier im Kontaktformular angezeigt, sondern ebenfalls an vielen anderen Stellen in Outlook, z. B. im Lesebereich einer E-Mail.

E-Mail

In das Feld *E-Mail* tragen Sie die E-Mail-Adresse des Kontakts ein. Diese wird unter *E-Mail* abgespeichert. Eine weitere Adresse kann über das Dropdown-Feld als *E-Mail 2* hinzugefügt werden. Beide Adressen werden auf der Visitenkarte und im Adressbuch Kontakte angezeigt. Insgesamt können bis zu drei verschiedene E-Mail-Adressen für einen Kontakt erfasst werden. Die zuletzt eingegebene E-Mail-Adresse wird im Kontaktformular angezeigt. Um zur anderen E-Mail-Adresse zu wechseln, wählen Sie diese über das Dropdown-Feld aus.

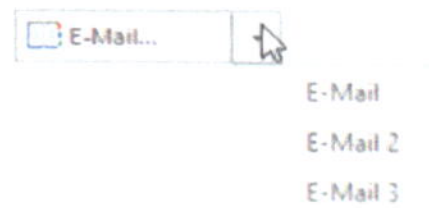

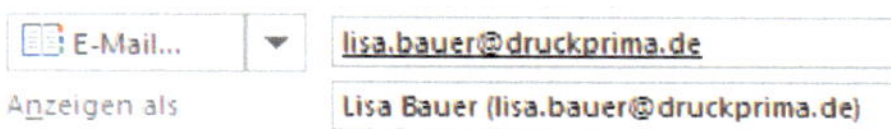

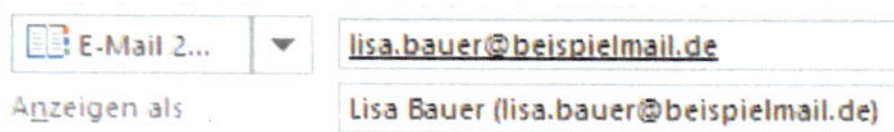

Anzeigen als

Im Feld *Anzeigen als* steht die gewählte E-Mail-Adresse in Kombination mit dem Namen, wie diese später beim Verfassen einer E-Mail im Adressfeld angezeigt wird. Standardmäßig wird der Vorname hier vorangestellt. Das können Sie ändern, müssen Sie aber nicht, da es keinen Einfluss auf die alphabetische Einordnung im Ordner Kontakte bzw. im Adressbuch hat. Sie können auch Ergänzungen vornehmen, um so die verschiedenen Adressen einer Person besser auseinander zu halten, beispielsweise mit dem Zusatz *PRIVAT*. Diese Zusätze werden beim Empfänger der Nachricht nicht angezeigt.

Links im Bild sehen Sie das Feld Anzeigen als im Kontaktformular. Je nach Eingabe hier, wird es im Adressfeld der E-Mail für Sie angezeigt.

Rechts das Adressfeld einer E-Mail mit zwei unterschiedlichen Versionen.

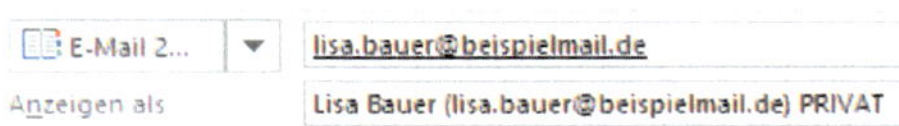

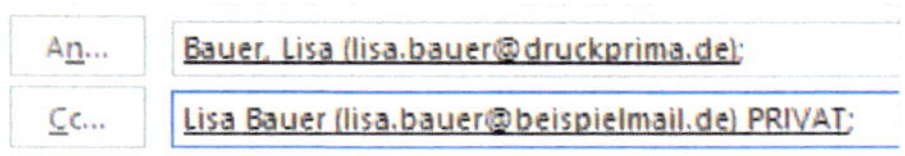

Durch Anklicken von *E-Mail* erhalten Sie Zugriff auf die Globale Adressliste. Hier können Sie eine E-Mail-Adresse auswählen, um Sie in den Kontakteintrag zu übernehmen.

Telefonnummern

Es ist möglich, über Outlook zu telefonieren, wenn Ihr Computer Teil eines Netzwerks ist, welches mit einer Telefonanlage verbunden wurde. Außerdem können Ihre Kontaktdaten auch auf ein Mobiltelefon übertragen und dort genutzt werden. Aus diesem Grund ist die richtige Eingabe der Telefonnummer unerlässlich. Outlook benutzt das sogenannte kanonische Telefonformat:

+49 (851) 6700 – 200

Ländervorwahl (Ortsvorwahl ohne Null) Ortsanschluss – Durchwahl

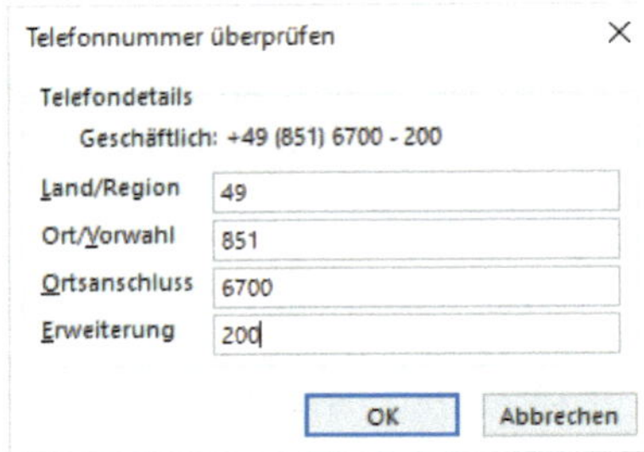

Die Nummer wird mit allen Zeichen ausgelesen. Es ist möglich, dass Ihr Mobiltelefon Klammern und Bindestriche nicht umsetzen kann. Unter diesen Umständen sollten Sie die Eingabehilfe nicht nutzen, sondern die Telefonnummer ohne Klammern etc. in das Feld eintragen.

Zur Eingabe einer Telefonnummer klicken Sie auf die Schaltfläche *Geschäftlich* und tragen die einzelnen Informationen ein. Im Feld *Land/Region* wird in der Regel die deutsche Ländervorwahl *49* angezeigt. Diese kann überschrieben werden. Bestätigen Sie Ihre Eingabe mit *OK*.

Die Schaltflächen im Abschnitt *Telefonnummer* lassen sich über die dazugehörigen Dropdown-Felder an Ihre Bedürfnisse anpassen: Standardmäßig finden Sie hier die Felder *Geschäftlich*, *Privat*, *Fax geschäftlich*, *Mobiltelefon*. Wenn Sie eine andere Reihenfolge bevorzugen oder andere Telefonnummern (z. B. die Nummer der Assistentin) eintragen möchten, zeigen Sie die Dropdown-Liste an und wählen eine andere Rubrik aus. Insgesamt können im Kontaktformular bis zu 19 verschiedene Telefon- bzw. Faxnummern gespeichert werden. Auf dem Kontaktformular werden davon jedoch nur vier angezeigt. Verfahren Sie wie unter E-Mail beschrieben.

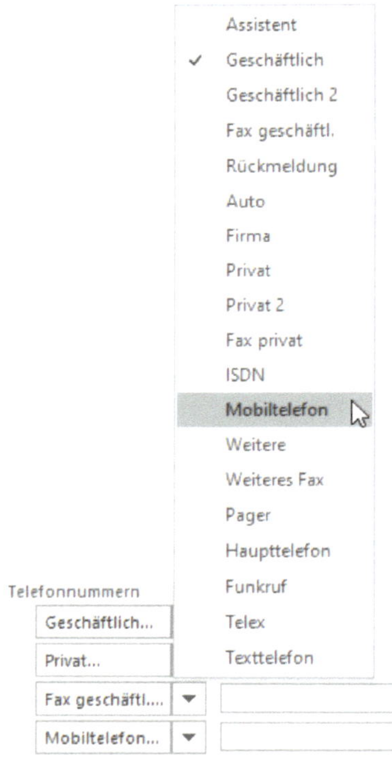

Adressen

Nutzen Sie auch bei der Adresseingabe die Eingabehilfe durch Anklicken der Schaltfläche *Geschäftlich*. Ein Eintrag bei *Bundesland/Kanton* wird für deutsche Adressen nicht benötigt. Die Zeile *Bundesland/Kanton* verwenden Sie z. B. für Anschriften in den USA, da dort der Bundesstaat Teil der Adresse ist.

Über das Dropdown-Feld der Schaltfläche *Geschäftlich* können weitere Adressen hinterlegt werden – bis zu drei. Sind mehrere Adressen vorhanden, sollten Sie durch Aktivierung von *Dies ist die Postanschrift* eine Adresse als Postanschrift kennzeichnen.

Schaltfläche Karte

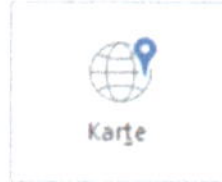

Über die Schaltfläche *Karte* wird die postalische Adresse auf einer Landkarte zur Routenplanung angezeigt. Ganz nebenbei überprüfen Sie so auch, ob die Adresse vorhanden ist, also richtig eingegeben wurde. Zur Anzeige wird *Bing Karten* verwendet, sie benötigen eine bestehende Internetverbindung.

Visitenkarte

Ein Teil der Informationen, die Sie zu einer Person eingegeben haben, werden auf der Visitenkarte zusammengefasst. Das Aussehen und die angezeigten Inhalte einer Visitenkarte lassen sich ändern (siehe Seite 153).

Notizen

Weitere Informationen tragen Sie in das Feld *Notizen* ein. Sie können hier auch größere Mengen an Text eingeben, die Darstellung des Texts über das Register Text formatieren ändern und über Registerkarte *Einfügen* ▶ *Datei anfügen* eine Excel-Tabelle, Word-Liste oder Grafik einbinden. Die eingefügte Datei öffnen Sie mit einem Doppelklick. Der Bereich *Notizen* ist für Öffnungszeiten, Kundennummern, weitere Fotos und alles, was Sie zu einer Firma oder Person abspeichern möchten, geeignet.

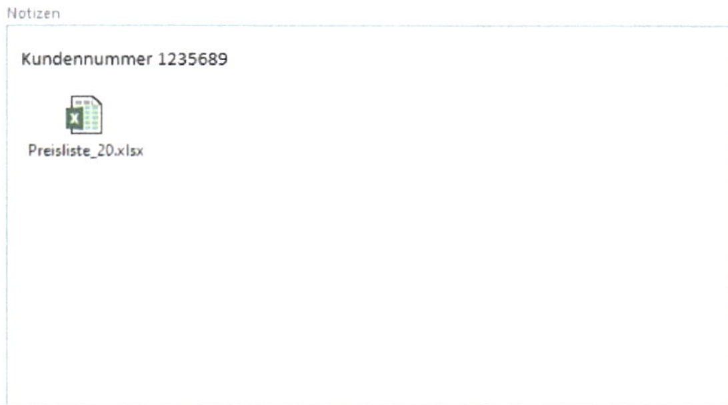

Kontaktformular ausfüllen - Seite Details

Weitere Informationen zu einem Kontakt werden über die Seite *Details* hinzugefügt. Dazu öffnen Sie entweder zunächst den bestehenden Kontakt oder wechseln gleich beim Anlegen des Kontakts über *Start* ▶ Gruppe *Anzeigen* ▶ *Details* zu dieser Seite.

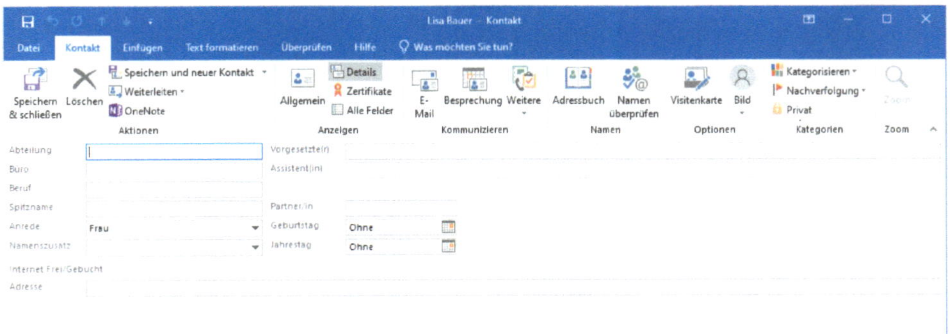

Kontaktformular - Seite Details

- **Geburtstag**
  Das Geburtsdatum der Person tragen Sie in das Feld *Geburtstag* ein. Der Geburtstag wird automatisch an den Kalender als jährlich wiederkehrendes Ereignis übergeben. Bevor Sie für einen Kontakt das Geburtsdatum hinterlegen können, muss der Kontakt erstmalig gespeichert werden (siehe nächster Abschnitt). Dies gilt nur für das Feld *Geburtstag*, alle anderen Felder können ohne vorherige Speicherung ausgefüllt werden.

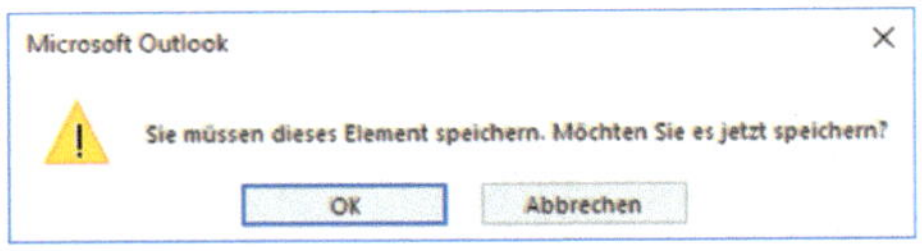

Meldung: Bevor ein Geburtstag eingetragen werden kann, muss das Kontaktformular gespeichert werden.

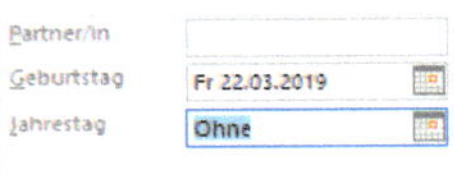

Wenn Sie nur Tag und Monat des Geburtstages kennen, ergänzt Outlook automatisch das Jahr – und zwar das aktuelle.

Kontaktformular speichern

Über die Schaltfläche *Speichern & schließen* speichern Sie die Informationen als Kontakt. Der neue Kontakt erscheint als Eintrag im Anzeigebereich. Die Darstellung des Kontakts im Funktionsbereich Personen ist abhängig von der gewählten Ansicht. Der neue Kontakt wird automatisch im Ordner *Kontakte* gespeichert. Weitere Kontaktordner können angelegt und Adressen dorthin verschoben bzw. gleich dort gespeichert werden.

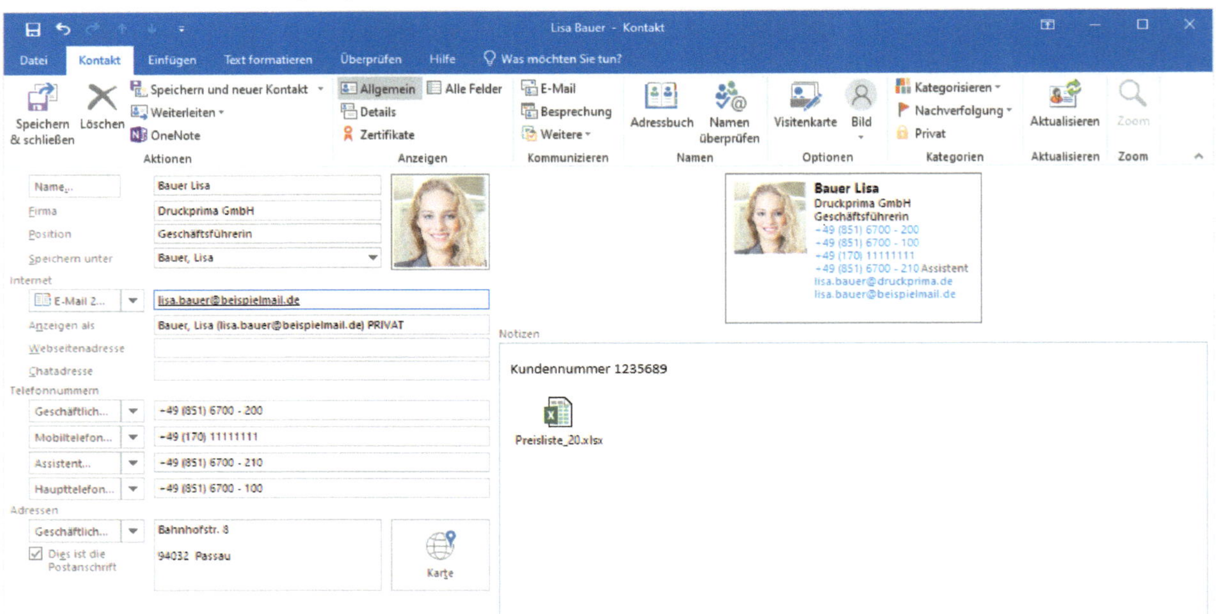

Beispiel für ein ausgefülltes Kontaktformular

4.3 Alternative Wege zum Hinzufügen von Kontakten

Absender einer E-Mail als neuen Kontakt anlegen

1 Klicken Sie im Lesebereich mit der rechten Maustaste auf die E-Mail-Adresse des Absenders und wählen Sie im Kontextmenü *Zu Outlook-Kontakten hinzufügen* aus. Wenn Sie den Lesebereich nicht verwenden, öffnen Sie die E-Mail mit einem Doppelklick. Im oberen Bereich finden Sie ebenfalls die Absenderadresse.

2 Das Kontaktformular wird angezeigt. Es enthält den Namen des Absenders und seine E-Mail-Adresse. Weitere wichtige Informationen können nun ergänzt werden.

3 Beenden Sie die Eingabe über die Schaltfläche *Speichern & schließen*.

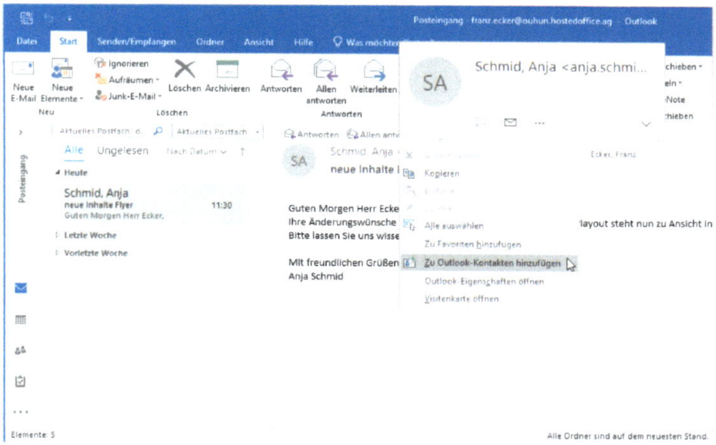

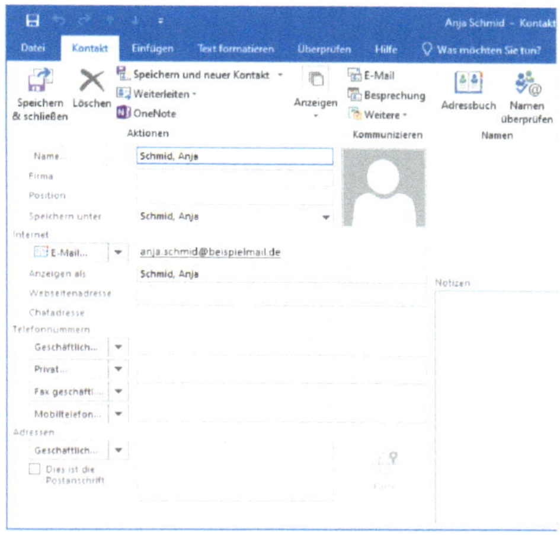

Kontakt aus der Globalen Adressliste übernehmen

Sofern Ihnen eine Globale Adressliste zur Verfügung steht (nur mit Microsoft Exchange), können Sie Kontaktdaten dieser Liste in den Ordner *Kontakte* übernehmen. Das macht durchaus für die Kollegen Sinn, mit denen Sie intensiver zusammenarbeiten. Sie können dann weitere Informationen (Notizen) hinterlegen und erhalten auf der Kontaktkarte zusätzlich Informationen.

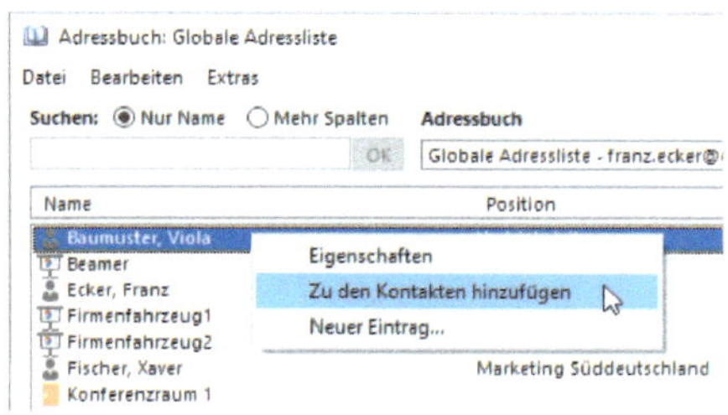

1 Rufen Sie das Adressbuch über *Start* ▸ Gruppe *Suchen* ▸ *Adressbuch* auf.

2 Wählen Sie gegebenenfalls über das Dropdown-Feld *Adressbuch* die Globale Adressliste aus.

3 Klicken Sie mit der rechten Maustaste auf den Kontakt, welchen Sie zu Ihren Kontakten hinzufügen möchten und wählen Sie *Zu den Kontakten hinzufügen* aus.

4 Das Kontaktformular öffnet sich. Weitere Informationen können ergänzt werden. Beenden Sie die Eingabe über die Schaltfläche *Speichern & schließen.*

Neuer Kontakt in dieser Firma

Sofern Sie innerhalb einer Firma mehrere Ansprechpartner haben, können Sie einen bestehenden Kontakt zu dieser Firma nutzen, um allgemeine Informationen, z. B. die Adresse für einen neuen Kontakt, zu übernehmen. Sie tragen dann nur noch die personenspezifischen Details ein.

1 Markieren Sie einen bereits gespeicherten Kontakt, der die Firmeninformationen enthält und klicken Sie dann auf *Start* ▶ Gruppe *Neu* ▶ *Neue Elemente* ▶ *Kontakt in dieser Firma*.

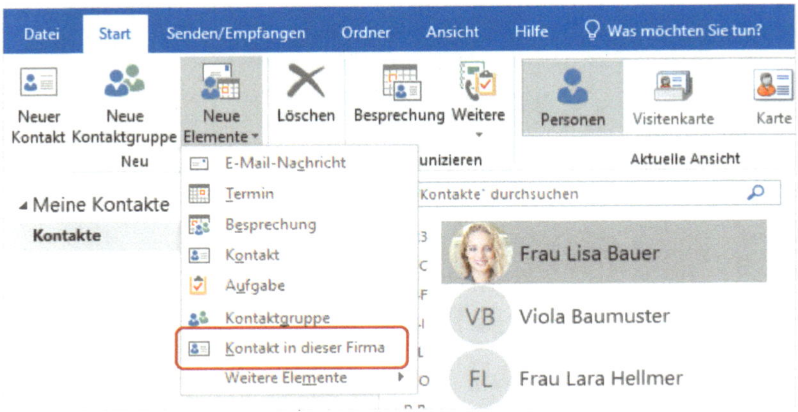

2 Es öffnet sich ein neues Kontaktformular, welches bereits die Anschrift und die Telefonnummern *Geschäftlich...* und *Fax geschäftlich...* der Firma enthält. Sie müssen nur noch die fehlenden Angaben ergänzen.

> Enthält der erste Kontakt zu dieser Firma eine geschäftliche Telefonnummer mit Durchwahl, so wird diese ebenfalls übernommen. Auch eine vereinbarte Bilddatei wird dem neuen Kontakt hinzugefügt. Diese Elemente müssen dann ersetzt bzw. gelöscht werden.

Kontakt aus Visitenkarte erstellen

Mehr zu Visitenkarten erfahren Sie gleich im nächsten Kapitel.

Via E-Mail können Ihnen Kontaktinformationen in Form einer Visitenkarte zur Verfügung gestellt werden. Die Visitenkarte kann einfach in den Ordner Kontakte übernommen werden.

Um eine Visitenkarte zu speichern, klicken Sie mit der rechten Maustaste auf diese im Nachrichtentext der E-Mail und wählen *Zu Outlook-Kontakten hinzufügen* aus. Das Kontaktformular öffnet sich. Speichern Sie den Kontakt über die Schaltfläche *Speichern & schließen*.

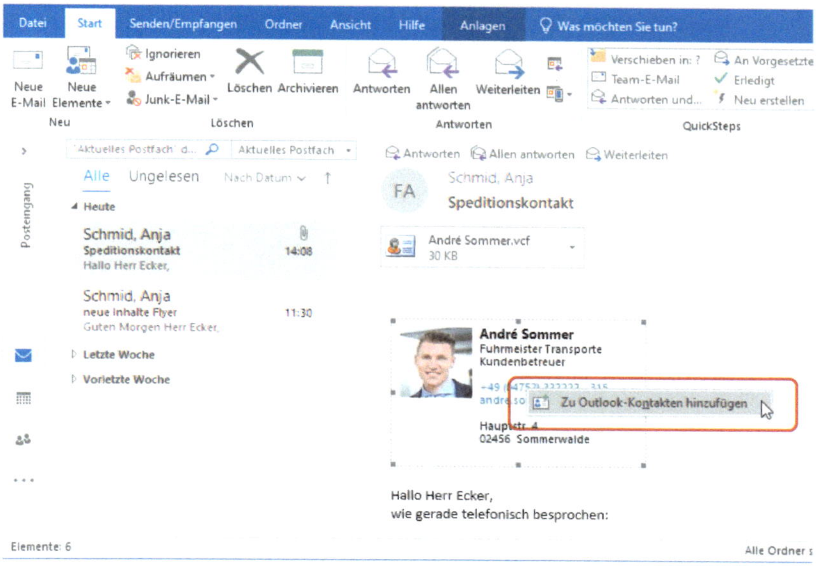

Visitenkarte zum Ordner Kontakte hinzufügen

Warnung vor mehrfach vorhandenem Kontakt

Beim Abspeichern eines neuen Kontakts erhalten Sie bei Namensgleichheit mit einem bestehenden Kontakt unten abgebildete Meldung. Dabei ist es unerheblich, wie der Kontakt erstellt wurde. Sie müssen nun entscheiden, ob Sie beide Kontakte behalten oder den bereits vorhanden aktualisieren möchten.

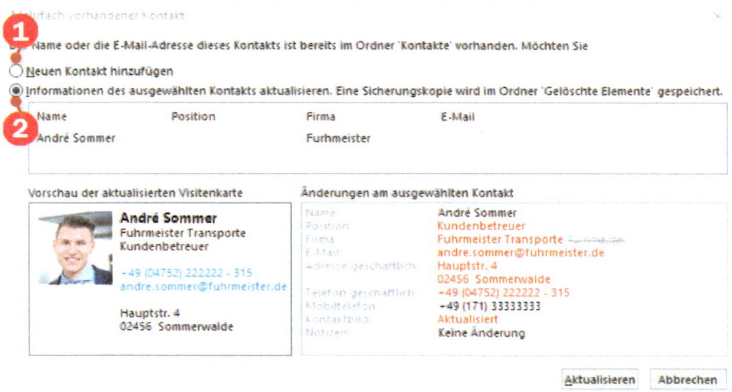

Der Abgleich zeigt an, dass der importierte Kontakt bereits vorhanden sein könnte.

Der rote Text würde dem aktuellen Kontakt hinzugefügt werden. Die Informationen in schwarzer Farbe sind bereits vorhanden.

- Wenn Sie der Ansicht sind, dass es sich hier um zwei verschieden Kontakte handelt, wählen Sie *Neuen Kontakt hinzufügen* ❶ aus und klicken dann unten rechts auf *Hinzufügen*.
- Gehören beide Informationen zur selben Person, wählen Sie ggf. *Informationen des ausgewählten Kontakts aktualisieren…* ❷ und klicken dann unten rechts auf *Aktualisieren*.

4.4 Mit Kontakten arbeiten

Ansicht ändern

Der Funktionsbereich *Personen* wird standardmäßig in der Ansicht *Personen* angezeigt. Weitere Ansichten stehen auf dem Register *Start*, Gruppe *Aktuelle Ansicht* zur Verfügung. Hier finden Sie auch die Ansicht *Visitenkarte*, durch die jeder Kontakt auf einer eigenen Karte angezeigt wird. Eine andere nützliche Ansicht ist *Liste*, die alle Kontakte nach Firmenzugehörigkeit gruppiert.

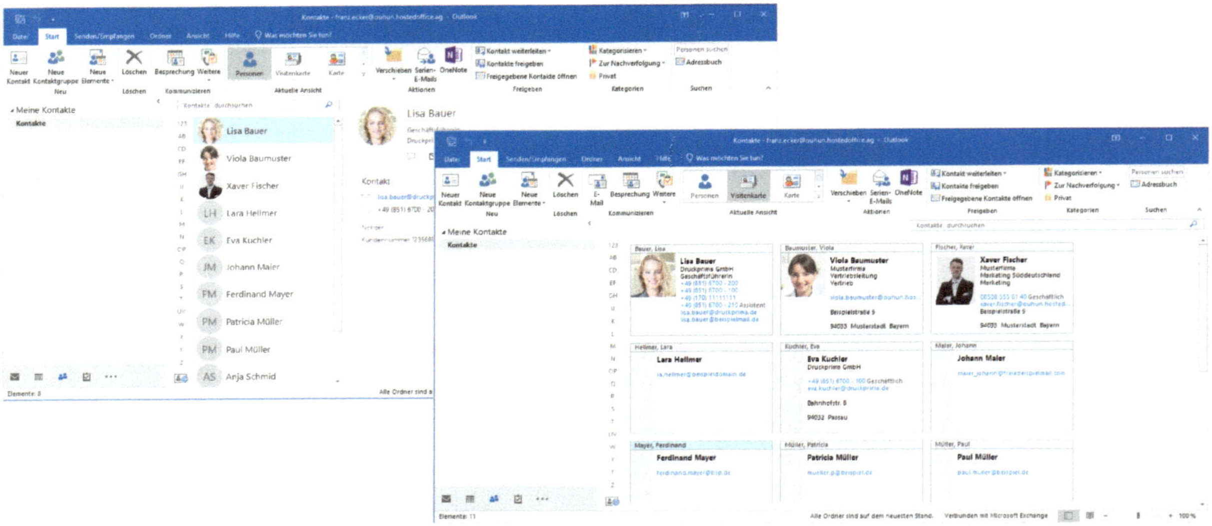

In der Ansicht Personen arbeiten

Die Ansicht *Personen* besteht aus dem Anzeigebereich, welcher die gespeicherten Kontakte als einfache Liste darstellt und dem Lesebereich, der eine Auswahl an Informationen zum markierten Kontakt bietet.

Inhalte anzeigen

Für den markierten Kontakt werden rechts Auszüge des Kontaktformulars angezeigt. Durch Anklicken von 〉 zeigen Sie weitere Informationen an. Mit ← kehren Sie wieder zur Übersicht zurück. Bei *Notizen* werden Dateien, die in das Kontaktformular eingefügt wurden, nicht angezeigt.

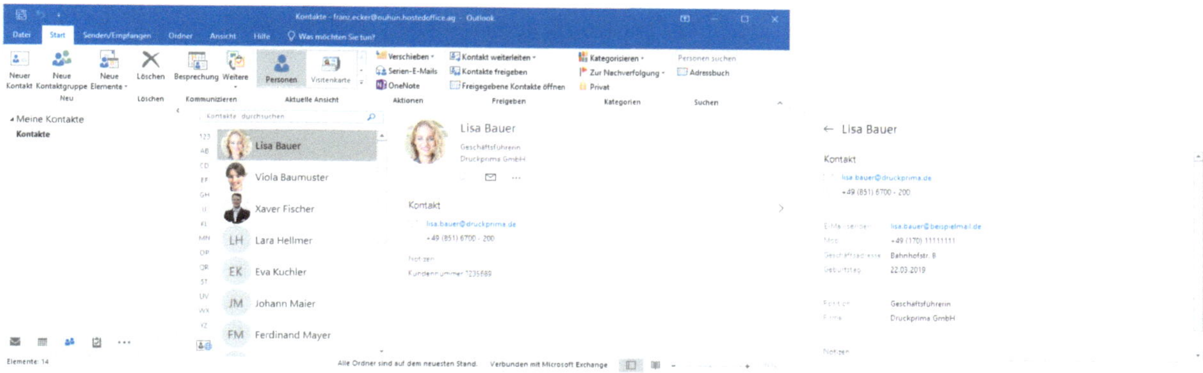

Sofern mit Microsoft Exchange Server gearbeitet wird, werden in den Kontaktkarten von Kolleginnen und Kollegen, also von Personen, die zum Unternehmen gehören, weitere wichtige Informationen angezeigt. Aus diesem Grund ist es nützlich, diese Kontaktdaten aus der Globalen Adressliste zu übernehmen. Sie erfahren beispielsweise, wann die Kollegin Ihren nächsten Termin hat ❶, sofern Sie über die Kalenderfreigabe verfügen. Welche Informationen angezeigt werden, hängt natürlich auch davon ab, was am Exchange Server hinterlegt ist. So können Sie Informationen dazu erhalten, wer der Vorgesetzte bzw. wer die Mitarbeiter ❷ eines Kontakts sind. Oder welchen globalen Kontaktgruppen ❸ eine Person angehört.

Die Kontaktgruppe fasst eine Auswahl von E-Mail-Adressen zusammen an die oft gemeinsam gemailt wird. In Outlook kann jeder eine Kontaktgruppe erstellen. Sie können aber auch durch den Administrator global erstellt werden.

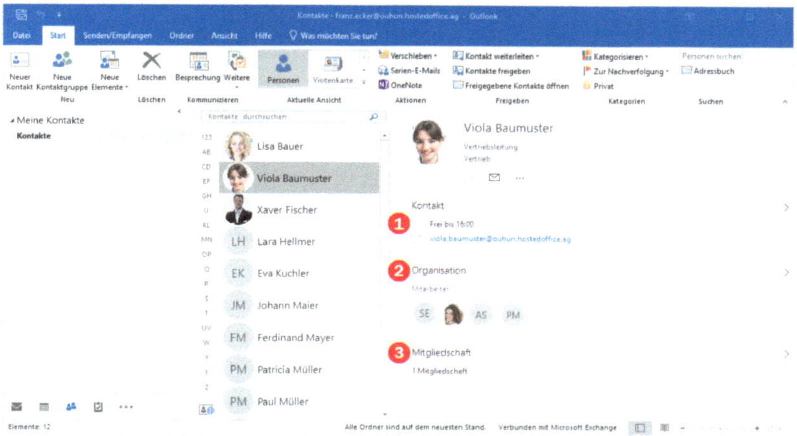

Kontakt schnell erreichen

Über die Schaltflächen der Kontaktkarte können Sie schnell eine Person erreichen: Senden Sie eine E-Mail an den ausgewählten Kontakt über das Briefsymbol ✉ oder durch Anklicken der angezeigten Mail-Adresse. Chatten Sie mit der Person durch Anklicken von 🗨 (Im Kontaktformular muss dazu im Feld *Chatadresse* eine Adresse hinterlegt sein. Oder rufen Sie die Person an. Dazu wählen Sie *Weitere Optionen* ••• und klicken auf die angezeigte Telefonnummer. Die entsprechenden Schaltflächen bzw.

Anzeigen sind nur aktiv, wenn die technischen Voraussetzungen vorliegen bzw. die entsprechenden Informationen (Telefonnummer, E-Mail etc.) im Kontaktformular hinterlegt sind.

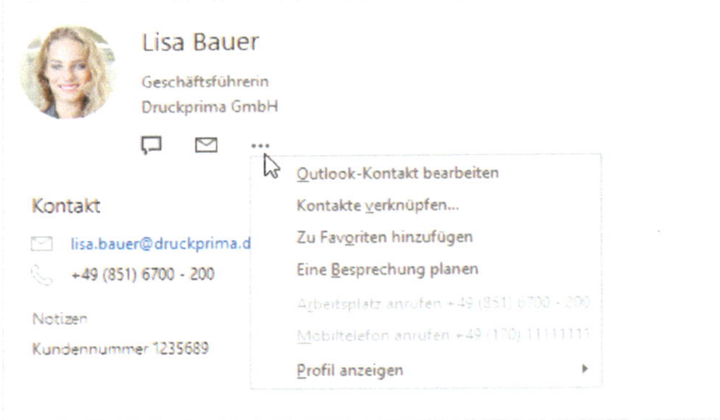

In der Ansicht Visitenkarte arbeiten

Visitenkarte

In der Ansicht *Visitenkarte* sind die Kontaktdaten auf einzelnen Visitenkarten abgebildet, die einen Großteil der hinterlegten Informationen enthalten. Ein Rechtsklick auf den Kontakt ermöglicht das Versenden einer E-Mail durch Auswahl von *Erstellen* ▸ *E-Mail*. Sind mehrere Adressen hinterlegt, werden alle in die E-Mail eingefügt. Über den Eintrag Anruf stehen die hinterlegten Telefonnummern zur Auswahl zur Verfügung.

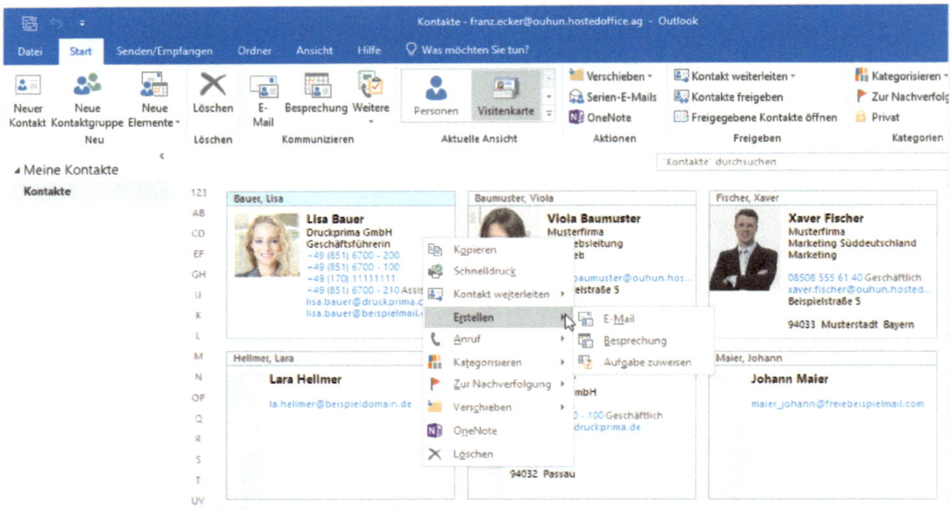

Kontaktformular erneut öffnen

- **Ansicht Personen:** Klicken Sie in der Kontaktliste doppelt auf den Kontakt, um das Kontaktformular anzuzeigen. Alternativ klicken Sie auf der Kontaktkarte auf *Weitere Optionen* ... und wählen *Outlook-Kontakt bearbeiten* aus.
- **Ansicht Visitenkarte:** Ein Doppelklick auf eine Visitenkarte öffnet das Kontaktformular.

Kontakt löschen

Markieren Sie in der Kontaktliste (Ansicht *Personen*) den Kontakt oder klicken Sie die zu löschende Visitenkarte (Ansicht Visitenkarte) einmal an. Klicken Sie dann auf *Start* ▸ *Löschen* oder verwenden Sie die Entf-Taste auf der Tastatur.

Falls der Kontakt versehentlich gelöscht wurde, finden Sie ihn im Funktionsbereich E-Mail im Ordner *Gelöschte Elemente* wieder. Sie erkennen diesen am Kontaktkartensymbol. In der Spalte *Betreff* finden Sie den Namen des gelöschten Kontakts.

Um den Kontakt wieder im Funktionsbereich Personen anzuzeigen, ziehen Sie diesen aus dem Ordner *Gelöschte Elemente* auf das Symbol *Personen* im Navigationsbereich.

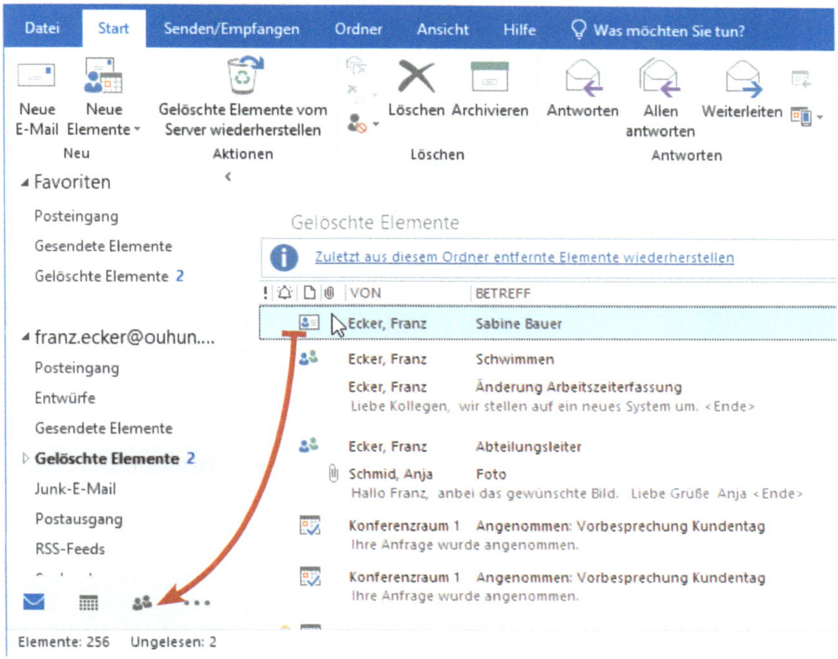

Exkurs: Wann wurde der Kontakt erstellt?

Diese und eine Reihe weiterer Fragen können nicht ohne Weiteres beantwortet werden. Die Informationen sind allerdings vorhanden, sie müssen nur hervorgezaubert werden. Wechseln Sie dazu in die Ansicht *Liste* und fügen Sie dieser die gewünschte Information hinzu.

- Zeigen Sie zunächst Ihre Kontaktdaten in der Ansicht *Liste* an. Dazu wählen Sie Register *Start* ▸ Gruppe *Aktuelle Ansicht* ▸ *Liste*.
- Wechseln Sie zum Register *Ansicht* und wählen Sie in der Gruppe *Aktuelle Ansicht* ▸ *Ansichtseinstellungen* ❶ aus.
- Klicken Sie dann auf *Spalten* ❷.
- Im nächsten Fenster wählen Sie in der Dropdown-Liste *Alle Bereitstellungsfelder* ❸ aus und markieren links das Feld *Erstellt* ❹.
- Klicken Sie dann auf die Schaltfläche *Hinzufügen* ❺ und verschieben Sie das Feld mittels der Schaltflächen *Nach oben* und *Nach unten* ❻ an die gewünschte Position. Bestätigen Sie mit *Ok*.

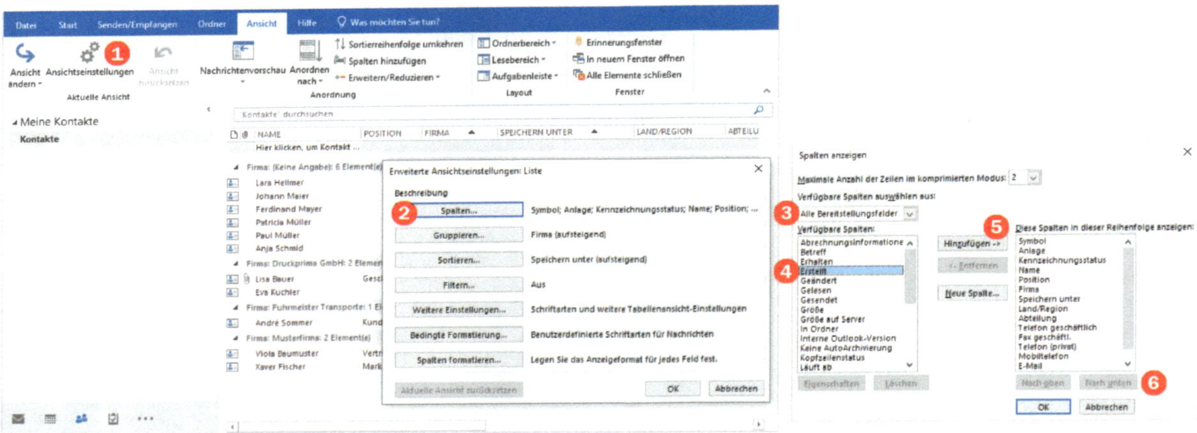

Sie haben zur Ansicht *Liste* das Erstelldatum hinzugefügt. Diese Spalte bleibt erhalten, auch wenn Sie zu einer anderen Ansicht wechseln. Nur durch klicken auf *Ansicht zurücksetzen* (Register *Ansicht* ▸ Gruppe *Aktuelle Ansicht*) wird die Liste wieder in ihren Ursprungszustand versetzt.

4.5 Anzeige der Kontakte steuern

Sortierreihenfolge und Namensreihenfolge

Durch Antippen eines Buchstabens im alphabetischen Register wird der erste Name oben angezeigt, der zum gewählten Bereich passt. Ob nach Nachname oder Vorname sortiert wird, haben Sie im Kontaktformular im Feld *Speichern unter* festgelegt. Im Beispiel unten wird nach Nachname sortiert.

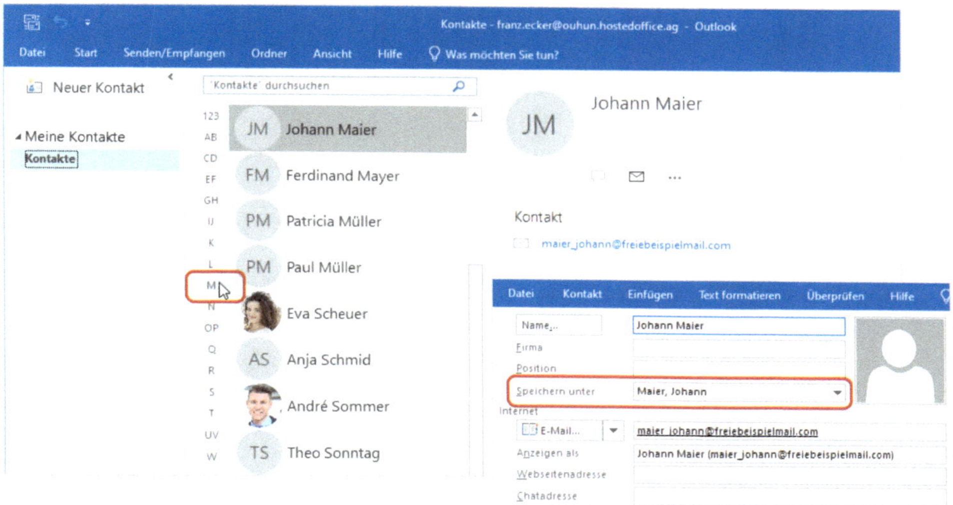

Um ein Durcheinander zu vermeiden, sollten alle Kontakte demselben Schema folgen. Aus diesem Grund ist es von Vorteil hier eine Standardeinstellung vorzugeben, die dann für jeden neuen Kontakt ausgewählt ist. Dazu wählen Sie über *Datei* ▸ *Optionen* ▸ *Personen* und bei *Ablagenreihenfolge* ❶, die gewünschte Reihenfolge. Diese ist ab jetzt im Kontaktformular im Feld *Speichern unter* standardmäßig vereinbart.

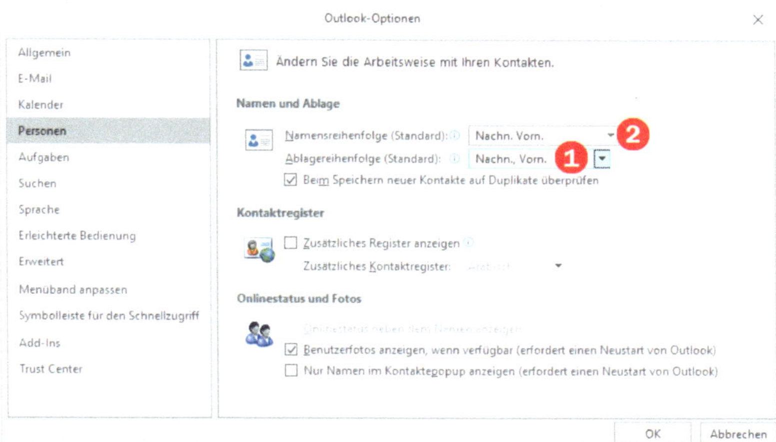

Wenn Sie möchten, dass die Namen in der Kontaktliste ebenfalls in der Reihenfolge Nachname Vorname angezeigt werden, müssen Sie diese Form im Feld *Namensreihenfolge* ❷ auswählen. Leider gilt diese Darstellungsform nur für alle neuen Kontakte ab der Änderung. Alle alten Kontakte müssten dann nochmals geöffnet werden, um im Kontaktformular auf die Schaltfläche *Name* zu klicken und das Dialogfenster erneut zu bestätigen. Im Feld *Name* ❸ wird dann zuerst der Nachname gefolgt vom Vornamen angezeigt.

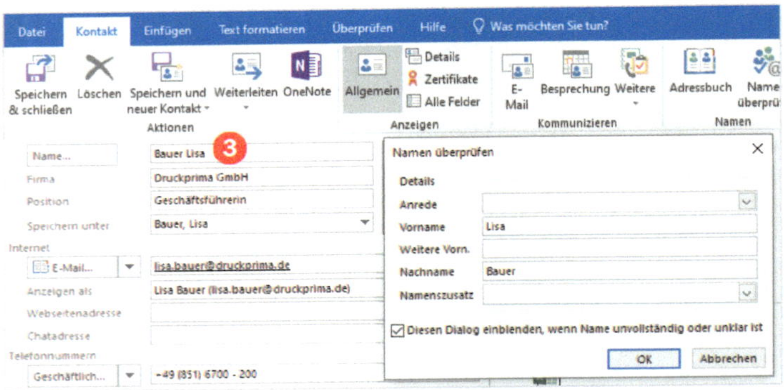

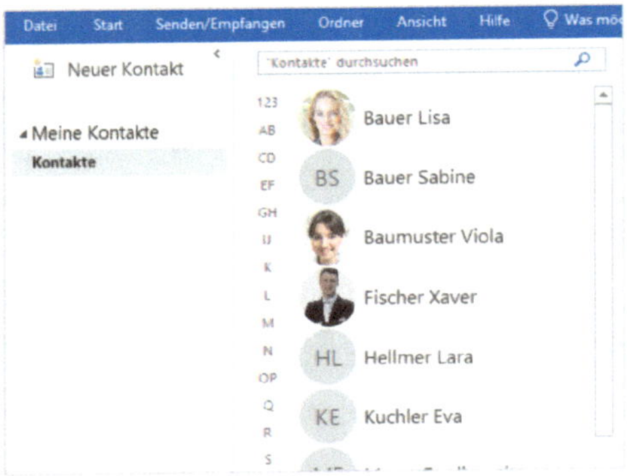

In der Kontaktliste wird nun auch zuerst der Nachname dann der Vorname abgebildet.

Kontaktdaten ohne Anrede

Gerade in der Ansicht *Personen* sorgt die Anzeige der Anrede Frau/Herr für Unübersichtlichkeit innerhalb der Kontaktliste. Obwohl die Anrede selbstverständlich keinen Einfluss auf die Sortierung hat, irritiert sie dort, wo man Initialen erwartet (Anzeige anstelle eines Profilbilds), da hier alle mit H (Herr) oder F (Frau) beginnen.

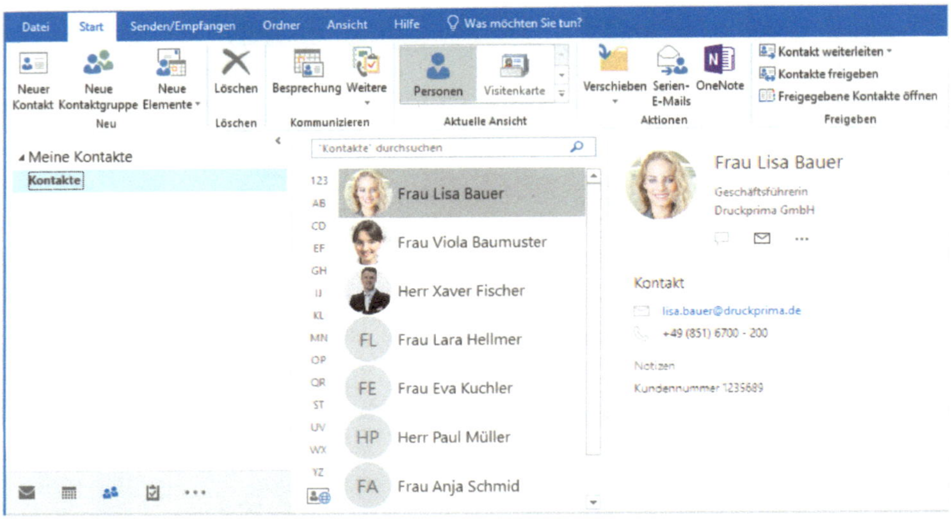

Wer das Geschlecht benötigt, aber die Anrede nicht anzeigen möchte, kann für jeden Kontakt weiblich/männlich hinterlegen und die Anrede dann einfach weglassen.

- Öffnen Sie den Kontakt mit einem Doppelklick und wählen Sie *Kontakt* ▸ Gruppe *Anzeigen* ▸ *Alle Felder* ❶.
- Wählen Sie im Dropdown-Menü die Option *Persönliche Felder* ❷ und tragen Sie bei *Geschlecht* ❸ entweder *Männlich* oder *Weiblich* ein. In der Zeile werden nur die Eingaben *Weiblich*, *Männlich* und *Keine Angaben* akzeptiert. So wird verhindert, dass Sie sich verschreiben.
- Klicken Sie zum Schluss auf *Speichern & schließen* ❹.

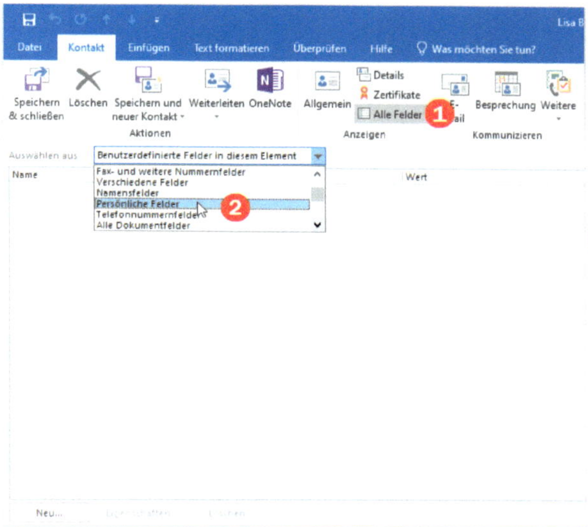

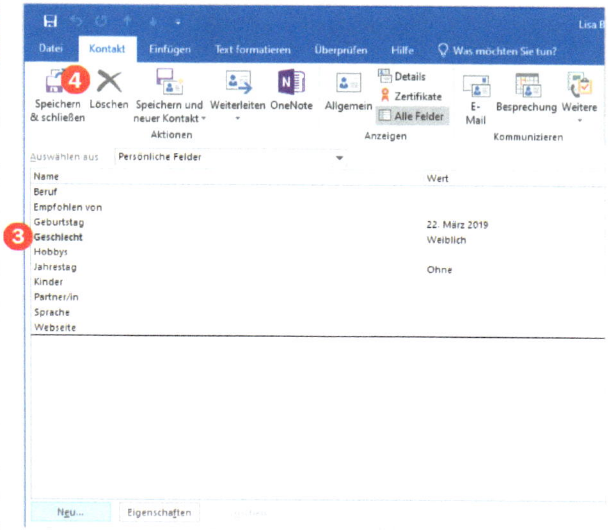

Nun können Sie die Kontaktdaten exportieren (siehe Seite 236) und beispielsweise in Excel anzeigen. Hier steht dann die Spalte *Geschlecht* zur Verfügung, über die Sie entweder mittels Excel-Funktion oder einer Word Seriendruck-Regel die korrekte Anrede hinzufügen können.

Adressbuch nach Nachnamen sortiert anzeigen

Auf den vorherigen Seite haben Sie erfahren, wie Sie im Funktionsbereich Personen vereinbaren, ob der Kontakt unter dem Nachnamen, dem Vornamen oder der Firma gespeichert und wie er im alphabetischen Überblick angezeigt wird. Das Adressbuch, welches die gespeicherten E-Mail-Adressen zur Verfügung stellt, wird unabhängig von den getroffenen Einstellungen zunächst nach Vornamen sortiert angezeigt. So ändern Sie diesen Zustand:

1. Wählen Sie Register *Datei* - Bereich *Informationen*. Klicken Sie auf die Schaltfläche *Kontoeinstellungen* und wählen Sie darunter den Menüpunkt *Kontoeinstellungen* aus.
2. Wechseln Sie zum letzten Register *Adressbücher* und markieren Sie das *Outlook-Adressbuch*. Klicken Sie auf die Schaltfläche *Ändern*.

3 Sie erhalten eine Aufstellung der Ordner, die als Adressbücher verwendet werden. Die globale Adressliste kann nicht bearbeitet werden, daher ist sie hier nicht aufgeführt.

4 Aktivieren Sie im Abschnitt *Namen ordnen* die Auswahl *Wie „Speichern unter"* und schließen Sie die Fenster. Diese Änderung bezieht sich auf alle in diesem Fenster angezeigten Adressbücher.

Adressbuch nach Nachnamen sortiert anzeigen

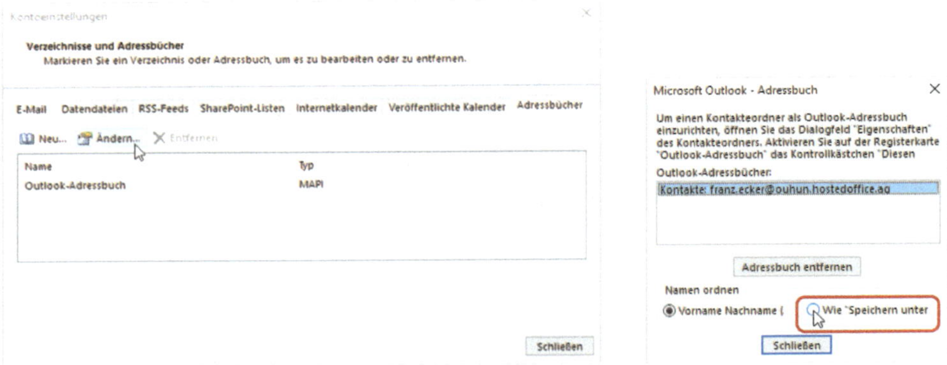

Damit die Änderungen wirksam werden, müssen Sie Outlook schließen. Beim erneuten Öffnen werden die Einträge des Adressbuchs gemäß den Einstellungen im Feld *Speichern unter* (Feld des Kontaktformulars) angeordnet, z. B. nach Nachnamen sortiert angezeigt.

4.6 Kontaktgruppe

Der Begriff Kontaktgruppe wurde für Outlook 2010 erstmals eingeführt. In früheren Versionen wurde die Kontaktgruppe als Verteilerliste bezeichnet.

Sie versenden regelmäßig Informationen an einen bestimmten Personenkreis und müssen immer wieder mühsam die einzelnen E-Mail-Adressen aus dem Adressbuch auswählen? Hier lohnt sich die Erstellung einer Kontaktgruppe, in der die E-Mail-Adressen zusammengefasst werden. Durch Auswahl der Kontaktgruppe als Empfänger Ihrer E-Mail erhalten alle Personen die Information. Die zur Kontaktgruppe zusammengefassten Empfänger können anhand der erhaltenen E-Mail nicht erkennen, dass sie zu einer Kontaktgruppe gehören. Sie sehen nur die E-Mail-Adressen der anderen Adressaten.

Kontaktgruppen werden zusammen mit den übrigen Adressen im Ordner *Kontakte* oder anderen Ordnern dieses Typs gespeichert. In einer Microsoft Exchange-Umgebung können Kontaktgruppen auch vom Administrator bereitgestellt werden.

Erstellen einer Kontaktgruppe

1 Im Funktionsbereich *Personen* klicken Sie auf *Start* ▶ Gruppe *Neu* ▶ *Neue Kontaktgruppe*.

2 Das Formular *Unbenannt-Kontaktgruppe* öffnet sich. Vergeben Sie einen Namen für die Kontaktgruppe – z. B. Lagerverwaltung.

3 Klicken Sie auf *Kontaktgruppe* ▶ Gruppe *Mitglieder* ▶ *Mitglieder hinzufügen*. Hier stehen drei Auswahlmöglichkeiten zur Verfügung. *Outlook-Kontakte* und *Adressbuch* verweisen beide auf die Auswahl von Adressen aus Ihrem Adressbuch. Mit *Neuer E-Mail-Kontakt* kann eine neue E-Mail-Adresse eingegeben werden. Diese wird gleichzeitig im Ordner *Kontakte* gespeichert.

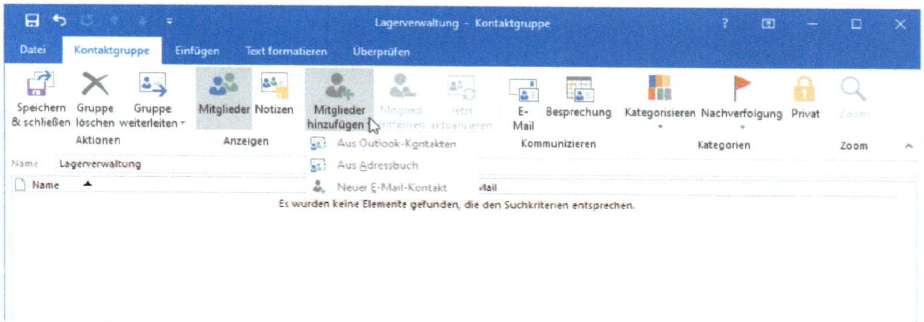

Notizen

Über Gruppe *Anzeigen* ▶ *Notizen* können Sie weitere Informationen zur Kontaktgruppe hinzufügen. Durch Anklicken der Schaltfläche Mitglieder kehren Sie wieder zur Anzeige der Mitgliederadressen zurück.

4 Durch Doppelklick auf die Adressen wählen Sie Mitglieder für die Kontaktgruppe aus. Alternativ hierzu können Sie auch alle gewünschten Adressen markieren. Halten Sie dazu die Strg-Taste gedrückt. Durch Anklicken der Schaltfläche *Mitglieder* werden die Adressen übernommen. Bestätigen Sie die Auswahl mit *OK*.

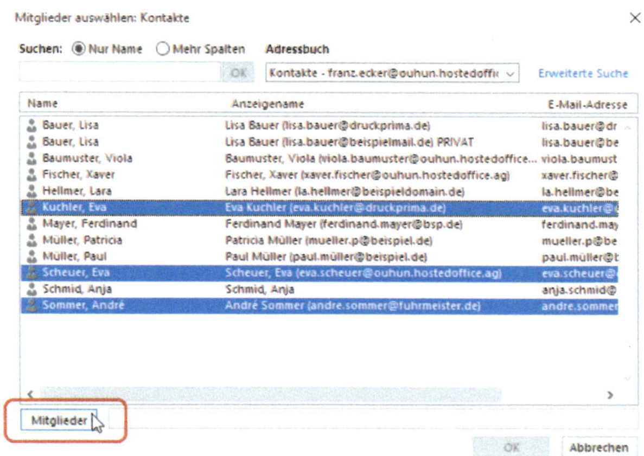

Auswahl mehrerer Personen mit der Strg-Taste.

Kontakte, die keine E-Mail-Adresse enthalten, werden hier nicht angezeigt!

5 Nach Auswahl der Mitglieder Ihrer Kontaktgruppe speichern Sie diese über die Schaltfläche *Speichern & schließen*. Die Kontaktgruppe erscheint im Anzeigebereich des Ordners *Kontakte* und trägt den vergebenen Namen.

Kontaktgruppe in der Ansicht Personen

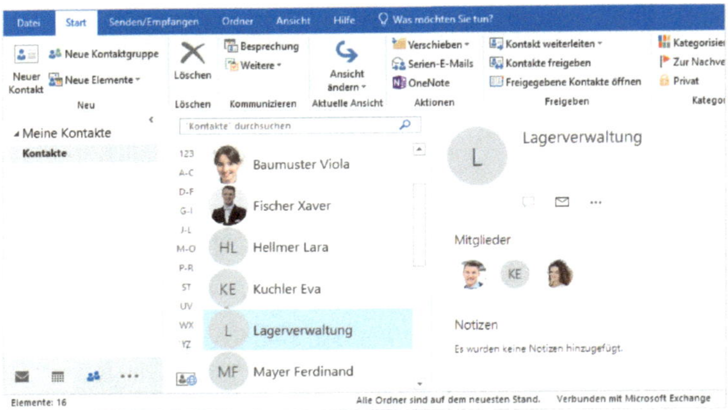

Name der Kontaktgruppe

Anzeige der Mitglieder im Lesebereich

Die Kontaktgruppe wird nun dem Anfangsbuchstaben entsprechend in der Kontaktliste angezeigt. Alle Kontaktgruppen gemeinsam, abgetrennt von den anderen Kontakten anzuzeigen, ist in der Ansicht *Personen* oder *Visitenkarten* nicht möglich.

- Sie können allerdings beim Anlegen einer Kontaktgruppe, dieser einen selten verwendeten Buchstaben, z. B. X oder Y voranstellen, z. B. *Y-Lagerverwaltung*. Dann werden alle Kontaktgruppen in diesem Bereich angezeigt. Diese Methode hat den Vorteil, dass die Kontaktgruppen auch im Adressbuch gemeinsam angezeigt werden.
- Alternativ rufen Sie die Ansicht *Liste* ❶ auf und wechseln die Sortierung von *Name* zu *Symbol* durch Anklicken der entsprechenden Spaltenüberschrift ❷. Dadurch werden die Kontaktgruppen gemeinsam angezeigt.

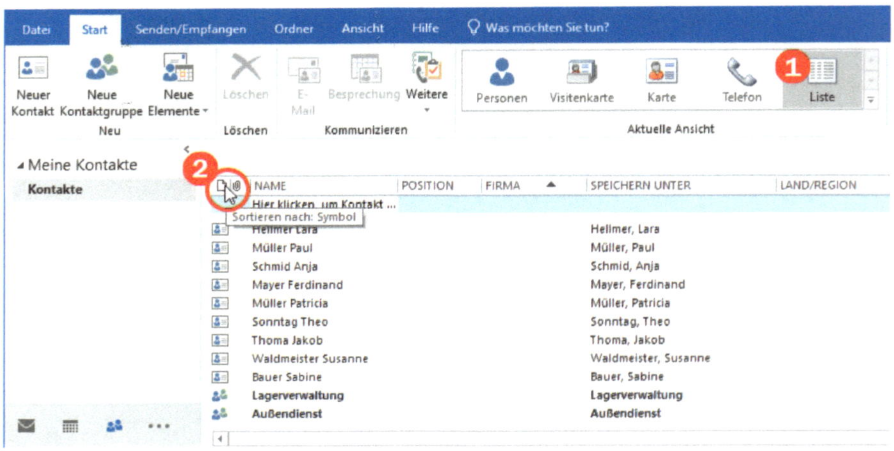

Exkurs: Ansicht zur Anzeige von Kontaktgruppen erstellen

Die oben dargestellten Lösungswege zur gemeinsamen Anzeige von Kontaktgruppen sind zwar zielführend, aber nicht wirklich elegant. Wer mehr Übersicht benötigt, kann eine eigene Ansicht nur für Kontaktgruppen erstellen. Dabei machen Sie sich ein Feld namens Nachrichtenklasse zu nutze. Dieses unterscheidet Kontakte von Kontaktgruppen durch die Bezeichnung IPM.Contact (Kontakte) und IPM.DistList (Kontaktgruppen). Nach diesem Feld kann nun gefiltert werden.

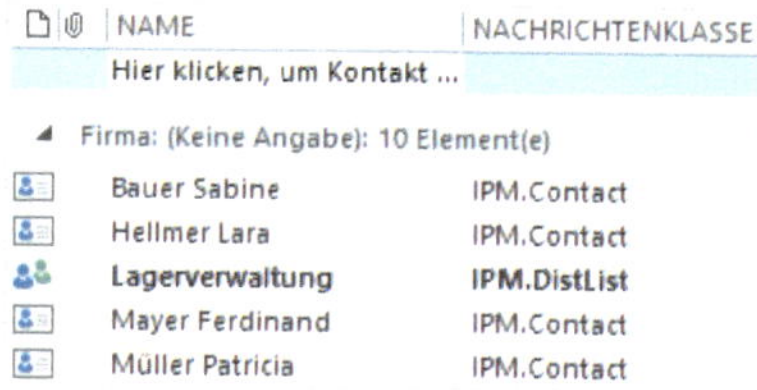

Das Feld Nachrichtenklasse wird normalerweise nicht angezeigt.

1 Klicken Sie im Register *Ansicht* ▸ Gruppe *Aktuelle Ansicht* auf *Ansicht ändern* und wählen Sie *Ansichten verwalten* aus. Hier klicken Sie auf *Neu*.

2 Geben Sie einen Namen für die neue Ansicht ein, z. B. *Gruppe* und wählen Sie bei *Ansichtentyp* die Option *Personen* aus. Bestätigen Sie mit *OK*.

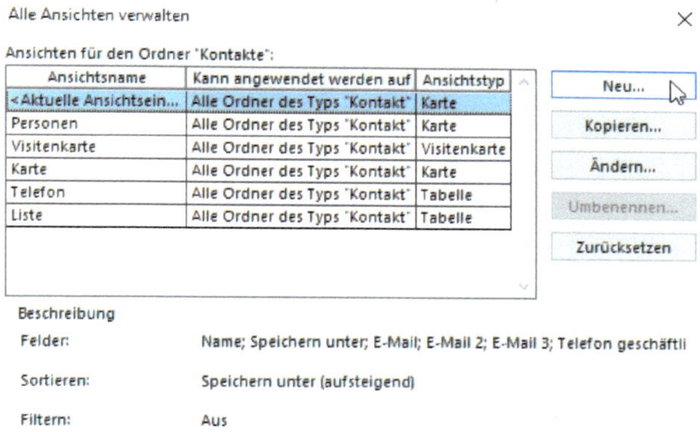

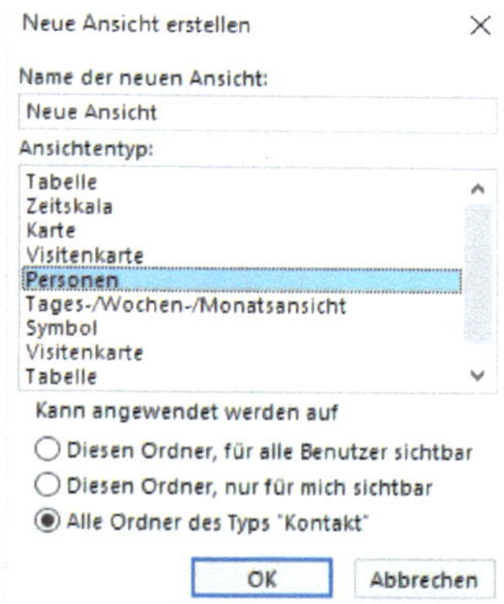

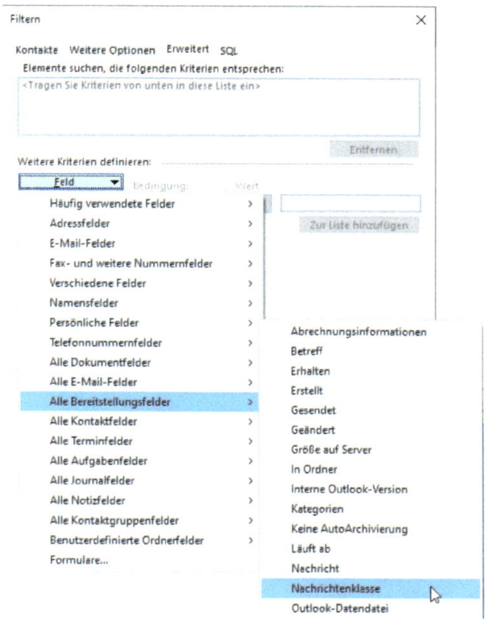

3 Klicken Sie auf die Schaltfläche *Filtern*. Wählen Sie das Register *Erweitert* und klicken Sie auf die Schaltfläche *Feld*. Hier wählen Sie *Alle Bereitstellungsfelder* und dann *Nachrichtenklasse* aus.

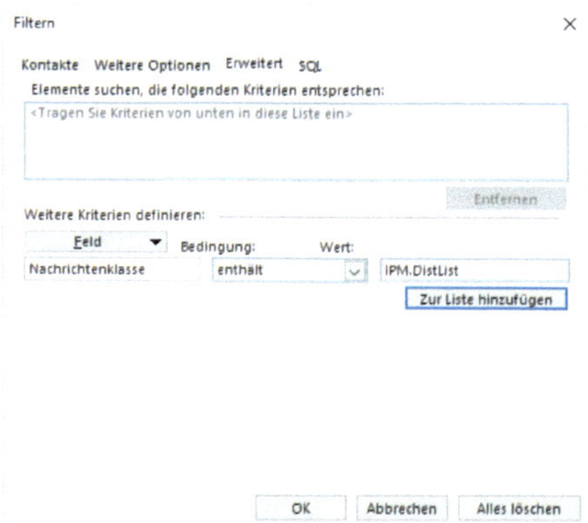

4 Vereinbaren Sie bei *Bedingung* die Option *enthält* und geben Sie im Feld dahinter IPM.DistList ein. Klicken Sie dann auf die Schaltfläche *Zur Liste hinzufügen* und bestätigen Sie mit *OK*. Bestätigen Sie die nächsten Fenster ebenfalls mit *OK*.

5 Ihnen steht nun im Register Start Gruppe Aktuelle Ansicht die neue Ansichtsoption Grupe zur Verfügung, die nur Kontaktgruppen auflistet.

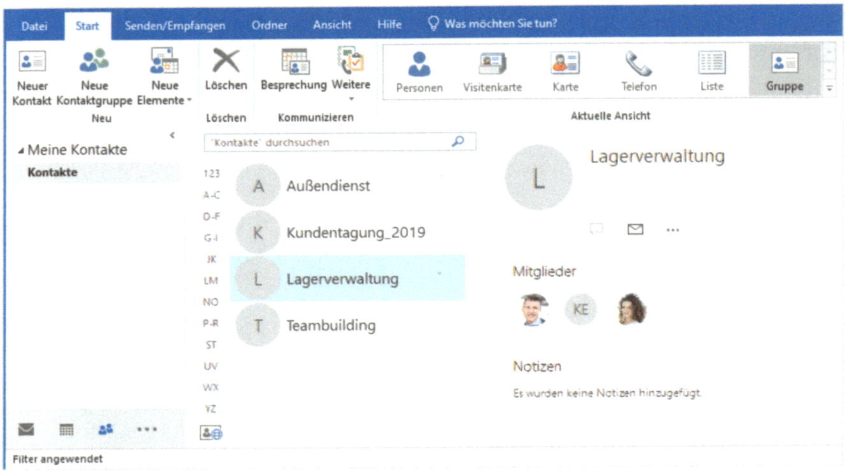

Kontaktgruppe bearbeiten

Zum Entfernen oder Hinzufügen von Mitgliedern zu einer Kontaktgruppe öffnen Sie die Kontaktgruppe mit einem Doppelklick. Die notwendigen Schaltflächen stehen Ihnen in *Kontaktgruppe* ▸ Gruppe *Mitglieder* zur Verfügung.

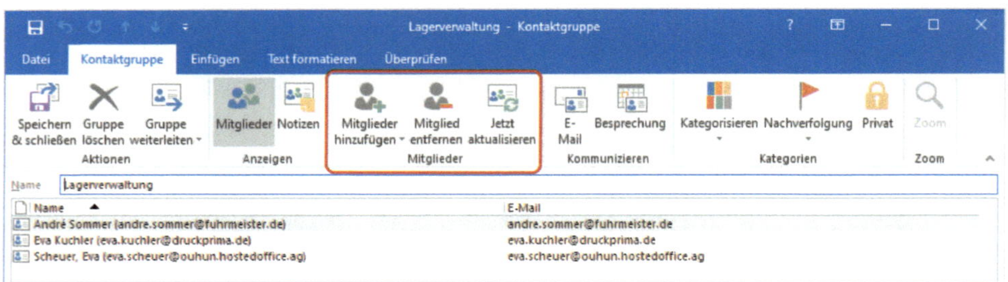

Einen neuen Kontakt fügen Sie zur bestehenden Kontaktgruppe über die Schaltfläche *Mitglieder hinzufügen* hinzu. Um ein Mitglied aus einer Kontaktgruppe zu löschen, markieren Sie den Kontakt und entfernen diesen über die Schaltfläche *Mitglied entfernen*. Um eine Kontaktgruppe zu löschen, markieren Sie diese und drücken die Entf-Taste.

Änderungen in den Kontaktdaten eines Kontaktgruppenmitglieds, z. B. die Änderung einer E-Mail-Adresse, werden nicht automatisch in der Kontaktgruppe aktualisiert. In der Kontaktgruppe ist zunächst noch die alte E-Mail-Adresse hinterlegt. Um geänderte Kontaktdaten in die Kontaktgruppe zu übernehmen, klicken sie auf die Schaltfläche *Jetzt aktualisieren*.

4.7 Kontakte in verschiedenen Ordnern organisieren

Standardmäßig steht Ihnen in Outlook 2019 der Ordner *Kontakte* ❶ zur Speicherung aller Kontaktdaten zur Verfügung. Bei großen Adressbeständen können weitere Ordner zur Übersichtlichkeit beitragen.

Neuen Ordner erstellen

Wechseln Sie zum Register *Ordner* und wählen Sie *Neuer Ordner* ❷. Geben Sie den Namen des neuen Ordners ein ❸ und achten Sie darauf, dass bei *Ordner enthält Elemente des Typs* der Eintrag *Kontakte* ausgewählt ist. Bestätigen Sie mit *Ok*.

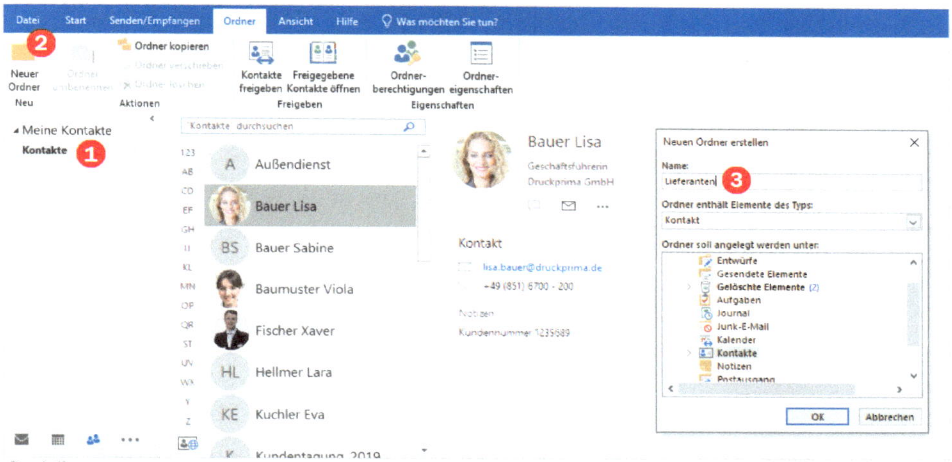

Kontaktordner erstellen

Kontakte verschieben

Sie können mit der Maus Kontakte, die sich im Ordner *Kontakte* befinden, in den neuen Ordner verschieben. Alternativ klicken Sie mit der rechten Maustaste auf den entsprechenden Kontakt und wählen *Verschieben* ▸ *„Ordnername"* (z. B. *Lieferanten*).

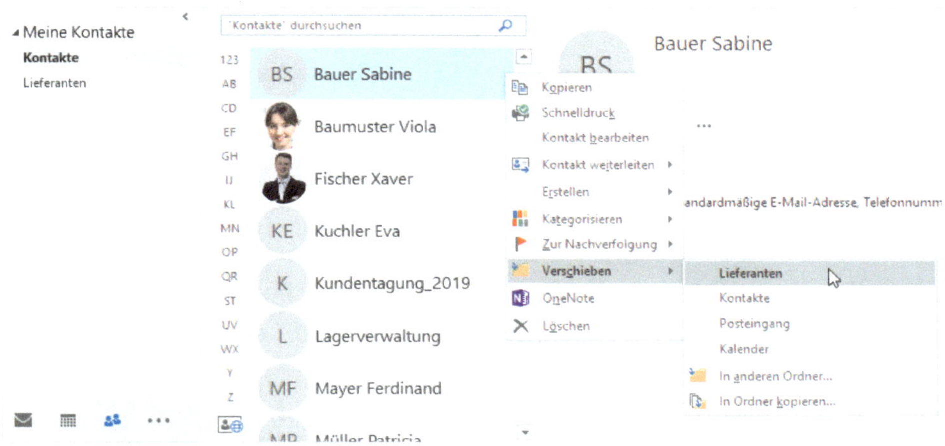

Kontakte in einen neuen Ordner verschieben

Neuen Kontakt im richtigen Ordner speichern

Neuen Kontakt im Ordner Lieferanten speichern

Wenn Sie mit mehreren Kontaktordnern arbeiten, sollte ein neuer Kontakt gleich im richtigen Ordner gespeichert werden. Dazu gehen Sie so vor:

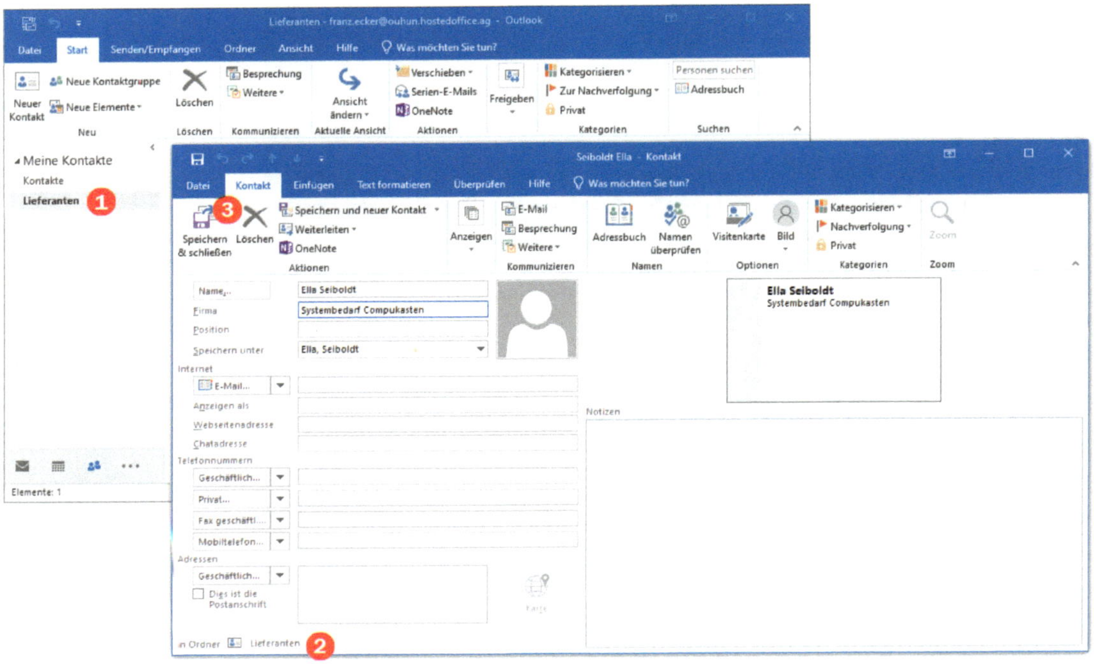

- Wählen Sie zunächst in der Ordnerliste den passenden Ordner ❶ durch Anklicken aus. Im Beispiel oben wurde der Ordner *Lieferanten* markiert.
- Auch im Kontaktformular sehen Sie, wo der neue Kontakt gespeichert wird ❷.
- Klicken Sie dann auf *Neuer Kontakt*, füllen Sie das Kontaktformular aus und klicken Sie auf *Speichern & schließen* ❸.

Wenn Sie Kontaktdaten aus einer E-Mail übernehmen, werden diese automatisch im Ordner *Kontakte* gespeichert und müssen ggf. verschoben werden.

4.8 Visitenkarte erstellen und versenden

Visitenkarten enthalten eigene oder fremde Kontaktdaten und erleichtern die Übernahme von Kontaktinformationen in den Ordner Kontakte.

Nutzungsmöglichkeiten:

- Sie versenden eine Visitenkarte mit Ihren persönlichen Kontaktdaten. Dabei legen Sie entweder fest, dass jede gesendete E-Mail eine Visitenkarte enthalten soll oder Sie fügen diese manuell zu bestimmten E-Mails hinzu.
- Sie versenden Visitenkarten mit Kontaktdaten anderer Personen.
- Sie erhalten eine Visitenkarte und speichern die Informationen im Ordner Kontakte, wie auf Seite 136 gezeigt.

Erstellen und Bearbeiten einer persönlichen Visitenkarte

1. Speichern Sie Ihre Daten in einem neuen Kontaktformular oder übernehmen Sie, falls vorhanden, Ihren Kontakt aus der Globalen Adressliste.
2. Im Kontaktformular klicken Sie doppelt auf die Vorschau Ihrer Visitenkarte oder klicken auf *Kontakt* ▸ Gruppe *Optionen* ▸ *Visitenkarte*.

Visitenkarte

3. Das Dialogfenster *Visitenkarte bearbeiten* öffnet sich. Hier legen Sie das Aussehen und die Reihenfolge der Informationen auf Ihrer Visitenkarte fest.

Selbstverständlich steht dieses Feature für alle gespeicherten Kontaktdaten zur Verfügung. Allerdings macht man sich meist nur die Mühe und gestaltet die eigene Visitenkarte ansprechend und übersichtlich.

Visitenkarte bearbeiten

- Über den Abschnitt *Kartenentwurf* legen Sie bei *Layout* fest, wo das Bild angezeigt wird und richten es bei *Bildausrichtung* aus. Über Hintergrund wählen Sie eine Farbe für die Visitenkarte und bei *Bildbereich* legen Sie fest, wie viel Prozent der Visitenkarte von der Grafik eingenommen wird. Mit der Schaltfläche *Ändern* tauschen Sie das Foto aus. Anstelle eines Fotos von sich, könnte hier auch das Firmenlogo eingefügt werden.

- Im Abschnitt *Felder* markieren Sie Elemente der Visitenkarten, um im nächsten Schritt die Reihenfolge zu verändern, Elemente zu entfernen oder die Formatierung zu ändern.
- **Feld löschen:** Markieren Sie das Feld, dessen Information Sie nicht auf der Visitenkarte anzeigen möchten und klicken Sie dann auf *Entfernen*.

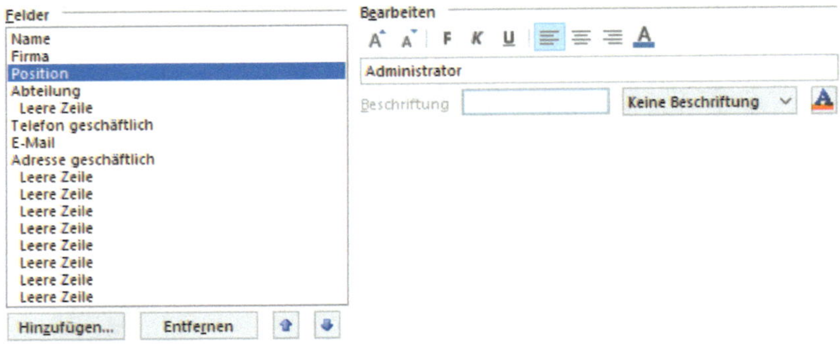

Das Löschen von Feldern aus der Visitenkarte hat keinen Einfluss auf den Inhalt des Kontaktformulars. Die Informationen bleiben dort erhalten.

- **Reihenfolge verändern:** Zur Veränderung der Reihenfolge der Informationen markieren Sie das Element, welches Sie verschieben möchten und setzen es durch Anklicken der blauen Pfeile an eine neue Position. Sie können auch eine *Leere Zeile* markieren und diese verschieben, um einen Abstand auf Ihrer Visitenkarte zu erhalten.

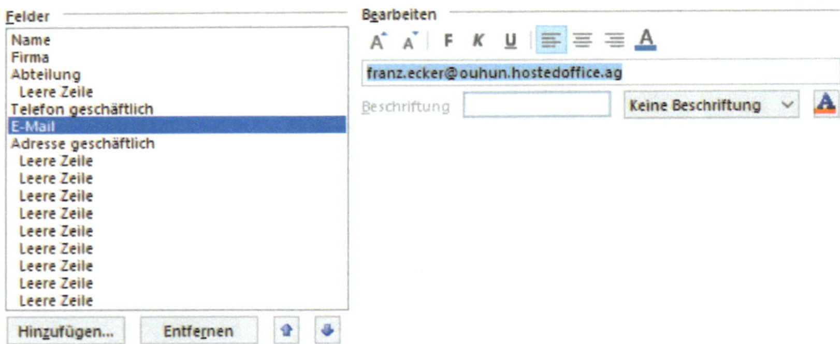

- **Informationen hinzufügen:** Um ein Element hinzuzufügen, markieren Sie im Abschnitt *Felder* die Zeile, unter der die neue Information eingefügt werden soll und klicken dann auf die Schaltfläche *Hinzufügen*. In der sich öffnenden Auswahl klicken Sie die Information an, die Sie auch auf der Visitenkarte anzeigen möchten.
- **Beschriftung anfügen:** Benötigt eine Information weiterer Erläuterungen kann eine Beschriftung hinzugefügt werden. Markieren Sie das Feld und wählen Sie dann

aus, wo die Beschriftung angezeigt werden soll. Dann geben Sie diese bei *Beschriftung* ein. Zeigen Sie auf Ihrer Visitenkarte beispielsweise nur eine Telefonnummer an, dann macht eine Beschriftung mit Geschäftlich hier wenig Sinn. Diese Beschriftung können Sie entfernen.

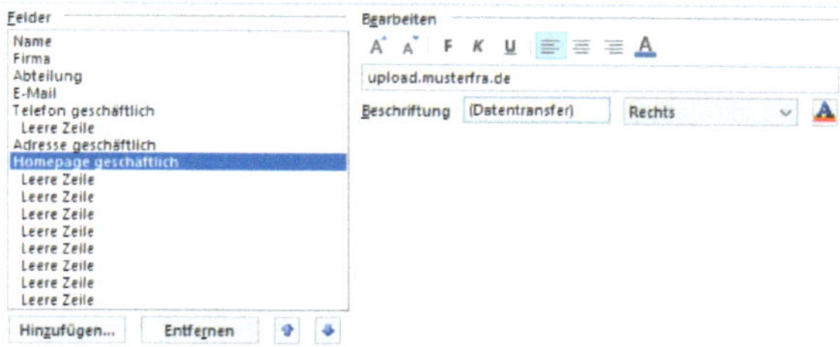

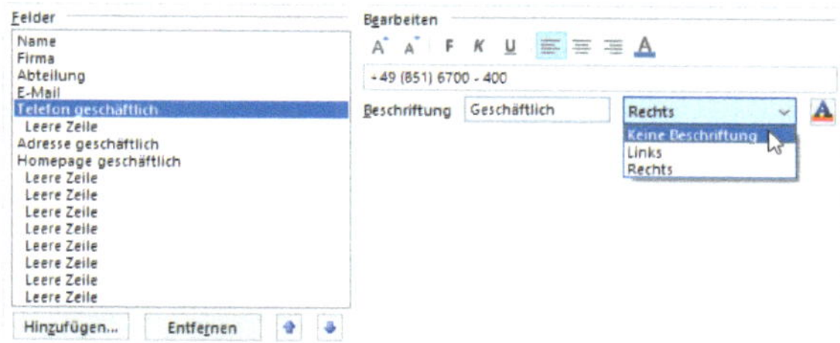

- **Besonderheit postalische Adresse:** Die leere Zeile zwischen Straße und Ort des Adressfeldes kann nicht wie oben beschrieben gelöscht werden. Stattdessen markieren Sie die Adresse im Abschnitt *Felder*; diese wird im Abschnitt *Bearbeiten* angezeigt und die leere Zeile kann manuell über die Tastatur gelöscht werden. Dazu setzen Sie den Cursor zwischen Straße und Ort und drücken Sie die Entf-Taste

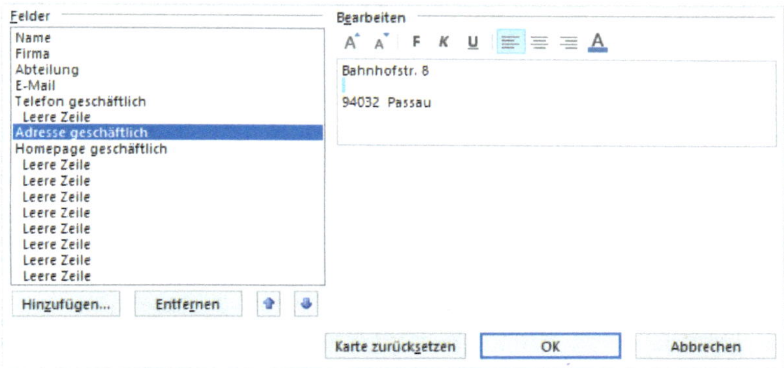

- **Formatierung verändern:** Im Abschnitt *Bearbeiten* können Sie den markierten Feldern der Visitenkarte andere Formate zuweisen.
- Über die Schaltfläche *Karte zurücksetzen* stellen Sie den Ursprungszustand der Visitenkarte wieder her.
- Ihre Änderungen bestätigen Sie zunächst über die Schaltfläche *OK* und speichern Sie dann über die Schaltfläche *Speichern & schließen* des Kontaktformulars.

> Beim Versenden einer Visitenkarte, werden nur die Informationen, die Sie auf der Visitenkarte sehen, an den Empfänger übermittelt. Weitere Informationen, die nur auf dem Kontaktformular hinterlegt sind, werden nicht weitergegeben.

Visitenkarte versenden

Visitenkarten einzeln versenden

Klicken Sie im Funktionsbereich *Personen* im Anzeigebereich mit der rechten Maustaste auf den Kontakt, den Sie versenden möchten. Wählen Sie im Kontextmenü *Kontakt weiterleiten* ▸ *Als Visitenkarte* aus. Alternativ hierzu markieren Sie den Kontakt und wählen *Start* ▸ Gruppe *Freigeben* ▸ *Kontakt weiterleiten* ▸ *Als Visitenkarte*.

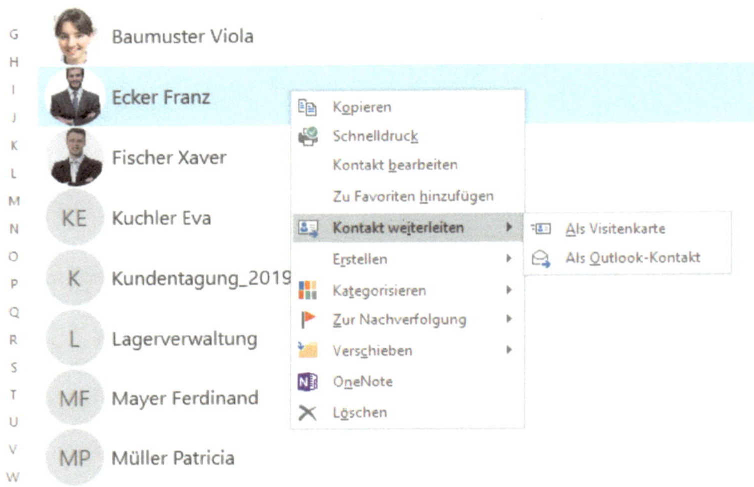

Visitenkarte regelmäßig versenden

Mehr Informationen zur Signatur finden Sie auf Seite 76.

Wenn Sie beispielsweise an Neukunden eine persönliche Visitenkarte verschicken möchten, legen Sie zunächst im Funktionsbereich *Personen* einen Kontakt mit Ihren Daten an und gestalten gegebenenfalls die Visitenkarte. Wenn die Visitenkarte automatischer Bestandteil von E-Mails an Neukunden sein soll, erstellen Sie eine entsprechende Signatur und fügen die Visitenkarte hinzu.

Dies geschieht entweder gleich beim Erstellen der Signatur oder Sie wählen *Datei* ▸ *Optionen* ▸ *E-Mail* und klicken im Abschnitt *Nachrichten verfassen* auf die Schaltfläche *Signaturen*. Wählen Sie links oben die Signatur aus, zu der Sie eine Visitenkarte versenden möchten und klicken Sie dann auf die Schaltfläche *Visitenkarte*. Im nächsten Fenster wählen Sie Ihre Visitenkarte aus und bestätigen mit *Ok*.

Hinzugefügte Visitenkarten werden im Nachrichtentext der E-Mail angezeigt. Außerdem werden die Kontaktdaten als Anlage in Form einer vcf-Datei angefügt. Benutzt der Empfänger ebenfalls Outlook, so kann er die Visitenkarte aus dem Nachrichtentext schnell zu den Kontakten hinzufügen. Die vcf-Datei wird versendet, um auch Benutzern anderer E-Mail-Programme die Übernahme des Kontakts zu ermöglichen.

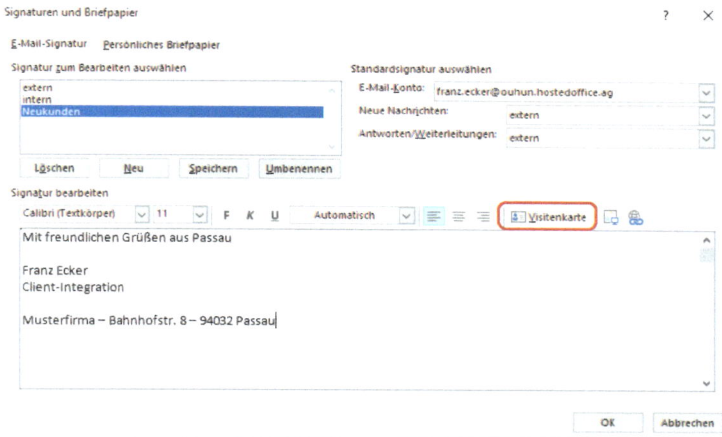

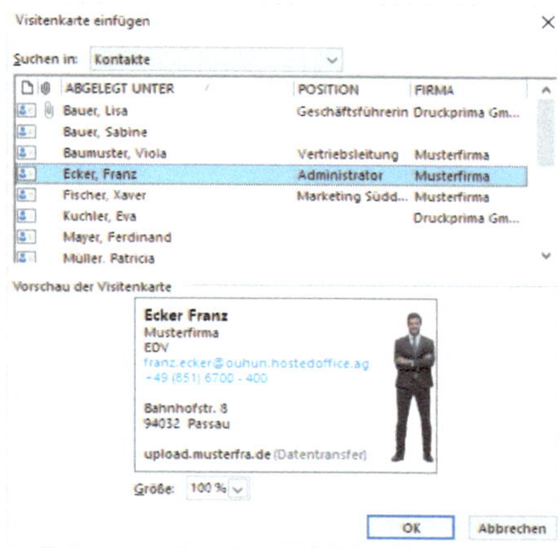

4.9 Das Personenpopup verwenden

Um das Personenpopup einzublenden, zeigen Sie in der Navigationsleiste mit der Maus auf die Schaltfläche des Funktionsbereichs *Personen*. Durch das Popup wird der Zugriff auf ausgewählte Kontaktdaten erleichtert. Sofern Sie schon einzelne Kontakte als Favoriten gekennzeichnet haben, sehen Sie diese in der Liste. Zusätzlich bietet das Popup eine Suchfunktion.

Kontakt als Favorit kennzeichnen und anzeigen

Um Kontakte im Popup anzuzeigen, müssen diese als Favoriten gekennzeichnet werden. Dazu klicken Sie in der Kontaktliste des Funktionsbereichs Personen mit der rechten Maustaste auf den gewünschten Kontakt und wählen *Zu Favoriten hinzufügen*.

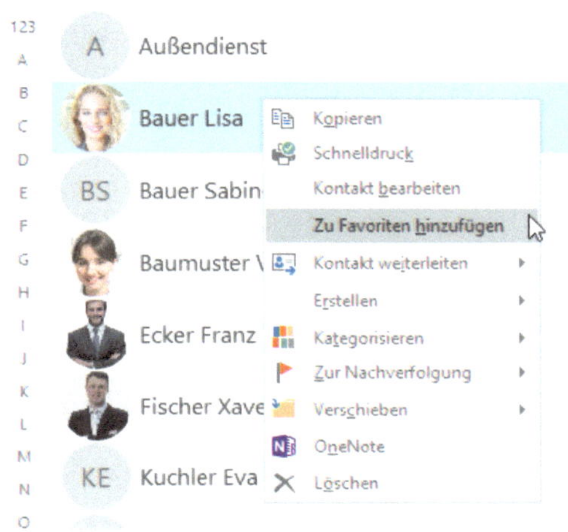

Der Befehl *Zu Favoriten hinzufügen* wird bei mir nicht angezeigt.

Dieser Befehl fehlt, wenn der Kontakt bereits zu den Favoriten hinzugefügt wurde, wenn es sich um eine Kontaktgruppe handelt oder Sie **nicht** in der Ansicht *Personen* arbeiten.

Der Kontakt im Popup kann schnell ausgewählt werden, um eine E-Mail- oder Kurznachricht zu versenden oder die Person anzurufen: Zeigen Sie im Popup *Personen* mit der Maus auf den Kontakt und klicken Sie beispielsweise das Umschlag-Symbol an, um eine E-Mail an die Person zu schreiben ❶. Über *Weitere Optionen* ••• ▸ *Outlook-Kontakt bearbeiten* ❷ öffnen Sie das Kontaktformular.

Favorisierte Kontakte werden im Personen- popup angezeigt.

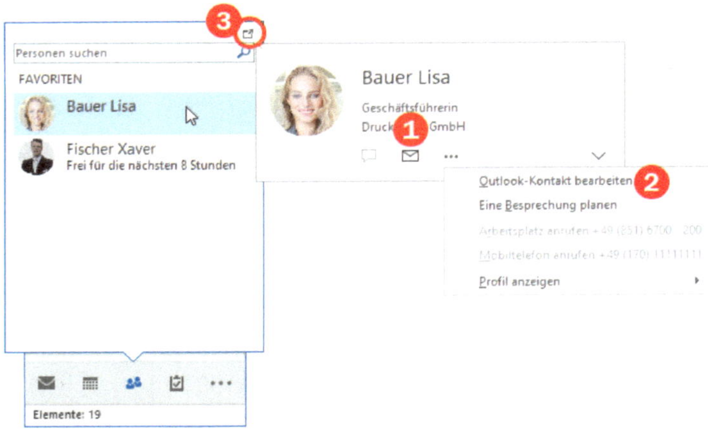

Kontakt aus dem Popup entfernen

Zur Entfernung des Kontakts aus dem Personenpopup, muss das Popup zunächst über die Schaltfläche ❸ am rechten Rand des Outlook-Fensters angeheftet werden. Dann klicken Sie den Kontakt mit der rechten Maustaste an und wählen *Aus Favoriten entfernen*.

Personen oder Kontaktgruppen suchen

Zum Auffinden eines bestimmten Kontakts verwenden Sie das Feld *Personen suchen*. Geben Sie einfach den gewünschten Nachnamen, Vornamen oder auch den Firmennamen ein. Sofern Personen mit der eingegebenen Zeichenfolge im Ordner *Kontakte* gespeichert sind, werden diese angezeigt.

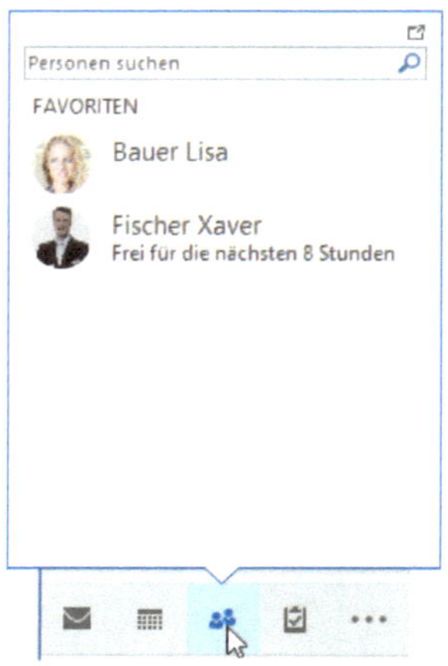

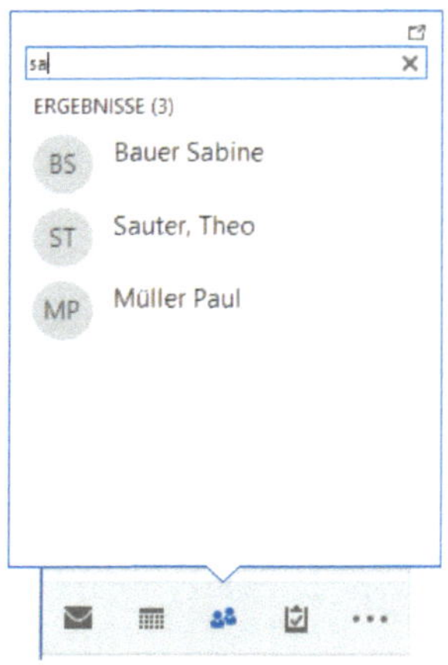

Gefunden werden Kontakte deren Nach- oder Vorname mit „sa“ beginnt oder für die ein Firmenname hinterlegt ist, der mit „sa“ anfängt.

Mehr zur Suche erfahren Sie im Kapitel 7 ab Seite 238.

4.10 Kontaktdaten ausdrucken

Zum Ausdruck von Kontaktdaten stellt Outlook verschiedene Druckformate zur Verfügung. Diese unterscheiden sich im Aufbau, in der gewählten Papiergröße und im Umfang der Informationen.

> Die Auswahlmöglichkeiten bei Druckformate sind abhängig von der aktuellen Ansicht. Für die Ansicht *Personen* erhalten Sie beispielsweise andere Druckformate als für die Ansicht *Telefon*.

Um ein Druckformat auszuwählen, rufen Sie im Funktionsbereich *Personen* die Registerkarte *Datei* auf und wählen *Drucken* oder verwenden Sie die Tastenkombination Strg + P. Im Abschnitt *Einstellungen* bestimmen Sie durch Anklicken das Druckformat.

Rechts erhalten Sie eine Vorschau. Diese kann mehrere Seiten umfassen. Durch die Seiten blättern Sie mit ◀ bzw. ▶ ❶. Die Seite in aktueller Größe zeigen Sie mit [Symbol] an, zur Übersicht wechseln Sie wieder mit [Symbol] und mehrere Seiten erhalten Sie durch Anklicken von [Symbol]. Alle drei Symbole finden Sie rechts unten im Fenster ❷.

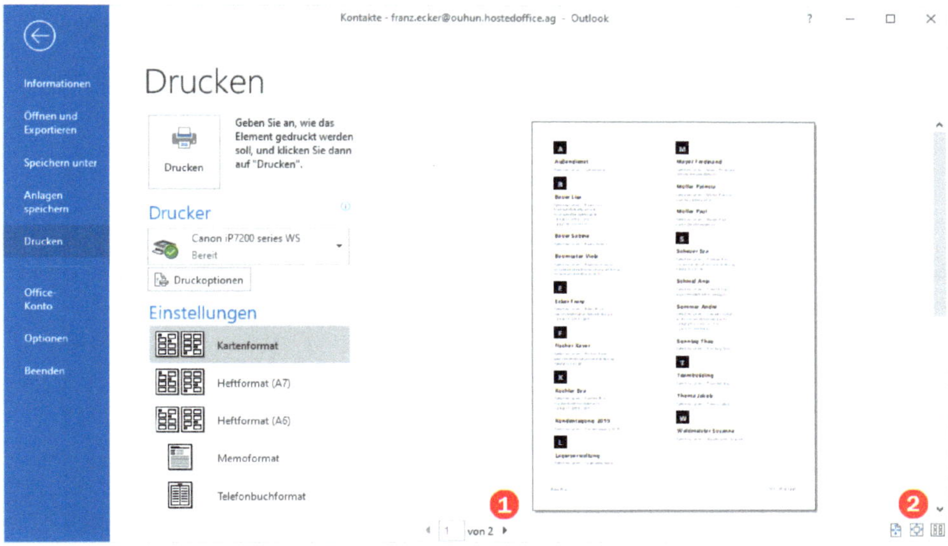

- Im *Kartenformat* werden die Kontaktinformationen in der Reihenfolge Anschrift, Telefon- und Faxnummern, E-Mail-Adressen aufgeführt. Dazu stehen 8 Zeilen zur Verfügung.
- Die *Heftformate* bieten dieselben Informationen, sind aber auf kleinere Papiergrößen ausgelegt, um ein Abheften in entsprechenden Adressbüchern zu ermöglichen.

- Im *Memoformat* werden alle Informationen des **markierten** Kontakts ausgedruckt, also z. B. Notizen, Name des Assistenten oder der Geburtstag. Für die Auswahl des Memoformats müssen ein oder mehrere Kontakte vorher im Ordner *Kontakte* markiert werden. Halten Sie die Strg-Taste gedrückt und klicken Sie nacheinander auf die gewünschten Kontakte. Für jeden Kontakt wird eine neue Seite mit allen Informationen ausgedruckt.
- Mit dem *Telefonbuchformat* lässt sich schnell ein Telefonverzeichnis erstellen und drucken.
- Das *Tabellenformat* steht Ihnen nur zur Verfügung, sofern Sie eine tabellarische Ansicht, wie *Telefon* oder *Liste*, ausgewählt haben. Die Kontakte werden in Tabellenform ausgedruckt.

Über die Schaltfläche *Druckoptionen* gelangen Sie in das Dialogfenster, in welchem Sie unter anderem die Anzahl der auszudruckenden Exemplare bestimmen können. Hier finden Sie auch die Schaltfläche *Seite einrichten*, über die Anpassungen an den einzelnen Druckformaten vorgenommen werden können. Beachten Sie, dass das zweite Dialogfenster drei Registerkarten mit unterschiedlichen Einstellungsmöglichkeiten bereithält.

- **Register Format:** Vereinbarung von Schriftart, Schriftgröße und der Anzahl der Spalten. Außerdem können in Abhängigkeit vom gewählten Druckformat am Ende des Ausdrucks Blankoformulare angezeigt werden, in die handschriftlich Adressen eingefügt werden können.
- **Register Papier:** Hier legen Sie die Blattgröße, Hoch- oder Querformat und die Seitenränder fest.
- **Register Kopfzeilen/Fußzeilen:** Beachten Sie, dass viele Druckformate eine vordefinierte Fußzeile enthalten.

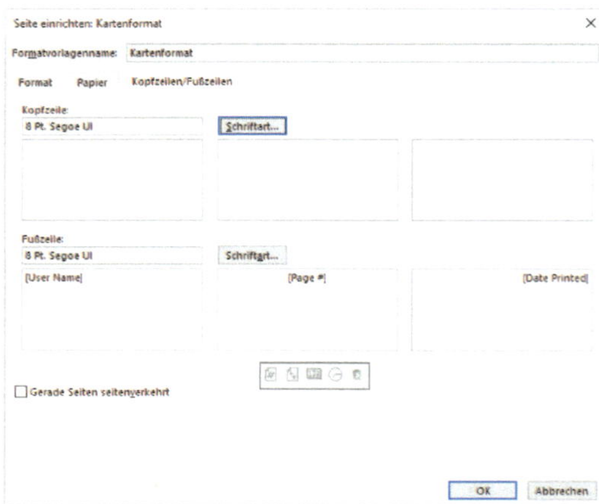

Möchten Sie weder Benutzername noch Seitenzahl oder Datum in Ihrer Fußzeile anzeigen, so löschen Sie die Informationen aus den einzelnen Feldern.

5 Terminplanung im Griff

Das lernen Sie in diesem Kapitel:

- Termine und Ereignisse speichern und bearbeiten
- Feiertage, Kalenderwochen und andere Zeitzonen zum Kalender hinzufügen
- Termin- und Ereignisserien eintragen
- Zusätzlichen Kalender anlegen
- Kalender für andere Benutzer freigeben
- Besprechungen planen und wie die Planungsansicht hier zum Einsatz kommt

Das sollten Sie bereits wissen:

- E-Mail Grundlagen
- Kontaktverwaltung

5.1 Wissenswertes zum Funktionsbereich Kalender

Der Outlook-Kalender hilft Ihnen, Termine zu planen, Besprechungen zu organisieren und zeigt auch Geburtstage und Feiertage an. Neben der Terminübersicht bietet Outlook die Möglichkeit der rechtzeitigen Erinnerung an Ihre Termine und Besprechungen.

Outlook unterscheidet im Kalender zwischen verschiedenen Kategorien von Einträgen:

Termin	Ein Termin wird immer zu einem bestimmten Datum eingetragen. Er beginnt und endet zu einer festgelegten Uhrzeit. Beispiel: 26.10.2020 Besprechung Herr Ott, 11:00 bis 17:00 Uhr.
Ereignis	Ereignisse sind Aktivitäten die mindestens 24 Std. dauern, aber auch über mehrere Tage festgelegt werden können. Ereignisse werden oben am Kalenderblatt angezeigt, da sie sich nicht auf eine bestimmte Uhrzeit beziehen. Beispiel: 21.09.2020 – 25.09.2020 Messe Frankfurt Weitere Ereignisse sind z. B. Feiertage oder Geburtstage.
Besprechung	Die Besprechung trägt dieselben Eigenschaften wie der Termin. Allerdings laden Sie zu einer Besprechung andere Teilnehmer ein.

Um zur Terminverwaltung zu gelangen, wählen Sie in der Navigationsleiste den *Kalender* aus. Sie können auch in einem anderen Funktionsbereich (z. B. E-Mail) auf ein bestimmtes Datum im Datumsnavigator der Aufgabenleiste doppelt klicken. Dadurch wird ebenfalls der Funktionsbereich *Kalender* aufgerufen und der entsprechende Zeitraum angezeigt.

Anordnung in der **Tagesansicht** ❶

Datumsnavigatoren ❷

Termin ❸

Blaue Linie zeigt die aktuelle Uhrzeit ❹

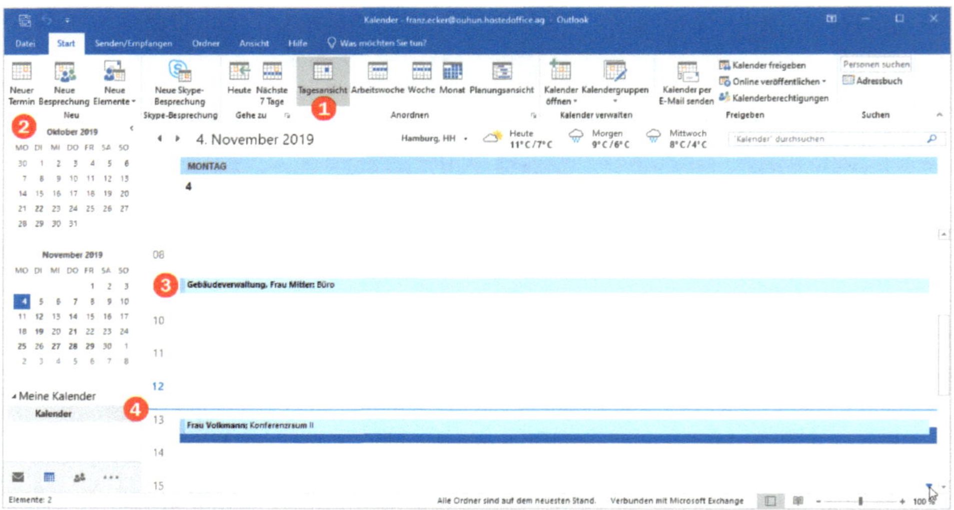

Anordnung des Kalenders

Um die Übersichtlichkeit Ihres Kalenders zu erhöhen, stehen Ihnen verschiedene Ansichten zur Verfügung. Sie finden diese im Register *Start* ▶ Gruppe *Anordnen*. Durch Anklicken der Schaltflächen ändern Sie den angezeigten Zeitraum:

- In der *Tagesansicht* wird nur das ausgewählte Datum angezeigt.
- Die Ansicht *Arbeitswoche* zeigt die Woche ohne Wochenenden an, sonst wählen Sie die Ansicht *Woche*.
- Mit der Ansicht *Monat* erhalten Sie eine Übersicht des gesamten Monats.
- Die *Planungsansicht* kann mehrere Kalender gleichzeitig darstellen. Wurden für Sie Kalender freigegeben, verwenden Sie die Planungsansicht beispielsweise zur Planung von Besprechungen, da hier mehrere Kalender untereinander angezeigt und so schnell freie und belegte Zeiten verglichen werden können.

Im Kalender navigieren

- Abhängig von der gewählten Ansicht wechseln Sie zum folgenden Tag oder zur folgenden Woche bzw. dem nächsten Monat durch Anklicken der Dreiecke über dem Kalender.
- Die blaue Linie zeigt die aktuelle Uhrzeit an und hilft bei der zeitlichen Orientierung im Kalender.
- Dreieckige Symbole ▾ auf dem Kalenderblatt verweisen auf Termine, die momentan nicht angezeigt werden. Klicken Sie auf das Dreieck, um den Bildausschnitt zu verschieben.

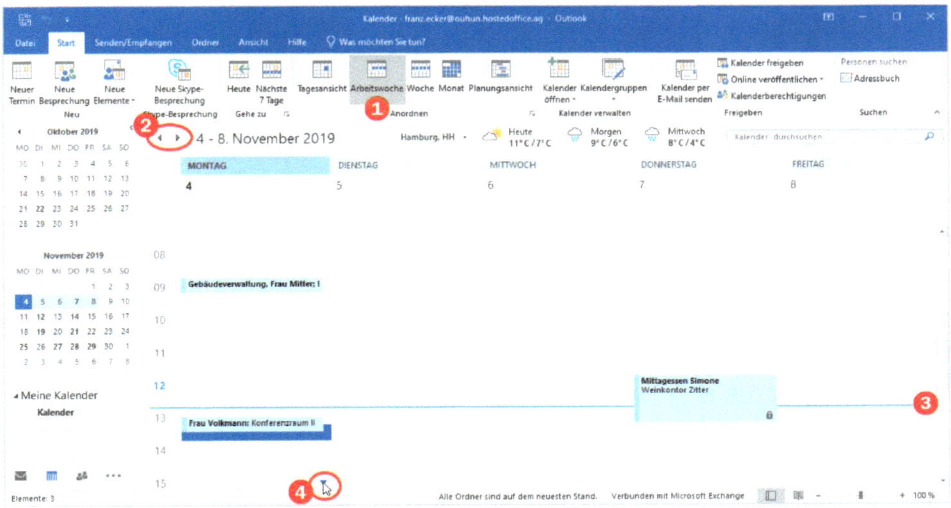

Anordnung als
❶ **Arbeitswoche**

❷ Dreieck anklicken zur Anzeige der vorherigen/nächsten Woche

❸ Blaue Linie zeigt die aktuelle Uhrzeit

❹ Dreieck anklicken um weiteren Termin an diesem Tag anzuzeigen

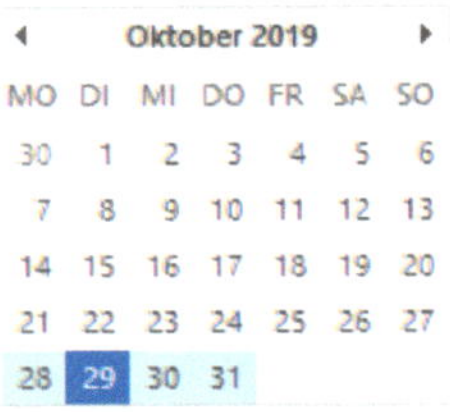

Zu einem anderen Datum wechseln

Die Datumsnavigatoren im Ordnerbereich ermöglichen den schnellen Wechsel zu einem anderen Datum, einer anderen Woche oder einem anderen Monat. Die momentan im Kalender angezeigten Tage sind *hellblau*, das aktuelle Datum ist *dunkelblau* hinterlegt. Tage mit Terminen werden *fett* dargestellt. Zum Wechseln klicken Sie auf das gewünschte Datum. Entsprechend der gewählten Ansicht, wird nun der Tag bzw. die Woche angezeigt. Zur Auswahl eines anderen Monats, klicken Sie auf die Dreiecke für den vorigen bzw. kommenden Monat.

Das aktuelle Datum zeigen Sie durch Anklicken der Schaltfläche *Heute* (Register *Start* ▸ Gruppe *Gehe zu*) schnell an.

Die Anzeige der, einschließlich des aktuellen Datums folgenden sieben Tage erfolgt durch Anklicken von *Nächste 7 Tage* (Register *Start* ▸ Gruppe *Gehe zu*).

Wenn Sie schnell ein weit in der Zukunft liegendes Datum anzeigen möchten, wählen Sie *Start* ▸ Gruppe *Gehe zu*. Das Dialogfenster *Gehe zu Datum* wird durch Anklicken des Gruppensymbols aufgerufen. Hier können Sie ein Datum eintippen und bei *Anzeigen in* eine Anordnung auswählen. Leichter geht's mittels Shortcut: Strg + G

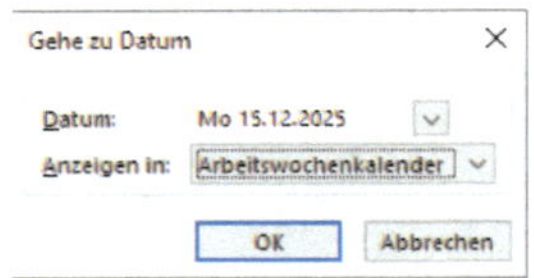

Nächsten oder vorherigen Termin anzeigen

Um schnell zum nächsten oder vorherigen Termin zu gelangen, klicken Sie auf *Nächster Termin* bzw. *Vorheriger Termin* auf dem Kalenderblatt. Diese Schaltflächen werden nur abgebildet, wenn im angezeigten Zeitraum (Tag, Woche) kein Termin vereinbart wurde.

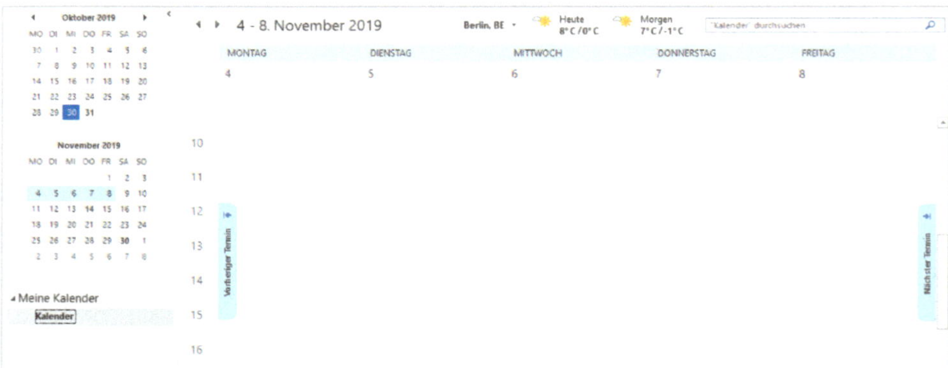

Wechseln zwischen Terminen

Kalenderansicht

Neben den Anordnungsoptionen *Tagesansicht*, *Woche* etc., die Sie bereits kennengelernt haben, stehen weitere Ansichtsmöglichkeiten über *Ansicht* ▸ Gruppe *Aktuelle Ansicht* ▸ *Ansicht ändern* zur Verfügung. In der Regel verändern Sie die Ansicht nur, um etwas zu suchen oder um mehrere Termine, Ereignisse etc. gemeinsam anzuzeigen, zu vergleichen bzw. gleichzeitig zu löschen.

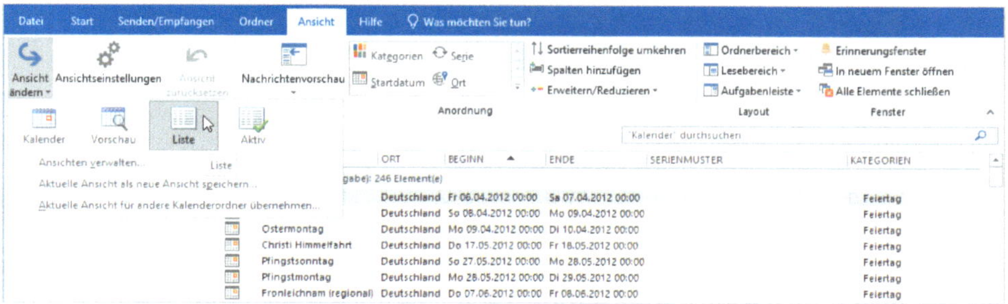

- Mit der Ansicht *Liste* zeigen Sie alle Termine, Ereignisse, Feiertage etc. in Listenform an. Dabei werden die einzelnen Informationen, die zu einem Eintrag vorhanden sind, spaltenweise dargestellt. Standardmäßig sind die Spalten *Betreff*, *Ort*, *Beginn*, *Ende*, *Serienmuster* und *Kategorie* vorhanden.
- In der Ansicht *Aktiv* sehen Sie nur künftige Termine, Ereignisse etc. während in der Ansicht *Liste* auch vergangene Termine angezeigt werden.
- In den Ansichten *Aktiv* und *Liste* können die Termine nach den vorhandenen Spalten aufsteigend/absteigend sortiert werden. Standardmäßig werden die Termine zunächst nach dem *Serientyp* in Gruppen eingeteilt und dann nach *Beginn* sortiert. Nach welcher Spalte gerade sortiert wird, sehen Sie am schwarzen Dreieck.

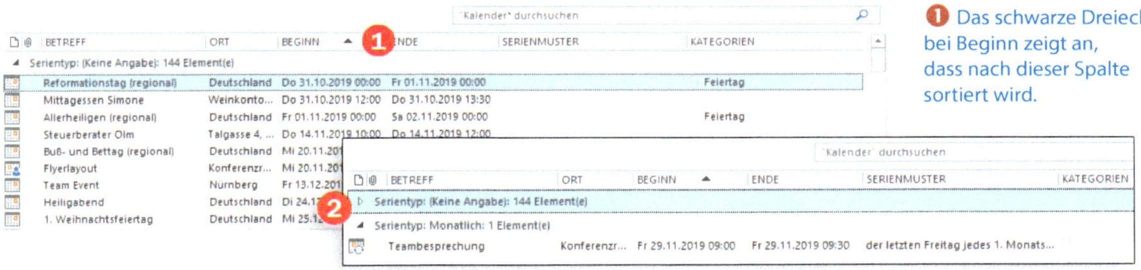

❶ Das schwarze Dreieck bei Beginn zeigt an, dass nach dieser Spalte sortiert wird.

❷ Wiederkehrende Termine, z. B. die monatliche Teambesprechung, können als Serientyp definiert werden, so erspart man sich die dauernde Eingabe.

Durch Anklicken des Dreiecks vor Serientyp kann die Anzeige reduziert bzw. erweitert werden.

- Um eine andere Sortierung zu erhalten, tippen Sie auf die entsprechende Überschrift, z. B. *Betreff*. Dadurch werden alle Termine alphabetisch sortiert, d. h. zunächst erscheinen Termine, die mit einer Zahl beginnen (1. Weihnachtsfeiertag) und dann von A-Z.

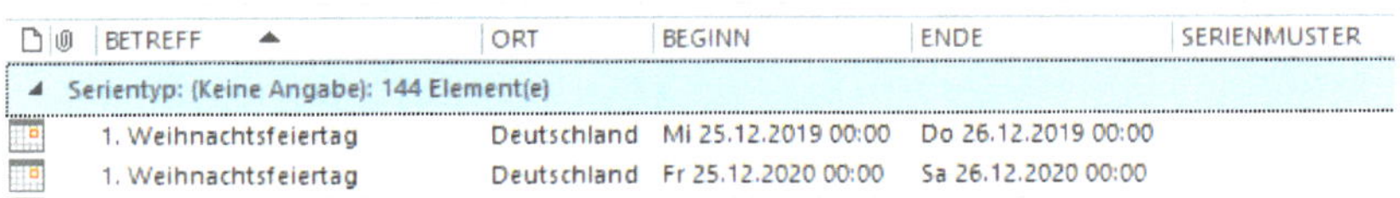

Wünschen Sie eine Sortierung von Z-A klicken Sie erneut auf die Spaltenüberschrift.

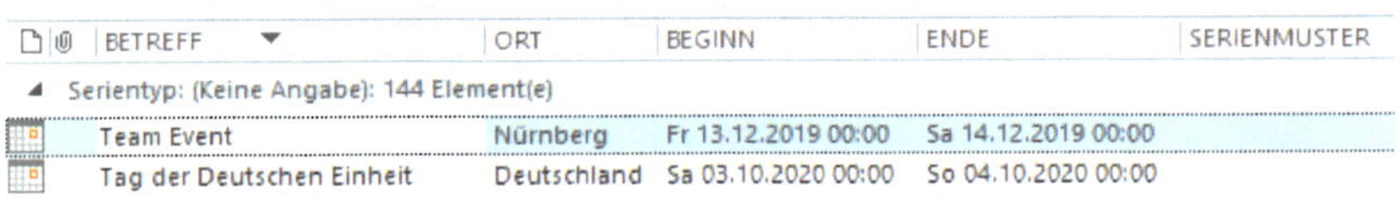

Mit *Ansicht zurücksetzen* im Register *Ansicht* ▸ Gruppe *Aktuelle Ansicht* kehren Sie wieder zur Standardanzeige zurück.

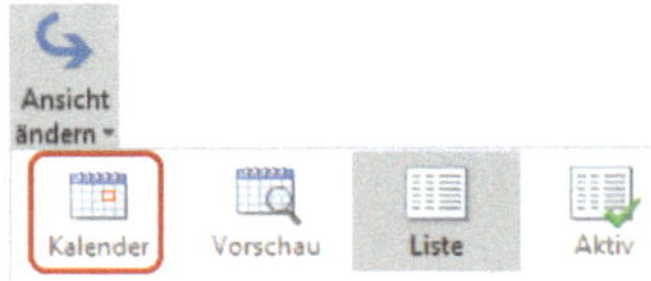

Zur Anzeige der ursprünglichen Darstellung des Kalenders wählen Sie im Register *Ansicht* ▸ Gruppe *Aktuelle Ansicht* ▸ *Ansicht ändern* ▸ *Kalender* aus.

Ansicht individuell anpassen

Es gibt eine Vielzahl von Möglichkeiten die ausgewählte Ansicht an die eigenen Vorstellungen anzupassen. Für Änderungen der aktuellen Ansicht (in diesem Beispiel Ansicht *Aktiv*) klicken Sie im Register *Ansicht* ▸ Gruppe *Aktuelle Ansicht* auf *Ansichtseinstellungen*. Im folgenden finden Sie einige typische Beispiele für Änderungswünsche.

Feiertage filtern

Wie Sie Feiertage im Kalender anzeigen, erfahren Sie auf Seite 171.

Während die Anzeige von Feiertagen im Kalender meist von Vorteil ist, so ist es oft nicht sinnvoll, diese auch in den Listenübersichten anzuzeigen, da sie das Auffinden „echter" Termine erschweren. Zur Änderung klicken Sie auf *Ansichtseinstellungen*. Wählen Sie die Schaltfläche *Filtern* ❶ und dann das Register *Erweitert* ❷. Hier klicken Sie auf *Feld* ❸ und wählen bei *Häufig verwendete Felder* den Eintrag *Kategorien*. Bei *Bedingungen* ❹ entscheiden Sie sich für die Option *enthält nicht* und im letzten Feld *Wert* ❺ tippen Sie *Feiertage* ein. Dann klicken Sie auf *Zur Liste hinzufügen* ❻ und bestätigen mit *Ok*.

Info: Dieser Eintrag ❼ sorgt dafür, dass in der Ansicht Aktiv keine vergangen Termine angezeigt werden.

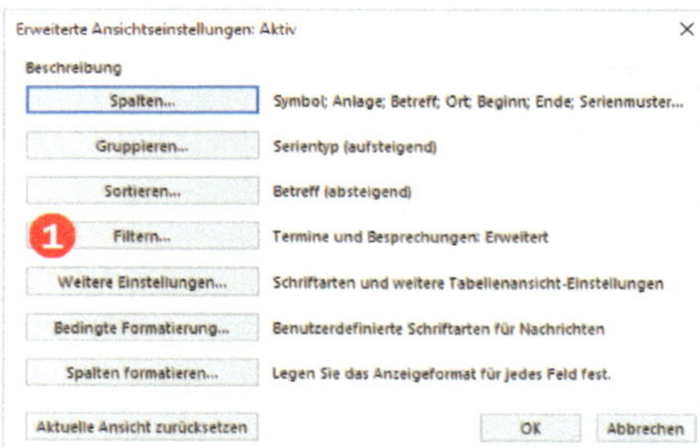

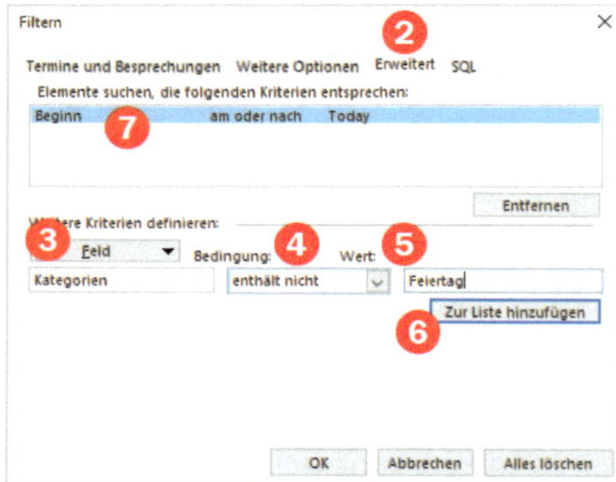

Eine neue Spalte zur Ansicht hinzufügen

Über die Schaltfläche *Spalten* können weitere Informationen in die Ansicht übernommen und nach diesen sortiert werden. Beispielsweise soll angezeigt werden, ob es sich bei einem Eintrag um ein Ereignis handelt. Klicken Sie dazu zunächst auf *Spalten* ❶, belassen Sie oben die Auswahl von *Häufig verwendete Felder* ❷ und klicken auf *Ganztägig* ❸ und dann auf *Hinzufügen* ❹. Über *Nach oben* bzw. *Nach unten* ❺ können Sie der neuen, markierten Spalte eine Position zuweisen. Bestätigen Sie die neue Spalte mit *Ok*.

Möchten Sie wissen, wann Sie einen Termin angelegt haben?

Dazu wählen Sie im Bereich *Spalten* die Option *Erstellt* aus und fügen Sie der Ansicht hinzu.

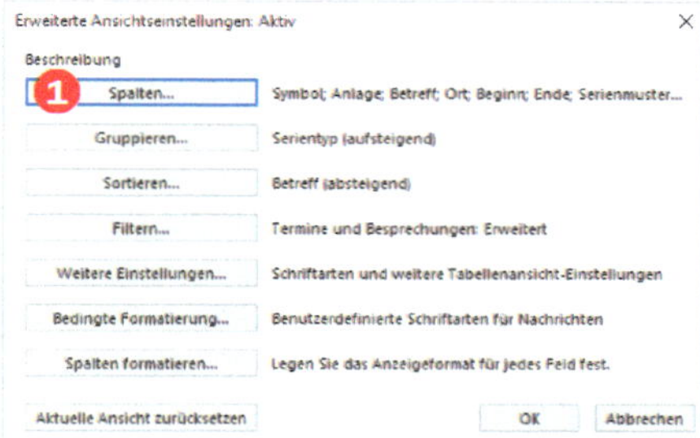

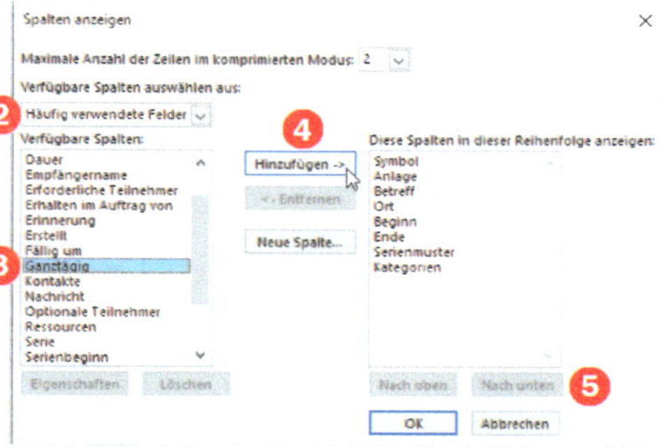

Gruppierung aufheben

Standardmäßig werden die Ansichten *Liste* und *Aktiv* in zwei Gruppen angezeigt: Serientermine, die einem bestimmten Turnus folgen und andere Termine. Wer keine Gruppierung benötigt, entfernt diese wie folgt: Klicken Sie auf *Ansichtseinstellungen* und wählen Sie *Gruppieren* ❶ aus. Wählen Sie bei *Elemente gruppieren nach* die Option *(Keine Angabe)* ❷ aus und bestätigen Sie mit *Ok*.

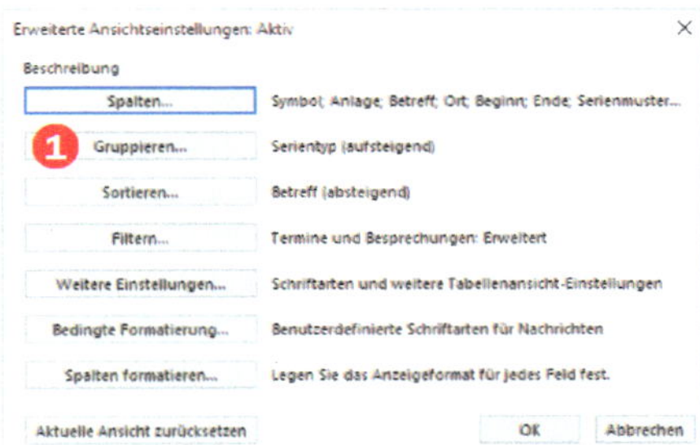

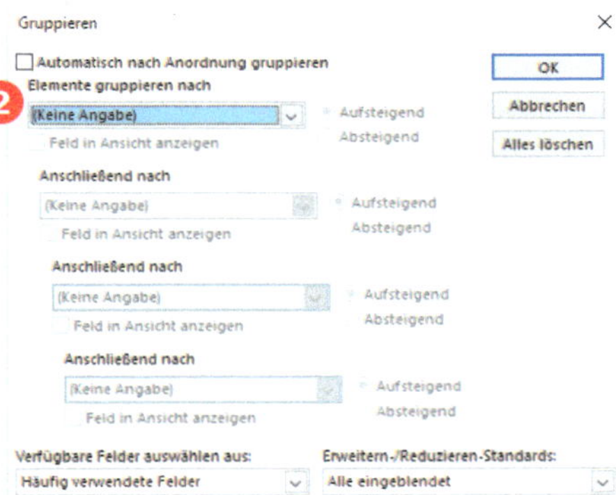

Individuelle Ansicht speichern

Alle Veränderungen einer Ansicht bleiben erhalten, auch beim Wechsel zwischen Ansichten. Wer aber öfter mal die Einstellungen einer Ansicht verändert, ist gut beraten, die eine oder andere neue Ansicht zu speichern. Zeigen Sie dazu die Ansicht samt der veränderten Einstellungen an, tippen Sie auf *Ansicht ändern* und hier auf *Aktuelle Ansicht als neue Ansicht speichern* ❶. Vergeben Sie einen Namen, z. B. *Aktiv Feier* ❷ und stellen Sie die Ansicht für *Alle Ordner des Typs "Kalender"* zur Verfügung. Klicken Sie dann auf *Ok*.

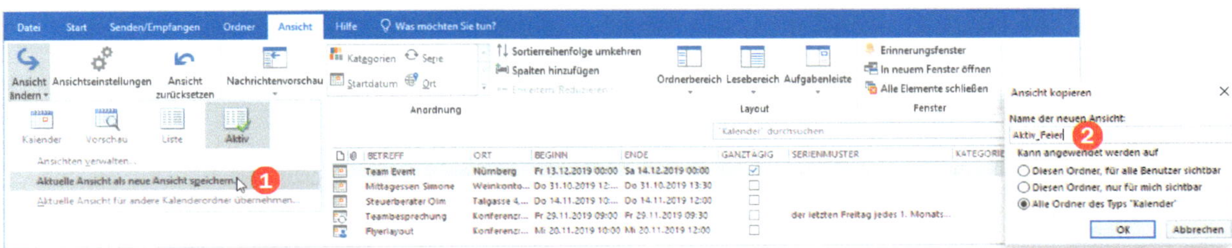

Wetteranzeige nutzen

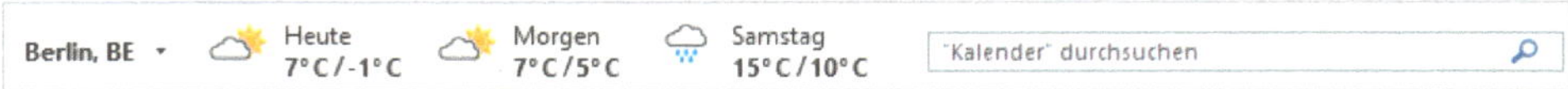

Wetterdetails anzeigen

Standardmäßig enthält der Kalender eine Wetterleiste mit 3-Tages-Vorschau für Berlin. Zeigen Sie mit der Maus auf einen Tag (z. B. *Heute*), um detaillierte Informationen zu erhalten. Für ausführliche Berichte klicken Sie auf den Link *Weitere Informationen online anzeigen*, der Sie zur msn-Wetter Webseite weiterleitet.

Wetterinformation

Orte hinzufügen

Über das Dropdown-Menü *Wetterstandortoptionen* wechseln Sie den Standort und fragen das Wetter für andere Städte ab. Standardmäßig wird hier nur *Berlin* zur Auswahl angezeigt. Um weitere Orte in die Liste aufzunehmen, klicken Sie auf *Ort hinzufügen* und geben den Ortsnamen oder die Postleitzahl ein, drücken die Enter-Taste oder alternativ das Lupensymbol und schon beginnt die Suche. Bestätigen Sie den Ort durch Anklicken.

Anderen Ort auswählen

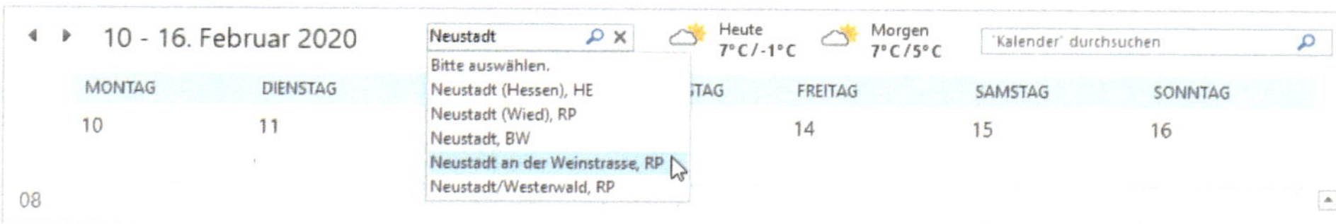

Orte löschen

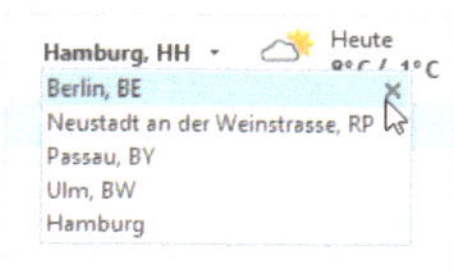

In die Wetterstandortoptionen können bis zu fünf Orte aufgenommen werden. Um dann noch Andere anzuzeigen, müssen zunächst vorhandene Orte entfernt werden. Zeigen Sie auf einen Ort in den *Wetterstandortoptionen* und klicken Sie auf das Schließen-Symbol am Ende des Eintrags.

Wetterleiste ausblenden

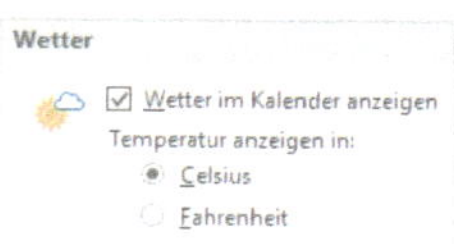

Weitere Einstellungen vereinbaren Sie über das Register *Datei* ▶ *Optionen*. Im Dialogfenster wählen Sie *Kalender* und scrollen dann ganz nach unten bis zum Bereich *Wetter*. Hier können Sie von Fahrenheit auf Celsius wechseln und durch Entfernen des Häkchens die Wetterleiste ausblenden.

5.2 Darstellung des Kalenders verändern

Alle Änderungen am Aufbau und Design des Kalenders werden über die Registerkarte *Datei* und Auswahl von *Optionen* vorgenommen. In den Outlook-Optionen wählen Sie den Bereich *Kalender* aus. Hier ändern Sie Einstellungen zur Anzeige der *Arbeitszeit*, *Kalenderoptionen*, *Anzeigeoptionen* etc. Alle vorgenommenen Änderungen beziehen sich auf den gesamten Kalender.

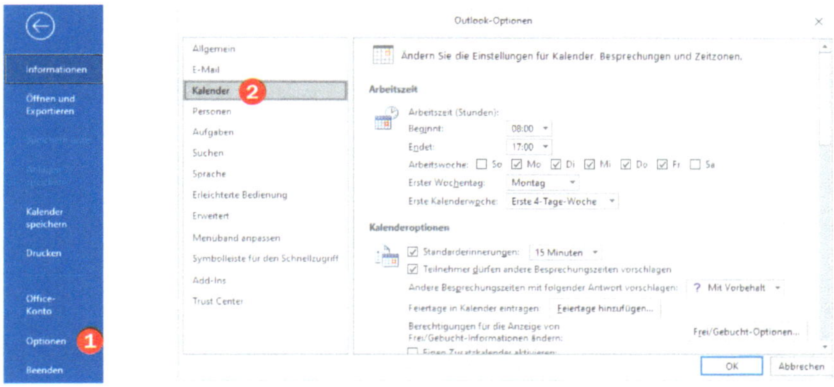

Outlook-Optionen ❶
Bereich Kalender ❷
wird angezeigt

Arbeitszeit visualisieren

Das Kalenderblatt ist in helle und dunkle Bereiche unterteilt. Die dunklen Bereiche visualisieren Zeiten außerhalb Ihrer gewöhnlichen Arbeitszeit (in der Regel vor 08:00 Uhr, nach 17:00 Uhr und am Wochenende). Die helle Fläche steht für Ihre Arbeitszeit. Um Änderungen vorzunehmen wählen Sie *Datei* ▸ *Optionen* ▸ Bereich *Kalender* ▸ Abschnitt *Arbeitszeit* ❸.

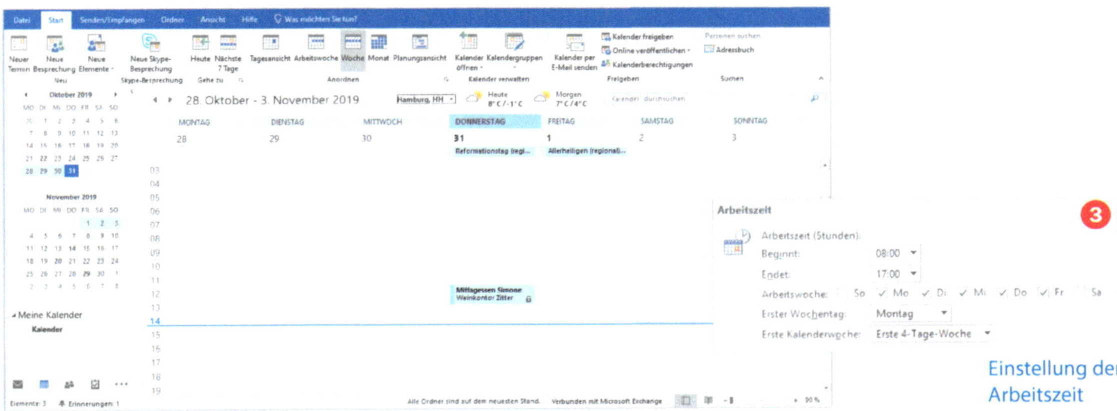

Einstellung der Arbeitszeit

- Die regelmäßige Arbeitszeit legen Sie bei *Arbeitszeit (Stunden)* fest. Beachten Sie, dass die festgelegte Zeit für alle Tage gilt.

- Arbeiten Sie nicht von Montag bis Freitag, entfernen Sie die Häkchen bei den entsprechenden Tagen und/oder aktivieren andere. In der Anordnung *Arbeitswoche* (Register *Start* ▶ Gruppe *Anordnung*) werden nur die Tage angezeigt, die mit einem Häkchen versehen sind. Arbeiten Sie beispielsweise nie am Montag, so entfernen Sie das Häkchen vor *Mo* und erhalten in der Anordnung *Arbeitswoche* folgende Darstellung:

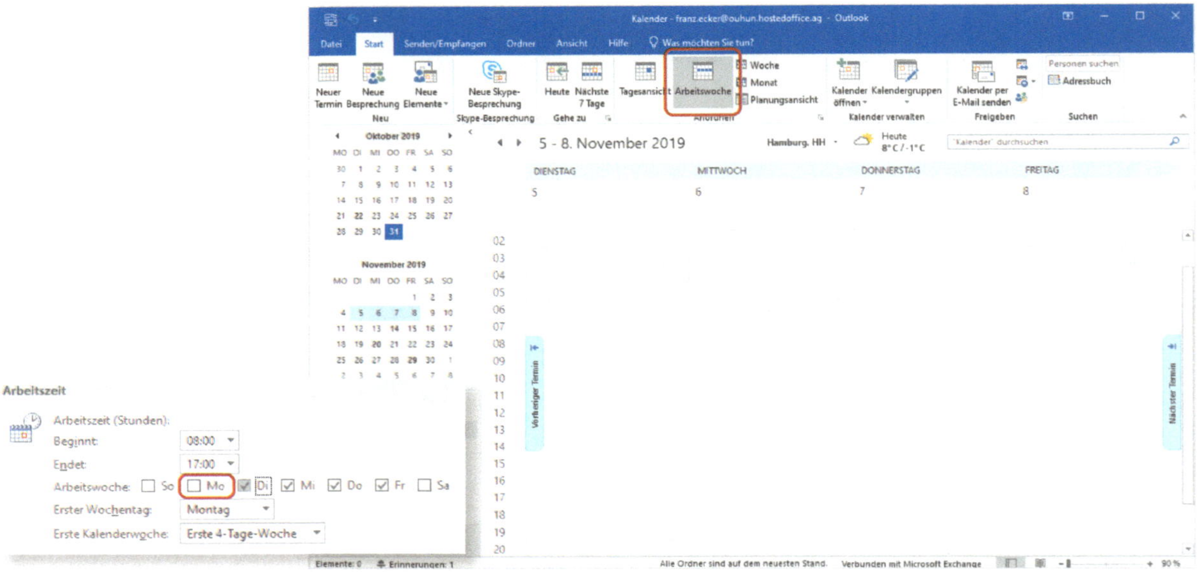

- Bei *Erster Wochentag* bestimmen Sie, mit welchem Tag die Woche beginnt; also welcher Tag in der Anordnung *Woche* zuerst angezeigt wird. Das ist in Deutschland sicherlich der Montag, in den USA beispielsweise der Sonntag.
- Die Einstellungen bei *Erste Kalenderwoche* werden in Outlook erst dann wichtig, wenn Sie die Kalenderwoche anzeigen lassen (siehe nächste Seite).

Kalenderfarbe bestimmen

In *Datei* ▶ *Optionen* ▶ Bereich *Kalender* ▶ Abschnitt *Anzeigeoptionen* erhalten Sie die Möglichkeit, eine andere Kalenderfarbe auszuwählen; verwenden Sie dazu das Auswahlfeld hinter *Standardkalenderfarbe*.

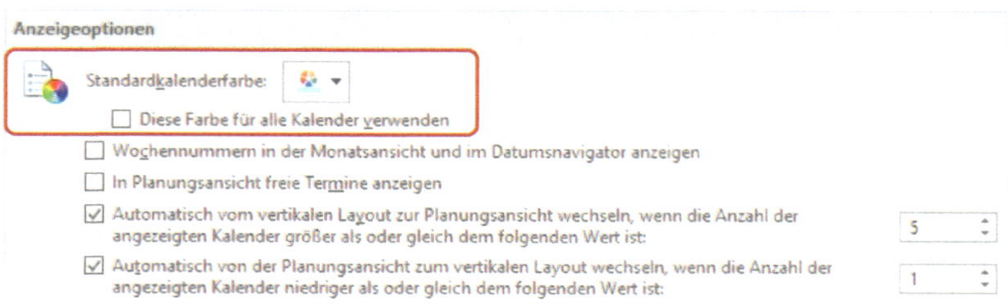

Kalenderwoche anzeigen

Wenn Sie die Kalenderwoche im Outlook-Fenster anzeigen möchten, setzen Sie ein Häkchen bei *Datei* ▸ *Optionen* ▸ Bereich *Kalender* ▸ Abschnitt *Anzeigeoptionen* ▸ *Wochennummern in der Monatsansicht und im Datumsnavigator* anzeigen.

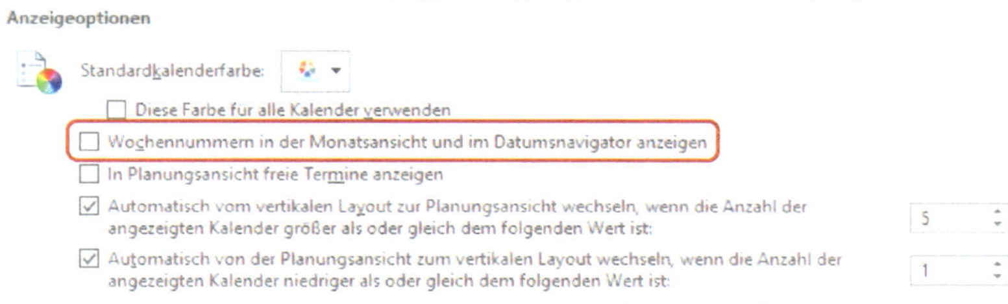

Beachten Sie die für Ihre Region geltenden Bestimmungen: In Europa ist die erste Kalenderwoche die erste Woche im Jahr, die vier Tage enthält. In den USA beginnt die erste Kalenderwoche mit dem ersten Tag des neuen Jahres. Diese Information hinterlegen Sie unter *Datei* ▸ *Optionen* ▸ Bereich *Kalender* ▸ Abschnitt *Arbeitszeit* ▸ *Erste Kalenderwoche*. Für Deutschland wählen Sie hier *Erste 4-Tage-Woche* und beispielsweise für die USA *Beginnt am 1. Januar*.

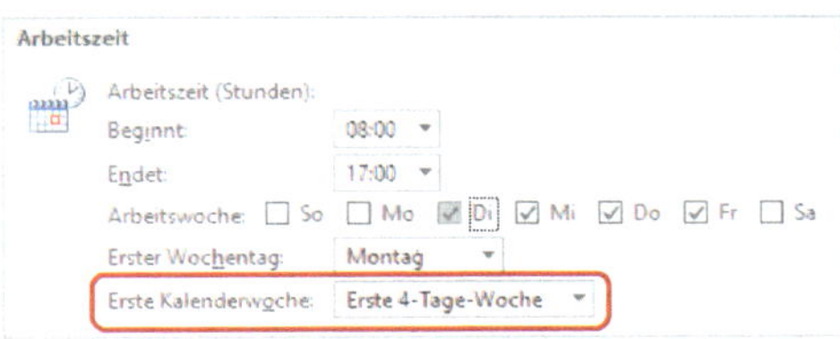

Der Datumsnavigator links zeigt die Einstellung für Deutschland: Der 1. Januar 2021 gehört zur KW 53. Der Datumsnavigator rechts zeigt die amerikanische Einstellung: Hier gehört der 1. Januar zur KW 1.

Feiertage hinzufügen

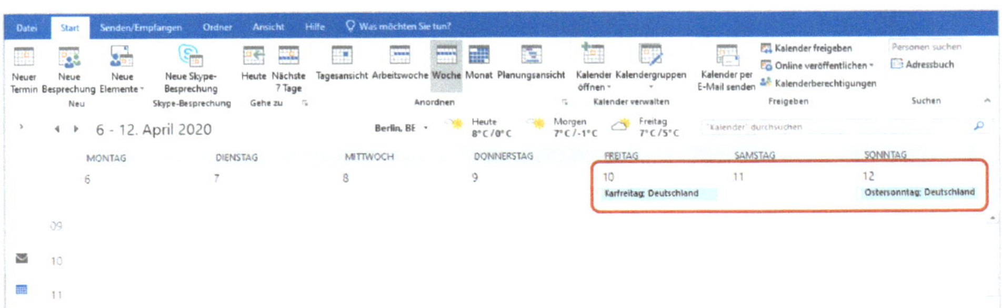

Anzeige von Feiertagen auf dem Kalenderblatt

Feiertage werden nicht automatisch im Kalender angezeigt, sondern müssen für jedes Land ausgewählt und hinzugefügt werden.

- Öffnen Sie *Datei* ▸ *Optionen* ▸ Bereich *Kalender* .
- Klicken Sie im Abschnitt *Kalenderoptionen* auf die Schaltfläche *Feiertage hinzufügen*.
- Im folgenden Fenster aktivieren Sie die Kontrollkästchen der Länder, deren Feiertage Sie hinzufügen möchten. Die deutschen Feiertage sind standardmäßig ausgewählt. Falls Sie diese nicht anzeigen möchten, entfernen Sie das Häkchen. Bestätigen die Auswahl über *OK*. Die Feiertage werden im Kalender als Ereignis ganz oben angezeigt.

Kalenderoptionen: Feiertage hinzufügen

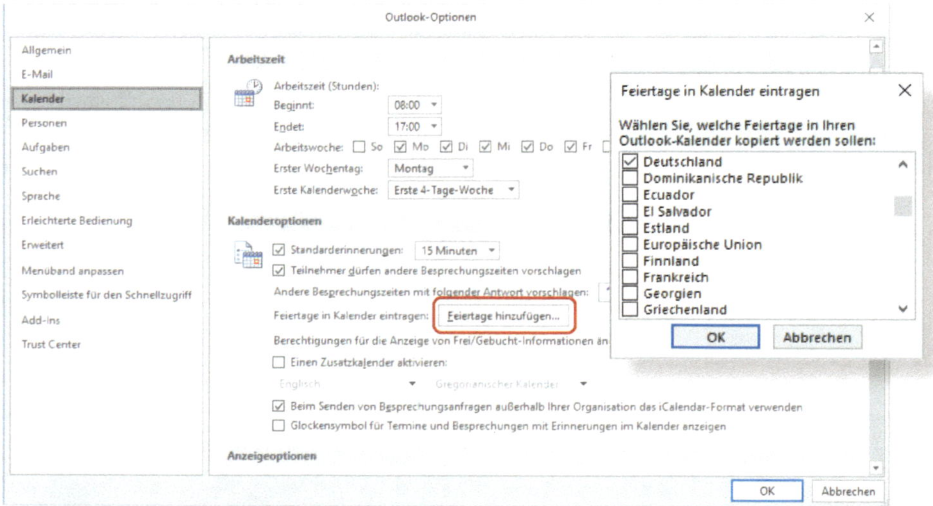

> **Achtung beim erneuten Hinzufügen weiterer Feiertage**
>
> Beachten Sie, dass beim nachträglichen Einfügen weiterer Feiertage das Häkchen vor Deutschland automatisch gesetzt ist. Entfernen Sie in diesem Fall das Häkchen vor *Deutschland*. Falls nicht, erhalten Sie eine Meldung, die Sie vor der doppelten Anzeige der deutschen Feiertage warnt. Falls Sie alle Warnungen in den Wind schlagen, werden die Feiertage doppelt eingetragen.

Feiertage entfernen

1. Zunächst müssen Sie dafür sorgen, dass nur Feiertage angezeigt werden, die gelöscht werden sollen, z. B. alle finnischen Feiertage. Tragen Sie hierzu im Feld *Sofortsuche* des Kalenders die gewünschten Begriffe ein, z. B. *Feiertag Finnland*. Outlook wechselt automatisch zur Ansicht *Liste* und zeigt nur die finnischen Feiertage an.

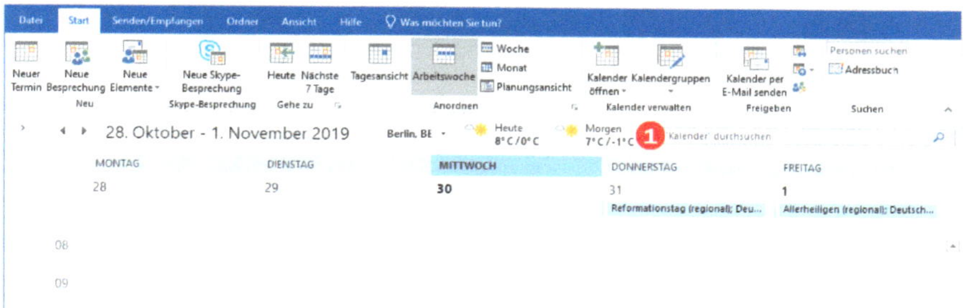

Sofortsuche: Feiertag Finnland eintippen ❶

2 Klicken Sie einen Feiertag an und markieren Sie alle gefundenen Datensätze mit der Tastenkombination Strg+A. Drücken Sie dann die Entf-Taste zum Löschen der Datensätze. Alle Feiertage werden in den Ordner *Gelöschte Elemente* verschoben.

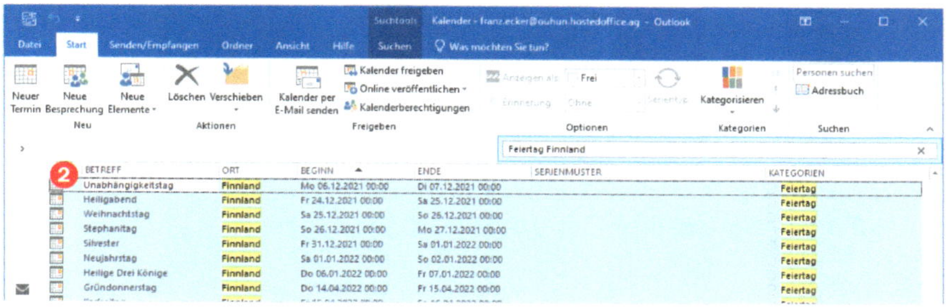

Alle gefundenen Feiertage mit Strg + A markieren ❷

3 Schließen Sie nun Ihre Suchanfrage im Suchfeld oder mit dem Befehl *Suchtools – Suchen* ▶ *Suche Schließen*.

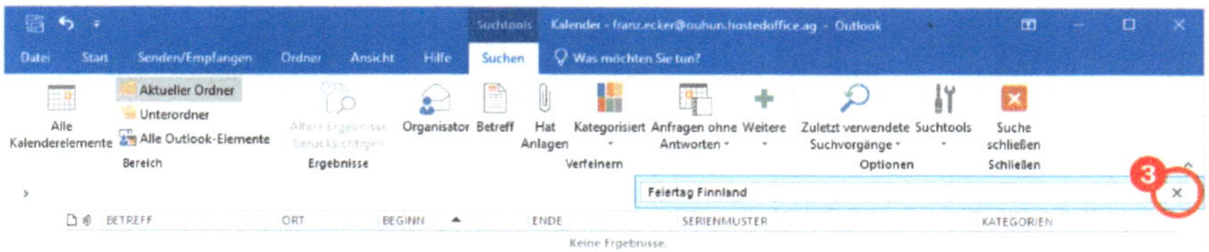

❸ Suche schließen

Zeitzonen festlegen

Die Anzeige anderer Zeitzonen ist dann sinnvoll, wenn Sie beispielsweise Videokonferenzen mit dem Ausland in Ihren Kalender eintragen. Damit erleichtern Sie das Finden der richtigen Uhrzeit und müssen nicht umständlich vor- oder zurückrechnen. Im folgenden Beispiel soll neben der Zeit für Deutschland auch die neuseeländische Zeit angezeigt werden.

Zeigen Sie *Datei* ▶ *Optionen* ▶ Bereich *Kalender* ▶ Abschnitt *Zeitzonen* an. Hier ist die Standard-Zeitzone bereits vereinbart. Geben Sie dieser im Feld *Beschriftung* einen Na-

In Outlook für Office 365 können bis zu 3 Zeitzonen angezeigt werden.

men, z. B. *Home* ❶. Aktivieren Sie *Zweite Zeitzone anzeigen* ❷, tragen Sie eine Beschriftung für die zweite Zeitzone ein, z. B. *NZ* und wählen Sie diese aus.

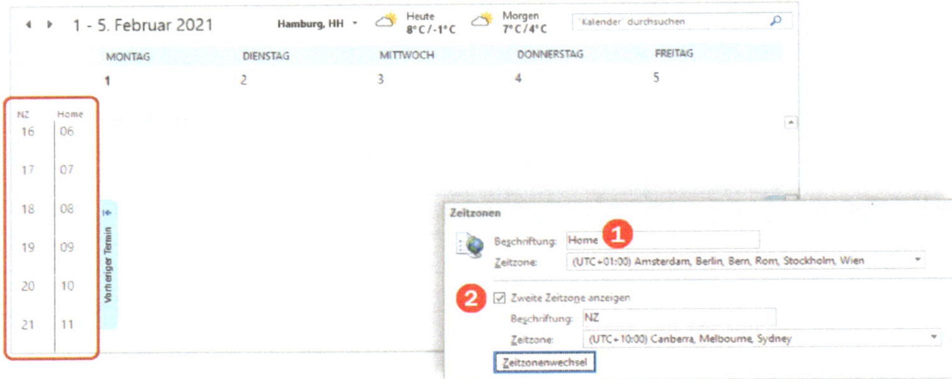

Um die zweite Zeitzone nicht mehr in der Kalenderansicht anzuzeigen, entfernen Sie das Häkchen vor *Zweite Zeitzone anzeigen*. Dann sollten Sie auch die Beschriftung für die erste Zeitzone entfernen.

Aktuelle Aufgaben in der Täglichen Aufgabenliste anzeigen

Praktisch wäre es die Aufgaben, die für den Tag zu erledigen sind, gleich unterhalb der Termine anzuzeigen und so einen schnellen Überblick über das tägliche Arbeitspensum zu erhalten. Mit dem Feature *Tägliche Aufgabenliste* ist das möglich.

Tägliche Aufgabenliste anzeigen

Die Tägliche Aufgabenliste kann unten im Kalender über *Ansicht* ▶ Gruppe *Layout* ▶ *Tägliche Aufgabenliste* ▶ *Normal* eingeblendet werden.

Kalender in der Anordnung Arbeitswoche mit Täglicher Aufgabenliste

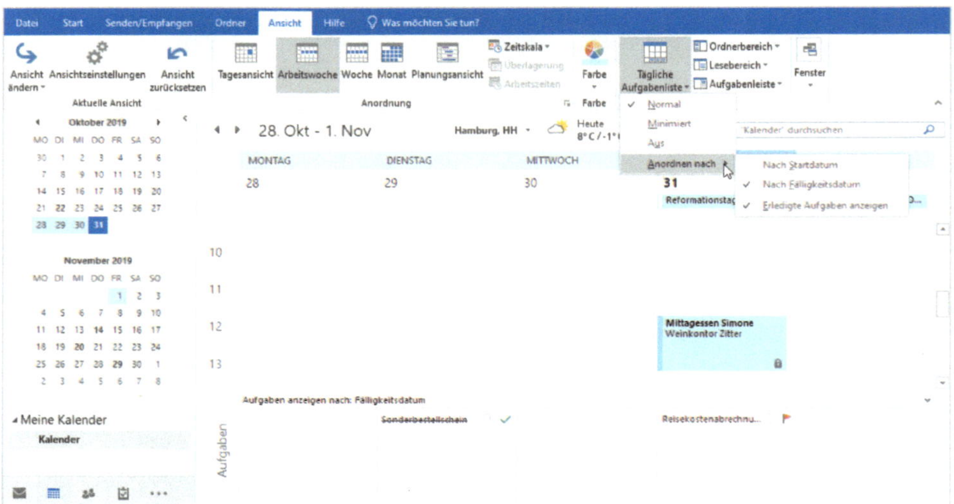

Gleichzeitig legen Sie über die Schaltfläche *Tägliche Aufgabenliste* ▸ *Anordnen nach* fest, nach welchem Kriterium die Aufgaben angezeigt werden sollen: Zur Auswahl stehen hier die Anzeige nach *Startdatum*, dies ist in der Regel das Datum an dem die Aufgabe erstellt wurde oder das *Fälligkeitsdatum*. Außerdem entscheiden Sie mit *Erledigte Aufgaben anzeigen* , ob erledigte Aufgaben durchgestrichen angezeigt werden sollen.

Die Schaltfläche zur Anzeige der Täglichen Aufgabenliste ist nicht aktiv.

Die Tägliche Aufgabenliste kann nur in den Anordnungen *Tagesansicht*, *Arbeitswoche* und *Woche* verwendet werden. Sie zeigen den Kalender wahrscheinlich gerade als Monatsübersicht oder in der Planungsansicht an.

Größe verändern

Zeigen Sie mit der Maus auf die Trennlinie zwischen Aufgabenliste und Kalender und ziehen Sie die Täglichen Aufgabenliste auf die gewünschte Höhe ❶. Die Aufgabenliste kann durch Anklicken des Pfeilsymbols auf der rechten Seite des Fensters minimiert ❷ bzw. später wieder maximiert werden.

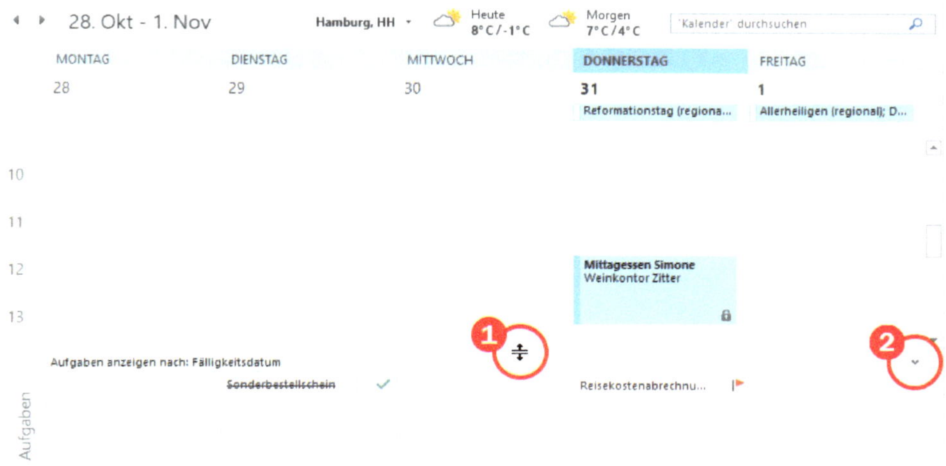

Aufgabe eintragen und bearbeiten

In die tägliche Aufgabenliste können durch Anklicken einer leeren Zeile neue Aufgaben eingetragen werden. Alle Änderungen werden selbstverständlich im Funktionsbereich *Aufgaben* übernommen. Beim Klicken in die Tägliche Aufgabenliste wird die kontextbezogene Registerkarte *Tools der täglichen Aufgabenliste* angezeigt.

- Hier können Sie in der Gruppe *Aufgabe verwalten*, die markierte Aufgabe *Als erledigt markieren* oder *Aus der Liste entfernen*.
- Mit den Befehlen in der Gruppe *Nachverfolgung* weisen Sie der markierten Aufgabe einen neuen Erledigungszeitraum zu.

Für genaue Erläuterungen der hier aufgezählten Punkte lesen Sie Kapitel 6: Aufgaben verwalten.

5.3 Termine und Ereignisse festlegen

Schnell einen Termin eintragen

Für dieses Beispiel wurde die Anordnung *Arbeitswoche* gewählt. Die Vorgehensweise gilt aber auch für die *Tagesansicht* oder *Woche*. Nur in der Anordnung *Monat* legen Sie auf diese Art keinen Termin sondern ein ganztägiges Ereignis fest.

1. Klicken Sie im Datumsnavigator auf das Datum, dem ein neuer Termin hinzugefügt werden soll. Die entsprechende Woche wird angezeigt.
2. Die Kalender-Ansicht ist in Uhrzeiten unterteilt. Grundsätzlich stehen Ihnen für jede Stunde zwei Bereiche zur Verfügung, die es ermöglichen, Termine im Halbstundentakt einzutragen. Klicken Sie auf der Höhe der entsprechenden Uhrzeit in die Zelle und geben Sie eine Bezeichnung für Ihren Termin ein. Der Termin „Vorbesprechung Messe“ beginnt im Beispiel unten um 09:00 Uhr und endet um 09:30 Uhr.

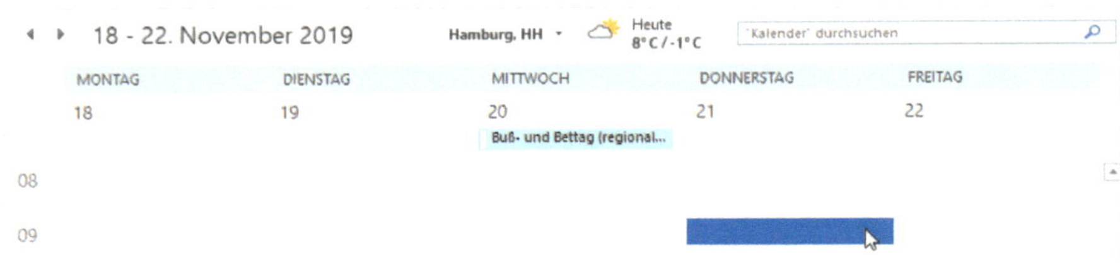

3. Wichtige weitere Einstellungen können Sie bei dieser Form der Terminfestlegung über die Registerkarte *Kalendertools – Termin* vornehmen, solange der Termin markiert ist. Die Befehle auf dem kontextbezogenen Register entsprechen denen im Terminformular, welches Sie im folgenden Abschnitt kennenlernen.

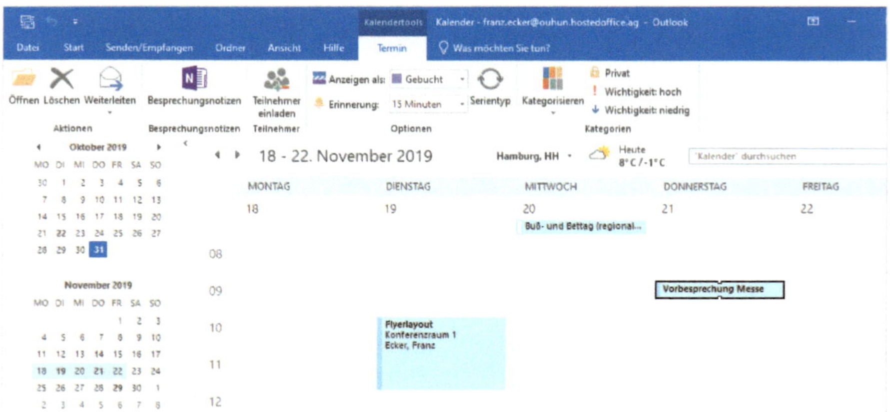

Terminvorschau

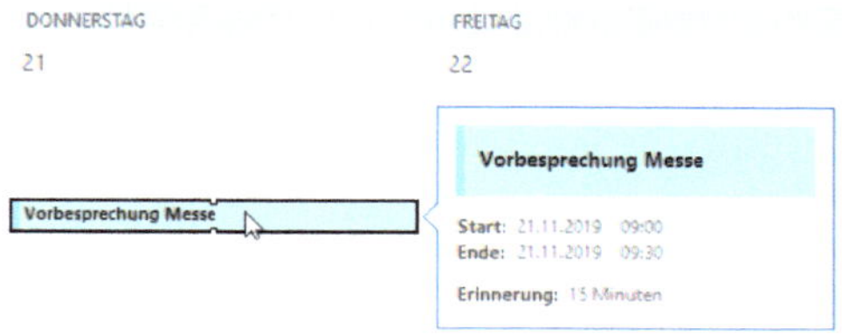

Im Kalender wird in der Regel von einem Termin sehr wenig zu sehen sein. Bewegen Sie die Maus jedoch über den Termin, ohne auf ihn zu klicken, erscheint eine Terminvorschau. Diese enthält detaillierter Informationen und blendet automatisch ab, wenn Sie die Maus bewegen.

Falls mehr Informationen hinterlegt werden müssen, z. B. der Besprechungsort, sollten Sie ein Terminformular verwenden.

Detaillierte Termineingabe

- Möchten Sie genauere Angaben zu einem Termin speichern, sollten Sie zur Eingabe ein Terminformular öffnen. Klicken Sie auf *Start* ▸ Gruppe *Neu* ▸ *Neuer Termin*.
- Sie können das Formular auch mit einem Doppelklick auf die entsprechende Zelle des Kalenders öffnen. Dadurch werden Datum und die Uhrzeit in das Terminformular übernommen.
- In der Ansicht *Monat* öffnen Sie durch einen Doppelklick auf eine Zelle ein Ereignisformular, d. h. der Termin wird zunächst als ganztägig angezeigt.

Terminformular ausfüllen

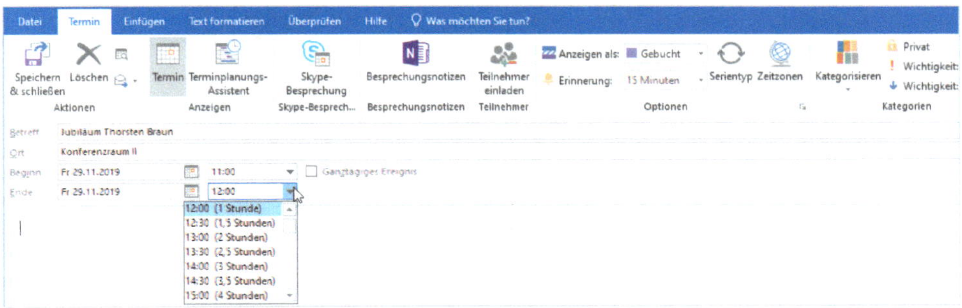

- Tragen Sie die einzelnen Informationen in die Felder ein. Zum Wechseln zwischen den Feldern können Sie die Tabulator-Tasten verwenden. *Betreff* und *Ort* erscheinen in der Kalenderübersicht.
- Für *Datum* und *Uhrzeit* stehen Kalenderblatt und die Dropdown-Liste. Natürlich können Sie Datum und Uhrzeit auch über die Tastatur eintippen.

	Eingabemöglichkeiten
Datum	29-11-19 oder 29/11/19 wird umgewandelt in Fr 29.11.2019 Sie können auch Worte eingeben: morgen, übermorgen, in 3 Wochen, St. Martin. Wenn Sie das Jahr weglassen, wird von Outlook in der Regel das aktuelle Jahr automatisch ergänzt.
Uhrzeit	1045 wird umgewandelt in 10:45 Uhrzeiten können auch ohne Doppelpunkt eingegeben werden.

- Das Feld *Notizen* ❶ bietet für weitere Informationen Platz. Sie können hier auch größere Mengen an Text eingeben, den Text formatieren und alles einfügen, was Sie auch in eine E-Mail einfügen können, inklusive Dateien.

  Zur Formatierung von Text steht Ihnen das Register *Text formatieren* ❷ zur Verfügung. Hier finden Sie in der Gruppe *Absatz* auch die Schaltfläche *Aufzählungszeichen*.

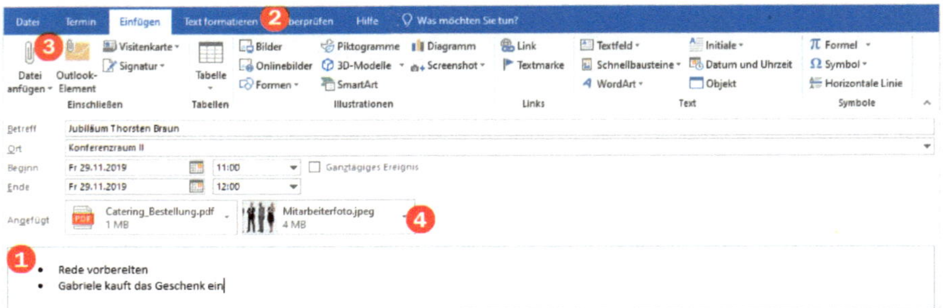

Aufgaben siehe Kapitel 6

> Im Beispiel wurde für den Termin als zusätzliche Information „Rede vorbereiten" eingetragen. Dies sollte unbedingt auch als Aufgabe festgelegt werden. Die Informationen im Notizenbereich werden nur dort angezeigt und können leicht vergessen werden.

- Über Register *Einfügen* ▸ *Datei einfügen* ❸ (siehe Bild oben) können für den Termin verschiedene Dokumente bzw. Bilder ❹ hinterlegt werden. Sie fügen auf diese Weise eine Kopie der Datei hinzu. Falls an der Datei nachträglich Änderungen vorgenommen werden, sind diese hier nicht hinterlegt.
- Alternativ kann über *Link* ❺ ein Verweis auf die Datei hinzugefügt werden. Durch Antippen des Links ❻, Bestätigung des Sicherheitshinweises und Anklicken von *Öffnen*, kann die Datei dann aus dem Terminformular heraus geöffnet werden.

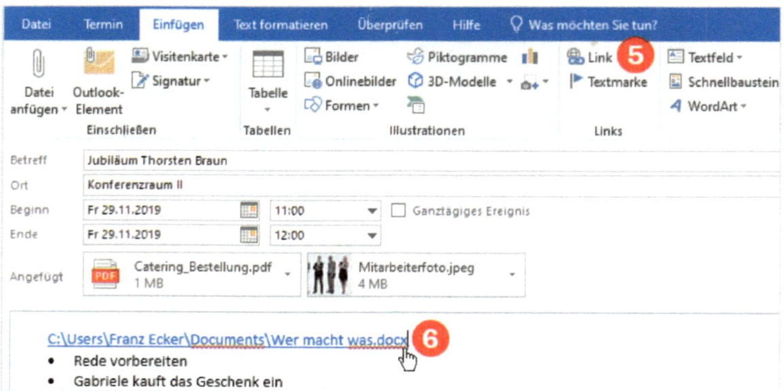

- Weitere wichtige Attribute, wie z. B. eine Erinnerung oder den Status privat, können einem Termin im Terminformular hinzugefügt werden. Dazu gleich mehr. Sie beenden die Termineingabe mit Register *Termin* ▸ *Speichern & schließen*.

Terminkonflikte

Überschneidet sich der Termin mit einem bereits bestehenden, so werden Sie mit einer Infoleiste im Terminformular darauf aufmerksam gemacht. Dennoch kann der Termin gespeichert werden und wird zusammen mit dem anderen angezeigt.

Ereignis festlegen

Ereignisse sind im Gegensatz zu Terminen immer ganztägig, wie z. B. ein Geburtstag, eine ganztägige Schulung, ein Kunden- oder Messebesuch, können aber auch mehrere Tage andauern. Auch Feiertage sind Ereignisse. Sie werden im oberen Bereich der Kalender-Ansicht angezeigt.

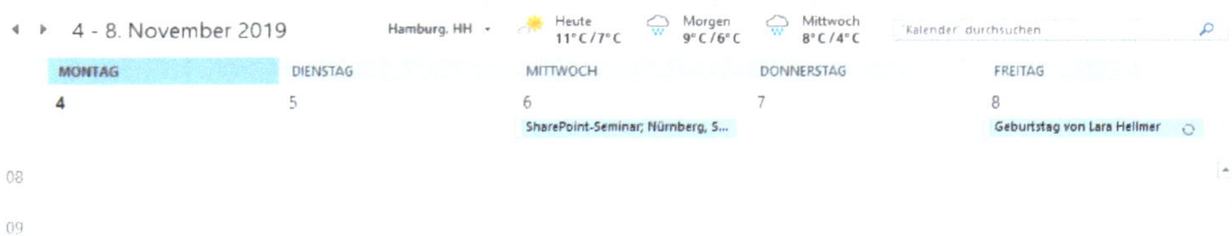

Um ein Ereignis festzulegen...

- Klicken Sie in der Kalender-Ansicht in den Bereich unterhalb des Wochentags und tragen Sie eine Bezeichnung für das Ereignis ein.

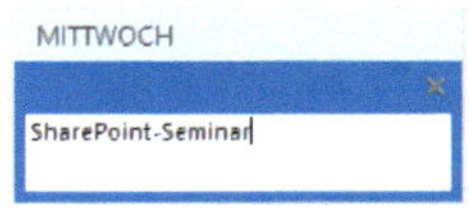

- Alternativ klicken Sie doppelt auf das Feld. Es öffnet sich ein Ereignisformular, in welches Sie detaillierte Informationen eingeben können.

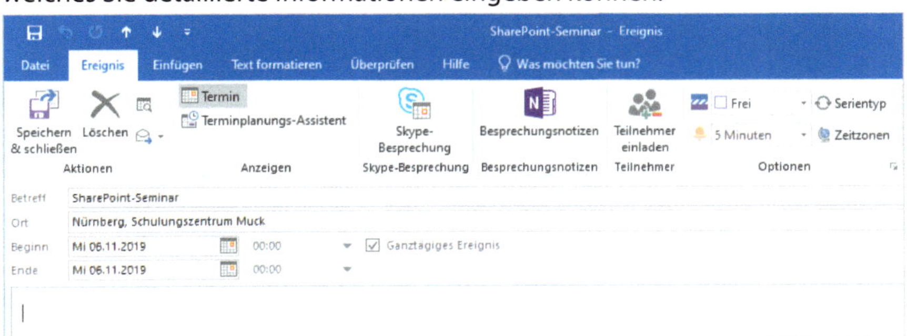

Eingabe im Ereignisformular

Geben Sie in das Ereignisformular die gewünschten Informationen ein. Das Datum ist bereits eingetragen. Dauert das Ereignis mehrere Tage, können Sie im Feld *Endet* ein späteres Datum vereinbaren. Die Uhrzeit ist nicht aktiv, da das Ereignis per Definition den ganzen Tag andauert. Wie beim Termin bereits beschrieben, können Sie auch zu einem Ereignis Dateien anfügen oder Notizen hinterlegen. Speichern Sie Ihre Eingabe über die Schaltfläche *Speichern & schließen.*

Für Geburtstage müssen Sie kein Ereignis erstellen. Das geschieht automatisch, wenn Sie das Geburtstagsdatum im Funktionsbereich *Personen* zu einem Kontakt hinterlegen. Wie Sie Feiertage hinzufügen, haben Sie bereits auf Seite 171 erfahren.

Aus jedem Termin können Sie ein Ereignis erstellen, indem Sie auf dem Terminformular ein Häkchen vor *Ganztägiges Ereignis* setzen. Beachten Sie jedoch, dass beim Wechsel die bereits vorgenommenen Einstellungen für *Anzeigen als* und *Erinnerung* unter Umständen verändert werden.

5.4 Wichtige Attribute für Termine und Ereignisse

Erinnerung

Zu jedem Termin/Ereignis kann eine Erinnerung festgelegt werden. Diese beträgt für den Termin standardmäßig 15 Minuten vor Beginn und wird automatisch hinterlegt. An das Ereignis werden Sie, je nachdem, wie es angelegt wurde entweder 0,5 Tage bzw. 18 Stunden vorher erinnert. Mit einer Ausnahme: Wenn Sie ein Ereignis direkt in den Kalender eintragen und nicht über ein Formular erstellen, ist keine Erinnerungsmeldung standardmäßig hinterlegt.

Sofern Sie Outlook geöffnet haben, blendet das Fenster *Erinnerungen* automatisch ein. In diesem kann auch gleichzeitig an mehrere Termine bzw. Ereignisse erinnert werden. Manchmal handelt es sich dabei um alte Terminerinnerungen, die Sie nicht deaktiviert haben. Auch für Geburtstage ❶ erhalten Sie eine Erinnerung, für Feiertage nicht. Neben Erinnerungen an Kalenderelemente bieten auch die anderen Funktionsbereiche die Möglichkeit Erinnerungen zu hinterlegen, z. B. für eine nachverfolgte E-Mail ❷ oder eine Aufgabe ❸.

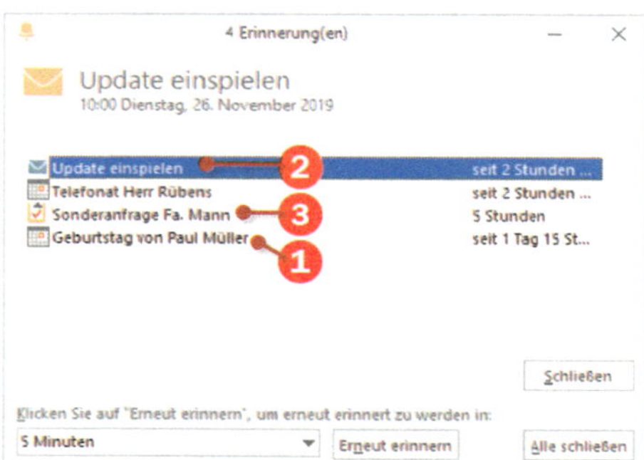

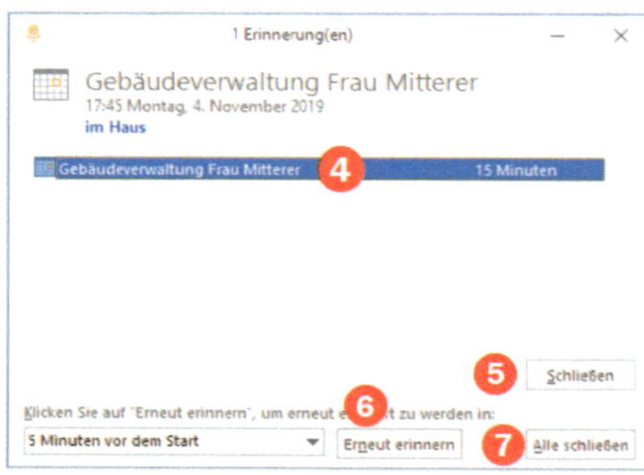

Falls Sie Informationen zum anstehenden Termin benötigen, öffnen Sie das Terminformular mit einem Doppelklick auf den Termin, in unserem Beispiel klicken Sie doppelt auf *Gebäudeverwaltung* ❹ (siehe Grafik vorherige Seite). Analog verfahren Sie mit Erinnerungen an andere Elemente, mit einem Doppelkick öffnet sich auch die nachverfolgte E-Mail oder ein Aufgabenformular

Bearbeitung der Erinnerungsmeldung

Falls mehrere Erinnerungen im Fenster angezeigt werden, bezieht sich die Bearbeitung immer auf die markierte Erinnerung. Sie können auch mehrere Erinnerungen mit der Strg-Taste markieren, um sie gemeinsam zu bearbeiten.

Schaltfläche	Funktion
Schließen ❺ (siehe Grafik vorherige Seite)	Das Erinnerungsfenster wird geschlossen und die Erinnerung deaktiviert, d. h. im Terminformular wird im Feld Erinnerung nun „ohne" angezeigt. Das Fenster *Erinnerung* wird automatisch geschlossen, sofern keine weiteren Erinnerungen aufgelistet sind.
Erneut erinnern ❻	Über die Schaltfläche *Erneut erinnern* können Sie sich zu einem späteren Zeitpunkt nochmals auf den Termin aufmerksam machen lassen. Sie wählen eine neue Zeitspanne über das Listenfeld aus.
Alle schließen ❼	Über *Alle Schließen* werden alle Erinnerungen deaktiviert, auch ohne dass diese markiert wurden und das Fenster wird geschlossen.

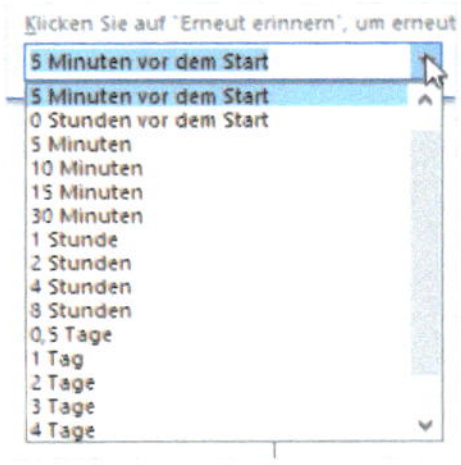

Tipp

Beim Schließen einer Erinnerung erhalten Sie nebenstehende Meldung. Diese wird jedes Mal angezeigt. Wer darauf verzichten möchte, setzt ein Häkchen bei *Diese Meldung nicht mehr anzeigen*.

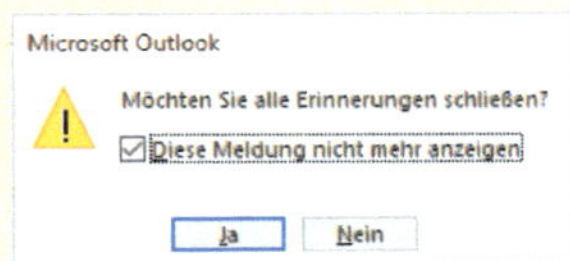

Individuelle Erinnerungsfristen festlegen

Für manchen Termine, z. B. mit längerem Anfahrtsweg, ist eine 15minütige Erinnerung vor Beginn zu kurzfristig. Hier können Sie beim Anlegen des Termins über Register *Termin* ▸ Gruppe *Optionen* ▸ *Erinnerung* einen anderen Zeitraum auswählen.

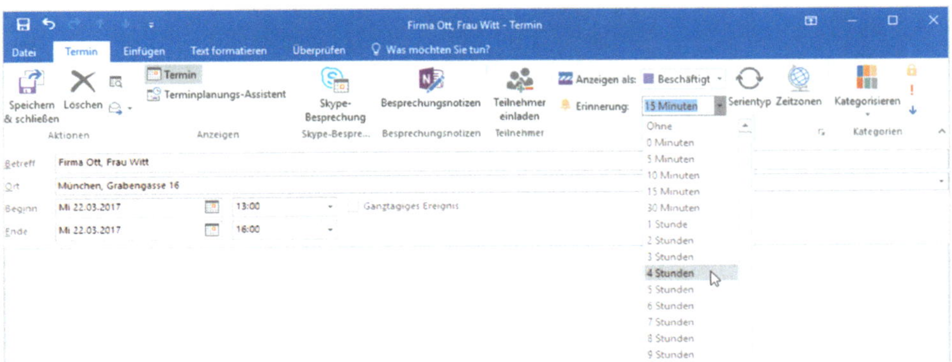

Früher an einen Termin erinnern

Termin als gebucht oder außer Haus kennzeichnen

Termine und Ereignisse können als *Frei*, *An anderem Ort tätig*, *Mit Vorbehalt*, *Gebucht* (ehemals beschäftigt) oder *Außer Haus* gekennzeichnet werden. Sie vereinbaren diese Kennzeichnungen im Formular mit *Termin* (*Ereignis*) ▶ Gruppe *Optionen* ▶ *Anzeigen als*.

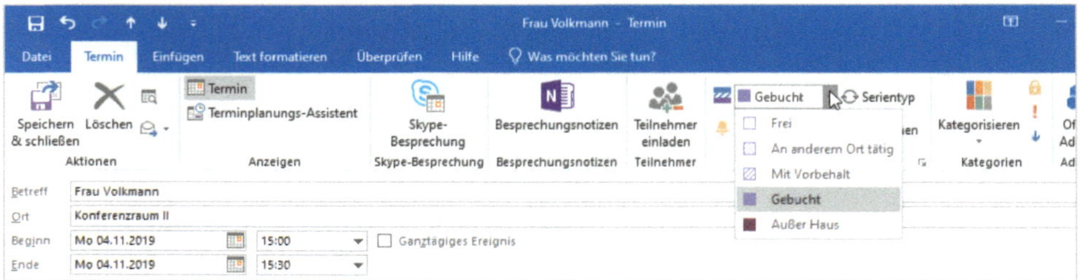

In erster Linie wird die Anzeige interessant, wenn Sie Kalender für Kollegen freigegeben haben. Diese sehen dann, anhand der Kennzeichnung, ob Sie Zeit haben oder nicht. Darüber hinaus lösen einige Kennzeichnungen einen Terminkonflikt bei Doppelbelegung aus, andere nicht.

Es gibt keine von Outlook vorgeschriebene Verwendung der einzelnen Anzeigeoptionen. Letztendlich müssen sich die Mitglieder einer Organisation auf eine einheitliche Benutzung verständigen. In Zusammenhang mit der Frage, ob ein Terminkonflikt ausgelöst wird, kann diese Verwendung angenommen werden:

Anzeigen als	Terminkonflikt
Frei	Alle Ereignisse sind standardmäßig als *Frei* gekennzeichnet, z. B. Feiertage und Geburtstage. An ausländischen Feiertagen oder dem Geburtstag Ihres Kollegen werden Sie dennoch Termine annehmen können. Aus diesem Grund wird auch kein Terminkonflikt bei Doppelbelegung ausgelöst. So gekennzeichnet Termine/Ereignisse dienen nur der Information, Sie haben Zeit für weitere Verpflichtungen.
An anderem Ort tätig	Sie arbeiten, aber nicht an Ihrem gewöhnlichen Arbeitsort. Sie können beispielsweise für einen Home-Office-Tag diese Anzeigeoption verwenden. Sie sind telefonisch erreichbar, aber nicht persönlich vor Ort. Aus diesem Grund löst diese Kennzeichnung keinen Terminkonflikt aus.
Mit Vorbehalt	Sie nehmen an einem Termin/Besprechung bereits unter Vorbehalt teil, d. h. Sie haben noch nicht endgültig zugesagt. Eine weitere Terminbelegung zur selben Zeit löst einen Terminkonflikt aus.
Gebucht	Sie haben einen Termin und sind somit beschäftigt. Ein Terminkonflikt wird bei Doppelbelegung angezeigt. Standardmäßig wird jeder Termin, den Sie in den Kalender eintragen, so gekennzeichnet.
Außer Haus	Dieser Termin findet außer Haus statt und erzeugt einen Terminkonflikt. Im Gegensatz zum Attribut *An anderem Ort tätig* sind Sie nicht verfügbar. Wählen Sie diese Einstellung beispielsweise, wenn Sie an einem Seminar teilnehmen.

Im Kalender werden die einzelnen Termine mit einer farbigen Markierung dargestellt, die auf die jeweilige Kennzeichnung hinweist: weiß = *Frei* ❶, blaue Punkte = *An anderem Ort tätig* ❷, blau gestreift = *Mit Vorbehalt* ❸, blau = *Gebucht* ❹, violett = *Außer Haus* ❺. Die Darstellung des Anzeigeattributs wird bei einem Ereignis für die gesamte Spalte übernommen .

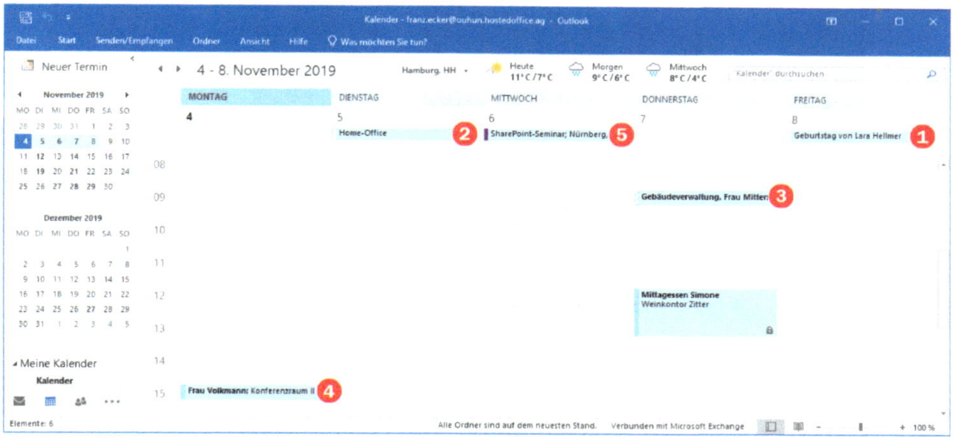

Anzeigeoptionen Termin/Ereignis

Ein Termin wird standardmäßig als *Gebucht*, ein Ereignis als *Frei* angezeigt. Sie können daher auch wenn bereits ein Ereignis eingetragen wurde am gleichen Tag zusätzliche Termine vereinbaren, ohne dass eine Warnmeldung aufgrund von Terminüberschneidungen angezeigt wird. Nur wenn Sie das Ereignis als *Gebucht* oder *Außer Haus* kennzeichnen, erscheint ein entsprechender Hinweis.

Private Termine

Termine oder Ereignisse können als privat markiert werden. Diese Funktion ist von Nutzen in freigegebenen Kalendern. Für einen solchen Termin können die Kollegen nur Beginn und Ende des Termins nicht aber den Betreff einsehen. Klicken Sie dazu im Termin- oder Ereignisformular in der Gruppe *Kategorien* auf *Privat*. Auf dem Kalenderblatt wird dann beim Termin ein Schlosssymbol angezeigt.

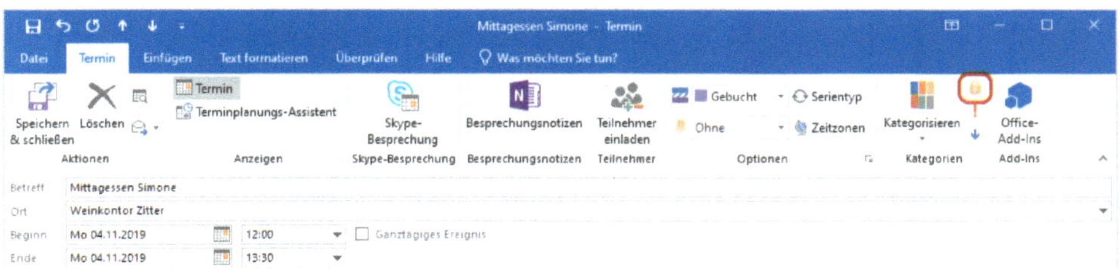

Kategorien

Farbkategorien stehen Ihnen in allen Funktionsbereichen zur Verfügung. Für die E-Mail wurde die Thematik ab Seite 97 ausführlich besprochen. Auf die gleiche Weise können Termine verschieden farbig kategorisiert und so visuelle Zusammenhänge hergestellt werden. Markieren Sie den Termin und klicken Sie auf *Termin* ▶ Gruppe *Kategorien* ▶ *Kategorisieren* und wählen Sie eine Kategorie aus.

5.5 Termine und Ereignisse ändern, verschieben und löschen

Termininformationen nachträglich ändern

Klicken Sie doppelt auf den Termin, den Sie aktualisieren möchten. Das Terminformular öffnet sich; berichtigen Sie die Informationen und schließen Sie das Terminformular über die Schaltfläche *Speichern & schließen*. Gleiches gilt für das Ereignis.

Verändert sich nur die Dauer eines Termins, so können Sie zur Änderung dieser Information auf die Anzeige des Terminformulars verzichten. Bewegen Sie den Mauszeiger im Kalender an den unteren oder oberen Rand des Termins, bis ein schwarzer Doppelpfeil erscheint. Ziehen Sie den Rand bei gedrückter Maustaste nach unten oder oben. Damit verlängern bzw. verkürzen Sie den Termin.

Termin und Ereignisse verschieben

Zum Verschieben eines Termins, bewegen Sie den Mauszeiger auf den Termin und verschieben ihn bei gedrückter linker Maustaste auf eine andere Uhrzeit oder ein anderes Datum. Sie können den Termin auch über ein Datum im Datumsnavigator (im Ordnerbereich, nicht in der Aufgabenleiste) ziehen und dort fallen lassen.

Termin mit der Maus verschieben

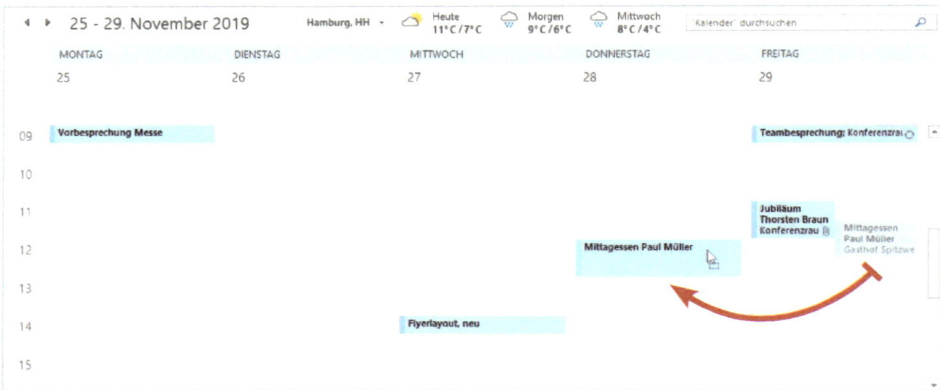

Termin bzw. Ereignis löschen

Löschen

Um einen Termin zu löschen, markieren Sie diesen und löschen ihn über *Kalendertools - Termin* ▶ Gruppe *Aktionen* ▶ *Löschen.* Sie können den Termin auch mit der rechten Maustaste anklicken und im Kontextmenü *Löschen* auswählen. Auch die *Entf-Taste* löscht einen markierten Termin. Der gelöschte Termin wird in den Ordner *Gelöschte Elemente* verschoben.

5.6 Das Kalenderpopup zeigt die aktuellen Termine

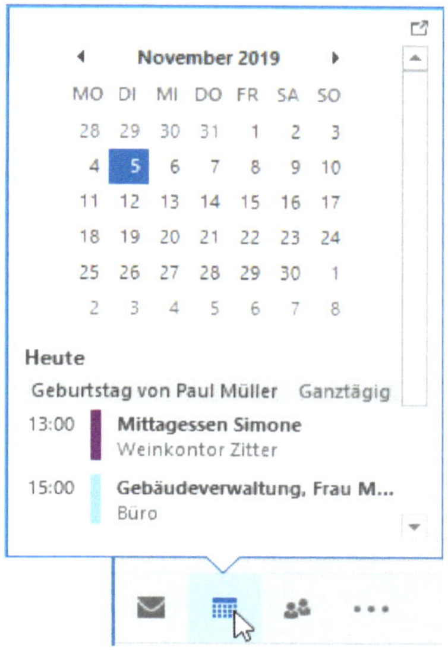

Im Kalenderpopup werden die aktuellen Termine und Ereignisse in einer Liste zusammengefasst. Das Kalenderpopup wird angezeigt, wenn Sie mit der Maus auf die Schaltfläche des Funktionsbereichs *Kalender* in der Navigationsleiste zeigen.

- Klicken Sie im Datumsnavigator ein anderes Datum an, um Termine für diesen und ggf. die nächsten sieben Tage anzuzeigen.
- Mit einem Doppelklick auf ein Datum zeigen Sie den Funktionsbereich Kalender am entsprechenden Datum an.
- Klicken Sie doppelt auf einen Termin, um das Terminformular anzuzeigen.

5.7 Termin- und Ereignisserien

Wiederkehrende Termine oder Ereignisse, z. B. die wöchentliche Teambesprechung, müssen nicht einzeln in den Kalender eingetragen werden, sondern können als Termin- oder Ereignisserie ein einziges Mal eingegeben werden. Sie legen nur Beginn und gegebenenfalls Ende der Serie sowie das Serienmuster und Informationen zum Termin fest. Danach erscheint der Termin zu den festgelegten Zeiten automatisch im Kalender.

> Feiertage und Geburtstage sind Ereignisserien die automatisch hinterlegt werden. Ob es sich um eine Serie handelt, erkennen Sie an diesem Zeichen:

Termin- oder Ereignisserie festlegen

1. Öffnen Sie ein Termin- oder Ereignisformular und tragen Sie alle Informationen ❶ ein.
2. Klicken Sie auf *Termin* ▸ Gruppe *Optionen* ▸ *Serientyp* ❷. Das Formular für die Terminserie öffnet sich und die Informationen aus dem Terminformular werden übernommen (siehe Abbildung nächste Seite).

Feld	Aktion
Termin ❸	Beginn, Ende und Dauer des Termins wurden aus dem Terminformular übernommen.
Serienmuster ❹	Vereinbaren Sie ein Serienmuster und entscheiden Sie, ob der Termin wöchentlich, monatlich etc. stattfinden soll. Das im linken Bereich gewählte Serienmuster konkretisieren Sie im rechten Bereich.
Seriendauer ❺	Geben Sie an, ob der Termin zu einem bestimmten Datum, nach einer Anzahl von Treffen endet oder kein Enddatum besitzt.

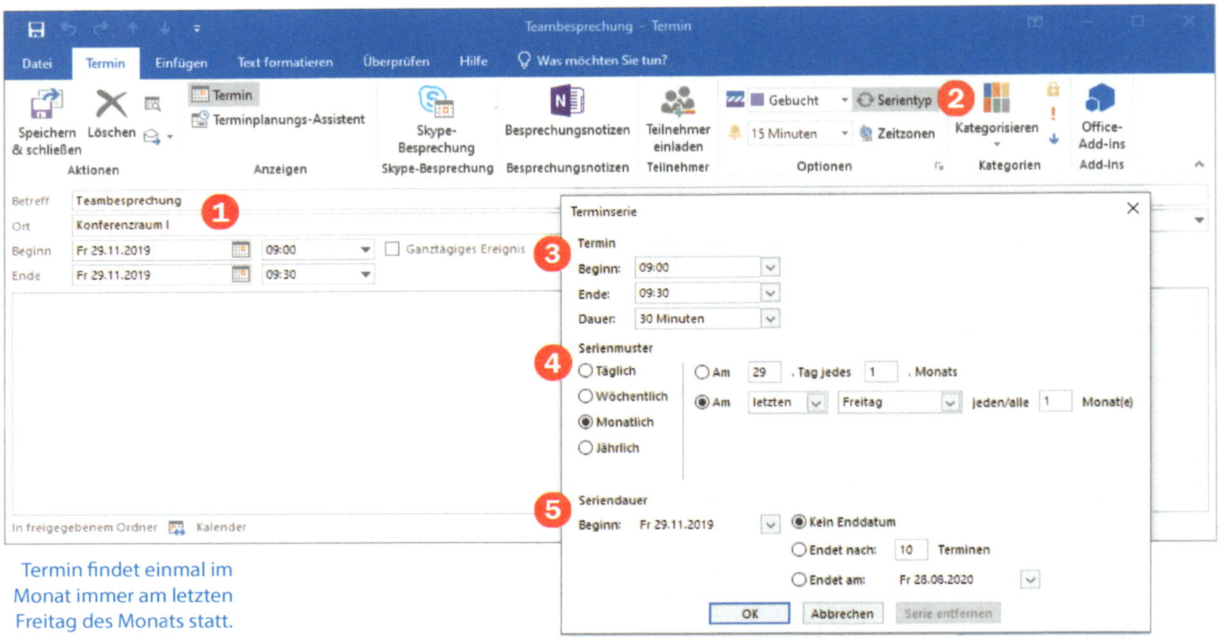

Termin findet einmal im Monat immer am letzten Freitag des Monats statt.

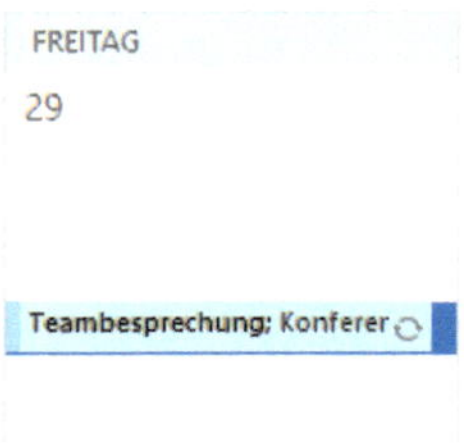

3 Bestätigen Sie Ihre Auswahl über die Schaltfläche *OK* und speichern Sie das Terminformular über die Schaltfläche *Speichern & schließen.*

Die Terminserie erscheint entsprechend der eingegebenen Daten im Kalender. Sie erkennen eine Serie an den kreisförmig angeordneten Pfeilen hinter der Terminbezeichnung.

Serien bearbeiten und löschen

Sie können jederzeit einzelne Informationen einer Serie ändern. Dies gilt sowohl für die ganze Serie als auch für einen einzelnen Termin innerhalb der Serie.

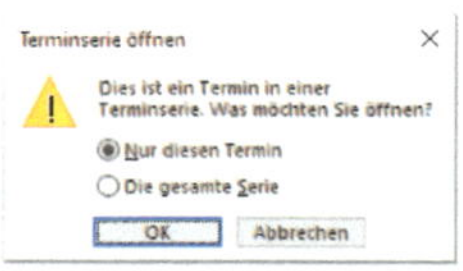

- Doppelklicken Sie auf einen Serientermin und aktivieren Sie *Nur diesen Termin* oder *Die gesamte Serie*, je nachdem auf was sich die Änderung auswirken soll.
- Über die Schaltfläche *Serientyp* kann auch das Muster der Serie verändert werden.
- Bestätigen Sie die Änderungen über die Schaltfläche *Speichern & schließen*.

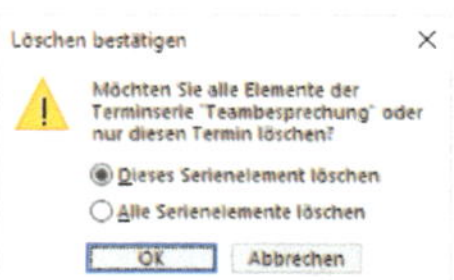

Zum Löschen markieren Sie einen Termin aus der Serie und drücken die Entf-Taste. Dann entscheiden Sie, ob Sie nur diesen Termin oder die ganze Serie löschen wollen.

> Verschieben Sie einen Termin einer Serie mit der Maus, wirken sich die Änderungen der Uhrzeit oder des Datums ohne Rückfrage nur auf den Einzeltermin aus.

5.8 Besprechungen organisieren

Termin festlegen und Teilnehmer einladen

Bei einer Besprechung handelt es sich um einen Termin, zu dem Sie andere Personen einladen. Diese Funktion steht auch ohne Microsoft Exchange zur Verfügung. Ressourcen, wie z. B. ein Besprechungsraum, und spezielle Features zur Erleichterung der Terminplanung sind dagegen nur innerhalb einer Organisation mit Microsoft Exchange nutzbar.

Neue Besprechung erstellen

- Klicken Sie auf *Start* ▸ Gruppe *Neu* ▸ *Neue Besprechung*.
- Alternative: Termine können zu einer Besprechungsanfrage umgewandelt werden. Klicken Sie im Terminformular auf *Termin* ▸ Gruppe *Teilnehmer* ▸ *Teilnehmer einladen*.

Ein Besprechungsformular öffnet sich, in das Sie die notwendigen Infos, wie *Betreff*, *Ort*, *Datum* und *Uhrzeit* eintragen.

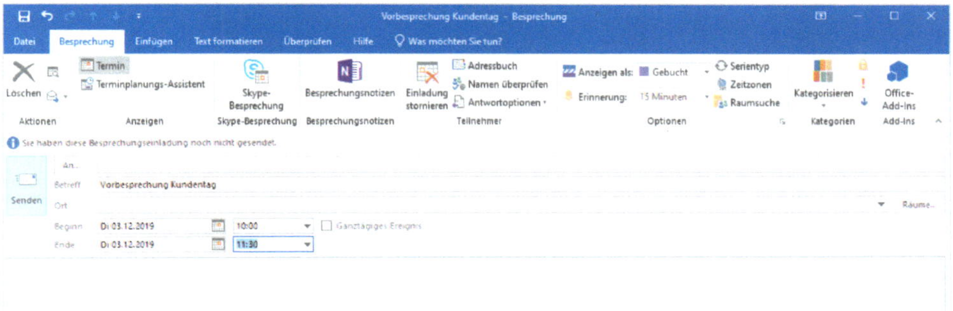

Elemente des Besprechungsformulars

Teilnehmer auswählen

Laden Sie über die Schaltfläche *An* Personen oder Kontaktgruppen zur Besprechung ein. Wählen Sie bei Adressbuch, die Liste aus, die die benötigten Kontakte enthält. Markieren Sie den Teilnehmer und entscheiden Sie dann im unteren Bereich, ob die Teilnahme der Person wichtig ist, dann klicken Sie die Schaltfläche *Erforderlich*, sonst *Optional*. Die markierte Adresse wird dem entsprechenden Bereich hinzugefügt.

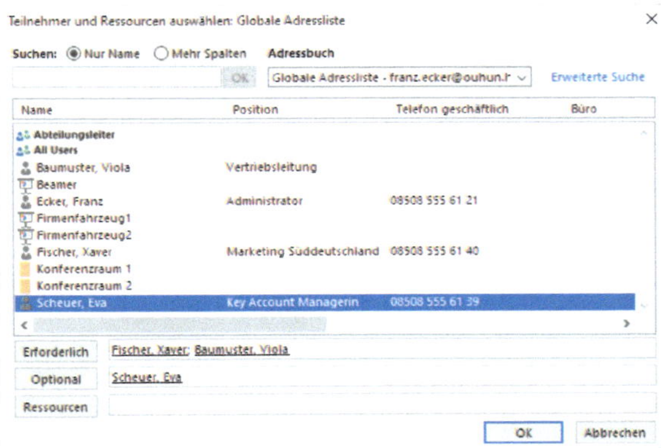

Ressourcen auswählen

Ressourcen sind Besprechungsräume, Beamer, Firmenfahrzeuge etc.; also alles, was von mehreren Mitarbeitern genutzt werden kann und deshalb reserviert werden muss. Diese Aufgabe kann Outlook übernehmen, sofern Besprechungsräume, Beamer etc. vom Administrator als Ressourcen angelegt wurden. Das ist allerdings nur in einer Microsoft Exchange-Umgebung möglich. Nach erfolgter Auswahl wird an den Besprechungsraum eine E-Mail versendet. Dadurch wird der ausgesuchte Raum für den entsprechenden Zeitraum als belegt gekennzeichnet.

Ressourcen werden in der Globalen Adressliste angezeigt und können dort ausgewählt werden. Markieren Sie die benötigte Ressource und klicken Sie auf die Schaltfläche *Ressourcen*. Bestätigen Sie die Auswahl mit *OK*. Sofern Sie einen Raum als Ressource hinzugefügt haben, wird dieser automatisch im Besprechungsformular in das Feld *Ort* eingetragen. Zusätzlich erscheinen die ausgewählten Ressourcen ebenfalls im Feld *An*. Das ist korrekt. Löschen Sie diese dort nicht, sonst werden Sie nicht gebucht!

Erläuterungen für Ihre Besprechungsteilnehmer tragen Sie im unteren Notizenbereich ein. Falls hier nichts steht, können sich die Teilnehmer nur am Betreff orientieren.

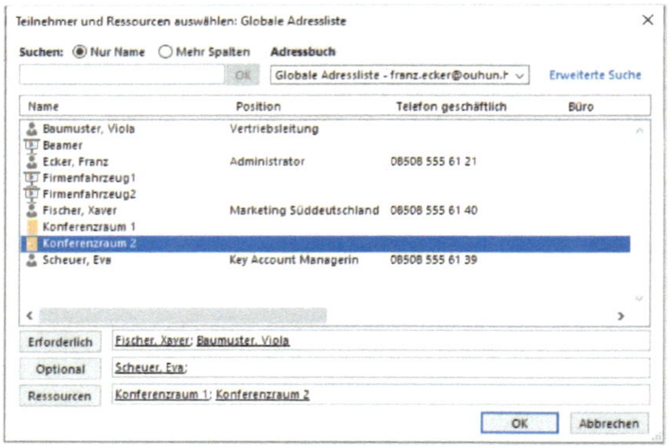

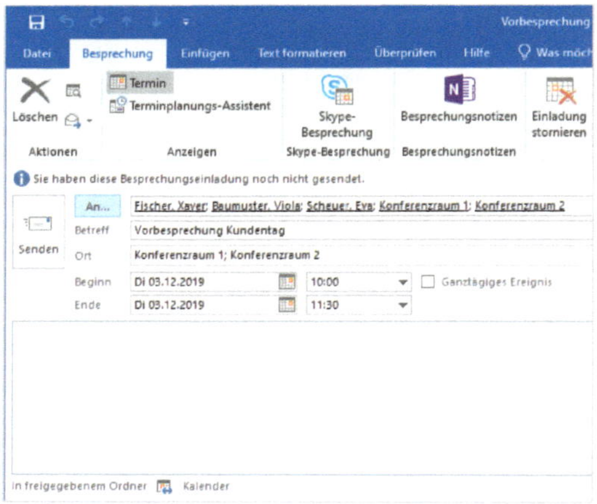

> Es empfiehlt sich, zunächst mehrere mögliche Räume im Feld *Ressourcen* aufzunehmen. Vor dem Versenden der Besprechungsanfrage kann über die Raumsuche ermittelt werden, welche Besprechungsräume tatsächlich frei sind. Dann können Sie sich, je nach Verfügbarkeit, für einen Raum entscheiden, bevor Sie die Anfrage versenden.

Raumsuche verwenden

Der Aufgabenbereich *Raumsuche* kann zur Überprüfung der Belegung der Besprechungsräume verwendet werden und zeigt auch Terminkonflikte einzelner Teilnehmer an, sofern diese zur selben Organisation gehören.

Der Aufgabenbereich wird ein- bzw. ausgeblendet mit *Besprechung* ▸ Gruppe *Optionen* ▸ *Raumsuche* ❶.

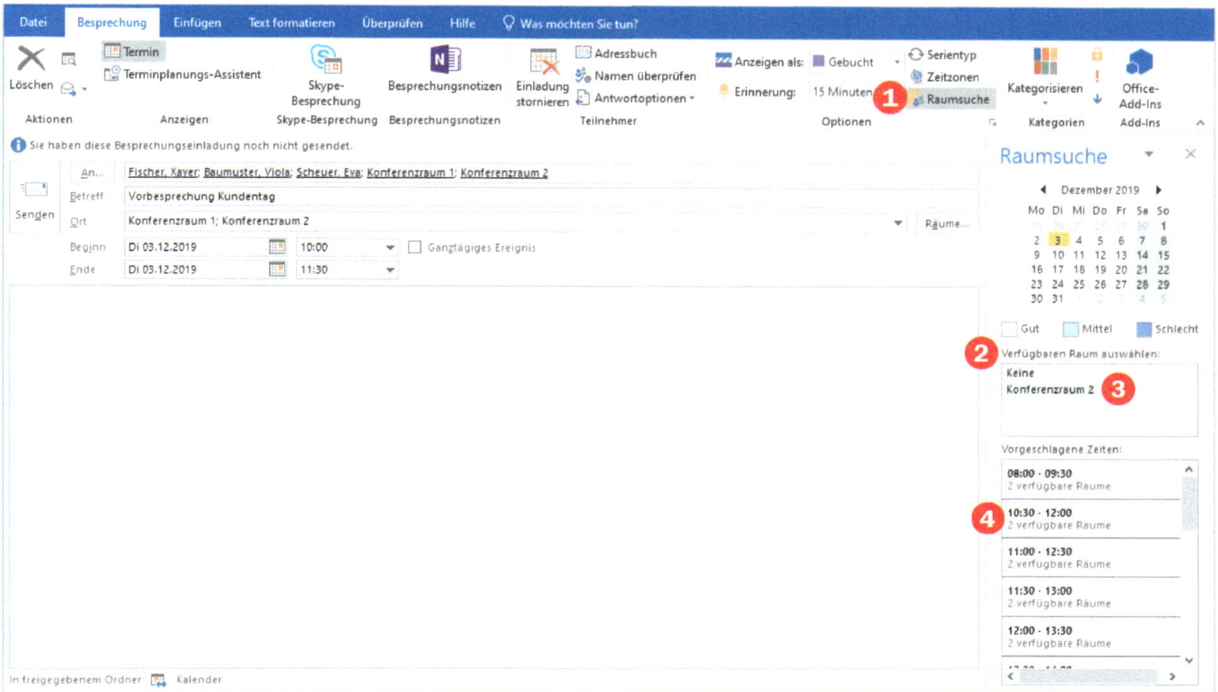

Im obigen Beispiel wird im Bereich *Verfügbaren Raum auswählen* ❷ nur einer der beiden vereinbarten Räume angezeigt. Der andere ist zur angegebenen Zeit oder einem Teil der Zeit bereits belegt. Mögliche Vorgehensweisen:

- Auswahl des freien Raums: Durch Anklicken eines Raums ❸ wird dieser in die Planung aufgenommen. Der andere Raum wird aus den Feldern *An* und *Ort* entfernt.
- Auswahl einer anderen Zeit: Wählen Sie bei *Vorgeschlagene Zeiten* einen anderen Zeitraum durch Anklicken ❹ aus. Die angebotenen Zeiten entsprechen der festgelegten Dauer der Besprechung. Dadurch verschieben Sie den Termin. In die Felder *Beginn* und *Ende* wird automatisch die neue Zeit übernommen. Jetzt stehen beide Räume zur Verfügung und Sie können den Raum auswählen, der Ihnen lieber ist.
- Teilnehmerverfügbarkeit überprüfen: Als zusätzliches Entscheidungskriterium können Sie auch überprüfen, ob die eingeladen Teilnehmer auch verfügbar sind. Scrollen Sie dazu bei *Vorgeschlagene Zeiten* nach unten. Zeiträume mit roten Doppelpfeilen zeigen an, dass der genannte Teilnehmer einen anderen Termin hat. Hier werden wieder alle Zeiträume mit der vereinbarten Dauer, in diesem Beispiel 1½ Stunden, abgebildet, in denen eine Terminüberschneidung vorliegt. Erst ab 10:30 Uhr kann Viola Baumuster an der vorgeschlagenen Besprechung teilnehmen. Teilnehmer, die optional eingeladen wurden, werden hier nicht berücksichtigt.

Terminplanungsassistent verwenden

Neben der Raumsuche, die Sie zur Organisation einer Besprechung verwenden können, bietet der Terminplanungsassistent weitere praktische Features und eine übersichtlichere Darstellung.

Sofern Sie Zugriff auf die Termine Ihrer Kollegen haben, erhalten Sie über *Besprechung* ▸ Gruppe *Anzeigen* ▸ *Terminplanungsassistent* eine übersichtliche Darstellung aller verfügbaren und gebuchten Zeiten. Es versteht sich von selbst, dass für externe Teilnehmer keine Infos zur Verfügung stehen. Diese werden durch eine schraffierte Fläche angezeigt ❶. Durch Balken werden die Termine der teilnehmenden Kollegen dargestellt. Beachten Sie die Legende ❷ am unteren Rand des Fensters. Ein gebuchter Termin erscheint beispielsweise als blauer Balken ❸ (z. B. Eva Scheuer Termin von 10:30 - 11:00).

Terminplanungs-Assistent

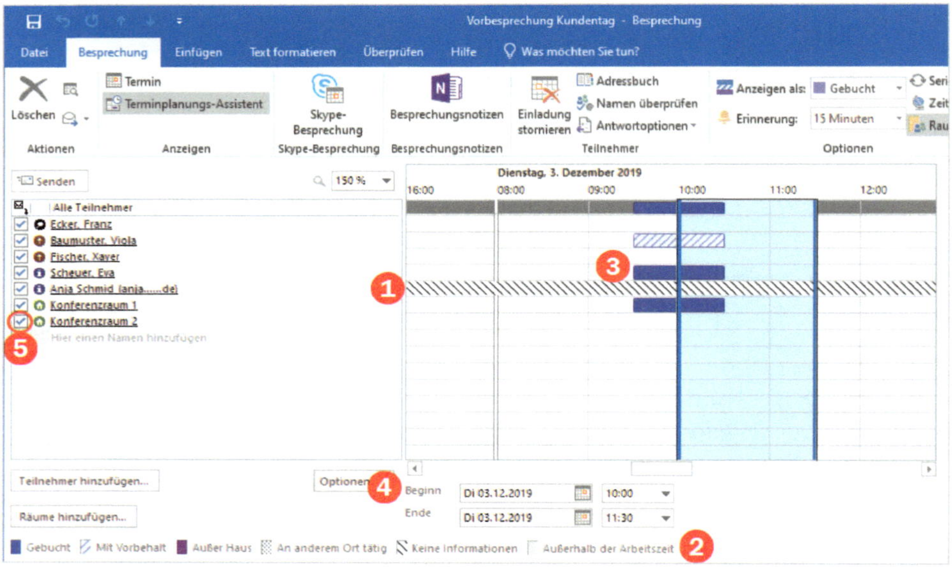

Der senkrechte hellblaue Bereich zeigt Beginn und Dauer der Besprechung. Durch Ziehen an den Rändern des Bereichs kann eine andere Uhrzeit eingestellt werden. Natürlich ist eine Eingabe der neuen Zeiten in die Felder *Beginn* und *Ende* ❹ auch möglich. In unserem Beispiel verlegen wir die Besprechung um eine halbe Stunde, damit die erforderliche Teilnehmerin Viola Baumuster ohne Terminüberschneidung teilnehmen kann.

Auch die Belegungen der Schulungsräume sind hier vermerkt. Diese werden, sofern schon besetzt, als blaue Balken angezeigt. In diesem Beispiel ist der Konferenzraum 1 zur gewünschten Zeit nicht verfügbar. Durch Verschiebung des Besprechungsbeginns wird aber auch dieses Problem gelöst. Nun können Sie sich für einen Raum entscheiden, entfernen Sie dann das Häkchen vor dem anderen Raum ❺, da Sie diesen dann nicht mehr benötigen.

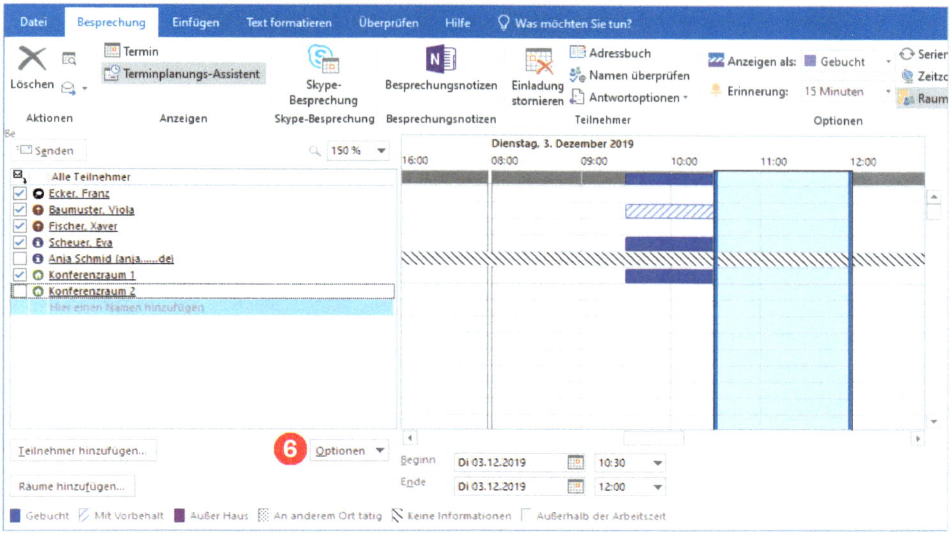

Der Beginn der Besprechung wurde verschoben und ein Konferenzraum entfernt.

Wie die Termine im Terminplanungs-Assistenten dargestellt werden, ob nur als blauer Balken oder mit genaueren Informationen zum Termin, ist abhängig von den Einstellungen am Exchange Server, von zusätzlichen Kalenderfreigaben (siehe Seite 203) bzw. ob *Kalenderdetails* über die Schaltfläche *Optionen* ❻ aktiviert sind.

Antwortoptionen festlegen und Planung abschließen

Nachdem die optimale Zeit eingestellt wurde, wechseln Sie wieder zur vorherigen Ansicht über *Besprechung* ▸ Gruppe *Anzeigen* ▸ *Termin* ❼. Alle Änderungen, die Sie im Terminplanungs-Assistenten eingetragen haben, wurden übernommen, sei es die neue Zeit oder Änderungen bei Personen bzw. Ressourcen.

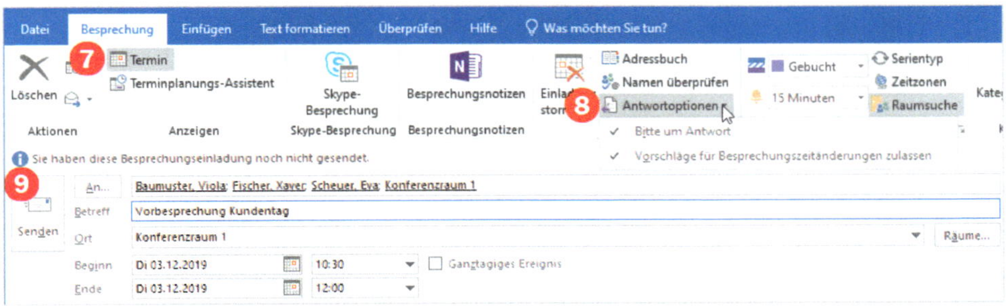

Ausgefüllte Besprechungsanfrage

Über *Besprechung* ▸ Gruppe *Teilnehmer* ▸ *Antwortoptionen* ❽ bestimmen Sie, ob die Teilnehmer auf die Anfrage antworten sollen, was durchaus sinnvoll ist. Außerdem können Sie erlauben, dass die Eingeladenen andere Besprechungszeiten vorschlagen können. Entfernen Sie das Häkchen, falls Sie diese Option nicht zulassen möchten.

Zum Abschluss klicken Sie auf die Schaltfläche *Senden* ❾. Alle Teilnehmer erhalten nun eine Besprechungsanfrage via E-Mail und die Ressource wird gebucht. Gleichzeitig wird der Termin in Ihren Kalender eingetragen.

Besprechungsanfragen beantworten

Antwort auswählen

Wenn Sie zu einer Besprechung eingeladen wurden, finden Sie die Einladung im Posteingangsordner. Im oberen Teil des Lesebereich erhalten Sie eine Reihe von Informationen ❶. Neben Betreff, Zeit und Ort der Besprechung entnehmen Sie der Anfrage, ob Ihre Anwesenheit *erforderlich* oder *optional* ist. Dies wird allerdings nur angezeigt,sofern der Bereich über die Schaltfläche ❷ erweitert wurde.

Ganz oben finden Sie die Schaltflächen zur Beantwortung der Anfrage: *Zusagen*, *Mit Vorbehalt*, *Ablehnen* und *Andere Zeit vorschlagen* (sofern von Organisator nicht unterbunden) ❸. Über diese Schaltflächen reagieren Sie auf die Besprechungsanfrage.

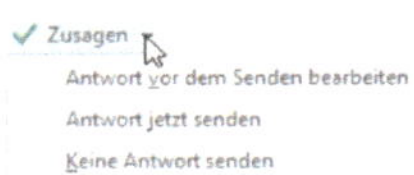

Durch Anklicken einer Antwortschaltfläche erhalten Sie Alternativen zur Versendung: *Antwort vor dem Senden bearbeiten*, *Antwort jetzt senden*, *Keine Antwort senden*. Für eine Absage oder eine Antwort mit Vorbehalt ist eine Erläuterung oft angemessen. Wählen Sie in diesem Fall *Antwort vor dem Senden bearbeiten* aus.

Mit der Schaltfläche Kalender... wechseln Sie zum Funktionsbereich Kalender und zeigen den Termin an. Hier können Sie sich informieren, welche anderen Verpflichtungen an diesem Tag noch vorliegen.

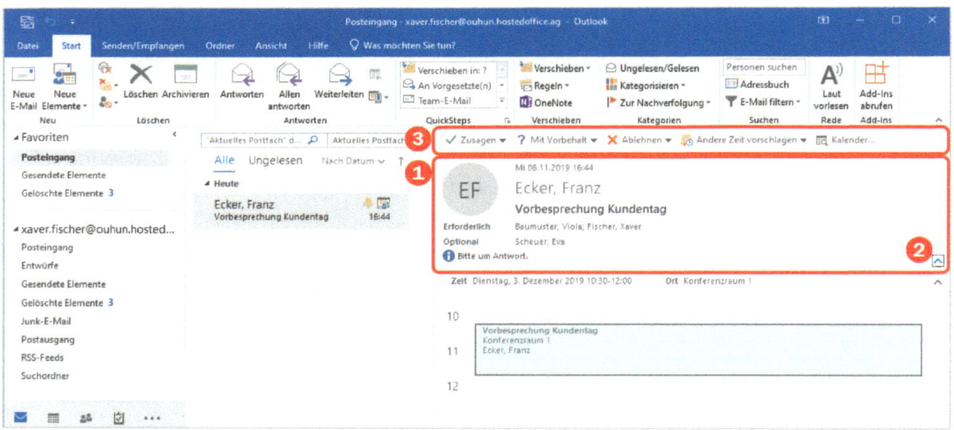

Wenn Sie den Lesebereich nicht verwenden, öffnen Sie die E-Mail mit einem Doppelklick. Hier finden Sie die Schaltflächen für Zu- und Absage auf der Registerkarte *Besprechung*.

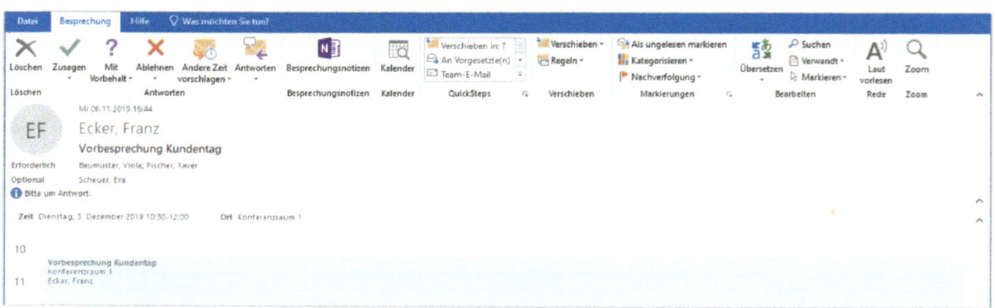

Schaltfläche	Bedeutung
Zusagen	Die Daten der Besprechungsanfrage werden in Ihren Kalender eingetragen mit dem Status *Beschäftigt*.
Mit Vorbehalt	Die Besprechungsanfrage erscheint als Termin im Kalender, wird allerdings als *Mit Vorbehalt* gekennzeichnet.
Ablehnen	Durch Ihre Absage wird die Besprechungsanfrage nicht als Termin im Kalender vermerkt. Sollten sich seitens des Organisators der Besprechung Änderungen ergeben, werden Sie dennoch informiert.
Andere Zeit vorschlagen	Sie können ein anderes Datum oder eine andere Uhrzeit vorschlagen, in Verbindung mit einer Absage oder einer vorbehaltlichen Zusage.

Antwort versenden

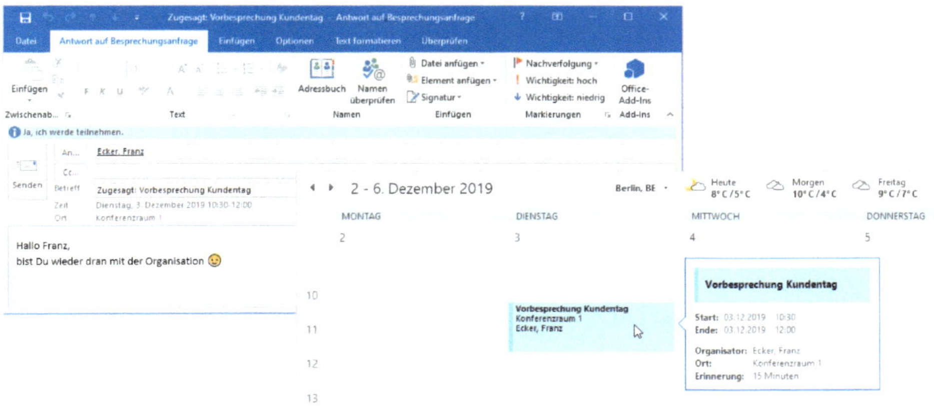

Bei einer Zusage zu einer Besprechung wird der Termin automatisch in den Kalender eingetragen. Hier wird auch der Organisator der Besprechung vermerkt.

Wählen Sie eine Alternative aus und klicken Sie auf *Senden*. Nach Versand der Antwort verschwindet die Anfrage aus dem Ordner *Posteingang*. Bei *Gesendete Elemente* finden Sie Ihre Antwort. Wann Sie zugesagt haben, können Sie auch dem Besprechungsformular entnehmen. Zeigen Sie den Termin im Kalender an und öffnen Sie diesen mit einem Doppelklick. In der Infoleiste erfahren Sie, wann Sie geantwortet haben.

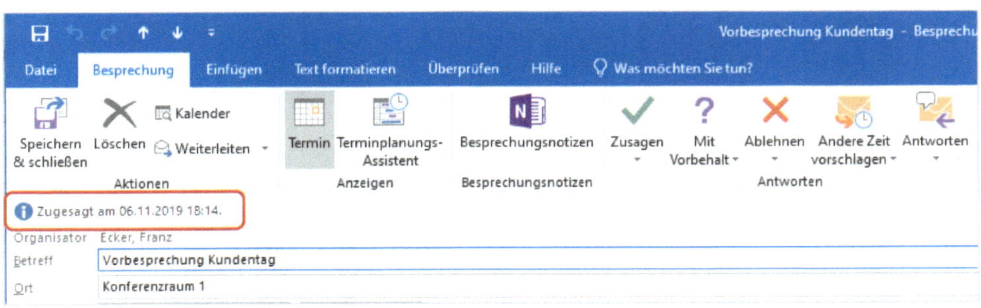

Terminkonflikt oder angrenzende Termine

Die Besprechungsanfrage enthält einen Ausschnitt Ihres Kalenders zum angefragten Zeitpunkt. Hier sehen Sie, ob die Besprechung mit anderen Terminen kollidiert. Wird die *Kalendervorschau* nicht angezeigt, klicken Sie auf den kleinen Pfeil. Alternativ können Sie mit der Schaltfläche [Kalender...] gleich zum Funktionsbereich Kalender wechseln. Egal, ob ein Termin angrenzt oder es zu Überschneidungen kommt, Sie können dennoch zusagen. Der Besprechungstermin wird dann auch im Kalender eingetragen.

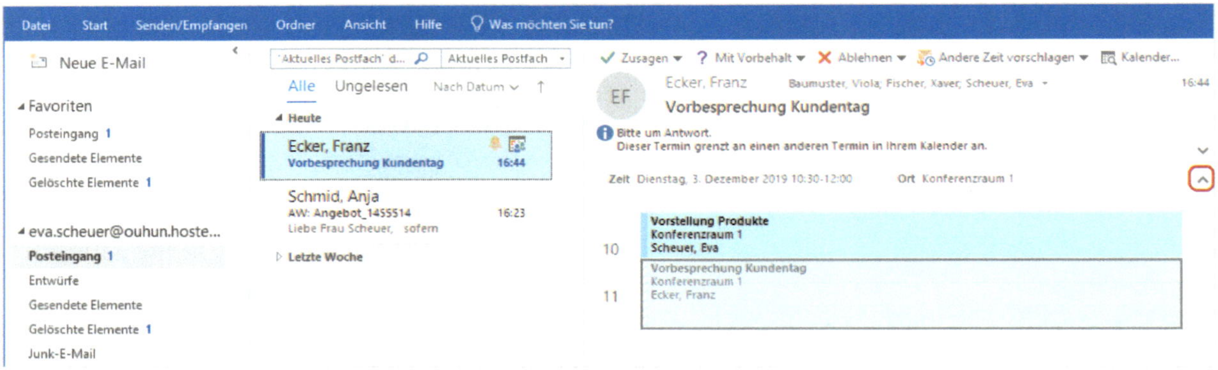

Termin nachträglich absagen oder verbindlich zusagen

Sie können zu einem späteren Zeitpunkt Ihre definitive oder vorbehaltliche Zusage ändern. Markieren Sie dazu den Termin im Kalender und wählen Sie auf der kontextbezogenen Registerkarte *Kalendertools - Besprechung* eine andere Antwort aus. Bei einer Korrektur überschreibt immer die letzte Reaktion die vorherige(n).

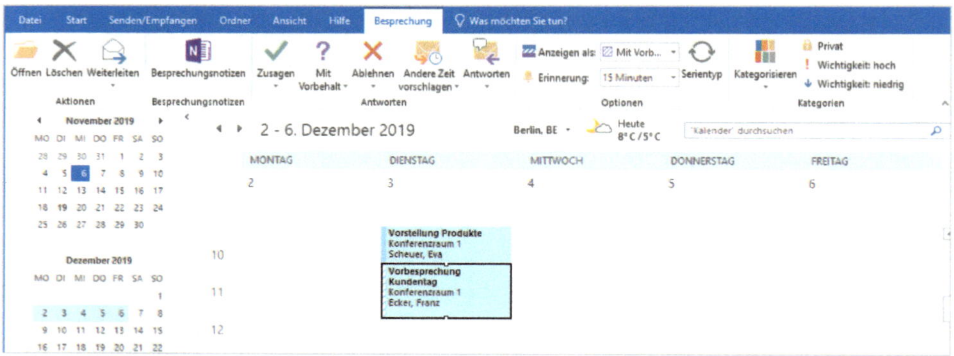

Antworten auf eine Besprechungsanfrage auswerten

Nachdem Sie eine Besprechungsanfrage verschickt haben, erhalten Sie die Antworten der eingeladenen Teilnehmer im *Posteingang*. Schon am Betreff und am Symbol erkennen Sie, wer zugesagt, abgelehnt oder mit Vorbehalt geantwortet hat. Sofern Ressourcen gebucht wurden, ist es auch möglich, dass Sie von diesen eine Zusage erhalten haben.

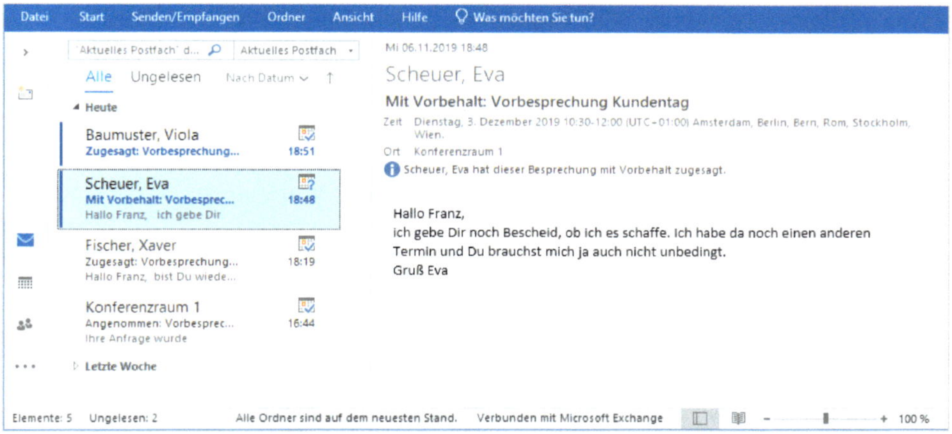

Antworten auf eine Besprechungsanfrage

Um zu erfahren, wer zu Ihrer Besprechung kommt, müssen Sie die Zu- und Absagen nicht umständlich im *Posteingang* heraussuchen. Die Statusanzeige der Besprechungsanfrage gibt darüber Auskunft.

- Öffnen Sie im *Kalender* die Besprechung mit einem Doppelklick. In der Infoleiste ❶ des Formulars erhalten Sie den aktuellen Stand der Antworten.
- Über *Besprechung* ▸ Gruppe *Anzeigen* ▸ *Status* ❷ finden Sie detailliert heraus, wer ab- oder zugesagt hat. Über *Besprechung* ▸ Gruppe *Anzeigen* ▸ *Termin* kehren Sie zur vorigen Ansicht zurück.

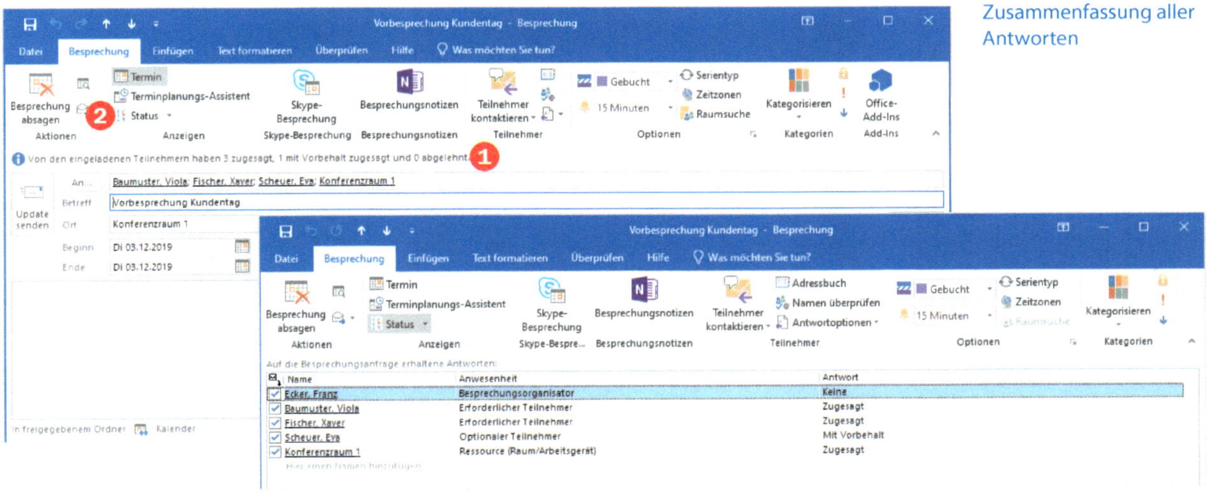

Zusammenfassung aller Antworten

Besprechung verschieben oder absagen

Besprechungsdaten ändern

Nimmt der Organisator Änderungen an den Besprechungsdetails vor, müssen die Teilnehmer unterrichtet werden: Öffnen Sie dazu im *Kalender* die Besprechung mit einem Doppelklick. Nach erfolgter Änderung des Besprechungsformulars klicken Sie auf *Update senden* ❶.

Das Besprechungsformular kann nicht geschlossen werden, ohne geänderte Details zu versenden. Außer Sie möchten die Änderung nicht übernehmen. In diesem Fall klicken Sie rechts oben auf das Schließen-Symbol ❷ und wählen dann *Änderungen nicht speichern* aus.

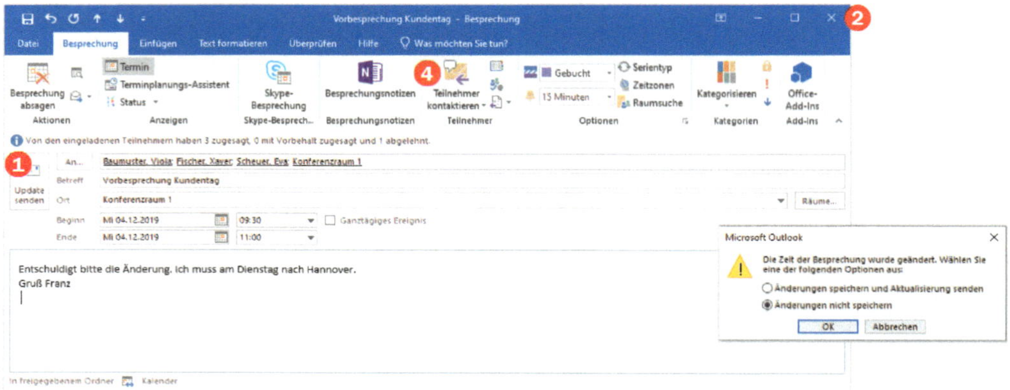

Hier hat der Organisator den Grund der Absage vermerkt. Die Info erhalten die Teilnehmer ebenfalls

Alle Änderungen werden den Teilnehmern übersandt. Die Änderungen ❸ sind in oranger Schrift hervorgehoben. Die Teilnehmer müssen erneut über die Schaltflächen zu- oder absagen. Auch Teilnehmer, die die Besprechung abgesagt haben, erhalten die Änderungsinformationen, da Sie ja zum neuen Termin verfügbar sein könnte.

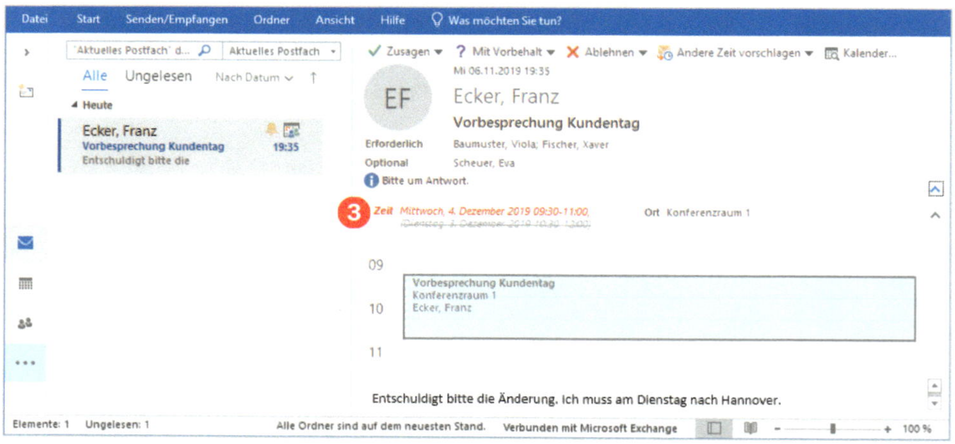

> Tipp: Wenn Sie als Organisator einer Besprechung nur schnell die Teilnehmer informieren möchten, z. B. „Bringt bitte Eure Laptops mit", dann öffnen Sie im Kalender die Besprechung und tippen auf *Teilnehmer kontaktieren* ❹ ▸ *Neue E-Mail-Nachricht an Teilnehmer*. In der E-Mail sind alle Teilnehmer, die zum Termin kommen werden, im Feld *An* aufgeführt, alle die abgesagt oder mit Vorbehalt geantwortet haben sind im Feld *CC*. Nachteil ist, dass die Information nicht beim Termin hinterlegt wird. Sollte das wichtig sein, dann muss die Information im Notizenbereich hinterlegt werden und die Besprechung erneut gesendet werden.

Besprechung absagen

Eine Besprechung kann nur vom Organisator – also dem Ersteller der Besprechungsanfrage – abgesagt werden.

- Markieren Sie die Besprechung im Kalender. Klicken Sie auf *Besprechung* ▸ Gruppe *Aktionen* ▸ *Besprechung absagen*.

- Übermitteln Sie die Information an die anderen Teilnehmer über die Schaltfläche *Absage senden*. Die Besprechung wird aus dem Kalender des Organisators gelöscht.

Die Teilnehmer erhalten eine Absage der Besprechung. Mit Erhalt der Absage wird die Besprechung im Kalender als *Abgesagt* ausgewiesen. Die im Posteingang vorliegende Absage enthält die Schaltfläche *Vom Kalender entfernen*, über die Sie die Besprechung aus dem Kalender löschen können.

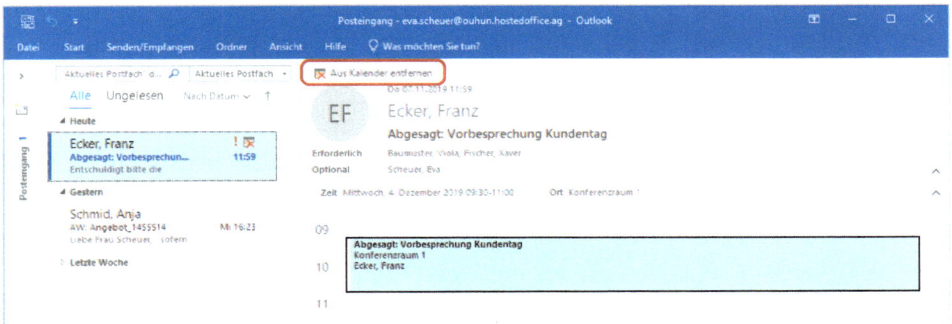

Besprechungstermin aus dem eigenen Kalender löschen

Planungsansicht verwenden

Ein weiteres nützliches Mittel zur Organisation von Besprechungen und anderer Termine ist die Planungsansicht. Durch die Möglichkeit Kalender von Kollegen untereinander anzuzeigen, sehen Sie auf einen Blick, wann wer Zeit hat. Voraussetzung für die Nutzung ist allerdings, dass Outlook mit einem Microsoft Exchange Server verbunden ist. Die Darstellung innerhalb der Planungsansicht ist vergleichbar mit dem Terminplanungs-Assistenten für Besprechungen.

Planungsansicht anzeigen und anpassen

Auswahl Planungsansicht

Die Planungsansicht wird im Register *Start*, Gruppe *Anordnen* und Anklicken der Schaltfläche *Planungsansicht* aufgerufen. Zunächst wird nur der eigene Kalender angezeigt. Dieser verläuft entlang eines horizontalen Zeitstrahls. Beachten Sie die horizontale Bildlaufleiste.

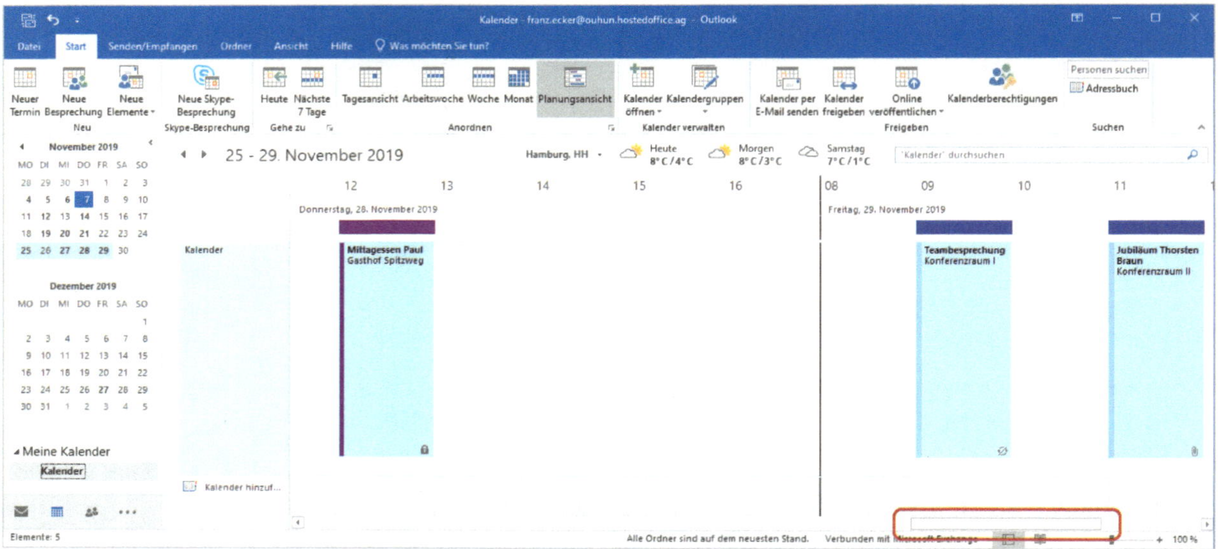

- Wenn Sie von der *Tagesansicht* in die Planungsansicht wechseln, wird in der Planungsansicht nur dieser Tag angezeigt. Wechseln Sie von der Ansicht *Arbeitswoche* in die Planungsansicht werden die Tage Montag bis Freitag entlang des horizontalen Zeitstrahls angezeigt.
- Im Beispiel oben enthält der Kalender drei Termine. Der Termin *Mitagessen Paul* wird angezeigt als *Außer Haus*, zu erkennen am violetten Balken und die Termine *Teambesprechung* und *Jubiläum* sind als *Beschäftigt* (blauer Balken) ausgewiesen.

Die Anzeigeoption Frei, Außer Haus etc. haben Sie bereits auf Seite 182 kennengelernt

Achtung! Termine, die Sie als *Frei* gekennzeichnet haben, werden in der Planungsansicht standardmäßig nicht angezeigt!

Durch diese Einstellung wird hauptsächlich verhindert, dass Ereignisse, z. B. Geburtstage, die standardmäßig als *Frei* gekennzeichnet sind, in der Planungsansicht angezeigt werden und die Besprechungsplanung unübersichtlich gestalten. Wenn allerdings ihre Kollegen einen ganztägigen Messebesuch als Ereignis, Kennzeichnung *Frei* anlegen, dann wird auch dieser Termin nicht in der Planungsansicht angezeigt.

Um auf alle Eventualitäten vorbereitet zu sein, können Sie über *Datei* ▸ *Optionen* ▸ *Kalender* ▸ Abschnitt *Anzeigeoptionen* ▸ *In Planungsansicht freie Termine anzeigen* festlegen, dass auch Termine mit der Kennzeichnung *Frei* in der Planungsansicht angezeigt werden.

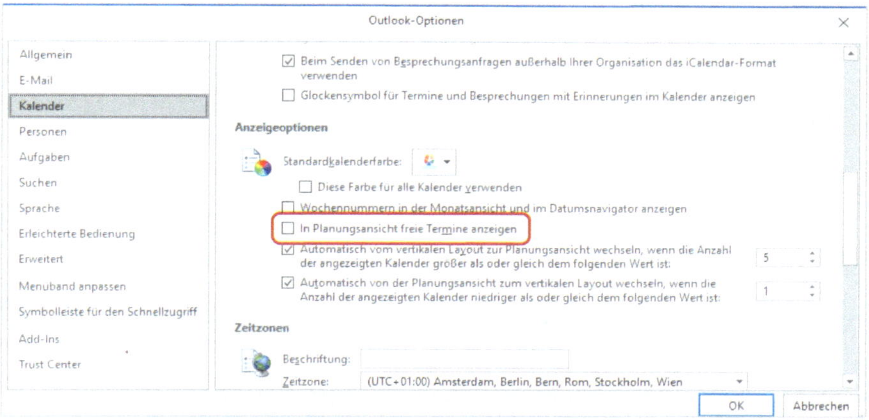

Outlook-Optionen: Freie Termine in der Planungsansicht anzeigen

- Mit dem Zoom (Statusleiste) bzw. dem Befehl *Ansicht* ▸ *Anordnung* ▸ *Zeitskala* bestimmen Sie in wie viele Zeiteinheiten eine Stunde unterteilt wird und entscheiden so auch, wie viel Platz für die Anzeige des Terminbetreffs zur Verfügung steht.

Kalender von Kollegen hinzufügen

- Verfügen Sie bereits über freigegebene Kalender von Kollegen so können Sie diese durch Setzen eines Häkchens ❶ vor dem entsprechenden Namen im Ordnerbereich angezeigt werden.

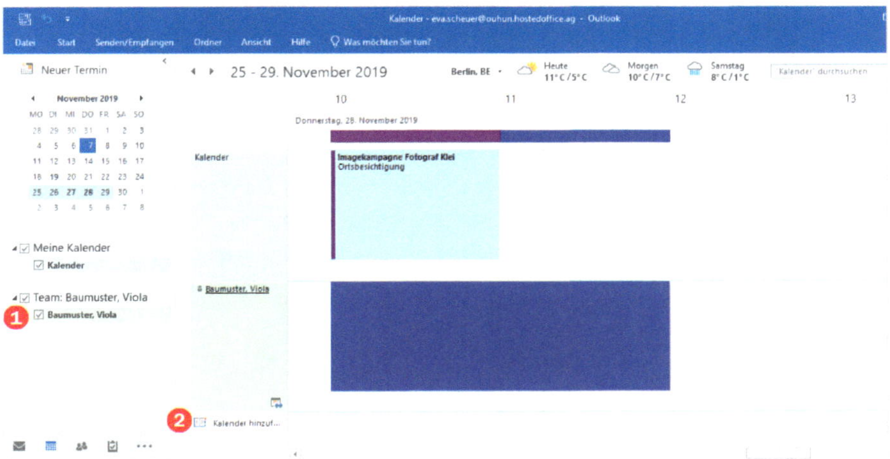

Darstellung eigene Termine im Kalender

Darstellung Kalender Kollegin, man sieht hier nur, dass die Zeit gebucht ist. Weitere Informationen können angefordert werden. Dazu mehr auf der nächsten Seite.

- Zum Hinzufügen von Kalendern, geben Sie im Feld *Kalender hinzufügen* ❷ (siehe Abbildung oben) den Namen eines Kollegen ein oder klicken Sie auf das Adressbuch, um einen Namen auszuwählen. Bestätigen Sie mit der Enter-Taste. Der Kalender wird in der Planungsansicht angezeigt und wurde bei *Freigegebene Kalender* im Ordnerbereich hinzugefügt. Da der Kalender von seinem Besitzer nicht explizit für Sie freigegeben wurde, sind im Moment nur freie und gebuchte Zeiten sichtbar, aber keine Detailinformationen.

Auf diese Weise können nur Kalender von Personen innerhalb Ihrer Organisation hinzugefügt werden. Außerdem muss am Exchange Server vereinbart worden sein, dass Kalendertermine von Personen innerhalb einer Organisation als frei bzw. gebucht angezeigt werden.

- Falls freie/gebuchte Zeiten nicht angezeigt werden oder Sie detailliertere Informationen benötigen, muss eine Freigabeanfrage gesendet werden. Klicken Sie dazu auf die Schaltfläche in der Planungsansicht ❸.

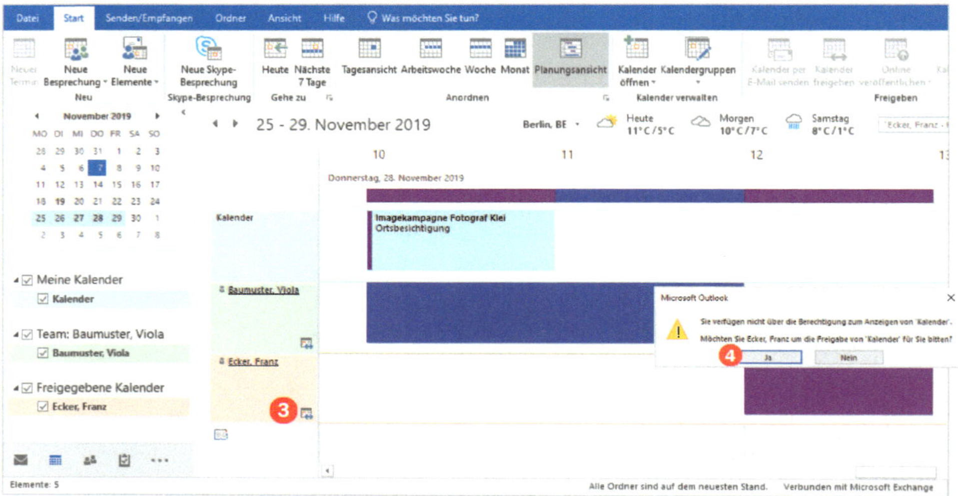

- Zum Versenden der Freigabeaufforderung klicken Sie zunächst auf *Ja* ❹. In der Freigabeanfrage sind alle notwendigen Informationen bereits hinterlegt. Sie können gleichzeitig den Empfänger der Nachricht die Anzeige Ihres Kalenders erlauben (Dazu gleich mehr auf Seite 204). Wenn Sie das nicht möchten, entfernen Sie das Häkchen ❺ und klicken dann auf *Senden*.

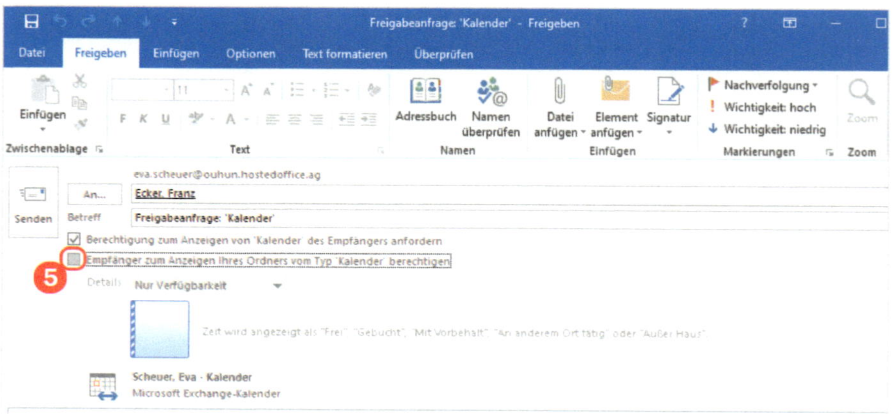

- **Darstellung beim Empfänger der Freigabeanfrage:** Der Empfänger erhält die Freigabeanfrage im Posteingang. Um der Anfrage zuzustimmen, klicken Sie oben auf *Erteilen* ❶. Im nächsten Fenster entscheiden Sie bei *Details* ❷, wie viel Informationen der Kollege zu einem Termin erhält. Klicken Sie dann auf *Senden* und bestätigen Sie mit *Ja*. Dadurch wird eine Nachricht versandt, die darüber informiert, dass die Freigabe erteilt wurde.

Private und vergangene Termine

Enthält der freizugebende Kalender auch private Termine, sollten Sie diese als *Privat* kennzeichnen, sofern Sie erlauben, dass der Empfänger Details Ihres Termins einsehen darf. Personen, die eine Freigabe für diesen Kalender erhalten, würden sonst sehen, wenn Sie privat treffen. Um einen Termin als privat zu kennzeichnen, markieren Sie den Termin und wählen *Termin* ▸ Gruppe *Kategorien* ▸ *Privat*. Außerdem ist zu bedenken, dass der Kollege Zugriff auf den gesamten Kalender erhält, er kann auch vergangene Termine betrachten, entsprechend der Rechte die eingeräumt wurden.

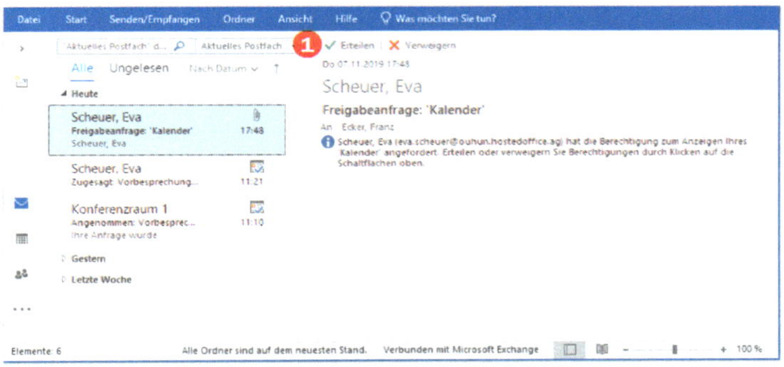

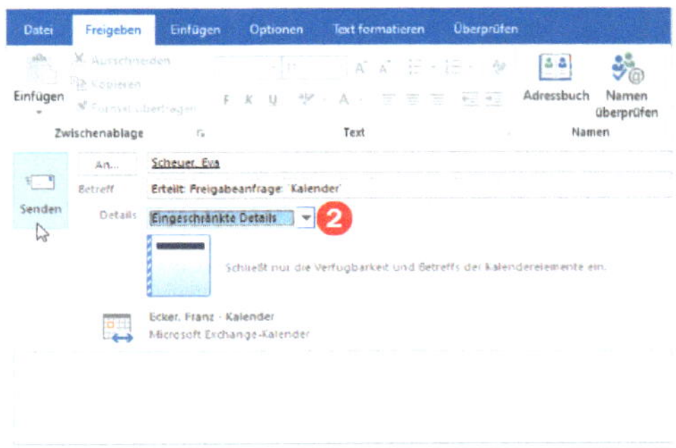

Berechtigung	Bedeutung
Nur Verfügbarkeit	Der Kollege sieht nur ob Sie einen Termin haben und wann dieser beginnt und endet. Eine Bezeichnung für den Termin wird nicht angezeigt.
Eingeschränkte Details	Neben Beginn und Ende Ihrer Termine sieht der Kollege auch Betreff und Ort
Alle Details	Es sind alle Details, die Sie zu einem Termin hinterlegt haben sichtbar. Der Kollege kann mit einem Doppelklick das Terminformular öffnen, außer es handelt sich um einen als Privat gekennzeichneten Termin.
Schreibrechte	Egal welche der drei Berechtigungen Sie für die Freigabe des Kalenders erteilt haben, es hat keiner das Recht in Ihren Kalender Termine einzutragen. Dieses Recht muss gesondert erteilt werden.

Termin oder Besprechung eintragen

Zur Festlegung eines Termins bzw. einer Besprechung klicken Sie doppelt auf einen Bereich innerhalb der Planungsansicht. Das entsprechende Formular öffnet sich und Sie gehen vor, wie gewohnt.

5.9 Zusätzliche Kalender anlegen

Sie können weitere Kalender anlegen, um beispielsweise private von geschäftlichen Terminen zu trennen.

1. Klicken Sie im Ordnerbereich mit der rechten Maustaste auf *Kalender* und wählen Sie im Kontextmenü *Neuer Kalender* aus.

   Sollte *Kalender* im Ordnerbereich nicht sichtbar sein, klicken Sie auf das weiße Dreieck vor *Meine Kalender*.

2. Tragen Sie bei *Name* den Namen des neuen Kalenders ein und bestätigen Sie die Eingabe mit *OK*.

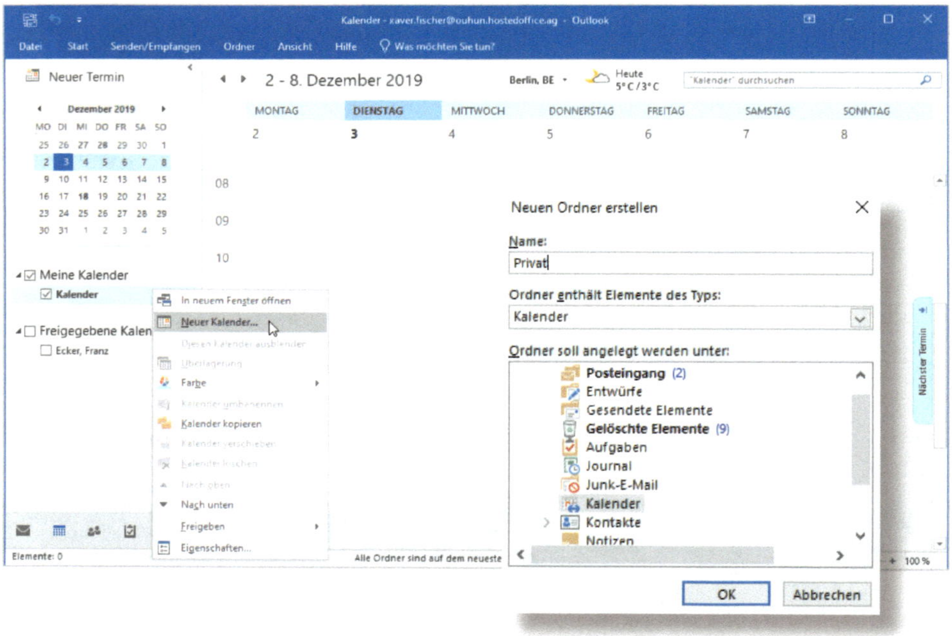

Im Ordnerbereich wird der neue Kalender angezeigt. Aktivieren Sie den neuen Kalender durch Anklicken des Kontrollkästchens im Ordnerbereich. Dieser wird neben Ihrem Standardkalender dargestellt. Um einen Kalender auszublenden, deaktivieren Sie das Kontrollkästchen vor dem Kalender wieder.

> Wenn Sie mit mehreren Kalendern arbeiten, benötigen Sie für diese unter Umständen mehr Platz im Ordnerbereich und verzichten dafür lieber auf einen der beiden Datumsnavigatoren. Zum Ausblenden eines Navigators zeigen Sie mit der Maus auf die Trennlinie zwischen Meine Kalender und den Datumsnavigatoren und ziehen bei gedrückter Maustaste die Trennlinie nach oben.

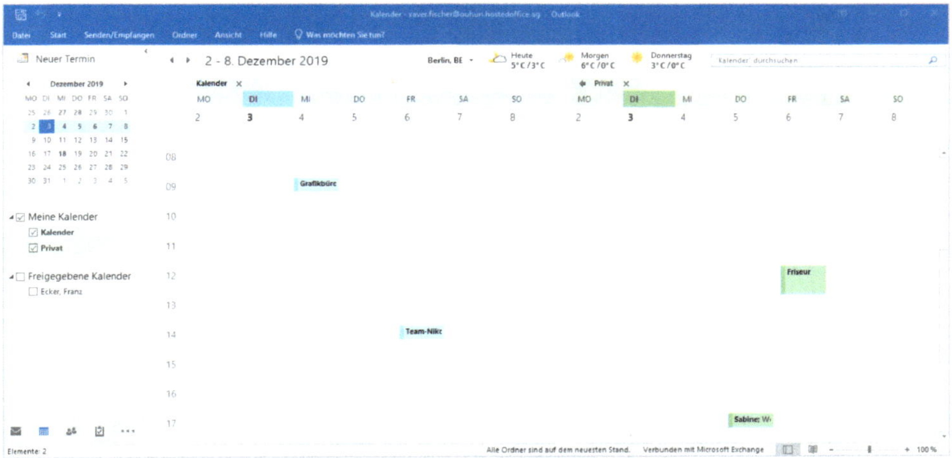

Neuer Kalender privat

5.10 Kalender anderen Personen zur Verfügung stellen

Oftmals ist es wichtig, dass Kollegen untereinander Termine einsehen können. Die einfachste Möglichkeit, diese Informationen weiterzugeben, ist, bestimmten Personen eine Freigabeberechtigung für den eigenen Kalender zu erteilen.

Darüber hinaus können Kalender auch gemeinsam genutzt werden, beispielsweise um die Belegung von Besprechungsräumen zu koordinieren. Hierzu legt ein Mitarbeiter einen weiteren Kalender an und gibt diesen für die Kollegen frei. Dies macht natürlich nur Sinn, wenn die Besprechungsräume nicht schon über eine Ressourcenverwaltung (siehe Seite 188) organisiert werden.

> Diese Features stehen in dieser Form nur Benutzern innerhalb eines Netzwerkes zur Verfügung, sofern Outlook mit Microsoft Exchange verbunden ist.

Kalender freigeben

Die wichtigsten Fragen bei der Freigabe von Kalendern sind: Darf der andere meinen Kalender nur einsehen, was darf er sehen und soll er auch etwas eintragen können? Outlook unterscheidet hier zwischen der Freigabe Ihres Standardkalenders und eines weiteren, erstellten Kalenders.

- Die Freigabe Ihres Standardkalenders dient primär der Information von Kollegen und berechtigt diese in der Standardeinstellung nur zum Lesen der Kalenderinhalte.

- Für weitere Kalender können, mit der Freigabe des Kalenders, Rechte zum Eintragen von Terminen etc. vergeben werden.
- Alle Einstellungen können auch nachträglich verändert werden.

Freigabeeinladung für den persönlichen Outlook-Kalender

- Verfügen Sie über mehrere Kalender, wählen Sie zunächst den Kalender ❶ aus, den Sie freigeben möchten. Deaktivieren Sie die Kontrollkästchen bei allen anderen Kalendern, die Sie nicht freigeben möchten. Wenn Sie nur einen Kalender haben, dann entfällt dieser Schritt.

- Klicken Sie auf *Start* ▶ Gruppe *Freigeben* ▶ *Kalender freigeben* ❷. Das Formular *Freigabeeinladung* öffnet sich.

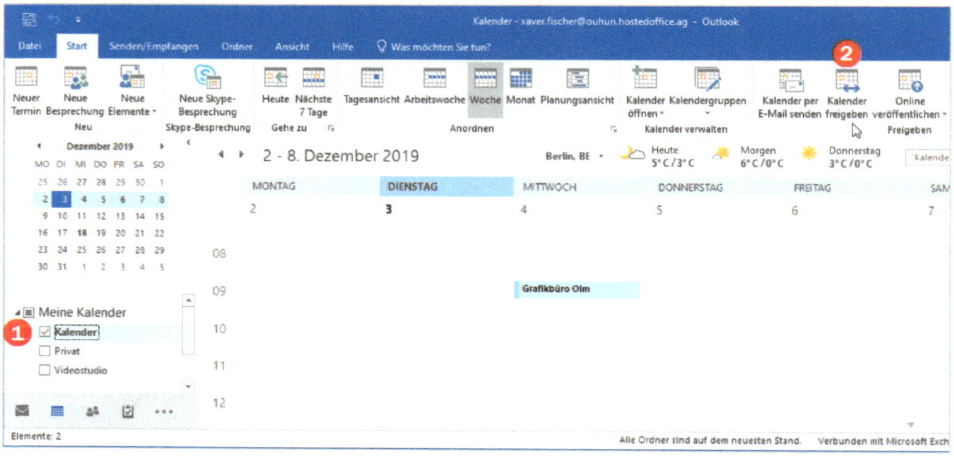

- Über die Schaltfläche *An* ❸ wählen Sie den Empfänger aus, der eine Freigabeeinladung für Ihren Kalender erhalten soll.

Freigabeeinladung für Standard-Kalender

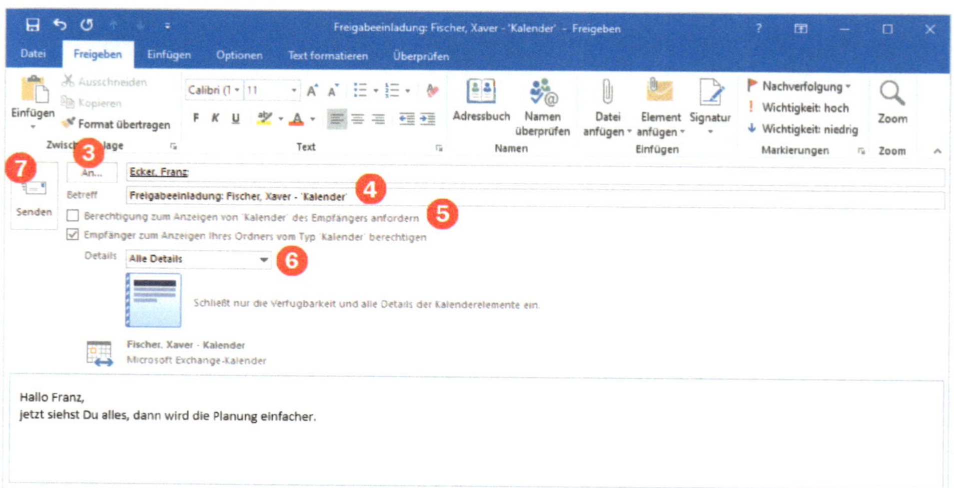

- Anhand des Kalendernamens ❹ im Betreff können Sie nochmals überprüfen, dass die Freigabeberechtigung für den korrekten Kalender erteilt wird. Im Beispiel oben handelt es sich um den Standardkalender von Xaver Fischer.
- Möchten Sie im Gegenzug eine Freigabeberechtigung für den Kalender des Empfängers erhalten, so aktivieren Sie das Kontrollkästchen vor *Berechtigung zum Anzeigen von Kalender des Empfängers anfordern* ❺.
- Über das Listenfeld bei *Details* ❻ stellen Sie ein, wie viel Informationen der andere Ihrem Kalender entnehmen soll, z. B. Anzeige des Betreffs (Termindetails) oder nur frei, gebucht etc.
- Klicken Sie auf die Schaltfläche *Senden* ❼ und bestätigen Sie das folgende Dialogfenster über die Schaltfläche *Ja.* Was der Empfänger einer Freigabeeinladung zu tun hat, erfahren Sie ab Seite 207.

> Sobald andere Zugriff auf Ihren Kalender haben, sollten sie, falls eingetragen, private Termine als solche kennzeichnen (siehe dazu Seite 183). Während in Ihrem Kalender *Zahnarzt* steht, liest der Kollege *Privater Termin* ohne weitere Einzelheiten. Private Termine sind von der Detailanzeige ausgenommen.

Freigabeeinladung für einen weiteren Kalender

Beispiel: Sie haben einen Kalender Videostudio erstellt. Dieser dient der Koordinierung der Raumbelegung und soll für einen Teil der Mitarbeiter freigegeben werden. Die Freigabeeinladung ermöglicht Ihnen, bei einem zusätzlich erstellten Kalender automatisch weitere Rechte einzuräumen. Durch Setzen des Häkchens erlauben Sie den Empfängern, Termine in den Kalender einzutragen und zu löschen.

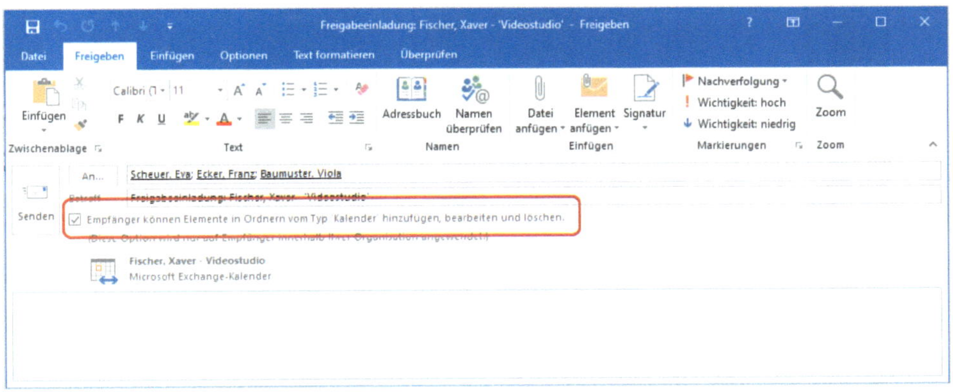

Freigabeeinladung für weitere Kalender

Kalenderberechtigung ändern

Mit der Freigabe Ihres Standardkalenders erteilen Sie einer Person oder einer Gruppe in der Regel das Recht, Ihren Kalender anzuzeigen. Soll ein Kollege auch Termine eintragen können, müssen die Kalenderberechtigungen erweitert werden.

Wählen Sie zunächst den Kalender aus, für den Sie die Berechtigungen ändern möchten und entfernen Sie die Häkchen vor allen anderen Kalendern. Klicken Sie dann auf *Start* ▸ Gruppe *Freigeben* ▸ *Kalenderberechtigungen*.

Im Dialogfenster *Kalender: Eigenschaften* (das ist die Bezeichnung Ihres Standardkalenders, bei allen anderen Kalendern steht hier der Kalendername) wird das Register *Berechtigungen* angezeigt. Hier können die Freigabeberechtigungen für Ihren Kalender geändert werden:

1. Zunächst müssen Sie den Namen der Person markieren, der Sie weitere Rechte einräumen möchten. Ist diese Person noch nicht in der Liste, können Sie sie mit der Schaltfläche *Hinzufügen* aufnehmen.
2. Über das Listenfeld können Sie bei *Berechtigungsstufe* eine andere Stufe auswählen. Die Stufen sind hier nach Level sortiert. *Besitzer* gewährt maximale Rechte, *Frei/Gebucht-Zeit* berechtigt lediglich zur Anzeige der Verfügbarkeit. Mit der Berechtigungsstufe *Autor* ermöglichen Sie dem Kollegen beispielsweise Termine einzutragen, diese zu bearbeiten und ggf. auch wieder zu löschen. Termine, die Sie festgelegt haben, können mit dieser Berechtigungsstufe nicht verändert werden.

   Im unteren Teil des Fensters sehen Sie die Rechte, die aufgrund der ausgewählten Berechtigungsstufe vergeben werden. Natürlich können Sie durch Anklicken der Kontrollkästchen die einzelnen Rechte individuell aktivieren bzw. deaktivieren. Die *Berechtigungsstufe* wechselt dann auf *Benutzerdefiniert*.
3. Bestätigen Sie die Einstellungen über die Schaltfläche *OK*.

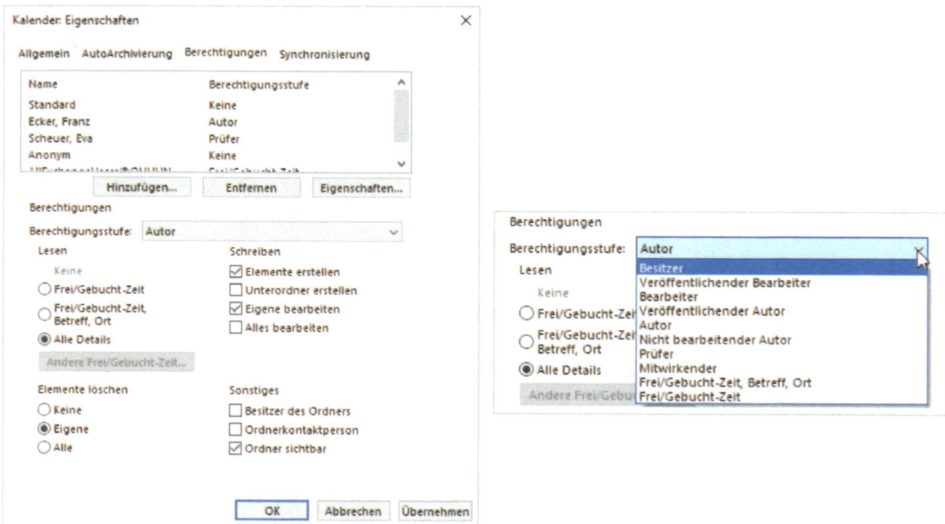

Einstellen der Freigabeberechtigungen

Kalenderberechtigung entziehen

Über die Schaltfläche *Entfernen* wird markierten Personen das Recht entzogen, Termine Ihres Kalenders einzusehen. Zwar wird Ihr Kalender bei der Person noch angezeigt, neue Termine aber nicht mehr eingetragen.

Freigegebenen Kalender öffnen

Freigabeeinladung im Posteingang

Wurde Ihnen die Freigabe für einen fremden Kalender erteilt, erhalten Sie eine **Freigabeeinladung** via E-Mail übersandt.

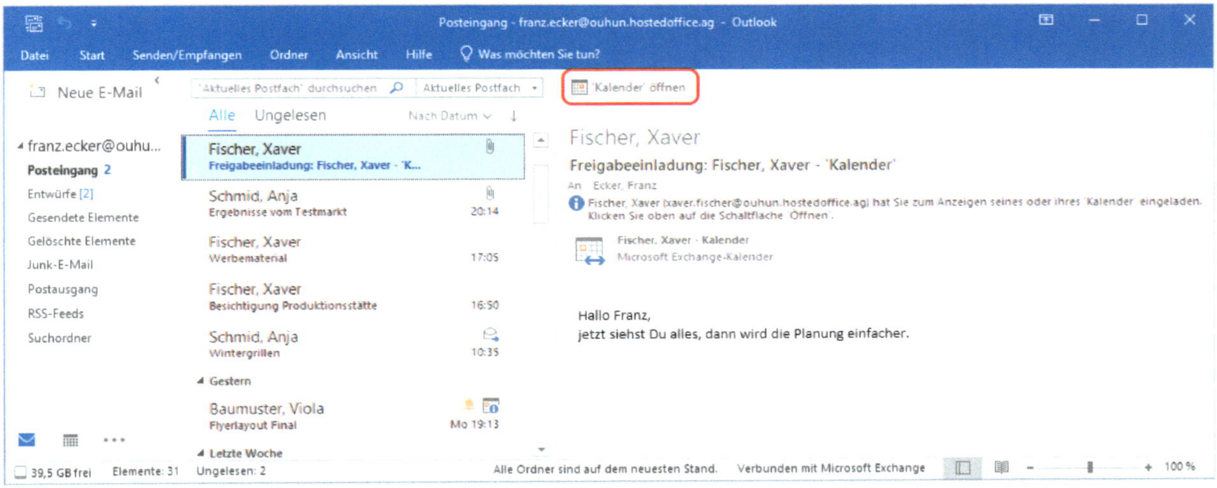

Darstellung freigegebener Kalender im Funktionsbereich Kalender

Die E-Mail enthält die Schaltfläche *Kalender öffnen*, über die Sie den freigegebenen Kalender Ihres Kollegen in Ihren Outlook-Funktionsbereich *Kalender* integrieren.

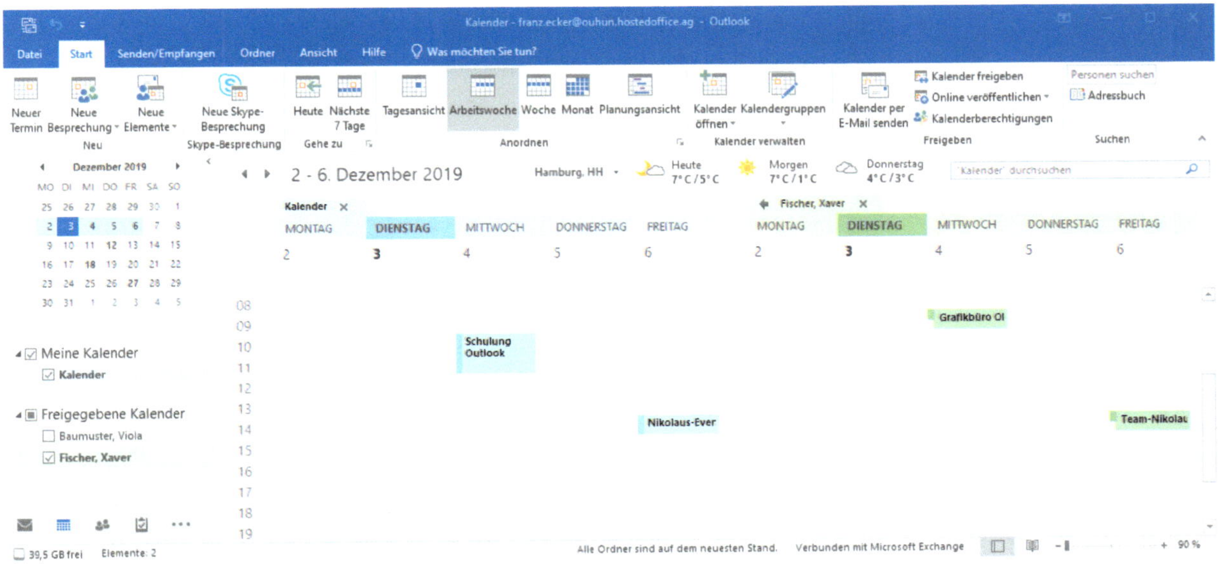

Besonderheit: Mit Freigabe eines Kalenders wird der Zugriff auf den Kalender des Empfängers erbeten

Wenn gleichzeitig mit der Freigabe eines Kalenders darum ersucht wird, auch Zugriff auf den Kalender des Empfängers zu erhalten (zusätzliche Auswahl von *Berechtigung zum Anzeigen von Kalender des Empfängers anfordern*), erhält der Empfänger mit der Freigabeeinladung auch eine **Freigabeanfrage**. Er muss dann zusätzlich den Zugriff auf seinen Kalender erlauben oder verwehren durch Anklicken von *Erteilen* bzw. *Verweigern* im Lesebereich der E-Mail.

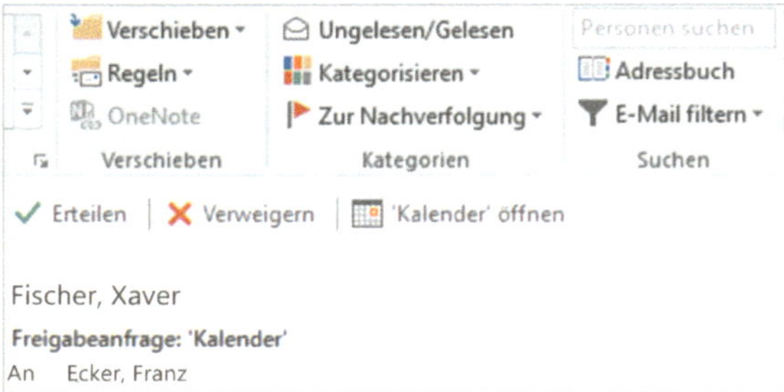

Automatische Freigabe

Unter Umständen hat der Administrator die Kalender innerhalb einer Organisation freigegeben, d.h. jeder Benutzer hat die Berechtigung, die freien und gebuchten Zeiten in Kalendern von Kollegen einzusehen. Dann muss kein Anwender einem anderen explizit Rechte einräumen.

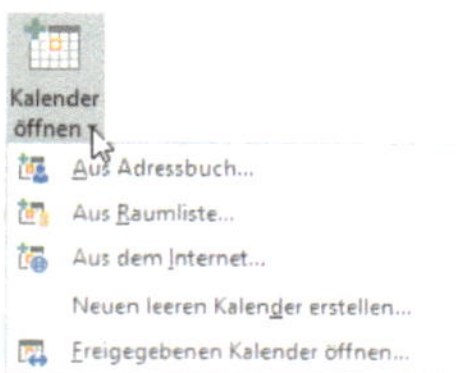

Um in diesem Fall einen Kalender anzuzeigen, klicken Sie auf *Start* ▸ Gruppe *Kalender verwalten* ▸ *Kalender öffnen* ▸ *Freigegebenen Kalender öffnen*. Im folgenden Dialogfenster wählen Sie über die Schaltfläche *Name* die Person aus oder tragen den Namen der Person ein und bestätigen mit *OK*.

5.11 Anzeige mehrerer Kalender

Haben Sie eine Freigabeeinladung für einen fremden Kalender erhalten und bearbeitet, wird der freigegebene Kalender im Ordnerbereich des Funktionsbereichs Kalender angezeigt. Auch selbst erstellte, neue Kalender erscheinen hier.

Kalendergruppen

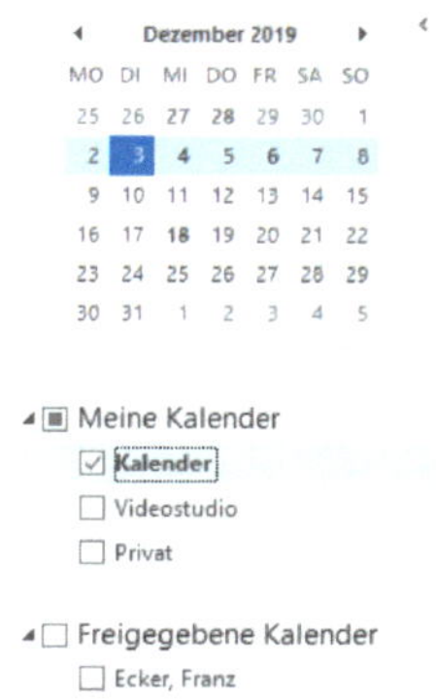

Sofern freigegebene Kalender vorhanden sind, werden von Outlook automatisch zwei Kalendergruppen gebildet:

- Die Gruppe *Meine Kalender* enthält Ihren Standard-Kalender und gegebenenfalls weitere persönlich erstellte Kalender. Diese Gruppe kann weder umbenannt noch gelöscht werden.
- Die Gruppe *Freigegebene Kalender* enthält Verweise auf fremde Kalender. Diese Gruppe kann zwar auch nicht umbenannt, aber gelöscht werden. Dabei werden nur die Verweise auf die anderen Kalender entfernt.

Anzeige aktivieren bzw. deaktivieren

Durch Aktivierung bzw. Deaktivierung des Kontrollkästchens vor dem Kalender wird dieser ein- bzw. ausgeblendet. Mit den Kontrollkästchen vor den Gruppen, können alle Kalender einer Gruppe mit einem Klick ein- bzw. ausgeblendet werden. Wenn Sie mehr als einen Kalender aktiviert haben, werden diese in der Regel nebeneinander dargestellt. Dabei spielt es keine Rolle, ob es sich um eigene und / oder freigegebene Kalender handelt. In den Registerfahnen steht der Name des Kalenders.

Mehrere Kalender nebeneinander anzeigen

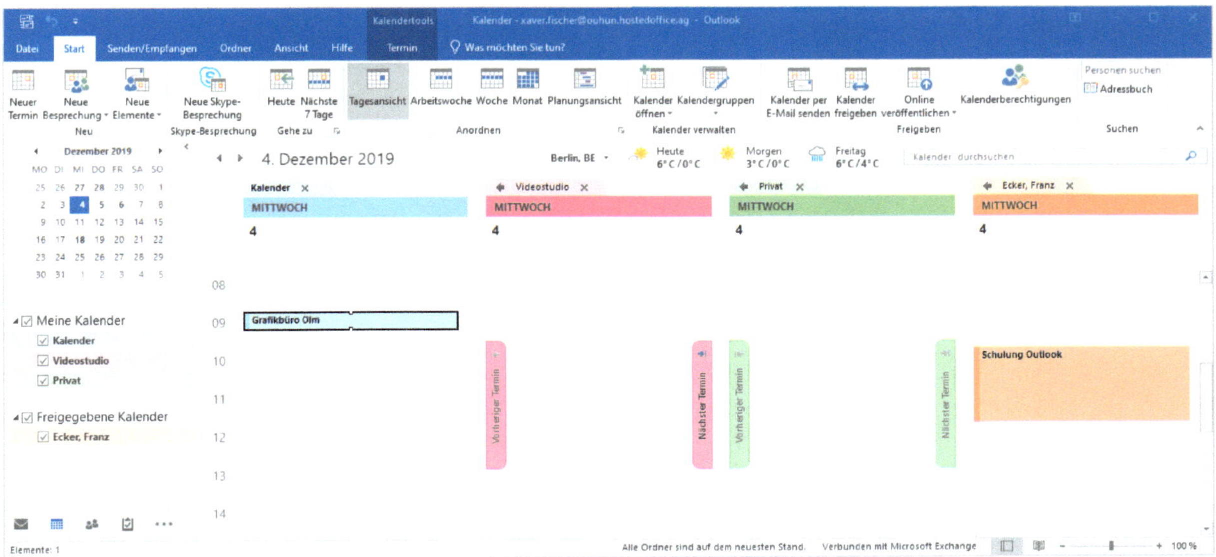

- Durch Anklicken der Registerfahne ❶ wählen Sie einen Kalender zur Bearbeitung aus, z. B. *Videostudio.* Sofern es ein eigener Kalender ist oder Sie die entsprechenden Rechte besitzen, können selbstverständlich auch in dieser Anzeige Termine eingetragen werden.
- Auf den aktiven Kalender bezieht sich auch die Sofortsuche ❷.
- Für den ausgewählten Kalender können Sie über *Ansicht* ▸ Gruppe *Anordnung* ▸ *Farbe* ❸ eine andere Farbe festlegen.
- Durch Anklicken der Schließen-Schaltfläche ❹ blenden Sie einen aktivierten Kalender wieder aus. Das erreichen Sie natürlich auch durch Entfernen des Häkchens im Ordnerbereich.

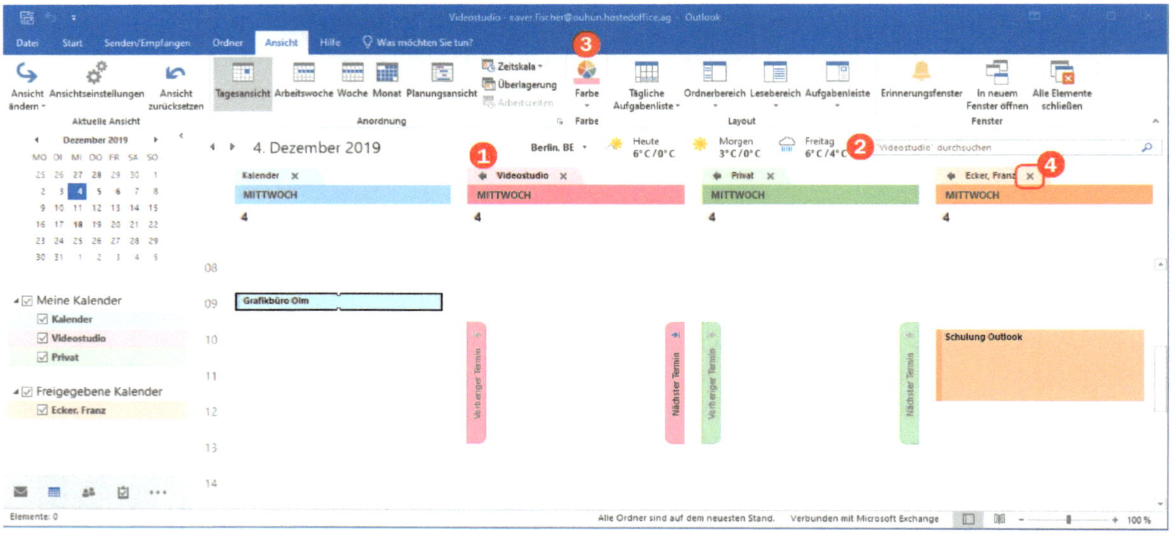

> Freigegebene und weitere persönliche Kalender können nur in den Ansichten *Kalender* und *Vorschau* dargestellt werden.

- Die Kalender werden nicht mehr nebeneinander dargestellt, wenn Sie die Anordnung *Überlagerung* ausgewählt haben (siehe nächster Abschnitt).
- Wenn die Kalendergrenze erreicht ist (standardmäßig maximal 5 Kalender), wechselt Outlook automatisch in die *Planungsansicht*, in der die Kalender untereinander dargestellt werden.

Überlagerung

Unter Umständen kann es zur Übersichtlichkeit beitragen, Kalender überlagert anzuzeigen. Dadurch werden die Termine aller überlagerten Kalender zum gewählten Zeitraum gemeinsam angezeigt. Nicht alle aktivierten Kalender müssen überlagert angezeigt werden. Es kann auch eine Mischform gewählt werden.

- Sie ändern die Darstellungen für den ausgewählten Kalender mit *Ansicht* ▶ Gruppe *Anordnung* ▶ *Überlagerung*. Um einen Kalender auszuwählen klicken Sie die Registerfahne an.
- Alternativ verwenden Sie zur Änderung der Anordnung die Pfeile in den Registerfahnen.

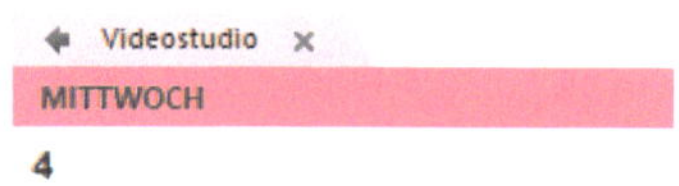

Kalender überlagert dargestellt

In einem Stapel von überlagerten Kalendern wird der aktive Kalender im Vordergrund angezeigt. Sie sehen das daran, dass mit seiner Farbe der Wochentag hinterlegt ist. Außerdem steht der entsprechende Name in der Titelleiste von Outlook.

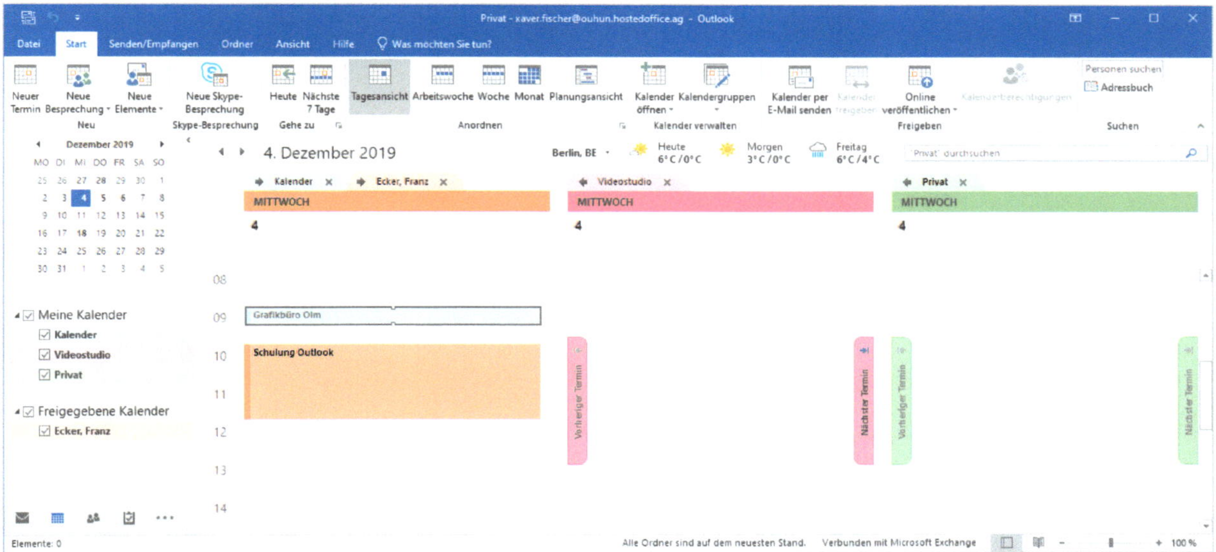

Der Kalender Privat ist momentan ausgewählt und kann bearbeitet werden.

5.12 Kalender drucken

Outlook stellt Ihnen für den Ausdruck Ihres Kalenders verschiedene Druckformate zur Verfügung. Rufen Sie diese über *Datei* ▶ *Drucken* auf.

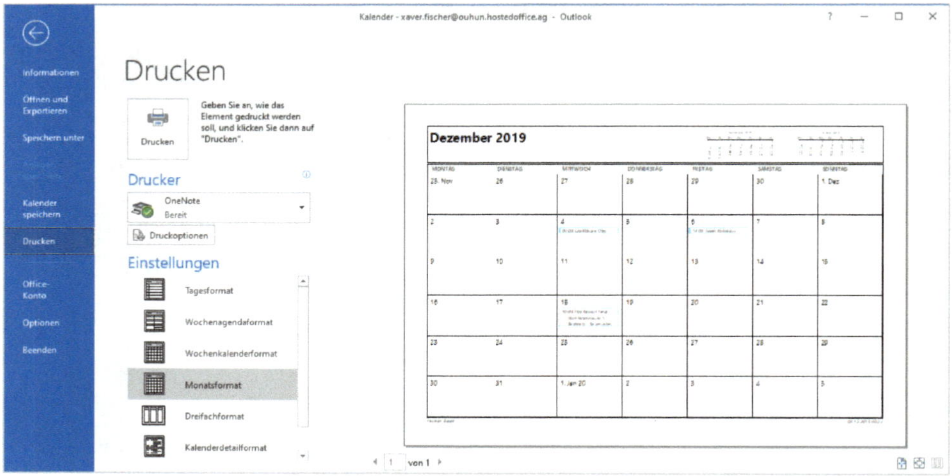

Klicken Sie im Abschnitt *Einstellungen* das gewünschte Format an. Rechts erhalten Sie eine Vorschau auf den gedruckten Kalender. Ausgedruckt wird, was Sie gerade in Ihrem Kalender anzeigen. Dabei hat die gewählte Ansicht Ihres Kalenders Auswirkungen auf das Druckergebnis. Arbeiten Sie in der *Tagesansicht*, drucken Sie mit der Auswahl *Tagesformat* den angezeigten Tag aus. Wird Ihr Kalender allerdings in der Ansicht *Arbeitswoche* angezeigt, drucken Sie mit dem *Tagesformat* 5 Seiten aus – für jeden Arbeitswochentag eine. Dasselbe gilt für das *Dreifachformat*.

Über die Schaltfläche *Druckoptionen* nehmen Sie weitere Einstellungen vor:

- **Druckbereich** ❶: Legen Sie zunächst im Druckbereich den gewünschten Zeitraum fest, den Sie ausdrucken möchten.
- **Seite einrichten** ❷: Über die Schaltfläche *Seite einrichten* passen Sie die einzelnen Formate an, z. B. Schriftart, ob die Aufgaben auch ausgedruckt werden sollen, etc.
- **Seitenansicht** ❸: Über die Schaltfläche *Seitenansicht* gelangen Sie wieder zum vorherigen Fenster.

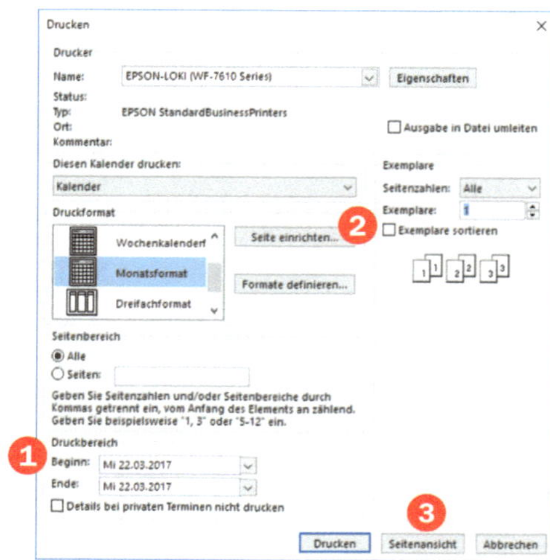

Zum Starten des Ausdrucks klicken Sie auf die Schaltfläche *Drucken*.

6 Aufgaben und Notizen erstellen

Das lernen Sie in diesem Kapitel:

- Neue Aufgaben und Aufgabenserien erstellen
- Aufgaben übertragen
- Notizen erstellen

Das sollten Sie bereits wissen:

- E-Mail-Grundlagen

6.1 Aufbau des Funktionsbereichs Aufgaben

Im Funktionsbereich *Aufgaben* steht Ihnen die Möglichkeit zur Verfügung, schnell Arbeitsaufträge zu notieren und mit einem Erledigungsdatum zu versehen. Sie erhalten eine übersichtliche Liste aller Aufgaben getrennt nach dem Zeitpunkt ihrer Fälligkeit, z. B. Heute fällig oder nächste Woche fällig. Um zur Aufgabenverwaltung zu gelangen, wählen Sie im Ordnerbereich das Funktionsbereich *Aufgaben* ❶ aus.

Unterscheidung von Terminen und Aufgaben

Vielen fällt die Unterscheidung zwischen Termin und Aufgabe schwer, was dazu führt, dass alle anfallenden Anforderungen in den Kalender eingetragen werden. Ein Grund hierfür ist sicherlich die übersichtliche Darstellung der einzelnen Tage im Kalender.

Das wichtigste Unterscheidungskriterium zwischen Termin und Aufgabe ist das Attribut Uhrzeit, welches immer zu einem Termin gehört. Den Termin „Mitarbeiterbesprechung" müssen Sie an einem bestimmten Tag zu einer bestimmten Uhrzeit wahrnehmen. Die Aufgabe „Reisekostenabrechnung abgeben" ist zu einem bestimmten Zeitpunkt fällig. Sie sollte bis dahin abgeschlossen sein, kann aber innerhalb eines bestimmten Zeitraums beliebig erledigt werden.

Der große Vorteil von Aufgaben ist, dass diese als erledigt markiert werden können und dadurch aus der Liste entfernt werden. Nicht erfüllte Aufgaben verbleiben in der Liste bis zu ihrer Erledigung. Ein Termin kann zwar gelöscht werden, gilt aber generell, wenn er in der Vergangenheit liegt, als wahrgenommen und wird vergessen.

Aufgabenliste und Ordner Aufgaben

Die Nachverfolgung haben Sie bereits im Kapitel 3 ab Seite 92 kennengelernt.

Im Ordnerbereich befindet sich die *Aufgabenliste* und der Ordner *Aufgaben* ❷. Alle in Outlook angelegten Aufgaben sind in beiden Ordnern. In der *Aufgabenliste* werden jedoch zusätzlich noch Aufgabenelemente ❸ angezeigt, die entstehen, wenn E-Mails mit einer Nachverfolgungskennzeichnung versehen werden. Zur Unterscheidung von Aufgaben und Aufgabenelementen (Nachverfolgung) wird eine Aufgabe mit Aufgabensymbol angezeigt.

Ansicht und Anordnung

Beim Starten von Outlook wird der Inhalt der *Aufgabenliste* angezeigt. Standardmäßig ist für diesen Ordner die Ansicht *Aufgabenliste* ❹ eingestellt. In dieser Ansicht werden Aufgaben chronologisch nach Fälligkeitsdatum geordnet. Der Ordner *Aufgaben* wird standardmäßig in der Ansicht *Einfache Liste* ❺ dargestellt. Durch diese Auswahl werden bereits erledigte Aufgaben ebenfalls angezeigt.

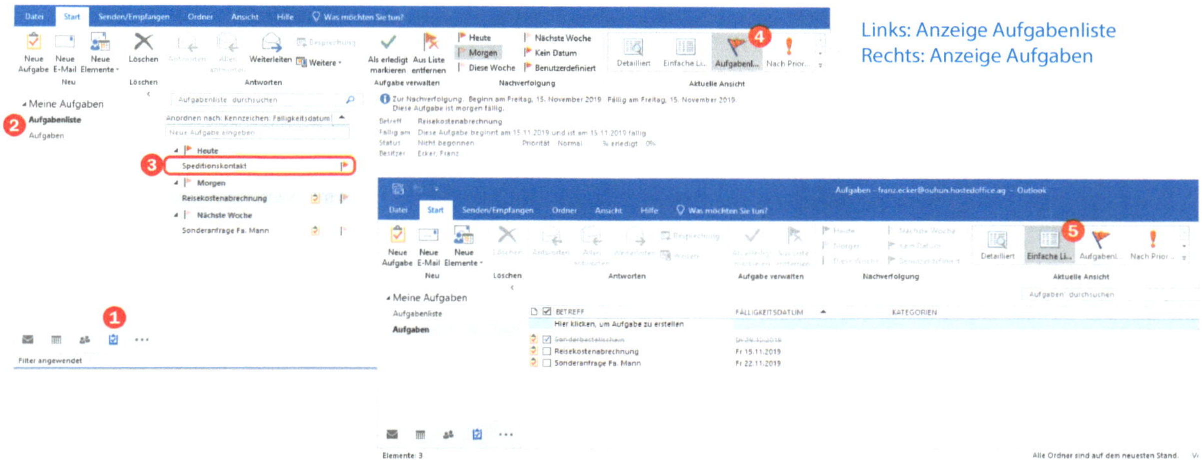

Links: Anzeige Aufgabenliste
Rechts: Anzeige Aufgaben

Ansicht wechseln

Mit *Start* ▶ Gruppe *Aktuelle Ansicht* ▶ *Ansicht ändern* können Sie schnell eine andere Ansicht wählen. Zur Ansicht aller verfügbaren Ansichten klicken Sie auf *Weitere*.

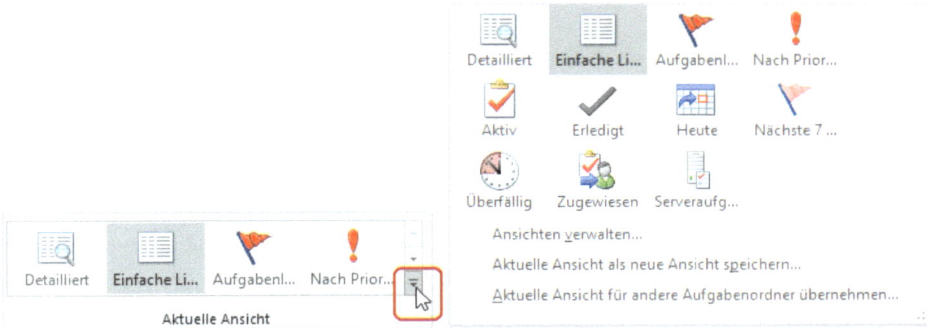

Andere Ansichten bieten zum Teil mehr Informationen auf einen Blick oder zeigen nur bestimmte Aufgaben an. So sehen Sie beispielsweise in der Ansicht *Überfällige* nur Aufgaben, deren Fälligkeitsdatum überschritten wurde. Achten Sie darauf, danach wieder eine Ansicht auszuwählen, die alle fälligen Aufgaben anzeigt, z. B. *Aufgabenliste*.

Anordnung anpassen

Aufgaben sind standardmäßig nach dem Kriterium *Fällig am* angeordnet. Aufgaben die „überfällig" bzw. heute fällig sind werden zuerst angezeigt. Die Anordnung kann durch einen Mausklick auf die Spaltenbezeichnung *Heute* ❶ (Abbildung nächste Seite) im Anzeigebereich umgekehrt werden.

Darüber hinaus sind die Aufgaben in Gruppen eingeteilt, also *Heute*, *Nächste Woche* etc. Um die Gruppenbildung ein- oder auszuschalten, klicken Sie auf die Spaltenüberschrift und im Menü auf *In Gruppen anzeigen* ❷.

Alternative Anordnungsoptionen finden Sie auf dem Register *Ansicht* in der Gruppe *Anordnen* ❸. Die Anordnung *Typ* verwenden Sie beispielsweise zur getrennten Anzeige der Aufgaben und nachverfolgten E-Mails.

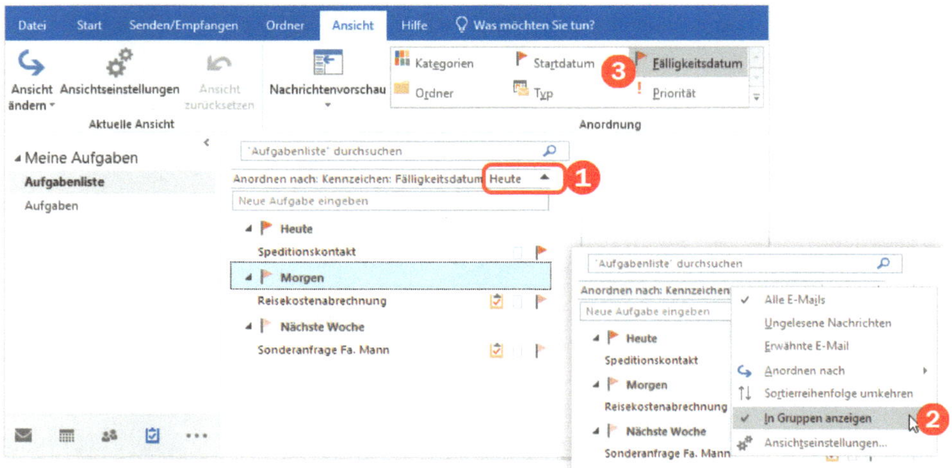

6.2 Aufgaben eintragen

Schnelle Eingabe einer Aufgabe

Um eine neue Aufgabe zu erfassen, klicken Sie in das Feld *Neue Aufgabe eingeben*. Dieses finden Sie im Funktionsbereich *Aufgaben*, es steht Ihnen aber auch im Aufgabenpopup zur Verfügung. So können Sie aus jedem Funktionsbereich ohne Wechseln zu müssen Aufgaben hinterlegen.

Tragen Sie eine kurze Beschreibung ein und bestätigen Sie die Eingabe mit der Enter-Taste. Auf diese Weise eingegebene Aufgaben werden mit Fälligkeit *Heute* zur Liste hinzugefügt. Falls Sie eine andere Fälligkeit hinterlegen möchten, ist das mit einem Klick im Menüband geändert. Dazu gleich mehr auf

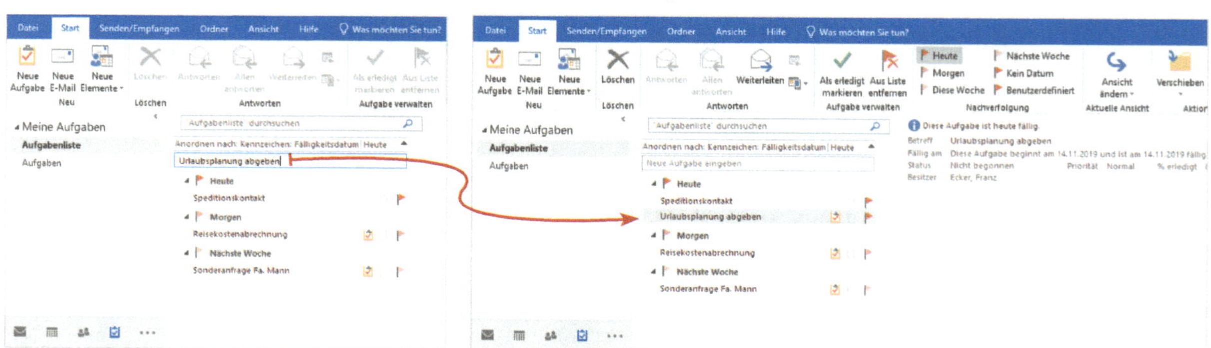

Aufgabenformular ausfüllen

Um detaillierte Angaben zu einer Aufgabe festzulegen, öffnen Sie ein Aufgabenformular durch einen Doppelklick auf die Zeile *Neue Aufgabe eingeben* oder verwenden Sie *Start* ▶ Gruppe *Neu* ▶ *Neue Aufgabe*.

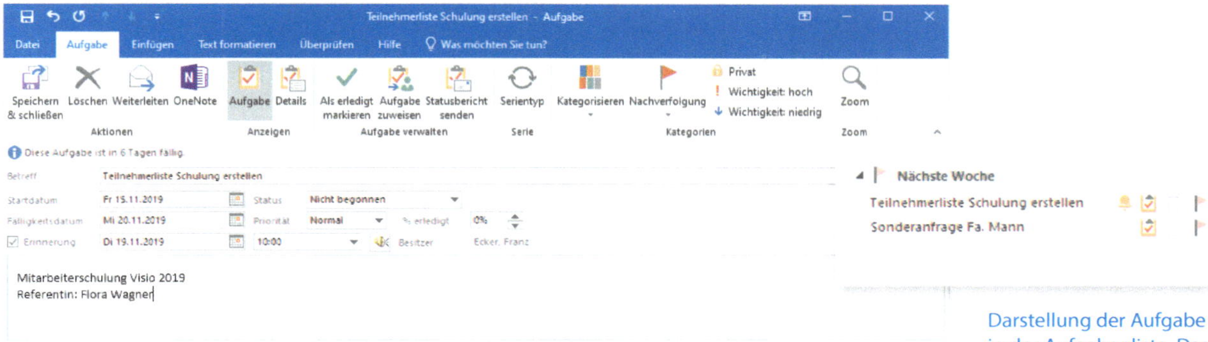

Darstellung der Aufgabe in der Aufgabenliste. Das Glockensymbol zeigt an, dass eine Erinnerung vereinbart wurde.

- Geben Sie im Feld *Betreff* eine kurze Aufgabenbeschreibung ein. Diese Bezeichnung erscheint später in der Aufgabenliste.
- Im Feld *Startdatum* muss kein Datum eingetragen werden, da diese Information nicht immer relevant ist. Sollten Sie allerdings ein Datum festlegen, wird dieses automatisch bei *Fälligkeitsdatum* übernommen. Selbstverständlich können Sie hier ein anderes Datum eintragen oder über die Schaltfläche im Kalenderblatt auswählen. Benötigen Sie zur Erledigung einer Aufgabe mehrere Tage dann können Sie diesen Zeitraum durch unterschiedliche Start- und Fälligkeitsdaten abbilden. Dann ist es u. U. sinnvoll, die Aufgabenliste nach *Startdatum* anzuordnen, um sicherzustellen, dass Sie rechtzeitig beginnen.
- Definieren Sie eine Erinnerungsmeldung für wichtige Aufgaben, indem Sie das Kontrollkästchen vor *Erinnerung* aktivieren sowie Tag und Uhrzeit der Erinnerung angeben. Das könnte z. B. bei Aufgaben sinnvoll sein, für deren Erledigung Sie mehrere Tage benötigen. Eine Halbzeiterinnerung macht hier Sinn, um nicht am Fälligkeitstag eine böse Überraschung zu erleben.
- Über das Register *Einfügen* können Dateien oder Links eingefügt werden. Die Handhabung haben Sie schon für das Terminformular kennengelernt.
- Geben Sie eine Beschreibung der Aufgabe oder weitere Informationen im Notizenfeld ganz unten ein.
- Bestätigen Sie die Eingabe über die Schaltfläche *Speichern & schließen*.

6.3 Aufgaben bearbeiten, erledigen und löschen

Alle gespeicherten Aufgaben erscheinen im Funktionsbereich Aufgaben, im Popup Aufgaben und natürlich auch in der Täglichen Aufgabenliste.

Fälligkeit der Aufgabe ändern

Die Aufgabe muss jetzt doch früher erledigt werden oder Sie haben etwas mehr Zeit? Kein Problem, die Fälligkeit von Aufgaben lässt sich schnell verändern. Markieren Sie die Aufgabe im Funktionsbereich Aufgaben. Wählen Sie im Register *Start* ▸ Gruppe *Nachverfolgung* eine andere Fälligkeit, z. B. *Morgen*, *Nächste Woche* etc. durch Anklicken aus. Über *Benutzerdefiniert* können Sie ein Datum eingeben.

Kennzeichnung	Startdatum	Enddatum
Heute	Datum des aktuellen Tags	Datum des aktuellen Tags
Morgen	Datum des Folgetags	Datum des Folgetags
Diese Woche	Aktueller Tag + 2 Tage: Wenn Sie am Montag eine Aufgabe für *Diese Woche* vereinbaren, beginnt sie am Mittwoch	Freitag der aktuellen Woche
Nächste Woche	Montag der Folgewoche	Freitag der Folgewoche
Kein Datum	Leer	Leer
Benutzerdefiniert	Individuelle Angaben	Individuelle Angaben

Aufgabeninformationen ändern

Um eine Aufgabe zu bearbeiten, öffnen Sie das Aufgabenformular mit einem Doppelklick auf die Aufgabe und nehmen die Änderungen vor. Speichern Sie diese über die Schaltfläche *Speichern & schließen*.

Aufgaben erledigen

Wenn Sie eine Aufgabe erfüllt haben, sollten Sie diese als erledigt markieren. Dadurch verschwindet sie aus der Ansicht *Aufgabenliste* und aus dem Aufgabenpopup. Das sorgt für mehr Übersichtlichkeit, da nur Aufgaben mit Handlungsbedarf angezeigt werden.

Durch Anklicken des roten Fähnchens am Ende der Aufgabe ❶ direkt im Ansichtsbereich, wird die Aufgabe als erledigt gekennzeichnet. Alternativ markieren Sie die Aufgabe und klicken auf *Start* ▶ Gruppe *Aufgabe verwalten* ▶ *Als erledigt markieren*.

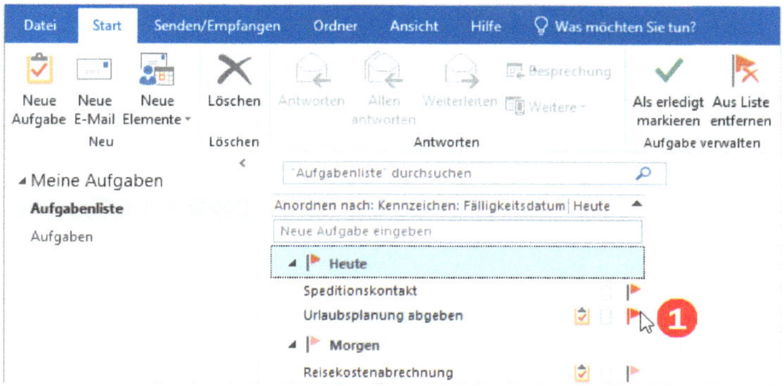

Erledigte Aufgaben werden in der Aufgabenliste nicht mehr angezeigt. Wenn Sie die erledigten Aufgaben anzeigen möchten, dann wechseln Sie zur Ansicht *Erledigt* oder klicken im Ordnerbereich *Aufgaben* ❷ an. Erledigte Aufgabe werden durchgestrichen angezeigt.

Erledigung zurücknehmen

Fälschlicherweise als erledigt markierte Aufgaben können wieder zurückgenommen werden. Wählen Sie im Ordnerbereich *Aufgaben*. Klicken Sie dann am Zeilenende der erledigten Aufgabe auf das grüne Häkchen ❸. Die Aufgabe erscheint nun wieder mit Fälligkeitsdatum in sämtlichen Übersichten.

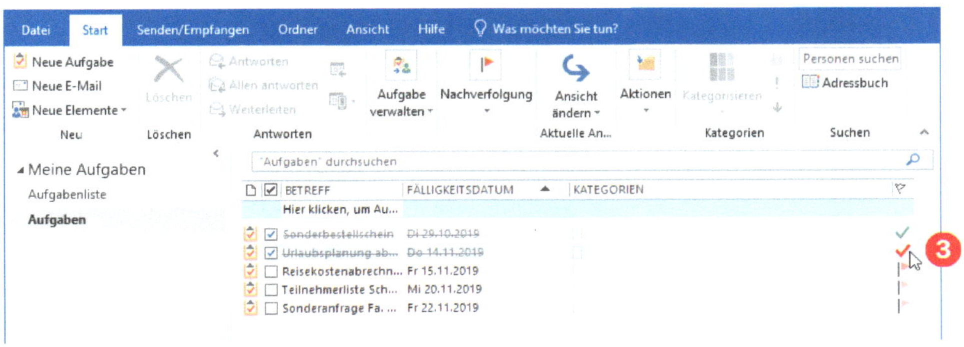

Überfällige Aufgaben

Aufgaben, die bis zur Fälligkeit nicht als erledigt markiert wurden, werden automatisch in roter Schriftfarbe in der Gruppe *Heute* angezeigt. Der Farbwechsel unterscheidet zwischen Aufgaben (schwarz), die tatsächlich heute fällig sind und Aufgaben (rot), deren Fälligkeitstag schon verstrichen ist.

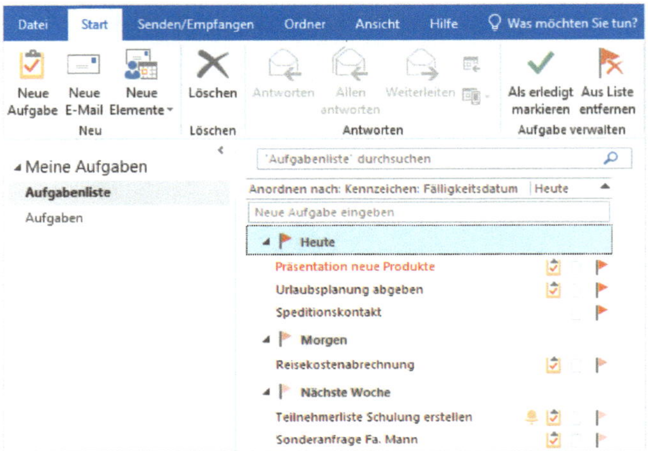

Die Aufgabe in roter Schrift wird zwar im Bereich Heute angezeigt, sie ist aber schon überfällig.

Zur Anzeige aller Aufgaben, deren Fälligkeit abgelaufen ist, wählen Sie *Ansicht* ▶ Gruppe *Aktuelle Ansicht* ▶ *Ansicht ändern* ▶ *Überfällig* aus. Nun werden nur überfällige Aufgaben angezeigt.

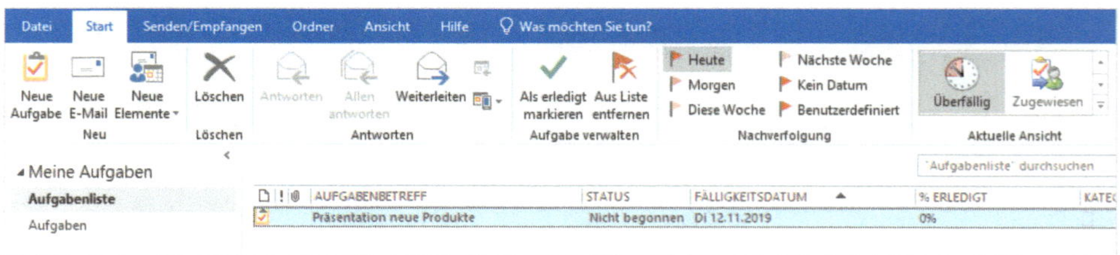

Aufgaben löschen oder Aus der Liste entfernen

Grundsätzlich gilt, Aufgaben, die Sie erledigt haben, sollten Sie als solche markieren und nicht löschen. Im Zweifelsfall haben Sie so immer die Möglichkeit, zu kontrollieren, ob die Aufgabe abgeschlossen wurde. Löschen Sie die Aufgabe, verzichten Sie auf eine Dokumentationsfunktion.

Wurde eine Aufgabe versehentlich vereinbart oder ist sie nicht korrekt, dann kann diese aus der Aufgabenliste gelöscht werden. Hier stehen im Register *Start* grundsätzlich zwei Schaltflächen zur Verfügung: *Löschen* und *Aus Liste entfernen*.

- Für Aufgaben macht es keinen Unterschied, welche Schaltfläche Sie verwenden. In beiden Fällen wird die Aufgabe gelöscht und in den Ordner *Gelöschte Elemente* verschoben.

- Im Fall von Aufgabenelementen, die durch Nachverfolgung einer E-Mail dem Aufgabenbereich hinzugefügt wurden, führt die Verwendung der beiden Schaltflächen zu unterschiedlichen Ergebnissen:
  - Verwenden Sie *Aus Liste entfernen*, wenn das Aufgabenelement aus der Aufgabenliste entfernt werden soll. Die E-Mail ist dann weiterhin im Posteingang zu finden, wird aber nicht mehr nachverfolgt.
  - Klicken Sie auf *Löschen*, wenn sowohl das Aufgabenelement und die E-Mail gelöscht werden soll.

Aufgaben kategorisieren

Aufgaben können wie Termine und E-Mails mit einer Farbkategorie hinterlegt werden. Markieren Sie die Aufgabe, die eine Farbe erhalten soll und wählen Sie über *Start* ▸ *Kategorien* ▸ *Kategorisieren* eine Kategorie aus. Mehr zu Kategorien lesen Sie in Kapitel 3.

Arbeiten mit dem Popup Aufgaben

Zeigen Sie in der Navigationsleiste auf den Funktionsbereich *Aufgaben*, um das Popup *Aufgaben* einzublenden. Dieses zeigt eine Liste der in nächster Zeit fälligen Aufgaben an. Das Aufgabenpopup ist sehr praktisch, hier können Sie viel erledigen, ohne in den Funktionsbereich Aufgaben wechseln zu müssen.

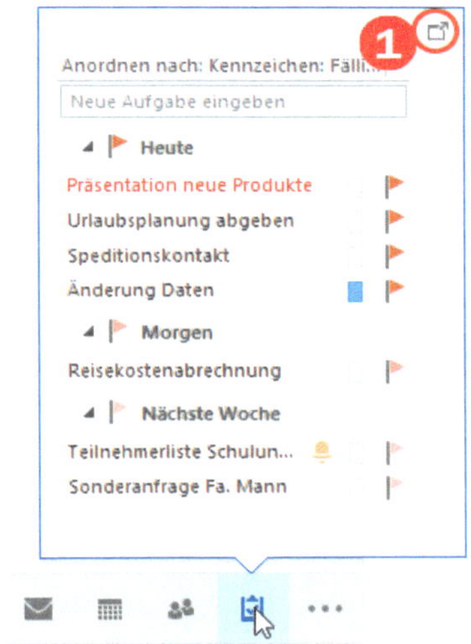

- Erstellen Sie im Feld *Neue Aufgabe eingeben* eine neue Aufgabe, die automatisch die Fälligkeit *Heute* erhält.
- Erledigen Sie Aufgaben durch Anklicken des roten Fähnchens.
- Klicken Sie doppelt auf eine Aufgabe, um diese im Aufgabenformular in einem neuen Fenster anzuzeigen.
- Durch einmaliges Anklicken einer Aufgabe öffnet sich auf dem Menüband die kontextbezogene Registerkarte *Aufgabentools - Aufgabenliste* und stellt passende Bearbeitungsmöglichkeiten zur Verfügung.
- Durch Anklicken der Schaltfläche *Popup anheften* ⧉ zeigen Sie die Informationen dauerhaft in der Aufgabenleiste an.

Tipp für den Funktionsbereich E-Mail: Zeigen Sie die Aufgaben auch in diesem Bereich über Register *Ansicht* ▸ Gruppe *Layout* ▸ *Aufgabenleiste* ▸ *Aufgaben* an. Zum selben Ergebnis kommen Sie wenn Sie das Aufgabenpopup anheften ❶. So sehen Sie beim Durchsehen Ihrer E-Mails auch gleich, welche Aufgaben heute anstehen.

Tipp für den Funktionsbereich Kalender: Verwenden Sie hier die *Tägliche Aufgabenliste* (siehe dazu Seite 174), so haben Sie Termine und Aufgaben gemeinsam im Blick

6.4 Wiederkehrende Aufgaben schnell festlegen

Eine Aufgabe, die in einem festgelegten Muster wiederkehrt, wird als Aufgabenserie gespeichert. Dadurch müssen Sie die Aufgabe nicht für jedes Fälligkeitsdatum extra eingeben und ersparen sich viel Arbeit.

Aufgabenserie erstellen

Serientyp

Beispiel: Eine Aufgabe soll festgelegt werden, die Sie daran erinnert, jede Woche freitags Ihren Ordner Dokumente zu sichern.

1. Öffnen Sie ein Aufgabenformular und tragen Sie als Betreff *Dokumente sichern* ein. Beginn und Ende der Aufgabe fallen in diesem Beispiel auf einen Tag. Tragen Sie bei *Beginnt am* das Datum des nächsten Freitags ein. Bei *Fällig am* wird das Datum übernommen.
2. Klicken Sie auf *Aufgabe* ▸ Gruppe *Serie* ▸ *Serientyp*.
3. Tragen Sie das Serienmuster und gegebenenfalls das Serienende ein. Das Serienmuster ist in unserem Beispiel *Wöchentlich*, ein Enddatum muss nicht festgelegt werden. Der korrekte Wochentag ist bereits mit einem Häkchen versehen und der Beginn der Seriendauer bereits eingetragen. Das haben Sie bereits beim Öffnen des Aufgabenformulars festgelegt.

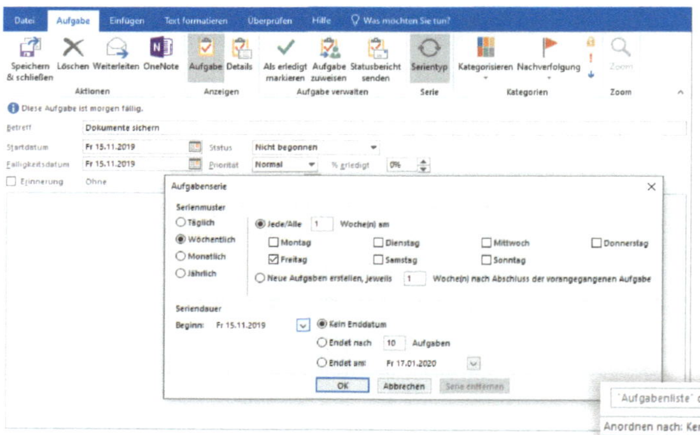

4. Bestätigen Sie die Auswahl über die Schaltfläche *OK* und klicken Sie im Aufgabenformular auf die Schaltfläche *Speichern & schließen*, um die Aufgabenserie zu übernehmen. Sie erkennen die festgelegte Serie am Kreissymbol aus zwei Pfeilen.

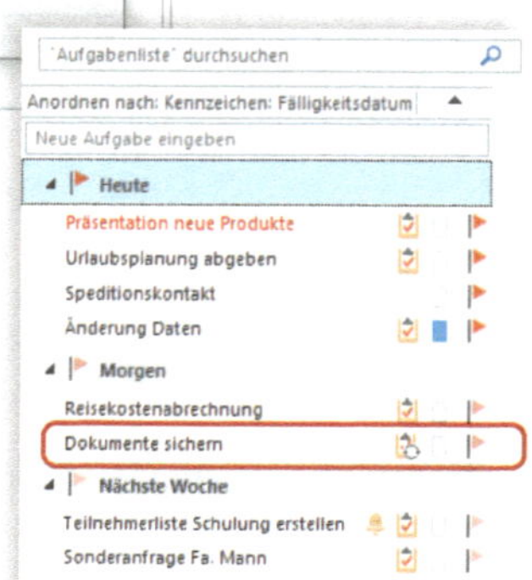

Nur die erste Aufgabe einer Aufgabenserie wird in der Aufgabenliste angezeigt! Sobald Sie diese als erledigt markieren, erscheint die folgende Aufgabe der Serie. Diese Darstellungsform ist sinnvoll, um die Anzeige nicht mit Elementen einer Aufgabenserie zu überlasten. Sie irritiert allerdings zu Beginn, da der Eindruck entsteht, die Serie wäre nicht fortlaufend.

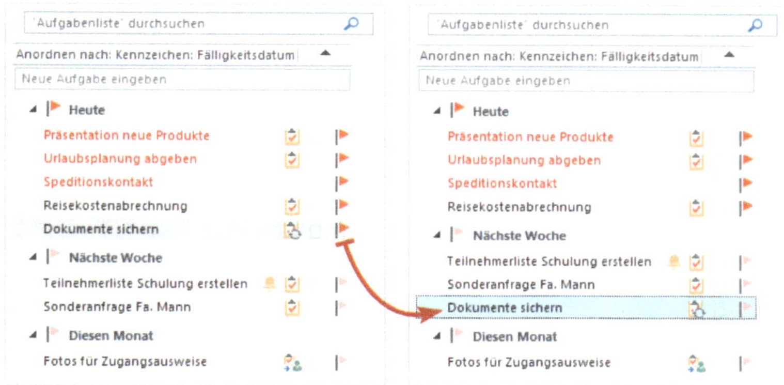

Sobald die aktuelle Aufgabe erledigt wurde, wird die nächste Aufgabe der Serie angezeigt.

Aufgabenserie ändern

Klicken Sie doppelt auf die Aufgabe einer Serie in der Aufgabenliste. Das Aufgabenformular öffnet sich und Sie können Änderungen vornehmen. Bestätigen Sie Ihre neue Eingabe über die Schaltfläche *Speichern & schließen*.

Eine Aufgabe der Serie überspringen

Möchten Sie eine Aufgabe einer Aufgabenserie nicht erledigen, so sollten Sie diese Aufgabe überspringen. Ansonsten verbleibt die nicht erledigte Aufgabe im Aufgabenbereich. Außerdem wird die nächste Aufgabe der Serie, die Sie termingerecht erledigen könnten, nicht angezeigt. Um eine Aufgabe zu überspringen, öffnen Sie das Aufgabenformular und klicken auf *Aufgabe* ▶ Gruppe *Serie* ▶ *Aufgabe dieser Serie überspringen*. Damit überspringen Sie die kommende Aufgabe, die übernächste Aufgabe wird wieder angezeigt.

Aufgabenserie löschen

Markieren Sie die Aufgabe einer Serie und klicken Sie auf die Schaltfläche *Start* ▶ Gruppe *Löschen* ▶ *Löschen* oder betätigen Sie die Entf-Taste und entscheiden Sie im nächsten Fenster, ob Sie nur diese Aufgabe oder die ganze Aufgabenserie (*Alle löschen*) entfernen möchten.

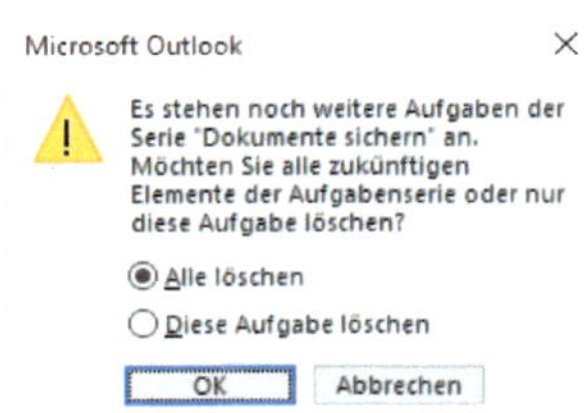

6.5 Aufgaben an andere Personen übertragen

Aufgaben können an andere Personen delegiert werden. Dabei weisen Sie entweder eine bestehende Aufgabe zu oder erstellen eine neue Aufgabe.

Aufgabenanfrage erstellen

1 Öffnen Sie ein neues Aufgabenformular und tragen Sie die notwendigen Informationen ein. Falls die Aufgabe schon erstellt wurde, öffnen Sie diese durch einen Doppelklick. Da die Aufgabe zugewiesen wird, ist es sinnvoll, im Notizenfeld einen kurzen Text zur Erläuterung hinzuzufügen.

Aufgabe zuweisen

2 Klicken Sie auf *Aufgabe* ▸ Gruppe *Aufgabe verwalten* ▸ *Aufgabe zuweisen*. Der Inhalt des Formulars wird erweitert, das Menüband geändert.

Aufgabenanfrage

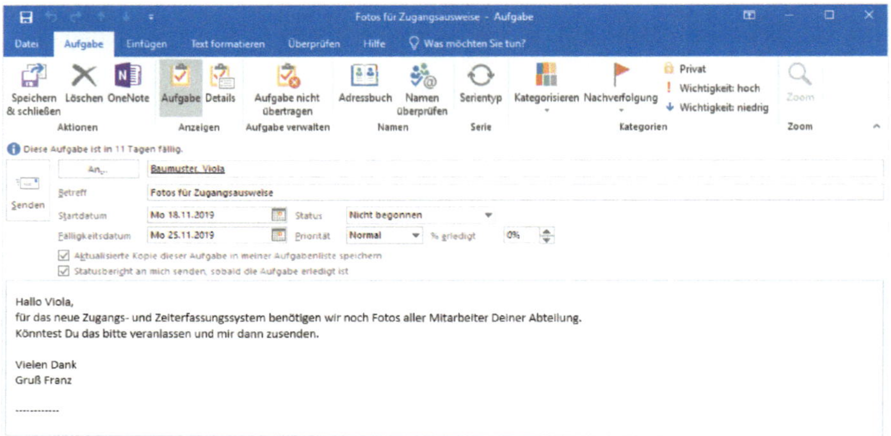

- Wählen Sie bei *An* die E-Mail-Adresse der Person aus, der Sie die Aufgabe zuweisen möchten. Im Notizenfeld geben Sie einen Text ein, der die Aufgabe näher beschreibt.
- Die Option *Aktualisierte Kopie dieser Aufgabe in meiner Aufgabenliste speichern:* sollte aktiviert sein. Falls nicht, setzen Sie ein Häkchen. Dadurch erscheint eine Kopie der Aufgabe in Ihrem Ordner *Aufgaben*. Falls die Option nicht aktiviert wird, verschwindet die Aufgabe aus Ihrem Ordner *Aufgaben* und Sie verlieren den Überblick.
- Option *Statusbericht an mich senden, sobald die Aufgabe erledigt ist*: Obwohl Sie die Aufgabe delegieren, sind Sie in der Regel für Ihre Erledigung verantwortlich. Deshalb ist es wichtig, zu erfahren, ob und wann die Aufgabe erledigt wurde. Belassen Sie auch hier das Häkchen.

3 Verschicken Sie die Aufgabenanfrage über die Schaltfläche *Senden*. Im Ordner *Gesendete Elemente* überprüfen Sie, ob die Aufgabenanfrage versandt wurde. Eine Kopie der Aufgabe erscheint in der Aufgabenliste. Diese ist als zugewiesene Aufgabe zu erkennen am blauen Pfeil und dem Piktogramm einer Person. Solange der Empfänger der Aufgabenanfrage noch nicht geantwortet hat, verbleibt der Status der Aufgabe auf *Wartet auf Antwort von Empfänger*.

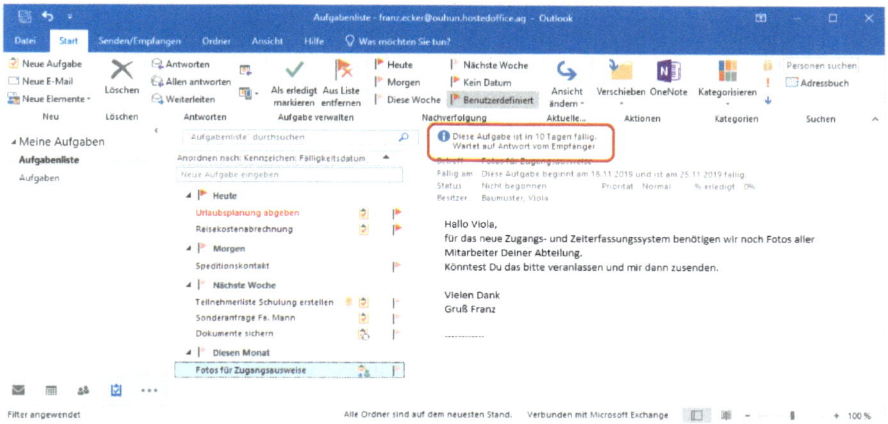

Zugewiesene Aufgabe wird angenommen und erledigt

Sobald der Empfänger die Übernahme der Aufgabe zugesagt hat, erhalten Sie eine E-Mail, in der Sie über die Zusage zur Erledigung der Aufgabe informiert werden. Nach Erhalt der E-Mail, ändert sich der Status Ihrer Aufgabenkopie. Klicken Sie die Aufgabenkopie im Ordner *Aufgaben* an. Im Lesebereich erhalten Sie folgende Information:

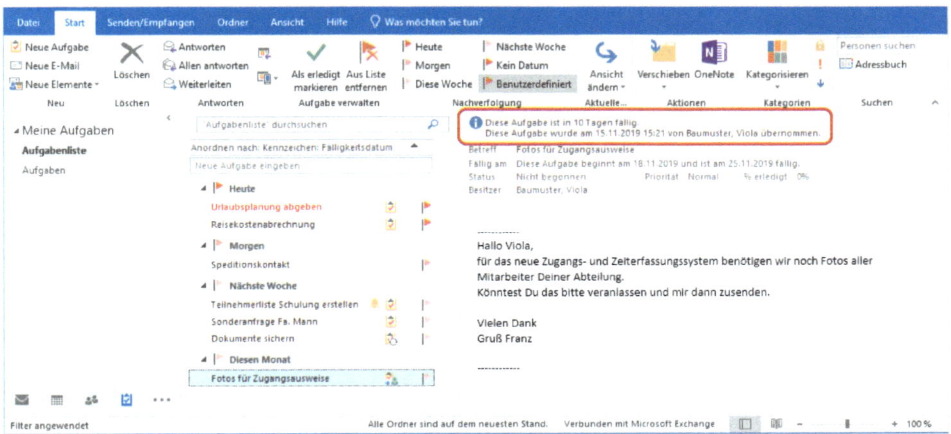

Aufgabe wurde übernommen

Aktualisierung der Aufgabe

Derjenige, der die Aufgabe zu erledigen hat, kann Änderungen am Status der Aufgabe vornehmen, z. B. Die Aufgabe auf *in Bearbeitung* setzen oder hinzufügen wie viel

Prozent bereits erledigt wurden. Als Eigentümer der Aufgabe erhalten Sie dazu keine gesonderte Benachrichtigung via E-Mail. Diese Änderungen sehen Sie im Funktionsbereich Aufgaben nur daran, dass der Aufgabentext in fetter Schrift dargestellt wird. Dem Informationsbereich können Sie dann die Aktualisierungen entnehmen.

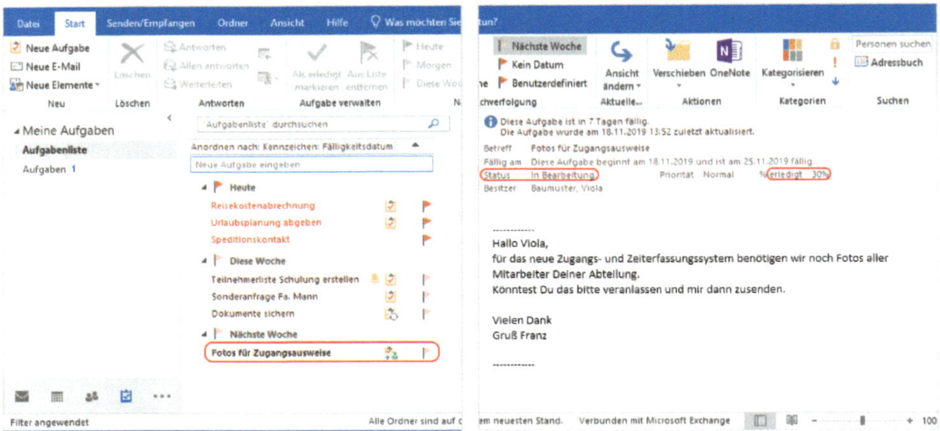

Kennzeichnet der Empfänger eine zugewiesene Aufgabe als erledigt, wird automatisch eine weitere E-Mail an den Eigentümer der Aufgabe versandt. Gleichzeitig wird die Aufgabenkopie aus der Aufgabenliste entfernt. In der Ansicht *Einfache Liste* des Ordners *Aufgaben* wird die zugewiesene Aufgabe als erledigt dargestellt.

Zugewiesene Aufgabe wurde erledigt

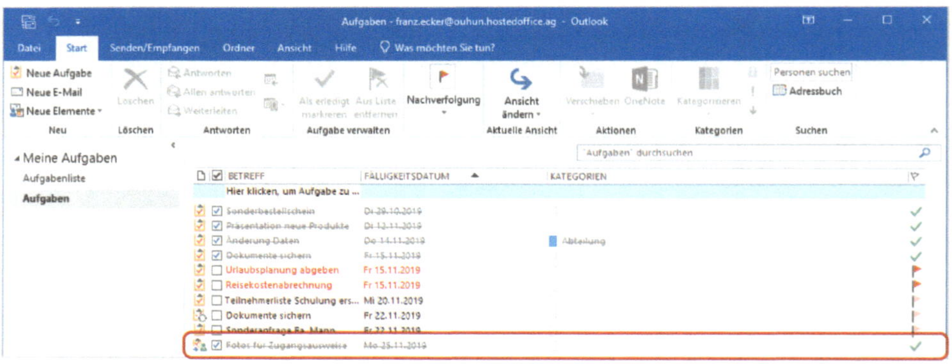

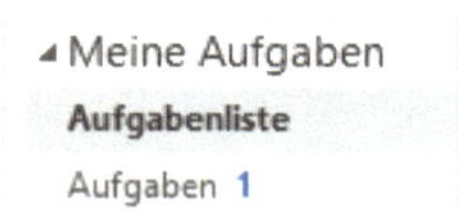

Wird im Ordnerbereich hinter Aufgaben eine Zahl angezeigt, dann haben Sie via E-Mail eine oder mehrere Aktualisierung(en) erhalten.

Zugewiesene Aufgabe wird abgelehnt

Lehnt der Empfänger die Übernahme der Aufgabe ab, so erhalten Sie ebenfalls eine E-Mail. Im Lesebereich der Aufgabe wird vermerkt, dass diese abgelehnt wurde ❶. Jetzt sind Sie wieder selbst für die Erledigung zuständig.

Die Aufgabenkopie verbleibt in der *Aufgabenliste* und wird weiterhin mit dem Symbol einer delegierten Aufgabe angezeigt ❷. Um Verwechslungen vorzubeugen, sollten Sie die Aufgabenkopie wieder in eine Aufgabe umwandeln.

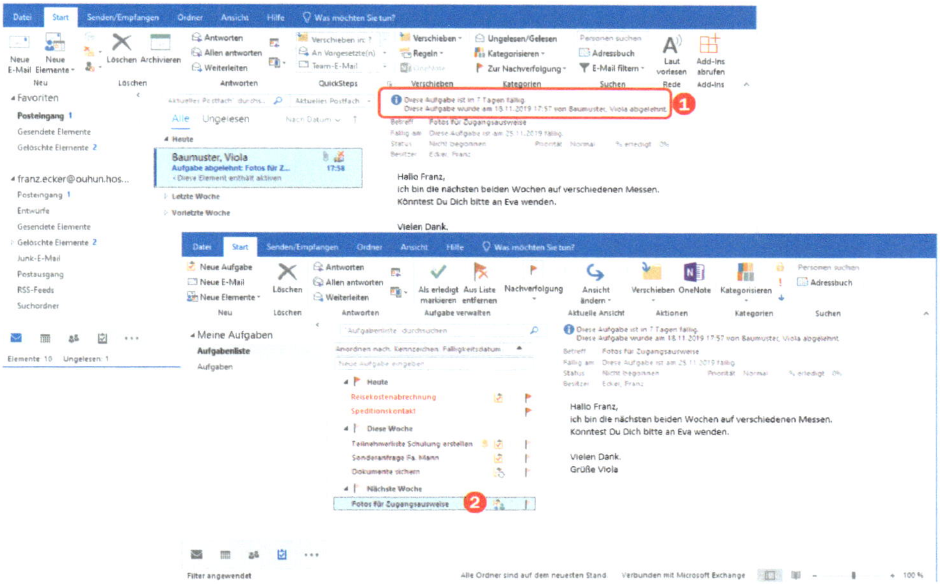

Öffnen Sie die Aufgabenkopie mit einem Doppelklick und wählen Sie *Aufgabe* ▸ Gruppe *Aufgabe verwalten* ▸ *Zur Aufgabenliste zurückkehren* aus. Damit kehren Sie zum Aufgabenformular zurück. Speichern Sie die Änderung über die Schaltfläche *Speichern & schließen*. In der Aufgabenliste wird die zugewiesene Aufgabe nun wieder als reguläre Aufgabe angezeigt.

Zur Aufgabenliste zurückkehren

Aufgabenanfrage erhalten

Der Empfänger einer Aufgabenanfrage erhält diese im Posteingang, gekennzeichnet ist die Anfrage durch das Aufgabensymbol und eine Hand. Sie haben die Möglichkeit, eine Aufgabenanfrage anzunehmen oder abzulehnen. Zu diesem Zweck enthält die E-Mail zwei Schaltflächen, die im Lesebereich bzw. im geöffneten Anfragefenster (Doppelklick auf die E-Mail) angezeigt werden.

Aufgabenanfrage

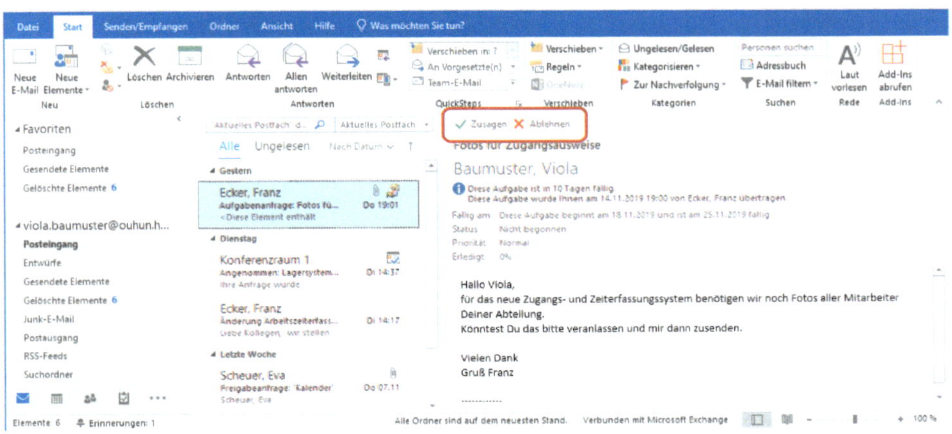

Aufgabe zusagen oder ablehnen

Aufgabenanfrage zusagen

✓ Zusagen

Klicken Sie auf *Zusagen*. Sie erhalten im folgendem Fenster die Möglichkeit, die Antwort sofort zu senden oder dieser einen Text hinzuzufügen. Mit der Zusage wird die Aufgabenanfrage in den Funktionsbereich *Aufgaben* verschoben. In der Aufgabenliste erkennen Sie eine Aufgaben, deren Erfüllung an Sie delegiert wurde, an diesem Symbol .

Aufgabenanfrage ablehnen

✗ Ablehnen

Sie lehnen die Aufgabenanfrage über die Schaltfläche *Ablehnen* ab. Auch hier haben Sie die Möglichkeit, vor dem Senden der Nachricht einen Text hinzuzufügen. Die Aufgabenanfrage wird vom Ordner *Posteingang* in den Ordner *Gelöschte Elemente* verschoben. Im Ordner *Aufgaben* wird nichts eingetragen. Die Aufgabe wird nach Erhalt der Absage wieder im Funktionsbereich des Eigentümers angezeigt.

Infos zum Stand der Aufgabe

Bei langwierigen Aufgaben kann es sinnvoll sein, den Eigentümer der Aufgabe über den Status der Aufgabe zu informieren. Öffnen Sie dazu das Aufgabenformular durch Doppelklick auf die Aufgabe.

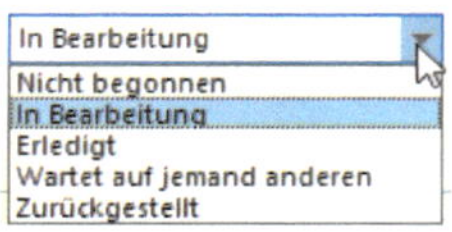

- Wählen Sie bei *Status* beispielsweise *in Bearbeitung*.
- Bei *% erledigt* geben Sie den prozentualen Anteil an, der schon erledigt ist.

Mit *Speichern & schließen* speichern Sie die Aufgabe. Diese wird beim Eigentümer ebenfalls aktualisiert und er wird ebenfalls über den Fortschritt informiert.

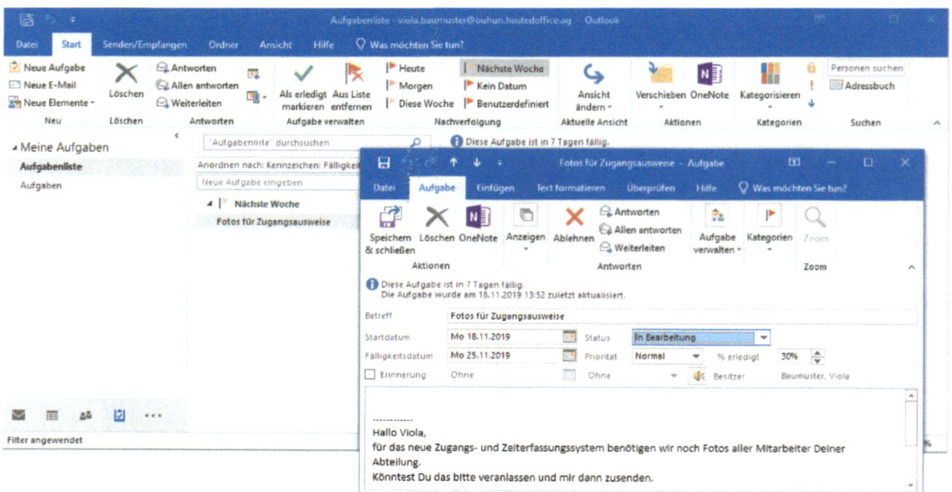

Aufgabe erledigen

Wenn Sie mit der Aufgabe fertig sind, sollten Sie diese unbedingt als erleidgt markieren, damit der Eigentümer über die Fertigstellung informiert wird. Dazu markieren Sie die Aufgabe in der Aufgabenliste und klicken auf Register *Start* ▸ Gruppe *Aufgabe verwalten* ▸ *Als erledigt markieren*.

6.6 Notizen verwalten

Notizen sind Merkzettel, auf die Sie kurze Informationen notieren, z. B. „Peter 2 € zurückgeben“ oder „Frau Schmid zurückrufen“. Viele benutzen Haftnotizen oder Schmierzettel, um solcherlei Gedächtnisstützen zu verfassen. Outlook bietet Ihnen mit den Notizen eine Möglichkeit, dieser „Zettelwirtschaft“ zu entgehen.

Allerdings sollten Sie Notizen mit Bedacht anlegen, da Informationen auch in einer Vielzahl von elektronischen Notizen untergehen können. Vielleicht ist der Inhalt einer Notiz unter Aufgaben oder als Termin besser aufgehoben.

Notizen erstellen

1 Wechseln Sie in der Navigationsleiste zum Funktionsbereich *Notizen*.

2 Klicken Sie auf *Start* ▸ Gruppe *Neu* ▸ *Neue Notiz*. So geht's noch schneller: Mit einem Doppelklick auf eine freie Fläche im Ansichtsbereich des Funktionsbereichs *Notizen* öffnet sich ebenfalls ein leerer Notizzettel, in Form eines Popups.

3 Geben Sie einen Text ein. Um die Notiz zu speichern, klicken Sie auf das Schließen-Symbol rechts oben auf dem Notizzettel.

4 Die Notiz wird im Ordner *Notizen* gespeichert und angezeigt. Standardmäßig werden Notizen in der Ansicht *Symbole* dargestellt. Der eingegebene Text der Notiz ist unterhalb des Symbols sichtbar. Ob der gesamte Text einer Notiz angezeigt wird, hängt davon ab, ob Sie bei der Texteingabe einzelne Teile durch einen Zeilenumbruch (Drücken der Enter-Taste) trennen. Der gesamte Text vor dem ersten Zeilenumbruch wird angezeigt, der Rest nicht.

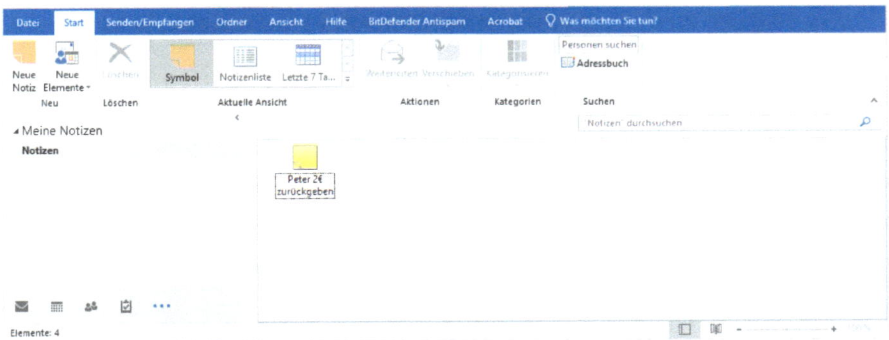

Notizen bearbeiten und löschen

- Mit einem Doppelklick öffnen Sie die Notiz, die Sie bearbeiten möchten.
- Eine markierte Notiz wird durch Anklicken von *Start* ▶ *Löschen* entfernt. Natürlich können Sie die Notiz auch mit der Entf-Taste löschen. Gelöschte Notizen werden in den Ordner *Gelöschte Elemente* verschoben.
- Durch Ziehen mit der Maus können die Notizen beliebig im Anzeigebereich angeordnet werden.
- Notizen erhalten über *Start* ▶ Gruppe *Kategorien* ▶ *Kategorisieren* eine andere Farben. Nicht-kategorisierte Notizen werden immer in gelb dargestellt, was allerdings nicht der gelben Kategorie entspricht.

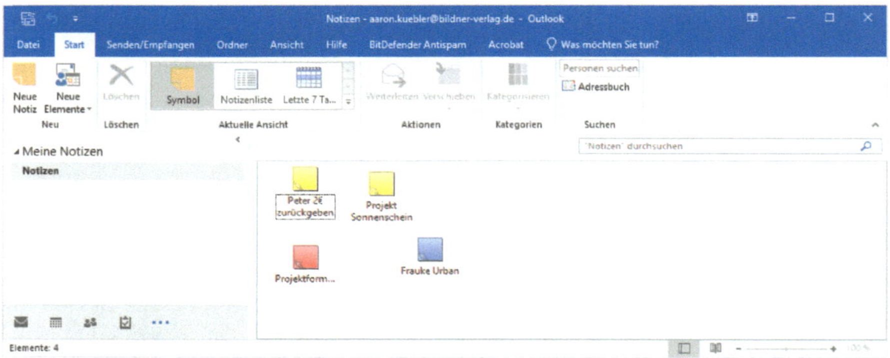

Die Notiz „Projekt Sonnenschein" ist mit der Kategorie „gelb" markiert. In der Ansicht *Symbol* ist zu nichtkategorisierten Notizen kein Unterschied zu erkennen. Dazu sollten Sie in die Ansicht *Notizenliste* wechseln.

- Standardmäßig werden Notizen in der Ansicht *Symbol* dargestellt. Über *Start* ▶ Gruppe *Aktuelle Ansicht* ▶ *Notizenliste* bzw. *Letzte 7 Tage* wechseln Sie zu einer anderen Darstellung. In der Ansicht

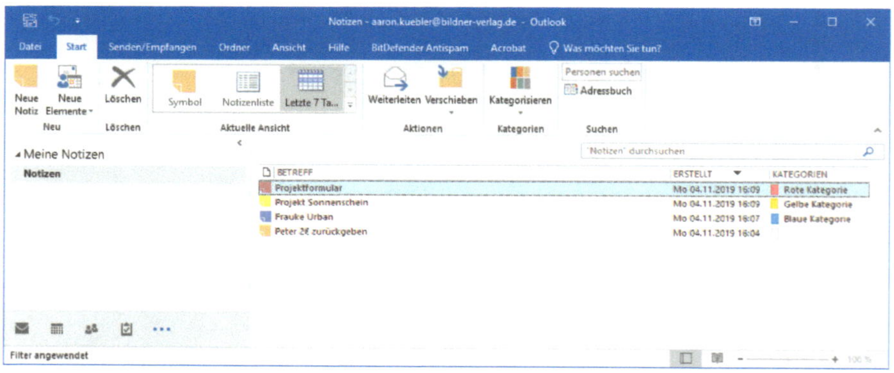

Anzeige Notizen in der Ansicht Notizenliste

7 Outlook verwalten

Das lernen Sie in diesem Kapitel:

- Outlook Elemente archivieren
- Outlook-Ordner sichern
- Datenaustausch mit anderen Programmen
- Mit der Sofortsuche schnell E-Mails, Kontakte oder Termine zu finden
- Erstellen von Suchordnern zum Auffinden von E-Mails

Das sollten Sie bereits wissen:

- Outlook-Grundlagen

7.1 Outlook-Ordner sichern bzw. exportieren

Eine Sicherung kann aus verschiedenen Gründen erforderlich sein:

- Um von wichtigen Elementen, z. B. Kontaktdaten, regelmäßig Sicherungskopien zu erstellen oder allgemein zur Sicherung aller Outlook-Elemente.
- Um die Daten von Outlook auf einen anderen Computer zu übertragen.
- Um die Outlook-Daten in einer neuen Version von Outlook zu nutzen
- Um Daten eines alten E-Mail- Kontos in ein neues Konto zu übertragen.

Ordner exportieren

Zu oben genannten Zwecken können Sie den Inhalt Ihrer Outlook-Ordner in eine Datei exportieren. In diesem Beispiel sollen alle Outlook-Ordner exportiert werden.

1 Wechseln Sie zu *Datei* ▸ *Öffnen und Exportieren* ▸ *Importieren/Exportieren*.

2 Im Dialogfenster des Import/Export-Assistenten markieren Sie die Aktion *In Datei exportieren* und klicken auf die Schaltfläche *Weiter*.

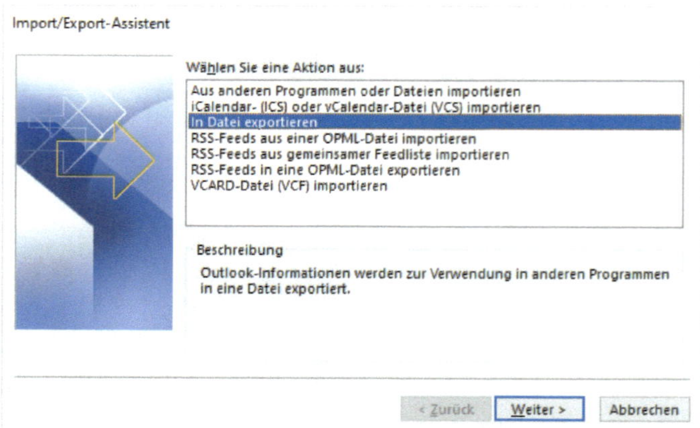

3 Als Dateityp wählen Sie im nächsten Schritt *Outlook-Datendatei (.pst)* aus. Klicken Sie auf *Weiter*.

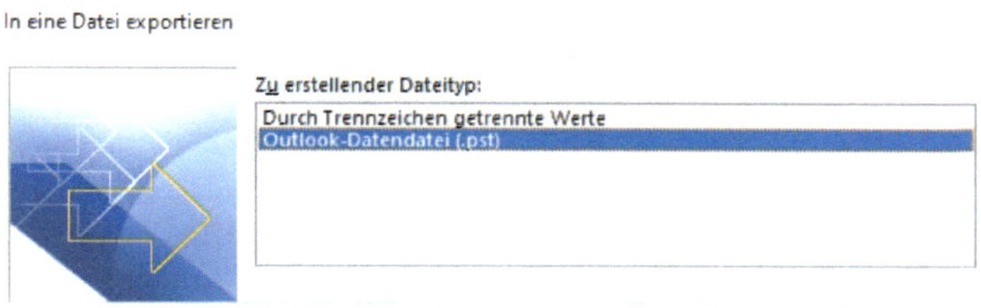

4 Um alle Ordner zu exportieren, markieren Sie das Postfach, sonst markieren Sie den Ordner dessen Inhalt Sie exportieren möchten. Achten Sie darauf, das Kontrollkästchen *Unterordner einbeziehen* zu aktivieren, um auch ggf. enthaltenen Unterordner zu sichern. Klicken Sie dann auf *Weiter*.

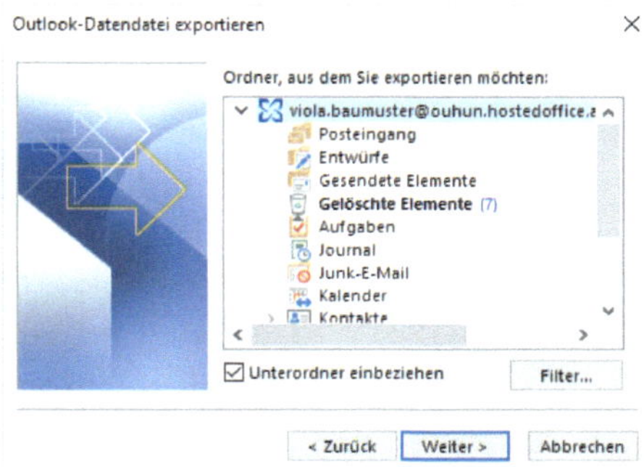

Tipp: Wenn Sie das gesamte Postfach exportieren, kontrollieren und leeren Sie den Junk-E-Mail Ordner und löschen Sie nach Möglichkeit ebenfalls Inhalte des Ordners Gelöschte Elemente. Die exportierte Datendatei (pst-Datei) wird schnell sehr groß.

5 Nun wählen Sie mit der Schaltfläche *Durchsuchen* aus, wo und unter welchem Dateinamen Ihre Datei gespeichert werden soll. Standardmäßig schlägt Outlook *backup.pst* als Dateinamen vor.

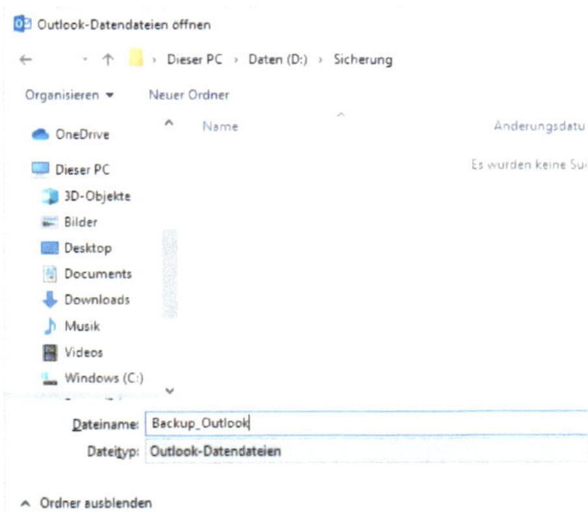

Die Einstellungen bei *Optionen* müssen erst überdacht werden: Wenn Sie bereits eine Backup-Datei erstellt und Sie die alte Datendatei aktualisieren möchten, speichern Sie die neue Backup-Datei am selben Ort mit demselben Namen. Wählen Sie dann, die für Sie passende Option, z. B. *Duplikate durch exportierte Elemente ersetzen* oder *Keine Duplikate exportieren*.

Sie sollten die Erstellung von Duplikaten nicht zulassen, da sonst beispielsweise schon gespeicherte Kontakte nicht ersetzt werden würden, sondern verdoppelt.

Wenn Sie keine Datei überschreiben, sondern eine neue Datei erstellen, müssen Sie sich keine Gedanken zu den *Optionen* machen. Klicken Sie dann auf *anja*.

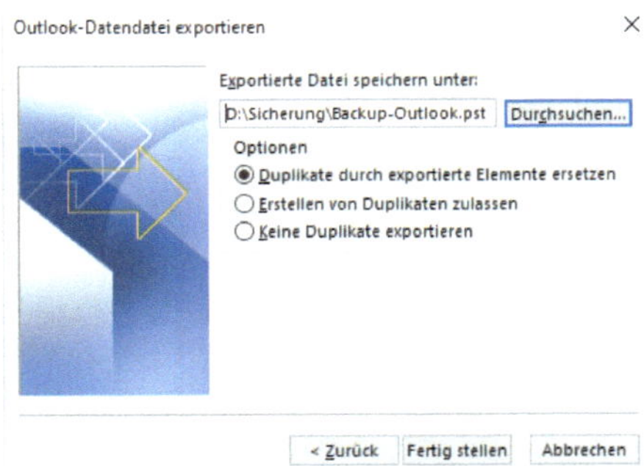

6 Im nächsten Fenster können Sie Ihre Outlook-Datendatei mit einem Kennwort sichern. In der Datendatei sind viele sensible Informationen gespeichert, z. B. Adressinformationen und E-Mails, die die Sicherung durch ein Kennwort erforderlich machen können. Wenn der Zugang zu Ihrem PC durch ein Kennwort geschützt ist, können Sie hier auch *Dieses Kennwort in der Kennwortliste speichern* auswählen.

Möchten Sie kein Kennwort vergeben, lassen Sie die Felder frei und klicken auf *OK*. Wenn Sie hier auf *Abbrechen* klicken, wird nicht nur der Prozess der Kenn- worteingabe abgebrochen, sondern die Erstellung der gesamten Datendatei.

In der Outlook-Datendatei werden keine Regeln oder Ansichtseinstellungen übertragen. Diese müssen erneut erstellt werden. Eine zum Zweck der Sicherung von Daten erstellte Datei sollten Sie im Anschluss auf CD/DVD brennen oder auf einem externen Laufwerk kopieren.

Kontaktdaten, die Sie in Outlook gespeichert haben, werden oftmals mit dem verbunden Konto synchronisiert, z. B. bei Exchange-Konten, Outlook.com-Konten oder Organisationskonten von Office365. Kontakte sind also mit dem Konto auf dem Server oder in der Cloud gespeichert. Sobald Sie sich mit Ihren Kontoinformationen am neuen Rechner anmelden, sollten die Kontakte nach der Synchronisation wieder vorhanden sein. Je nach Konto kann dies auch für Ihre Termine, Aufgaben und Notizen gelten. **Dennoch sollten Sie vor einem Umzug immer Ihre Daten sichern, so dass Sie im Fall der Fälle diese importieren können.** Für IMAP-Konten (z. B. Gmail) oder POP3-Konten werden weder Kontakte, Termine noch Aufgaben synchronisiert.

Datei importieren

Um Daten aus einer Outlook-Datendatei zu importieren, verwenden Sie ebenfalls den Befehl *Datei* ▸ *Öffnen und exportieren* ▸ *Importieren/Exportieren*.

1 Wählen Sie die Aktion *Aus anderen Programmen oder Dateien importieren* aus und klicken Sie auf *Weiter*.

2 Als zu importierenden Dateityp markieren Sie den Eintrag *Outlook-Datendatei (.pst)*. Klicken Sie dann auf *Weiter*.

3 Mit der Schaltfläche *Durchsuchen* wählen Sie die Datei aus, die Sie importieren möchten. Unter *Optionen* legen Sie fest, wie Sie mit doppelt vorkommenden Elementen (Duplikaten) verfahren wollen.

4 Zuletzt wählen Sie den Ordner, aus dem importiert werden soll und klicken auf *Fertig stellen*.

Beispiel: Aus dem Ordner Kontakte wurden aus Versehen Kontakte gelöscht, die sich auch nicht mehr aus dem Ordner Gelöschte Elemente wiederherstellen lassen. Deshalb sollen die Kontakte aus dem Backup importiert werden. Weil unsere Sicherung nicht ganz auf dem neuesten Stand ist, lassen wir den Import von Duplikaten nicht zu ❶. So bleiben die aktuelleren Kontakte erhalten. Da alle anderen Bereiche, z. B. E-Mail oder Kalender nicht betroffen sind, wählen wir nur den Ordner Kontakte ❷ aus und beziehen die Unterordner ein. Außerdem achten wir darauf, dass Elemente in denselben Ordner importiert werden ❸.

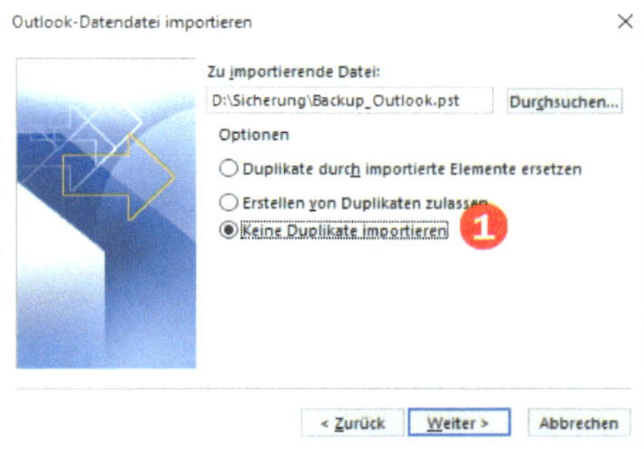

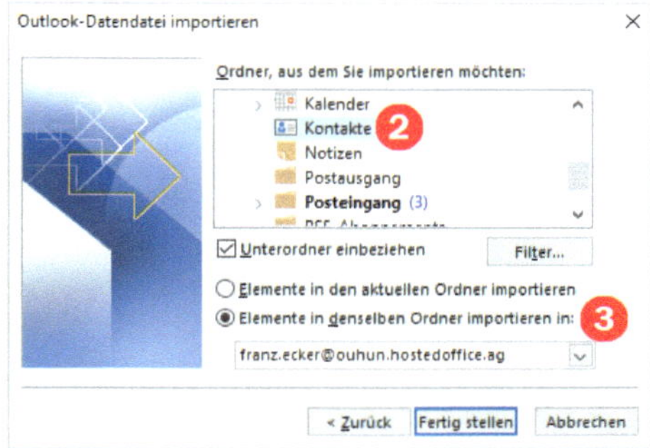

Datei einbinden

Sie können eine Backupdatei mit der Endung .PST auch permanent in den Ordnerbereich integrieren. So haben Sie auf deren Inhalt Zugriff, ohne die Daten importieren zu müssen.

Verwenden Sie hierzu den Befehl *Datei* ▶ *Öffnen und exportieren* ▶ *Outlook-Datendatei öffnen*. Suchen und markieren Sie im folgenden Dialogfenster die gewünschte Datei und bestätigen Sie mit *OK*. Damit ist sie schon integriert und wird im entsprechenden Funktionsbereich angezeigt. Wenn Sie beispielsweise den Ordner Kontakte in eine PST-Datei exportiert haben, wird diesen nun im Funktionsbereich Personen angezeigt. Sind hier mehrere Ordner vorhanden, wurden diese ebenfalls exportiert und sind hier eingebunden.

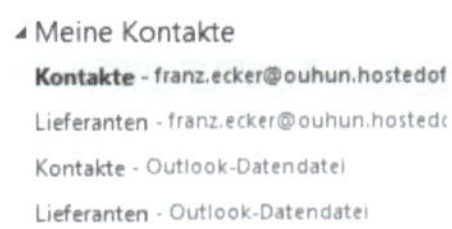

Um alle Ordner der Outlook-Datendatei im Ordnerbereich des Funktionbereichs E-Mail anzuzeigen, wechseln Sie über die Navigationsleiste zu *Ordner*. Wenn Sie für die Datendatei ein Kennwort vergeben haben und dieses nicht in der Kennwortliste gespeichert haben, müssen Sie zum Betrachten der Outlook-Datendatei jetzt das Kennwort eingeben.

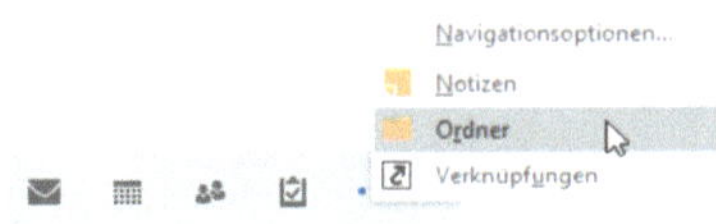

Um eine auf diese Weise integrierte Dateien aus dem Zugriff zu entfernen, klicken Sie den Ordner im Ordnerbereich mit der rechten Maustaste an, z. B. Archive oder Outlook-Datendatei. Wählen Sie im Kontextmenü den Befehl *„Outlook-Datendatei" schließen* aus.

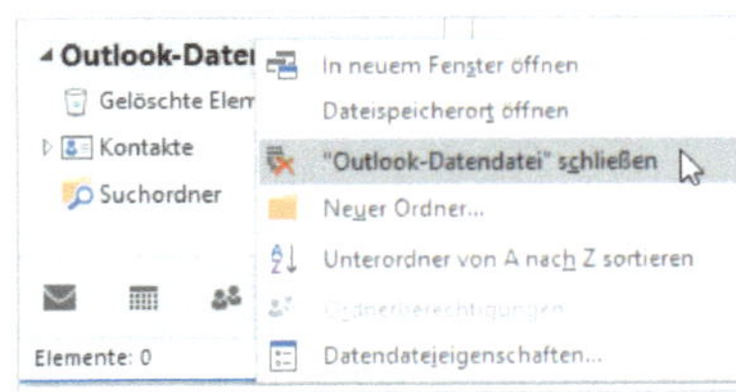

7.2 Datenaustausch mit anderen Anwendungen

Über Importieren und Exportieren können Sie auch Daten mit anderen Anwendungen, beispielsweise Microsoft Excel oder Microsoft Access, austauschen. Sie exportieren Ihre Daten dann nicht in eine Outlook-Datendatei, sondern in das neutrale Format CSV.

Exkurs: Export des Ordners Kontakte und Anzeige in Excel

Hierzu verwenden Sie ebenfalls den Befehl *Datei* ▶ *Öffnen und exportieren* ▶ *Importieren/Exportieren*. Wählen Sie In Datei exportieren aus und im nächsten Fenster *Durch Trennzeichen getrennte Werte*. Danach markieren Sie den Ordner *Kontakte*.

Export von Kontakten

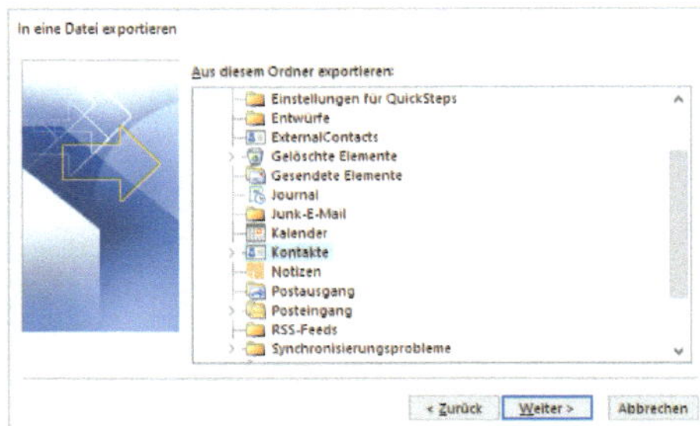

Im nächsten Schritt wählen Sie einen Speicherort für die CSV-Datei aus. Klicken Sie auf *Durchsuchen* und geben Sie im Feld *Dateiname* eine passende Bezeichnung ein. Klicken Sie im nächsten Fenster auf Fertig stellen.

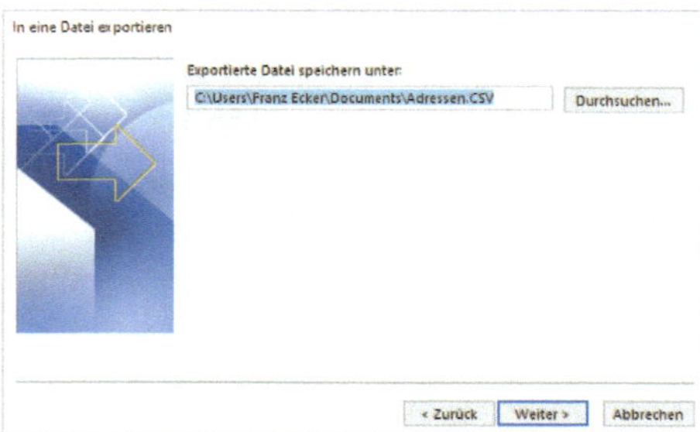

Achtung! Bei diesem Vorgang wird der Inhalt des Ordners Kontakte exportiert. Die Inhalte weiterer selbst angelegter Ordner im Funktionsbereich Kontakte werden nicht exportiert.

Um die durch Komma getrennten Werte in Excel vernünftig anzuzeigen gehen Sie so vor: Öffnen Sie Excel und klicken Sie im Register *Daten* ▶ Gruppe *Daten abrufen und transformieren* ▶ *Aus Text/CSV*. Wählen Sie dann die aus Outlook exportierte Datei aus und klicken Sie auf *Importieren*.

- Excel bietet eine Vorschau auf die Tabelle. In der Regel ist daran nichts auszusetzen. Klicken Sie auf *Laden*.

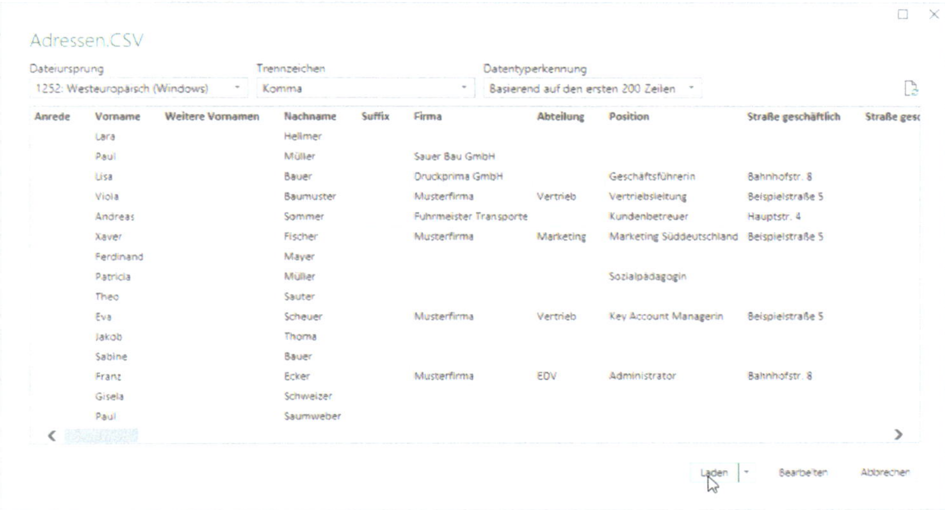

- Die Daten werden nun einem Excel-Tabellenblatt als formatierte Tabelle hinzugefügt und können nun bearbeitet werden. Speichern Sie die Arbeitsmappe ab.

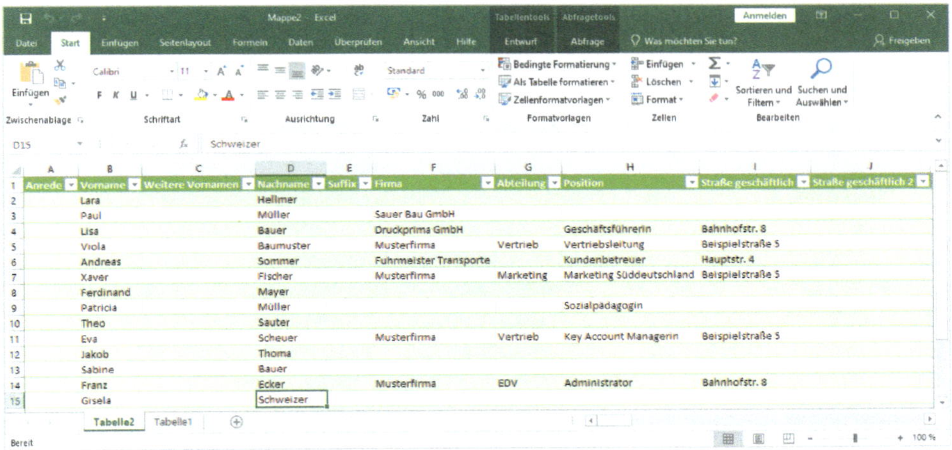

7.3 Elemente suchen

Zum Auffinden von E-Mails, Terminen oder Kontaktdaten bietet Outlook eine leistungsstarke Suche, die in jedem Funktionsbereich zur Verfügung steht. Wird regelmäßig nach bestimmten Elementen gesucht, lohnt sich das Anlegen eines Suchordners, der mit einem Klick die gewünschten Ergebnisse anzeigt.

Die Sofortsuche

In jedem Funktionsbereich finden Sie über das Feld Sofortsuche ❶ die gesuchten Elemente. Sobald Sie in das Suchfeld klicken, um die Suchbegriffe einzugeben, wird im Menüband die kontextbezogene Registerkarte *Suchtools - Suchen* ❷ angezeigt. Diese enthält Befehle zur Spezifizierung bzw. Ausweitung der Suche. Nach Beendigung der Suche erhalten Sie eine Trefferliste ❸. Erst wenn die Suche geschlossen ❹ wird, kehren Sie wieder in die vorherige Ansicht zurück und alle Elemente werden angezeigt.

Suche eingeben

- Wechseln Sie zum gewünschten Funktionsbereich und klicken Sie in das Suchfeld oder drücken Sie Strg + E.
- Geben Sie in das Feld Sofortsuche den Suchbegriff ein, z. B. den Namen einer Person für die Suche nach einer E-Mail oder eines Kontakts oder den Betreff einer E-Mail, eines Termins oder einer Aufgabe. Es werden auch Begriffe gefunden, die im Notizenbereich des Terminformulars oder im Nachrichtentext einer E-Mail enthalten sind.
- Sie können mehrere Worte, aber auch nur Wortteile, eingeben. Die Suche erfolgt sofort und muss nicht bestätigt werden.

Sofortsuche im Funktionsbereich E-Mail

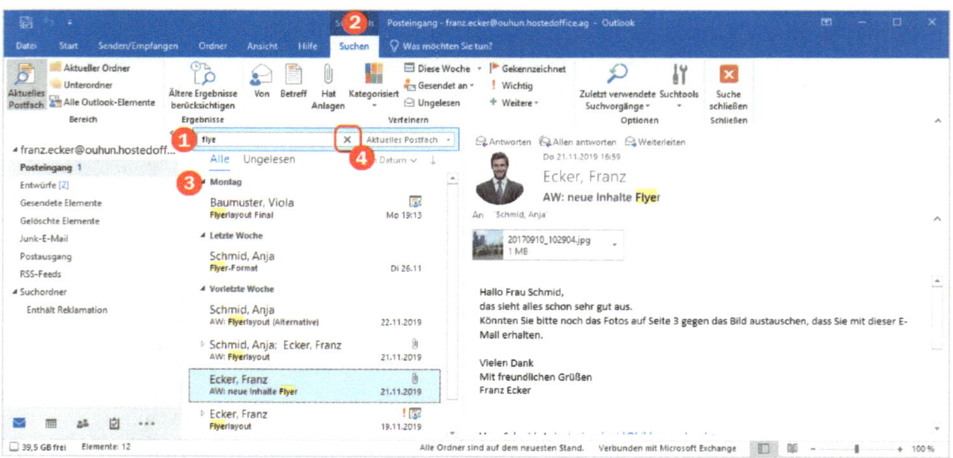

Suchergebnisse

Im Anzeigebereich sehen Sie eine Trefferliste aller E-Mails, die mit der Suchanfrage übereinstimmen. Dabei wird der gefundene Suchbegriff gelb hervorgehoben. Sie sehen, dass Übereinstimmungen sowohl im Betreff als auch im Nachrichtentext gefunden wurden.

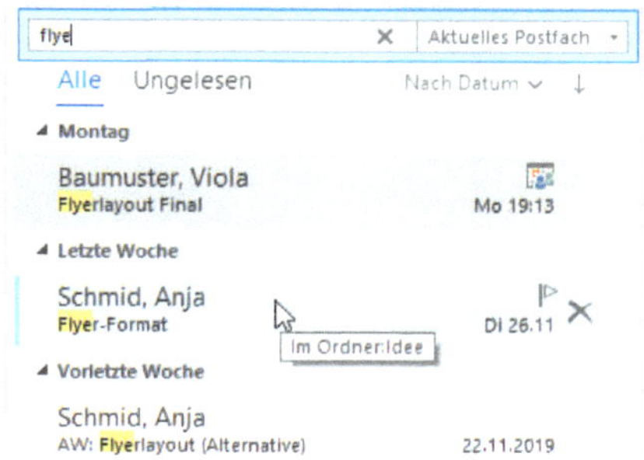

Durch Anklicken der Nachrichten wird deren Inhalt im Lesebereich angezeigt. Sie können die gefundenen E-Mails wie gewohnt weiterleiten oder beantworten. Wenn Sie wissen möchten, wo die gefundene E-Mail gespeichert ist, zeigen Sie auf die Nachricht mit der Maus.

Um wieder den gesamten Inhalt eines Ordners anzuzeigen, schließen Sie die Suchanfrage über das Schließen-Symbol in der Sofortsuche oder klicken Sie im Register *Suchtools - Suchen* auf *Suche schließen*.

Was wird durchsucht?

- Beachten Sie, dass sich die Sofortsuche zunächst nur auf Elemente des aktuellen Funktionsbereichs bezieht. Sie sollten also nicht im Bereich *Kalender* nach E-Mails suchen.
- Im Funktionsbereich *E-Mail* wird standardmäßig das *aktuelle Postfach* durchsucht, d.h. die Ordner *Posteingang* und *Gesendete Elemente*. In diese Suche wird der Ordner *Gelöschte Elemente* nicht einbezogen. Wenn Sie Unterordner z. B. für den Posteingang erstellt haben, werden deren Inhalte in der Suche berücksichtigt. Dies gilt selbstverständlich auch für Unterordner von *Gesendete Elemente*.

Vor Eingabe des Suchbegriffs sehen Sie im Suchfeld, was durchsucht wird.

- Grundsätzlich wird der aktuelle Ordner durchsucht, d.h. durch Anklicken eines Ordners beschränken Sie die Suche auf diesen Ordner, z. B. durch Anklicken des Ordners *Gelöschte Elemente* durchsuchen Sie nur diesen Inhalt. Falls Sie einen anderen Ordner durchsuchen möchten, nehmen Sie diese Auswahl vor der Eingabe des Suchbegriffs vor.
- In den Funktionsbereichen Kalender, Personen und Aufgaben wird nur der aktuelle Ordner durchsucht. Arbeiten Sie mit mehreren Kontaktordnern, wählen Sie durch Anklicken im Ordnerbereich den Ordner aus, der durchsucht werden soll. Verwenden Sie mehrere Kalender - eigene oder freigegeben - so zeigen Sie den Kalender an, den Sie durchsuchen möchten. Es können aber auch alle Ordner eines Funktionsbereichs durchsucht werden.

Alle Kontaktelemente

Beispiel: Sie arbeiten mit mehreren Kontaktordnern und möchten alle nach dem Namen einer Person durchsuchen. Klicken Sie dazu ins Suchfeld, wählen Sie im Register *Suchtools - Suchen* die Schaltfläche *Alle Kontaktelemente* aus und geben Sie den Namen ein.

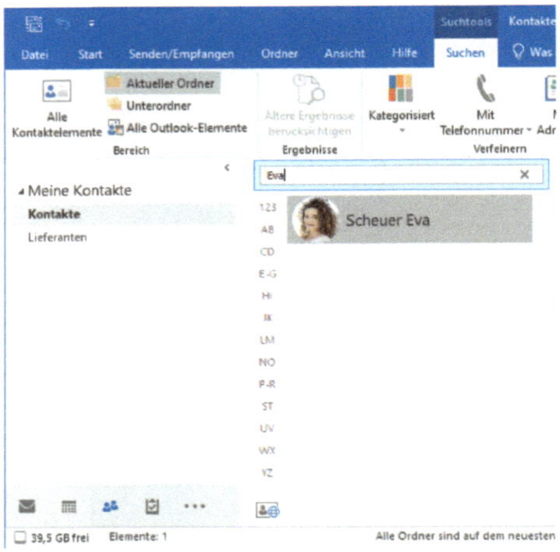

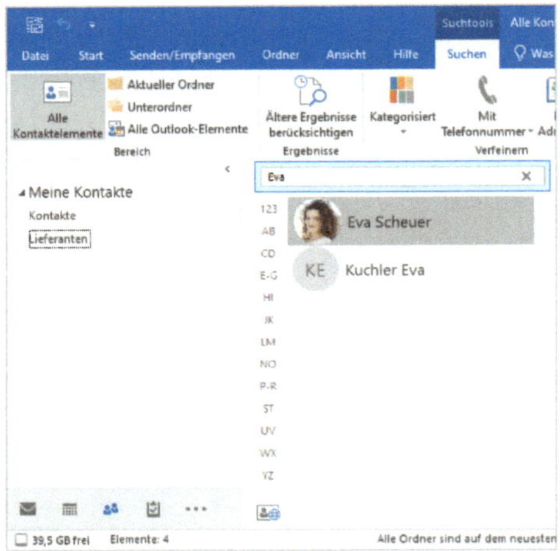

Links wird nur im aktuellen Ordner Kontakte gesucht

Rechts wird in allen Kontaktelementen gesucht

Suche spezifizieren oder erweitern

Auf der Registerkarte *Suchtools - Suchen* erhalten Sie verschiedene Befehle zur erweiterten Bearbeitung der Sofortsuche. Die Registerkarte enthält je nach ausgewähltem Funktionsbereich andere Schaltflächen.

Suche verfeinern am Beispiel von E-Mails

Bei der Eingabe einzelner oder allgemeiner Begriffe, z. B. der Name eines E-Mail Absenders oder des Wortes Flyer, erhalten Sie eine lange Trefferliste. Im Register *Suchen* stehen in der Gruppe *Verfeinern* verschiedenste Möglichkeiten zur Verfügung, um eine Suchanfrage einzugrenzen. Diese Suchoptionen können zusätzlich zum gesuchten Begriff vereinbart werden. Tippen Sie also zunächst den Suchbegriff ein und wählen Sie dann eine Verfeinerung aus.

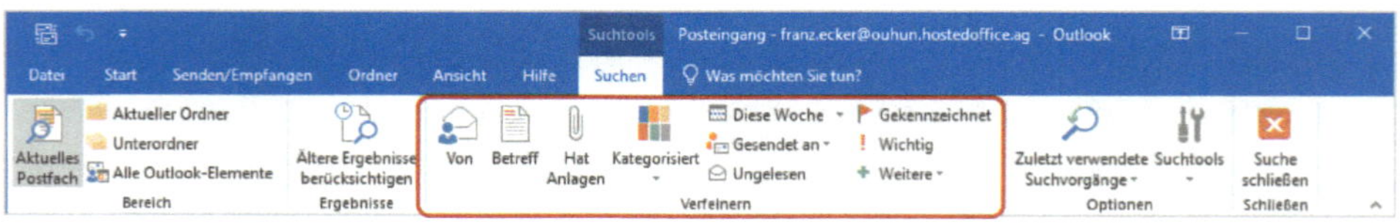

Register Suchtools - Suchen des Funktionsbereichs E-Mail

- Sollen nur E-Mails angezeigt werden, die letzte Woche eingegangen sind, klicken Sie in das Suchfeld und klicken im Register Suchtools-Suche ▶ Gruppe *Verfeinern* den Dropdown-Pfeil der Schaltfläche *Diese Woche* an und wählen *Letze Woche* aus.

- Natürlich können Sie auch nur E-Mails anzeigen lassen, die letzte Woche eingegangen sind.

- Sie suchen beispielsweise nach einer E-Mail, die das Wort *Planung* enthält und eine Anlage hat. Geben Sie das Wort *planung* in das Suchfeld ein und klicken Sie dann auf die Schaltfläche *Hat Anlagen*.

- Die Verwendung einiger Schaltflächen erfordert eine Spezifizierung durch zusätzliche Eingabe, z. B. *Von* oder *Betreff*. Suchen Sie beispielsweise nach einer E-Mail von *Eva Scheuer*, die das Wort *Flyer im Betreff* enthält, klicken Sie in das Suchfeld und dann auf die Schaltfläche *Von* und geben *eva scheuer* ein. Anschließend klicken Sie auf *Betreff* und geben *flyer* ein. Wenn Sie nach dem Wort Flyer nur im Betreff suchen, wird der Nachrichtentext nicht durchsucht.

Andere Speicherorte durchsuchen

Hat die Sofortsuche nicht das gewünschte Ergebnis erbracht, sollten Sie andere Ordner in die Suche einbeziehen.

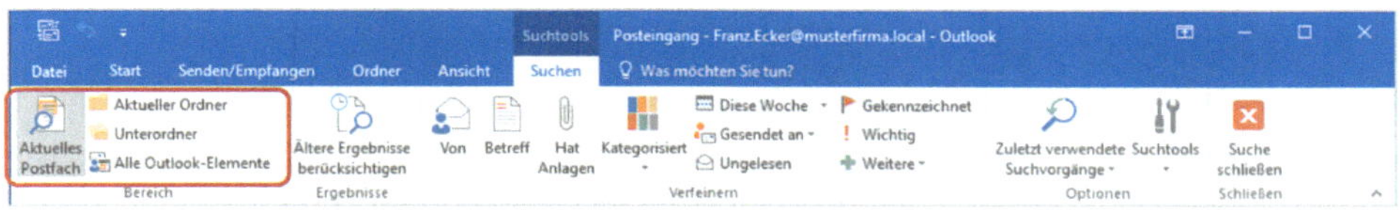

Register Suchtools - Suchen des Funktionsbereichs E-Mail

- Im Register *Suchen*, Gruppe *Bereich* kann die Suche auf *Alle Outlook-Elemente* erweitert werden.
- Soll ein einzelner Ordner durchsucht werden, z. B. *Gelöschte Elemente*, dann klicken Sie diesen im Ordnerbereich an. Im Suchfeld wird der Ordner dann als Suchort angezeigt.
- Wenn Sie im aktuellen Ordner keine Suchtreffer erhalten und dieser Ordner Unterordner enthält, kann es nützlich sein, auch die Unterordner einzubeziehen.

  Beachten Sie dass alle neuen Ordner Unterordner des Standardordners sind. Wenn Sie beispielsweise im Funktionsbereich *Kontakte* im Ordner *Lieferanten* nach einer Person suchen und diese nicht finden, weiten Sie die Suche durch Auswahl von *Alle Kontaktelemente* auf den Ordner *Kontakte* aus. Durch Auswahl von Unterordner würden Sie in diesem Beispiel nichts erreichen.

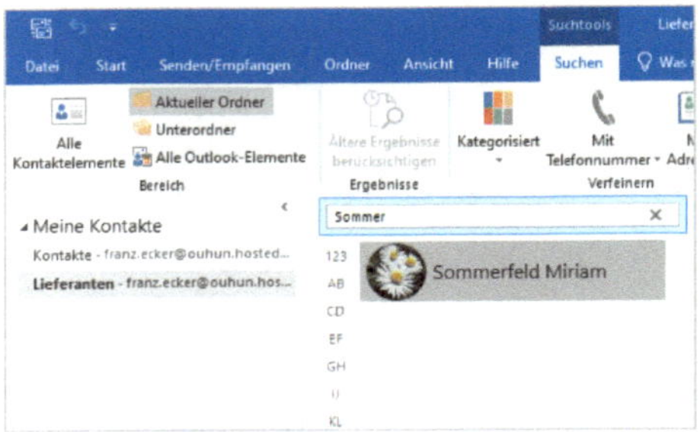

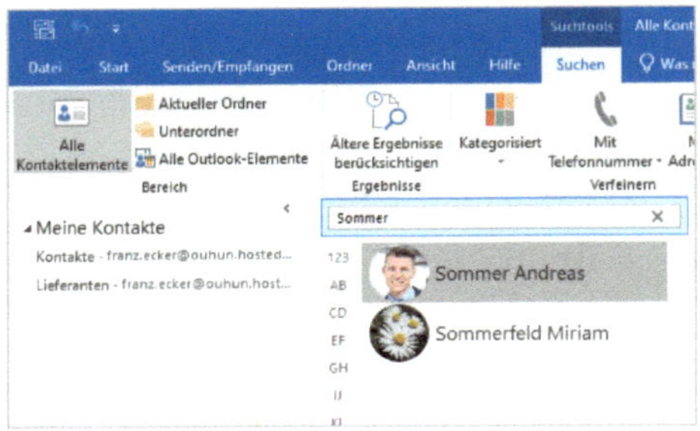

- Die Möglichkeit einen anderen Suchbereich auszuwählen, erhalten Sie ebenfalls im Feld Sofortsuche.

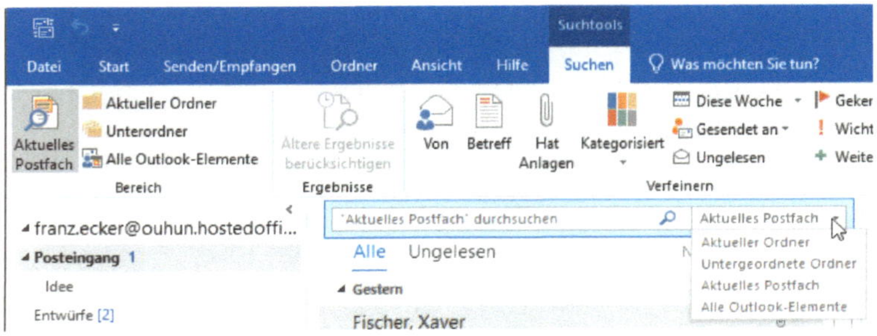

Zuletzt verwendete Suchvorgänge

Haben Sie in letzter Zeit nach einem bestimmten Element gesucht, so können Sie über *Suchtools - Suchen* ▶ Gruppe *Optionen* ▶ *Zuletzt verwendete Suchvorgänge* die Suche erneut starten, ohne die Suchbegriffe wieder eingeben zu müssen. Eine etwas kleinere Auswahl der zuletzt verwendeten Begriffe erhalten Sie auch, wenn Sie in das Feld Sofortsuche klicken.

Zuletzt verwendete Suchvorgänge

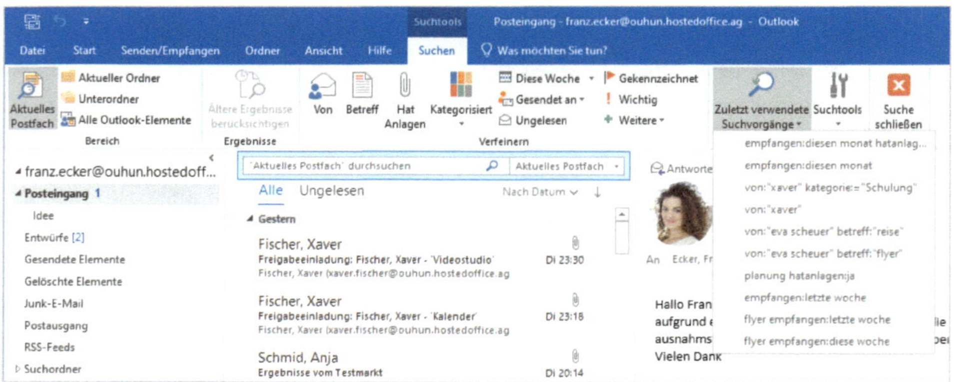

7.4 Arbeiten mit Suchordnern

Suchordner sind keine echten Ordner, sondern Sie filtern E-Mails des *Posteingangs* und des Ordners *Gesendete Elemente* und zeigen nur die Nachrichten an, die einem bestimmten Kriterium entsprechen. Das Kriterium wird von Ihnen festgelegt. Die Suchordner werden im Funktionsbereich E-Mail und in der Ordnerliste angezeigt.

Suchordner werden nur im Funktionsbereich E-Mail verwendet

Im Gegensatz zur Sofortsuche bleibt ein Suchordner erhalten. Durch Anklicken des Suchordners werden alle E-Mails, die dem Kriterium entsprechen, im Anzeigebereich dargestellt. Die angezeigten E-Mails werden nicht in den Suchordner verschoben, sie verbleiben im Ordner Posteingang bzw. Gesendete Elemente.

Suchordner erstellen

Beispiel: Da Sie regelmäßig alle E-Mails gemeinsam anzeigen möchten, die im Betreff oder im Text das Wort „Reklamation" enthalten, erstellen Sie einen Suchordner.

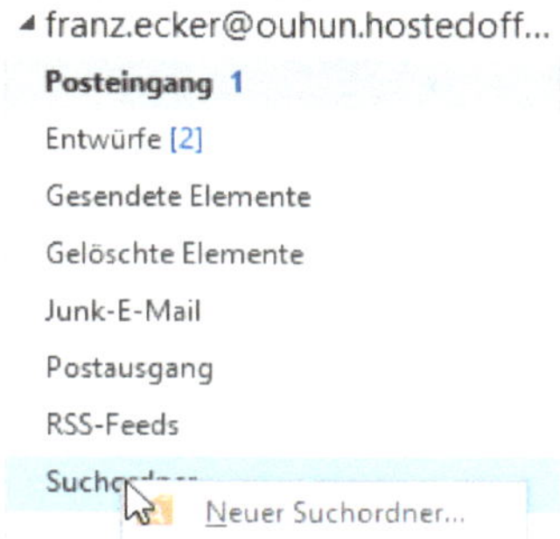

1 Klicken Sie im Ordnerbereich auf den Eintrag *Suchordner* und wählen Sie dann den Befehl *Neuer Suchordner*.

2 Im Dialogfenster *Neuer Suchordner* finden Sie eine Vielzahl vordefinierter Suchordner, die nur noch durch Ihr Suchkriterium spezifiziert werden müssen. Markieren Sie den Suchordner *Nachrichten mit bestimmten Wörtern* und geben über die Schaltfläche *Auswählen* „Reklamation" ein.

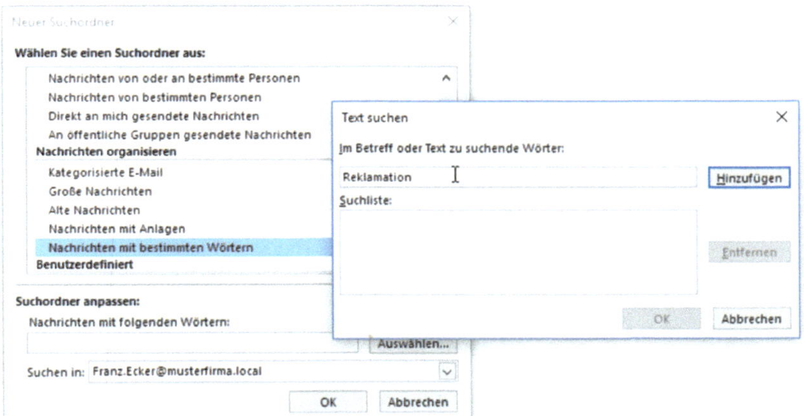

3 Bestätigen Sie die Auswahl. Zu den Suchordnern wurde der neue Ordner *Enthält Reklamation* hinzugefügt.

Wenn Sie regelmäßig E-Mails bestimmter Personen suchen, dann erstellen Sie Suchordner mit *Nachrichten von bestimmten Personen* oder *Nachrichten von oder an bestimmte Personen* und wählen dann die E-Mail-Adresse der gewünschten Person aus. Im Bereich *Suchordner* wird der Name der hinterlegten Person angezeigt und Sie sehen so, mit nur einem Klick, nur E-Mails dieser Person.

Suchordner bearbeiten und löschen

Mit einem Rechtsklick auf den Suchordner erhalten Sie die Befehle zum löschen (*Ordner löschen*) oder umbenennen (*Ordner umbenennen*) eines Suchordners. Über *Diesen Suchordner anpassen* legen Sie zusätzliche oder andere Suchbegriffe fest.

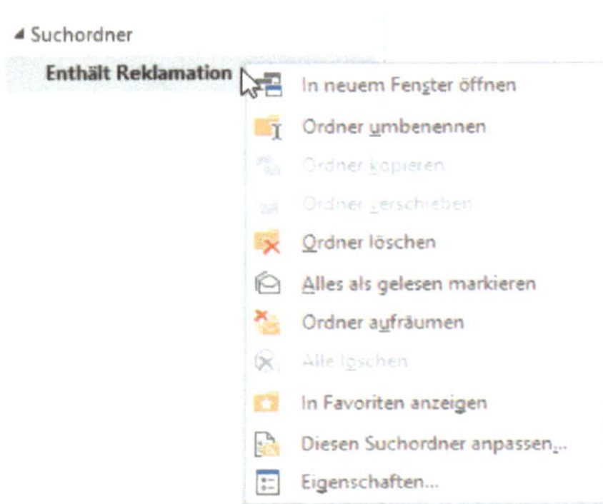

7.5 Speicherplatz und Löschen von Elementen

Wie Sie Nachrichten, Termine oder Kontakte löschen, haben Sie bereits in den einzelnen Kapiteln erfahren. Der Ordner *Gelöschte Elemente* dient allen Funktionsbereichen zur Aufbewahrung gelöschter Elemente. Hier befinden sich gelöschte E-Mails, aber auch gelöschte Termine, Kontakte oder Aufgaben. Den Ordner *Gelöschte Elemente* sollten Sie von Zeit zu Zeit leeren, da Outlook in der Regel nur ein begrenzter Speicherplatz zur Verfügung steht.

Gelöschte Elemente leeren

Klicken Sie im Ordnerbereich mit der rechten Maustaste auf *Gelöschte Elemente* und wählen Sie im Kontextmenü den Eintrag *Ordner leeren* aus.

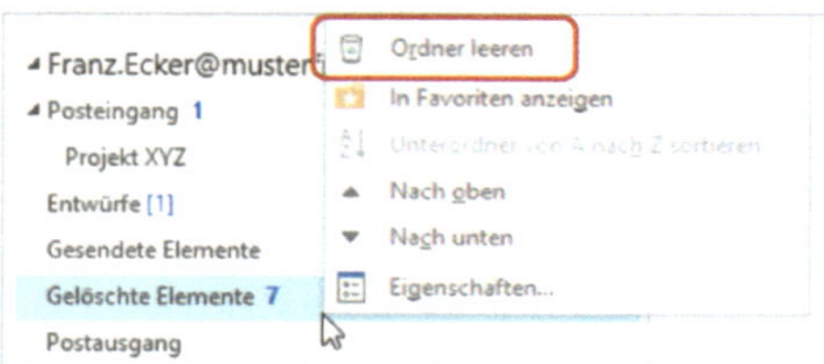

Wie viel Speicherplatz ihrem Postfach zur Verfügung steht, entnehmen Sie der Anzeige in der Statuszeile am linken unteren Rand des Fensters (nur mit Microsoft Exchange). Unter Umständen muss die Darstellung erst noch aktiviert werden: Klicken Sie mit der rechten Maustaste auf die Statusleiste und aktivieren Sie im Kontextmenü *Kontingentinformationen*.

Alternativ finden Sie diese Informationen auch unter *Datei* - *Informationen* im Abschnitt *Postfacheinstellungen*.

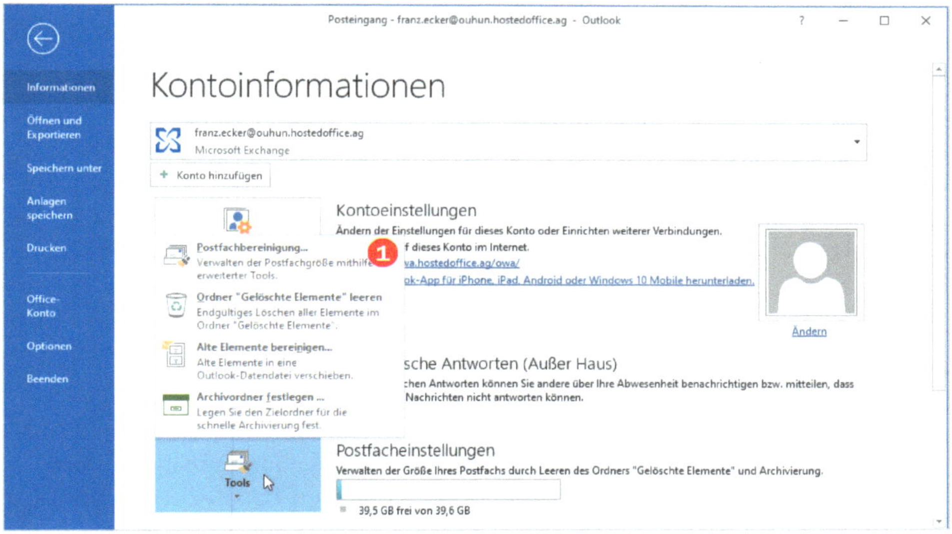

Nach Möglichkeit sollten Sie E-Mails mit großen Dateianhängen löschen. Beachten Sie allerdings, dass für einige E-Mails Aufbewahrungfristen gelten. Über *Tools* - *Postfachbereinigung* ❶ können Sie nach großen E-Mails suchen ❷ und diese dann im unteren Bereich des folgenden Fensters löschen ❸.

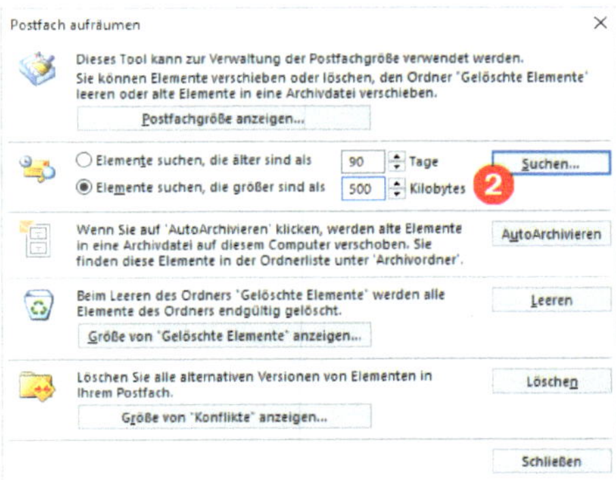

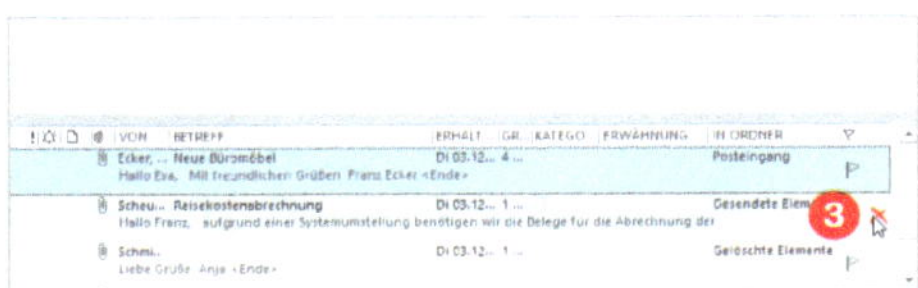

7.6 Archivierung

Bei intensiver Nutzung wächst der Inhalt Ihrer Outlook-Ordner, was besonders den Programmstart immer langsamer macht. Hintergrund ist, dass alle Outlook-Daten in einer Datei gespeichert werden, abhängig vom Kontotyp: Für POP3-Konten wird eine PST-Datei erstellt für IMAP- und Exchange-Konten eine OST-Datei. Je größer die Datei wird, umso schwerfälliger wird Outlook. Exchange-Nutzer haben darüber hinaus das Problem, dass Ihre Postfachgröße festgesetzten Grenzen unterliegt.

Elemente zu löschen ist eine Möglichkeit, diesem Problem entgegenzuwirken. Doch oftmals müssen E-Mails, Termine oder Aufgaben zu Dokumentationszwecken aufbewahrt werden. Und nicht zuletzt bestehen für eine Reihe von E-Mails gesetzliche Aufbewahrungspflichten.

Outlook bietet mit der Archivierungsfunktion eine Möglichkeit, ältere Elemente zu verschieben. So behalten Sie den Zugriff auf die archivierten Informationen über das Outlook-Fenster. Outlook stellt Ihnen zwei Archivierungsmöglichkeiten zur Verfügung: Die manuelle Archivierung und die AutoArchivierung. Grundsätzlich ist in Outlook die AutoArchivierung nicht eingeschaltet. Natürlich kann in Unternehmen die Archivierung aktiv sein und bestimmten Regeln folgen. Hier sollten Sie, bevor Sie Änderungen vornehmen, Rücksprache halten.

Gemäß der Standardeinstellung für die AutoArchivierung wird alle 14 Tage eine Archivierung der Ordner durchgeführt, auf die Sie durch eine Meldung aufmerksam gemacht werden. Im Zuge dessen werden alle Elemente, die älter als 6 Monate sind, archiviert.

AutoArchivierung

Bevor Sie loslegen, sollten Sie sich informieren, wie die einzelnen Ordner archiviert werden.

Standardeinstellung für die Archivierung ändern

Informieren Sie sich über die Standardeinstellungen der Archivierung. Dazu blenden Sie am besten die Ordnerliste ein. Klicken sie dann mit der rechten Maustaste auf den jeweiligen Ordner und wählen Sie im Kontextmenü *Eigenschaften* ❶ aus. Im Fenster *Eigenschaften* wechseln Sie zum Register *AutoArchivierung* ❷. Hier sehen Sie, ob der aktuelle Ordner grundsätzlich für die AutoArchivierung vorgesehen ist (*Standardarchivierungseinstellungen verwenden* ❸) oder nicht (*Elemente in diesem Ordner nicht archivieren* ❹). So werden Sie feststellen, dass der Ordner *Gelöschte Elemente* standardmäßig archiviert werden würde, der *Posteingang* nicht.

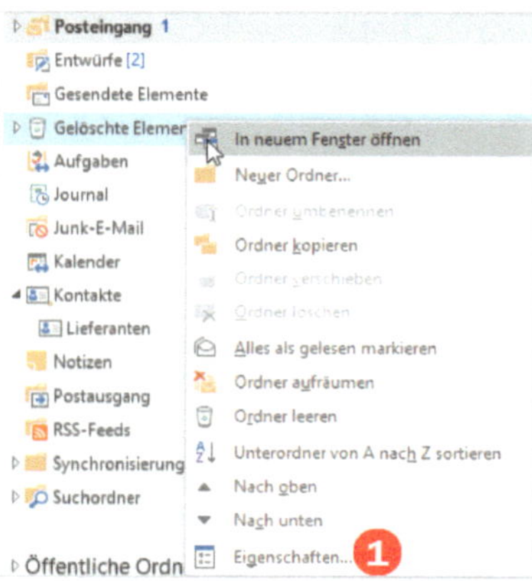

Der Ordner *Posteingang* wird nicht automatisch archiviert, da es dem Nutzer überlassen ist, festzulegen, bis zu welchem Zeitpunkt er E-Mails im Posteingang benötigt und wann diese in den Archivordner aussortiert werden können.

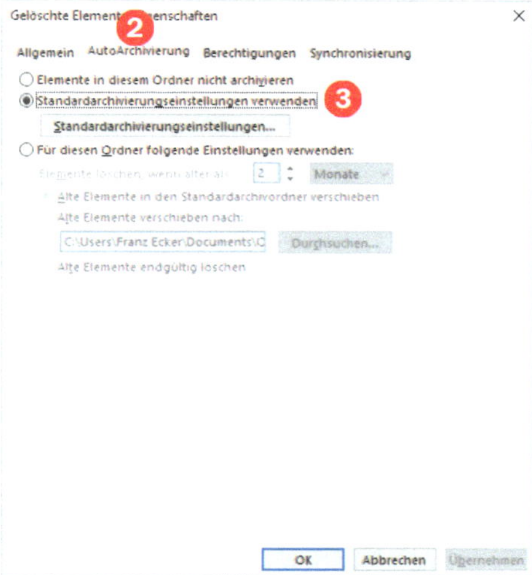

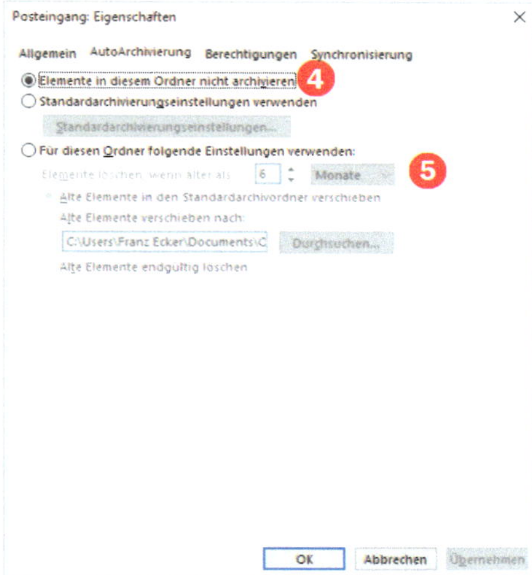

> Die *Eigenschaften* des Ordners Kontakte enthalten kein Register *AutoArchivierung*, da dieser, nicht archiviert wird. Da es keine „alten" Kontakte gibt, macht es keinen Sinn diesen Ordner zu archivieren. Kontaktdaten sind entweder aktuell oder können gelöscht werden.

Über die Schaltfläche *Standardarchivierungseinstellungen* gelangen Sie zu den aktuellen Einstellungen für die Archivierung. Diese sind momentan ausgegraut, da die Archivierung nicht aktiv ist.

Im Register *AutoArchivierung* können Sie für jeden Ordner selbst festlegen, ob er von der Archivierung ausgenommen ist, den Standardarchivierungsregeln folgen soll oder abweichende Regeln 5 für die Archivierung festlegen.

AutoArchivierung starten

Im Zuge der ersten AutoArchivierung werden Archivordner angelegt, die denselben Namen wie die Originale tragen. Sie sehen diese in der Regel im Ordnerbereich des Outlook-Moduls *E-Mail*. Falls nicht, klicken Sie in der Navigationsleiste auf das Symbol *Ordner*, um die Ordnerliste anzuzeigen. In die Archivordner werden alle alten Elemente verschoben. Durch Anklicken der einzelnen Ordner wird deren Inhalt wie gewohnt angezeigt.

Die Archiv-Datei wird in der Regel im Ordner Dokument, Unterordner Outlook-Dateien gespeichert.

1 Falls noch keine Archivierung für Outlook durchgeführt wurde, wechseln Sie zur Registerkarte *Datei*. Klicken Sie auf *Informationen* ▸ *Tools* ▸ *Postfachbereinigung*.

2 Im Fenster *Postfach aufräumen* klicken Sie auf die Schaltfläche *AutoArchivieren.* Die Archivierung beginnt sofort und folgt den Regeln, die in den Eigenschaften zum jeweiligen Ordner hinterlegt sind.

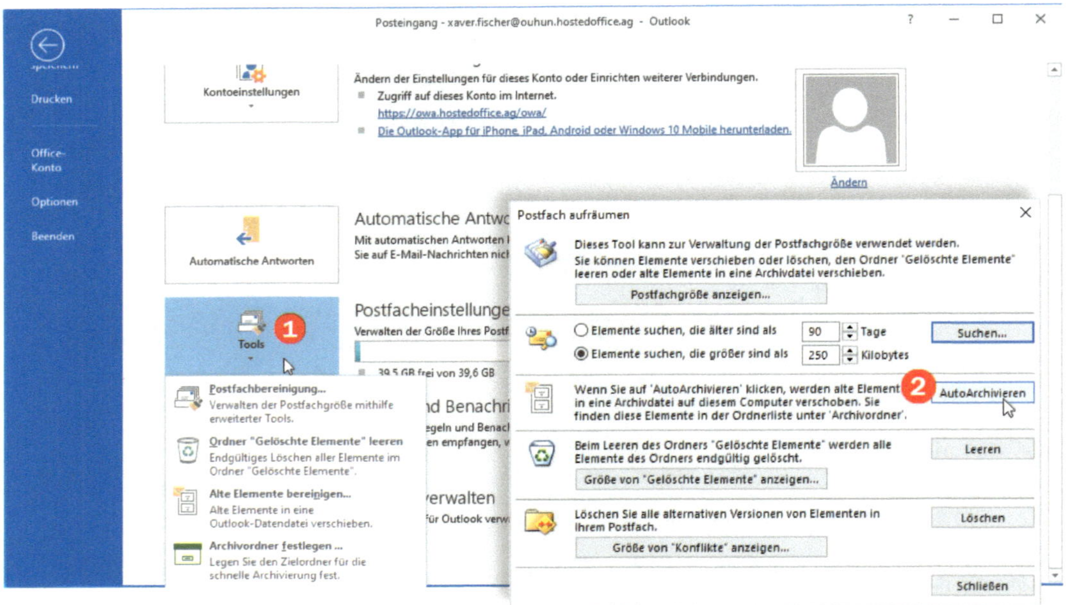

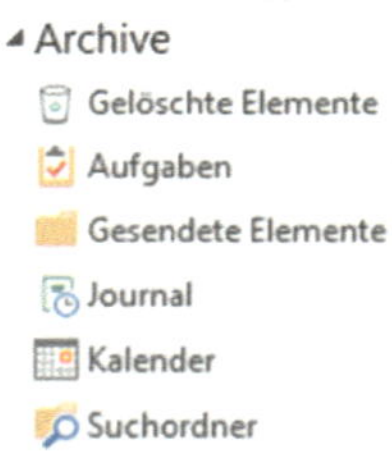

3 Nach Abschluss der Archivierung erscheinen die Archivordner im Ordnerbereich.

> Nur in der Ordnerliste sehen Sie alle Archivordner. Im Ordnerbereich des Funktionsbereichs *E-Mail* sind nur die bereits archivierten E-Mail-Ordner sichtbar, nicht aber die Archivordner *Kalender* und *Aufgaben*.

Manuell archivieren

Ordner können auch manuell archiviert werden. Dies gilt zum Beispiel für den Ordner *Posteingang* der standardmäßig nicht automatisch archiviert wird.

1 Wechseln Sie zu Register *Datei* ▸ *Information* und klicken Sie auf *Tools* ▸ *Alte Elemente bereinigen*.

2 Markieren Sie im Fenster *Archivieren* den gewünschten Ordner und wählen Sie bei *Elemente archivieren, die älter sind als:* einen Zeitpunkt aus, bis zu dem Sie den Ordner archivieren möchten. Alle Elemente, die vor diesem Zeitpunkt im Ordner gespeichert wurden, werden archiviert.

Den Ordner *Posteingang* manuell zu archivieren, birgt den Vorteil, dass Sie bei jeder Archivierung individuell den Zeitpunkt bestimmen können, bis zu dem Sie archivieren möchten.

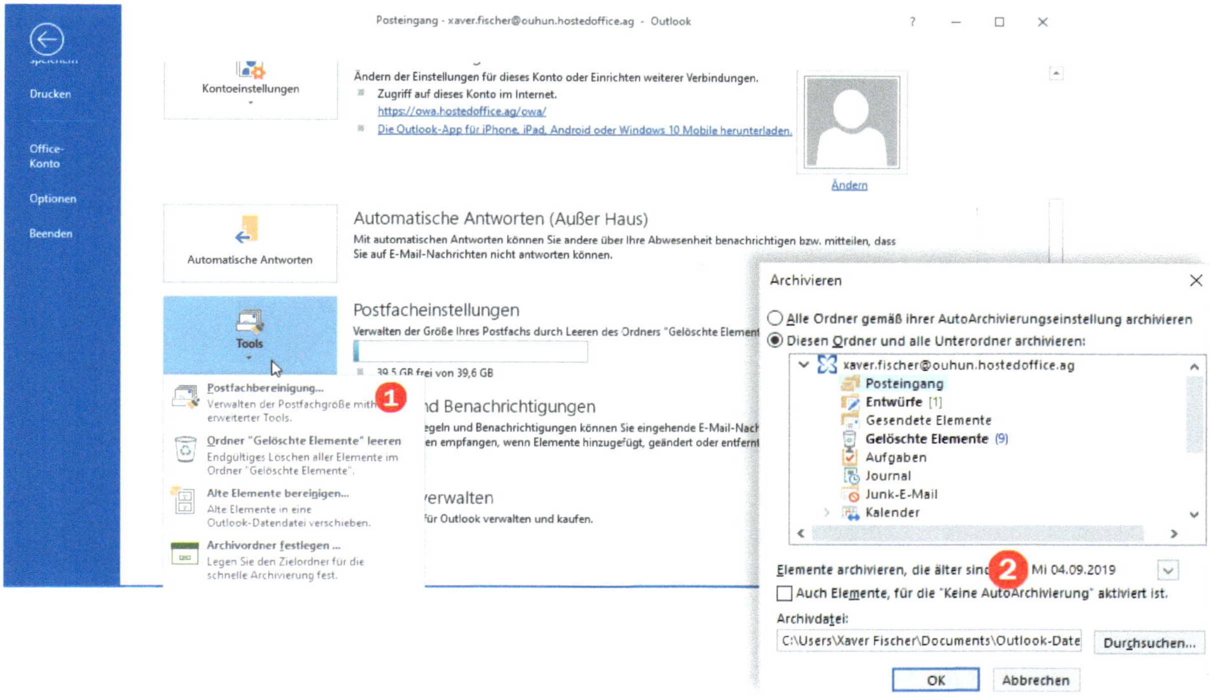
Posteingang - xaver.fischer@ouhun.hostedoffice.ag - Outlook
Drucken
Office-Konto
Optionen
Beenden
Kontoeinstellungen
Ändern der Einstellungen für dieses Konto oder Einrichten weiterer Verbindungen.
Zugriff auf dieses Konto im Internet.
https://owa.hostedoffice.ag/owa/
Die Outlook-App für iPhone, iPad, Android oder Windows 10 Mobile herunterladen.
Ändern
Automatische Antworten (Außer Haus)
Mit automatischen Antworten können Sie andere über Ihre Abwesenheit benachrichtigen bzw. mitteilen, dass Sie auf E-Mail-Nachrichten nicht antworten können.
Automatische Antworten
Tools
Postfacheinstellungen
Verwalten der Größe Ihres Postfachs durch Leeren des Ordners "Gelöschte Element
39,5 GB frei von 39,6 GB
Postfachbereinigung...
Verwalten der Postfachgröße mit erweiterter Tools.
Ordner "Gelöschte Elemente" leeren
Endgültiges Löschen aller Elemente im Ordner "Gelöschte Elemente".
Alte Elemente bereinigen...
Alte Elemente in eine Outlook-Datendatei verschieben.
Archivordner festlegen ...
Legen Sie den Zielordner für die schnelle Archivierung fest.
1
nd Benachrichtigungen
egeln und Benachrichtigungen können Sie eingehende E-Mail-Nach
en empfangen, wenn Elemente hinzugefügt, geändert oder entfernt
verwalten
für Outlook verwalten und kaufen.
Archivieren
Alle Ordner gemäß ihrer AutoArchivierungseinstellung archivieren
Diesen Ordner und alle Unterordner archivieren:
xaver.fischer@ouhun.hostedoffice.ag
Posteingang
Entwürfe [1]
Gesendete Elemente
Gelöschte Elemente (9)
Aufgaben
Journal
Junk-E-Mail
Kalender
Elemente archivieren, die älter sind
2
Mi 04.09.2019
Auch Elemente, für die "Keine AutoArchivierung" aktiviert ist.
Archivdatei:
C:\Users\Xaver Fischer\Documents\Outlook-Date
Durchsuchen...
OK
Abbrechen

Glossar

Anzeigebereich Der Anzeigebereich steht in einigen Outlook-Funktionsbereichen rechts neben dem Ordnerbereich zur Verfügung. Im Modul E-Mail enthält er die Liste aller Nachrichten. Im Modul Aufgaben werden im Anzeigebereich die festgelegten Aufgaben sortiert nach Fälligkeit angezeigt.

Aufgabenleiste Die Aufgabenleiste enthält einen Datumsnavigator und zeigt aktuelle Termine und Aufgaben an. Sie befindet sich am rechten Rand des Programmfensters.

AutoArchivieren Outlook-Elemente können mit der automatischen Archivierung in regelmäßigen Abständen in eine Datei verschoben werden. Die Archivdatei erscheint ebenfalls in der Ordnerliste.

AW Dieses Kürzel fügt Outlook automatisch vor dem Betreff einer Antwort auf eine E-Mail ein.

Bcc Blind carbon copy: Empfänger einer so genannten „blinden" Kopie sind für alle anderen Empfänger im Nachrichtenkopf nicht sichtbar.

Cc Carbon copy: In dieses Feld können Sie eintragen, wer eine Kopie der Nachricht erhalten soll.

Dateianlage Dateien können als Anlage an E-Mails angefügt werden. Anlagen erkennen Sie im Posteingang am Büroklammersymbol.

Drag & Drop Englisch für Ziehen & Fallenlassen. Es handelt sich um die Bezeichnung für das Ziehen und Verschieben bei gedrückter linker Maustaste.

E-Mail Ein E-Mail-Konto speichert alle Informationen, die für das Senden und Empfangen von E-Mail-Nachrichten erforderlich sind. Dazu gehören E-Mail-Adresse, Benutzername und Passwort. Mindestens ein Konto muss in Outlook eingerichtet sein, damit Sie E-Mails versenden und empfangen können.

Entwürfe
Noch nicht gesendete E-Mail-Nachrichten können mit dem Befehl Speichern im Ordner Entwürfe gespeichert werden.

Ereignis
Aktivitäten, die mindestens 24 Stunden dauern und als ganztägig gekennzeichnet sind, werden in Outlook als Ereignis bezeichnet.

Exchange Active Sync
Ein Dienst der E-Mails, Kalendertermine und Kontaktdaten eines externen E-Mail-Kontos (z. B. von outlook.com) mit Outlook synchronisiert.

Exchange Server
Ein Exchange Server ist eine Serversoftware, die Outlook u. a. mit zusätzlichen Funktionalitäten ausstattet, z. B. Abwesenheitsmeldungen, gemeinsame Aufgaben und Terminplanung. Sie ermöglicht auch die zentrale Ablage der Daten, die Nutzung globaler Adressbücher oder Kalender und den Zugriff auf seine Daten per Outlook Web App.

Filter
Filter werden im Gegensatz zur Suche dauerhaft mit der jeweiligen Ansicht gespeichert.

HTML
HTML steht für Hyper Text Markup Language. Eine Seitenbeschreibungssprache, die in erster Linie für die Gestaltung von Webseiten verwendet wird, aber auch für E-Mails benutzt werden kann. Nicht alle E-Mail-Programme können E-Mails im HTML-Format öffnen und anzeigen!

Junk-E-Mail
Als Junk-E-Mails bezeichnet Outlook unerwünschte E-Mails, meist Werbung. Diese E-Mails werden häufig auch als Spam bezeichnet.

Kategorie
Standardmäßig stellt Outlook 2013 sechs verschiedene Farbkategorien zur Verfügung, mit denen E-Mails, Aufgaben, Termine oder Kontakte zur besseren Unterscheidung farbig hinterlegt werden können.

Kompaktnavigation

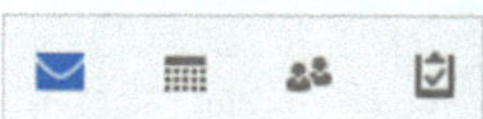

Die Navigationsleiste am linken unteren Rand des Outlookfensters bietet die Möglichkeit zwischen den Funktionsbereichen E-Mail, Kalender, Personen etc. zu wechseln. Sind anstelle von Bezeichnungen der einzelnen Bereiche nur Symbole vorhanden, wurde für die Anzeige die Option Kompaktnavigation ausgewählt.

Kontaktgruppe In Kontaktgruppen speichern Sie E-Mail-Adressen eines Personenkreises, an den Sie häufig Nachrichten senden.

Kontextmenü Das Kontextmenü enthält objektbezogene Befehle und erscheint, wenn Sie mit der rechten Maustaste auf ein Element klicken.

Lesebereich Als Lesebereich bezeichnet Outlook einen Bereich, in dem Sie den Inhalt einer markierten Nachricht lesen können. Der Lesebereich kann über das Register Ansicht ein- bzw. ausgeblendet werden.

Lesebestätigung Eine Lesebestätigung kann beim Senden einer E-Mail angefordert werden und wird automatisch gesendet, sobald die Nachricht vom Empfänger geöffnet wird und er der Übersendung der Bestätigung zustimmt.

Nachverfolgung Die Nachverfolgung erinnert Sie, dass im Zusammenhang mit einer E-Mail weiterer Handlungsbedarf besteht und legt die E-Mail sozusagen auf Wiedervorlage. Durch die Kennzeichnung der E-Mail wird ein Aufgabenelement erstellt, das im Funktionsbereich Aufgaben in der Aufgabenliste sowie im Popup Aufgaben mit Fälligkeitsdatum angezeigt wird.

Nur-Text Nachrichten im Nur-Text-Format enthalten ausschließlich Zeichen, keine Formatierungen. E-Mails im Nur-Text-Format können von allen E-Mail-Programmen angezeigt werden.

Öffentliche Ordner In einer Netzwerkumgebung stehen Ihnen je nach Berechtigung auch öffentliche Ordner zur Verfügung, die von mehreren Netzwerkteilnehmern gemeinsam genutzt werden können.

Offline-Modus Im Offline-Modus besteht keine Verbindung zum Internet. Ausgehende E-Mails werden in diesem Fall im Ordner Postausgang gespeichert, bis eine Verbindung hergestellt wird und Sie den Befehl Senden und Empfangen verwenden.

Ordnerbereich Der Ordnerbereich wird links im Outlookfenster angezeigt und enthält alle Ordner der einzelnen Funktionsbereiche. Über das Register Ansicht kann der Ordnerbereich minimiert und sogar ausgeblendet werden.

Persönliche Ordner	Die persönlichen Ordner werden von Outlook beim ersten Starten automatisch angelegt und stehen ausschließlich dem angemeldeten Benutzer zur Verfügung.
POP3	POP3 steht als Abkürzung für Post Office Protocol und ist ein Protokoll, das verwendet wird, um eingegangene Nachrichten vom Server abzurufen.
Popup	Ein Popup bietet Ihnen eine Vorschau auf aktuelle Termine, fällige Aufgaben und favorisierte Kontakte. Diese werden angezeigt, wenn Sie mit der Maus auf ein Modul der Navigationsleiste bzw. ein Symbol der Kompaktnavigation zeigen.
QuickSteps	QuickSteps stehen im Funktionsbereich E-Mail zur Verfügung. Sie fassen Routinearbeitsschritte zusammen und ermöglichen eine schnelle Anwendung der Arbeitsschritte auf eine E-Mail mit einem Mausklick.
Rich-Text	Das Richt-Text-Format stellt ein Outlook-spezifisches Nachrichtenformat dar, das auch Schriftformatierungen, nicht aber das Einfügen von Bildern erlaubt. Das Rich-Text-Format wird auch von den Programmen Microsoft Word und WordPad unterstützt (Dateinamenserweiterung .rtf)
RSS-Feeds	RSS-Feeds sind Informationen von Webseiten (z. B. Nachrichten), die Sie abonnieren können. Sie erhalten dann automatisch aktuelle Informationen zu verschiedenen Themen.
Serie	Termine, Ereignisse oder Aufgaben, die sich nach einem bestimmten Muster täglich, wöchentlich, monatlich oder jährlich wiederholen, können als Serie gespeichert werden.
Server	Als Server bezeichnet man Rechner, genauer Programme, die für die Bereitstellung von Diensten im Internet verantwortlich sind. Mailserver übernehmen die Weiterleitung und Zwischenspeicherung von E-Mails.

Short-Cuts

Short-Cuts sind Tastenkombinationen, bestehend aus Strg-Taste, Umschalt-Taste oder Alt-Taste und einem Buchstaben oder einer Zahl. Diese Tasten müssen gemeinsam gedrückt werden, um den Befehl auszuführen. Beginnen Sie mit den Strg-, Umschalt- oder Alt-Tasten, halten Sie diese gedrückt und drücken dann gemeinsam mit den erwähnten Tasten die Zahl oder den Buchstaben. Outlook führt die gängigsten Tastenkombinationen im Infotext der Schaltflächen auf.

Signatur

Als Signatur bezeichnet Outlook beliebigen Text, beispielsweise Grußformeln oder Absenderinformationen, die gespeichert und in ausgehende E-Mails eingefügt werden. Signaturen können auch als Textbausteine für E-Mail-Nachrichten verwendet werden.

Skripte

Skripte sind kleine ausführbare Programme, beispielsweise in der Sprache JavaScript, die für die Anzeige einiger Inhalte von Webseiten erforderlich sind. Sie können aber auch auf Ihrem Computer Schaden anrichten.

SMTP

Simple Mail Transfer Protocol: Ein Protokoll, mit dem E-Mails verschickt werden.

Schnellbausteine

In einem Schnellbaustein speichern Sie Text samt Formatierung, Grafiken, Tabellen, Symbolen oder sogar Formen. Der Schnellbaustein steht für jede neue E-Mail-Nachricht zur Verfügung. So kann man schnell wiederkehrende Formulierungen in eine E-Mail einfügen, ohne den Text immer wieder eintippen zu müssen.

Tägliche Aufgabenliste

Die tägliche Aufgabenliste befindet sich im Ordner Kalender und wird am unteren Rand des Programmfensters angezeigt. Hier werden fällige Aufgaben für die einzelnen Kalendertage angezeigt.

Unterhaltungsansicht

Die Unterhaltungsansicht fasst E-Mails zusammen, die durch gegenseitiges Antworten erstellt wurden. Der Container, der die Nachrichten sozusagen aufnimmt, ist mit den Namen der Teilnehmer und dem Betreff beschriftet. Damit soll die Übersichtlichkeit im Posteingang erhöht werden.

Visitenkarte

Visitenkarte ist die Bezeichnung einer Ansicht im Funktionsbereich Personen. Hier werden die Daten zu einem Kontakt in Anlehnung an den typischen Aufbau einer Visitenkarte dargestellt. Es ist gängige Praxis auch die eigenen Kontaktdaten in Outlook zu hinterlegen und eine persönliche Visitenkarte zu gestalten. Diese kann dann beispielsweise als Anhang zu einer E-Mail versandt werden, um die wichtigsten Kontaktdaten schnell zu übermitteln.

WG

Dieses Kürzel wird beim Weiterleiten einer E-Mail automatisch vor dem Betreff eingefügt.

ZIP-Archiv/Dateiarchiv

Zip-Archive oder Dateiarchive sind Dateien, die mit einem Pack- oder Komprimierungsprogramm, beispielsweise WinZip komprimiert wurden.

Tastenkombinationen

Zwischen den Outlook-Funktionsbereichen wechseln	
Funktionsbereich E-Mail anzeigen	STRG+1
Funktionsbereich Kalender anzeigen	STRG+2
Funktionsbereich Personen anzeigen	STRG+3
Funktionsbereich Aufgaben anzeigen	STRG+4
Funktionsbereich Notizen anzeigen	STRG+5
Ordnerliste im Ordnerbereich anzeigen	STRG+6

Erstellen von Elementen Diese Tastenkombinationen können Sie in jedem Funktionsbereich verwenden, um eines der folgenden Elemente zu erstellen:	
Neuer Termin	STRG+UMSCHALT+A
Neuer Kontakt	STRG+UMSCHALT+C
Neuer Ordner	STRG+UMSCHALT+E
Neue Kontaktgruppe	STRG+UMSCHALT+L
Neue Besprechungsanfrage	STRG+UMSCHALT+Q
Neue E-Mail	STRG+UMSCHALT+M
Neue Notiz	STRG+UMSCHALT+N
Neuer Suchordner	STRG+UMSCHALT+P
Neue Aufgabe	STRG+UMSCHALT+K
Neues Fax	STRG+UMSCHALT+X

Allgemeine Befehle	
Alles auswählen z. B. alle E-Mails auswählen oder alle Kontakte etc.	STRG+A
Rückgängig	STRG+Z oder UMSCHALT+F12
Wiederholen	STRG+Y
Drucken	STRG+P
Kopieren des markierten Texts oder Elements	STRG+C
Ausschneiden des markierten Texts oder Elements	STRG+X
Einfügen aus der Zwischenablage (Text oder Element)	STRG+V
Anwendung / Fenster schließen	ALT+F4

Befehle zur Suche von Elementen	
Wechsel zur Sofortsuche	STRG+E oder F3
Suche löschen	ESC
Erweitern der Suche auf Alle E-Mail-Elemente, Alle Kalenderelemente oder Alle Kontaktelemente, je nach angezeigtem Funktionsbereich	STRG+ALT+A
Verwenden der Erweiterten Suche	STRG+UMSCHALT+F
Erstellen eines Suchordners	STRG+UMSCHALT+P
Suchen und Ersetzen	F4
Suche nach einem Kontakt: Das Suchfeld des Personenpopups wird durch Drücken von F11 ausgewählt. Dann kann der gesuchte Namen eingetippt werden. Die Ergebnisse werden darunter angezeigt. F11 können Sie in jedem Funktionsbereich zum Auffinden eines Kontakts verwenden. 	F11

Arbeiten im Funktionsbereich E-Mail	
Neue E-Mail erstellen (im Funktionsbereich E-Mail)	STRG+N
Wechseln zu Posteingang	STRG+UMSCHALT+I
Wechseln zu Postausgang	STRG+UMSCHALT+O
E-Mail Senden	ALT+S
Empfangene E-Mail öffnen	STRG+O
Antworten auf die markierte Nachricht	STRG+R
Allen Empfängern einer Nachricht antworten	STRG+UMSCHALT+R
Antworten mit Besprechungsanfrage	STRG+ALT+R
Zur vorherigen bzw. nächsten E-Mail wechseln	NACH-OBEN-TASTE+NACH-UNTEN-TASTE
E-Mail weiterleiten	STRG+F
E-Mail als Anlage weiterleiten	STRG+ALT+F
Nachverfolgung: Markierte E-Mail zur Nachverfolgung kennzeichnen	STRG+UMSCHALT+G
E-Mail als gelesen markieren	STRG+Q
E-Mail als ungelesen markieren	STRG+U
Markierte Auswahl fett formatieren*	STRG+UMSCHALT+F
Markierte Auswahl kursiv formatieren*	STRG+UMSCHALT+K
Markierte Auswahl untertreichen*	STRG+UMSCHALT+U
Rechtschreibprüfung*	F7
Adressbuch öffnen	STRG+UMSCHALT+B

* im Nachrichtenformular

Arbeiten im Funktionsbereich Kalender	
Erstellen eines Termins (im Funktionsbereich Kalender)	STRG+N
Erstellen eines Termins (in einer beliebigen Ansicht von Outlook)	STRG+UMSCHALT+A
Erstellen einer Besprechungsanfrage	STRG+UMSCHALT+Q
Anordnung Kalender: 1 Tag anzeigen	ALT+1
Anordnung Kalender: 2 Tage anzeigen	ALT+2
Anordnung Kalender: 3 Tage anzeigen	ALT+3
Anordnung Kalender: 4 Tage anzeigen	ALT+4
Anordnung Kalender: 5 Tage anzeigen	ALT+5
Anordnung Kalender: 6 Tage anzeigen	ALT+6
Anordnung Kalender: 7 Tage anzeigen	ALT+7
Anordnung Kalender: 8 Tage anzeigen	ALT+8
Anordnung Kalender: 9 Tage anzeigen	ALT+9
Bestimmtes Datum anzeigen	STRG+G
Wechseln zur Monatsansicht	STRG+ALT+4
Wechseln zum nächsten Tag	STRG+NACH-RECHTS-TASTE
Wechseln zur nächsten Woche	ALT+NACH-UNTEN-TASTE
Wechseln zum nächsten Monat	ALT+BILD-AB-TASTE
Wechseln zum vorherigen Tag	STRG+NACH-LINKS-TASTE
Wechseln zur vorherigen Woche	ALT+NACH-OBEN-TASTE
Wechseln zum vorherigen Monat	ALT+BILD-AUF-TASTE
Wechseln zum Anfang der Woche	ALT+POS1
Wechseln zur 10-Tages-Ansicht	ALT+=
Wechseln zur Ansicht der vollen Woche	ALT+MINUSZEICHEN oder STRG+ALT+3
Wechseln zur Ansicht der Arbeitswoche	STRG+ALT+2

Arbeiten im Funktionsbereich Personen	
Neuer Kontakt (im Funktionsbereich Kontakte)	STRG +N
Neue Kontaktgruppe	STRG+UMSCHALT+L
Neuer Telefonanruf	STRG+UMSCHALT+D
Weiterleitung markierter Kontakte per E-Mail	STRG+F
Auswählen aller Kontakte	STRG+A
Öffnen eines Kontaktformulars für den ausgewählten Kontakt	STRG+O
Öffnen des Adressbuchs	STRG+UMSCHALT+B
Öffnen des als Nächsten aufgeführten Kontakts	STRG+UMSCHALT+PUNKT
Suchen nach einem Kontakt	F11
Schließen eines Kontakts	ESC
Verwenden von Erweiterter Suche	STRG+UMSCHALT+F
Aktualisieren einer Liste von Kontaktgruppenmitgliedern	F5
Senden einer Faxnachricht an den ausgewählten Kontakt	STRG+UMSCHALT+X

Arbeiten im Funktionsbereich Aufgaben	
Neue Aufgabe (im Funktionsbereich Aufgaben)	STRG+N
Erstellen einer Aufgabenanfrage	STRG+UMSCHALT+ALT+U
Kennzeichen eines Elements als erledigt	EINFG
Annehmen einer Aufgabe	STRG+C
Ablehnen einer Aufgabe	STRG+D
Suchen nach einer Aufgabe	STRG+E
Weiterleiten einer Aufgabe als Anlage	STRG+F
Öffnen eines markierten Elements	STRG+O
Wechsel zwischen Ordnerbereich, Aufgabenliste und Aufgabenleiste	TAB oder UMSCHALT+TAB

Stichwortverzeichnis

A

B

C

D

E

F

G

H

I

J

K

L

M

N

O

P

Q

R

S

T

U

V

W

Z